JN414355

東洋古典譯註叢書 79

譯註 大學衍義 5

著者 眞德秀
譯註 李霜芽 張喜成 趙埈暭

전통문화연구회

國譯委員

譯　　註　李霜芽 張喜成 趙埈暭
潤　　文　南賢熙
校　　訂　田炳秀 咸明淑
出　　版　金圭賢 金曉東
管　　理　咸明淑
普　　及　徐源英

東洋古典飜譯編輯委員會

委 員 長　宋載卲
委　　員　金慶浩 沈慶昊 田好根 崔錫起 河元洙 許敬震

任　員

常任顧問　李漢東
顧　　問　琴章泰 宋載卲 安炳周 李龍兌 李澤徽 李廷燮
　　　　　鄭愚相 鄭太鉉

會　　長　李啓晃
副 會 長　金千式 成百曉 宋丙大 李戊澈
理 事 長　趙富英
理　　事　權五春 金東柱 金　炫 朴錫興 徐形來 李建一
　　　　　李光虎 李相鎭 李英姬 田好根 趙源喆 崔三龍
　　　　　韓熙喆 咸明淑 許鎬九
監　　事　沈泳洙

東洋古典譯註叢書를 발간하면서

우리의 古典國譯事業은 민족문화 진흥의 기초사업으로 1960년대부터 政府 支援으로 古文獻 現代化 작업을 추진하여 많은 成果를 거두었다. 당시 이 사업 추진의 先行課題로 東洋古典이라 일컬어지는 중국의 基本古典을 먼저 飜譯하여야 한다는 學界의 주장이 있었음에도 불구하고 우리 고전이 아니라는 일부의 偏狹한 視角과 財政 事情 등으로 인하여 배제되어 왔다.

전통적으로 중국의 기본고전은 우리 歷史와 함께 숨쉬며 각종 교육기관의 教科書로 활용됨은 물론이고 지식인들의 必讀書가 되어 왔으며, 우리 文化의 基底에 자리잡고 거의 모든 방면의 體系와 根幹을 형성하여 왔다. 그래서 학문연구의 기본서 역할을 해 왔을 뿐만 아니라 오늘날에도 우리의 國學徒 및 東洋學 硏究者들에게 같은 역할을 하고 있음은 주지의 사실이다. 그럼에도 불구하고 中國古典은 우리 것이 아니라 하여 專門機關의 飜譯對象에 포함하지 않음으로써, 대부분 原典에서의 직접 번역이 아닌 重譯이나 拔萃譯의 방식이 주를 이루면서 教養水準으로 出版되어 왔다.

오늘날 東洋 三國 중에서 우리의 東洋學 연구가 가장 부진한 이유는, 東洋基本古典에 대한 폭넓은 이해의 부족과 漢文古典 讀解力의 저하에 기인함을 우리는 솔직히 인정하여야 한다. 따라서 이들 중국고전에 대한 신뢰할 만한 國譯이 이루어지는 것이 한국학 연구를 촉진시키는 시급한 先行課題라 할 수 있다.

이에 韓國學 및 東洋學의 연구와 古典現代化의 基盤構築을 위해서는, 전문기관으로 하여금 동양고전을 단기간에 각 분야의 專門 硏究者와 漢學者가 상호 협동하여 연구번역하여 飜譯의 傳統性과 效率性, 硏究의 專門性을 높일 수 있도록 政策的 配慮가 있어야 한다.

이에 本會에서는 元老 및 中堅 漢學者와 斯界의 專攻者로 하여금 協同硏究飜譯하여 공부하는 사람들이 믿고 引用하거나 깊이 있는 註釋 등을 활용할 수 있게 하고, 知識人들의 教養을 증진시켜 줄 수 있는 東洋古典의 國譯書 간행을 지속적으로 추진해 왔다. 근래에 다행히 이 사업에 대하여 각계 지도층의 폭넓은 이해와 지원에 힘입어 2001년도부터 國庫補助를 받아 東洋古典譯註叢書를 간행하게 되었다. 이를 계기로 우리 先學의 註釋과 見解

를 반영하는 등 국역사업의 內實을 기하게 되었음을 이 자리를 빌려 衷心으로 감사드리며, 아울러 國譯에 參與하신 관계자 여러분의 勞苦에 깊은 謝意를 표한다.

끝으로 우리의 이러한 작업은 오랜 역사 위에 축적된 先賢들의 業績과 現代學問을 이어주는 튼튼한 架橋와 礎石이 되어 진정한 韓國學과 東洋學 발전에 기여할 것을 굳게 믿으며, 21세기를 우리 文化의 世紀로 열어 가는 밑거름이 되도록 우리의 力量을 本 事業에 경주하고자 한다. 江湖諸賢의 부단한 관심과 지원을 기대해 마지않는다.

社團法人 傳統文化研究會 會長 李啓晃

凡例

1. 본서는 南宋 眞德秀(1178~1235)의 《大學衍義》를 번역한 《譯註 大學衍義》 제5책이다.
2. 본서는 서울대학교 규장각 소장본인 戊申字本(청구기호 奎中 507, 이하 '저본'으로 약칭)을 저본으로 하고, 서울대학교 규장각 소장본인 청구기호 奎中 509(이하 '509본'으로 약칭), 奎中 510(이하 '510본'으로 약칭), 奎中 512(이하 '512본'으로 약칭), 《孔子文化大全》(孔子文化大全編輯部 編輯, 山東友誼出版社, 1991.)에 수록된 《大學衍義》(中國國家圖書館 所藏 元刻本. 이하 '대전본'으로 약칭), 文淵閣四庫全書에 수록된 《大學衍義》(이하 '사고본'으로 약칭)를 對校本으로 하였으며, 朱人求가 校點한 《大學衍義》(華東師範大學出版社, 2010. 이하 '표점본'으로 약칭)를 참고하였다.
3. 원문의 大文과 按說은 저본에 근거하여 懸吐하고, 原註는 9개의 부호를 사용하여 標點하였다.
4. 원문이 길 경우 적절하게 分節하였다. 또한 卷次와 大文의 순서 및 按說과의 연계성을 고려하여 대문과 안설 위에 連番을 표시하였다. 이때 대문은 '가'로, 진덕수의 안설 및 諸家의 설은 '나'로 표시하였다.

   예 1-1-가 : 《대학연의》 권1의 첫 번째 나오는 大文
   1-5-나(按) : 《대학연의》 권1의 다섯 번째 나오는 대문에 대한 眞德秀의 按說
   2-1-나1(朱) : 《대학연의》 권2의 첫 번째 대문에 대한 朱熹의 설
5. 본서의 懸吐는 현대국어를 따르되, 중세국어 및 근세국어의 특성을 고려하여 다음과 같이 표기하였다.
   1) 주격조사로 '-이'와 '-가'를 병용하였다.
   2) 아래 아(·)는 사용하지 않고, 'ㅏ'나 'ㅡ' 등 적절한 모음으로 대체하였다.
      예 ソ也(ᄒᆞ야) → 하여 / ㅅ弋(호ᄃᆡ) → 호대 / ㇏亽ㄷ乙(ㅣ어ᄂᆞᆯ) → 이어늘
   3) 가급적 단모음화를 지향하였다.
      예 ソ士(ᄒᆞ샤) → 하사 / 印底(ㅣㄴ져) → 인저
   4) '使'가 이끄는 구절에 '으로'로 현토되어 있을 경우, 假定을 뜻할 때에는 토는 그대로

두고 번역만 가정의 의미를 따랐다.

예 〔원문〕 使吾君之心으로 → 〔번역〕 만일 우리 임금의 마음이 白日과 같이 밝아

6. 독자의 편의를 위하여 저본에 없는 소제목을 삽입하였다. 예를 들어, '商高宗周成王之學(商 高宗과 周 成王의 학문)'과 같이 원문이 있는 소제목은 사고본에 있는 원문을 인용한 것이며, '商 高宗의 학문', '周 成王의 학문' 등과 같이 원문이 제시되지 않은 소제목은 사고본을 참고하여 역자가 재량으로 보충한 것이다.
7. 僻字나 讀音이 특수한 글자는 한글로 音을 달아주었다.
8. 번역문은 한글과 한자를 혼용하였으며, 맞춤법과 띄어쓰기는 한글 맞춤법과 표준어 규정을 따랐다.
9. 校勘은 원문의 誤字, 脫字, 避諱, 異文, 衍文, 倒文 등을 대상으로 하였다. 다만 다음과 같은 경우에는 저본대로 따르고 出校하지 않았다.
   1) 갖은자로 된 숫자 壹, 貳, 參, 拾 등
   2) 于 / 於, 姦 / 奸, 無 / 无, 耶 / 邪, 懽 / 歡, 叙 / 敍 자 등
10. 원문의 글자는 저본대로 따르고 번역문과 주석문에서는 正字를 따랐다.

    예 〔원문〕 覇 / 〔번역문, 주석문〕 霸

11. 저본에서 避諱한 글자는 본래의 글자로 바꾸었으며, 대교본의 避諱字는 각주로 出校하였다.
    1) 저본에서 피휘하여 쓴 '士春', '朝', '斤' 등은 조선의 피휘자인 '子春'(桓祖 李子春), '旦'(太祖 李旦(李成桂)), '鈞'(宣祖 李昖(李鈞)) 등으로 바꾸었다.
    2) 대전본에서 피휘하여 쓴 '元', '洪', '康', '正', '威', '亘', '謹', '端' 등은 宋의 避諱字인 '玄'(趙氏의 시조 趙玄朗), '弘'(太祖의 부친 趙弘殷), '匡'(太祖 趙匡胤), '禎'(貞)(仁宗 趙禎), '讓'(神宗(趙頊)의 부친 趙允讓), '桓'(欽宗 趙桓), '眘'(孝宗 趙眘), '惇'(光宗 趙惇) 등으로 바꾸었다.
    3) 사고본에서 피휘하여 쓴 '元', '弖' 등은 淸의 避諱字인 '玄'(聖祖 康熙帝 愛新覺羅玄燁), '弘'(高宗 乾隆帝 愛新覺羅弘曆) 등으로 바꾸었다.
12. 본서에 사용한 주요 부호는 다음과 같다.

    " " : 1차 인용

    ' ' : 2차 인용

    「 」 : 3차 인용

    ( ) : 원문의 讀音 및 번역문의 間註

〔　〕: 번역문과 뜻은 같으나 音이 다른 경우
《　》: 書名, 典據
〈　〉: 篇章名, 作品名
【臣按】: 眞德秀의 按說

13. 본서의 原註에 사용한 標點은 다음과 같다.
　.　: 문장의 종결
　,　: 한 문장 안에서 句나 節의 구분이 필요한 곳
　·　: 대등한 명사나 구절의 병렬
　“　”: 1차 인용
　‘　’: 2차 인용
　:　: ‘日’, ‘云’ 등 발언이나 인용 뒤에 사용
　;　: 두 구 이상의 節이 긴밀하게 연결되는 병렬문에 사용
　!　: 감탄문 끝에 사용
　?　: 의문문 끝에 사용

14. 四書의 篇名과 章次는 朱熹의 《四書集註》를 따랐으며, 《詩經》은 주희의 《詩集傳》을, 《書經》은 蔡沈의 《書集傳》을, 《周易》은 程頤의 《伊川易傳》과 주희의 《周易本義》를 따랐다. 이외에 十三經에 속하는 경전의 편명과 장차는 《十三經注疏》를, 기타 문헌은 통행본을 따랐다.

參考書目

◇ 底本 관련자료

- 《大學衍義》, 眞德秀(宋) 撰, 규장각 소장본.(청구기호:奎中507)
- 《大學衍義》, 眞德秀(宋) 撰, 규장각 소장본.(청구기호:奎中509)
- 《大學衍義》, 眞德秀(宋) 撰, 규장각 소장본.(청구기호:奎中510)
- 《大學衍義》, 眞德秀(宋) 撰, 규장각 소장본.(청구기호:奎中512)
- 《大學衍義》, 眞德秀(宋) 撰, 文淵閣四庫全書, 影印本, 臺灣商務印書館, 1983~1986.
- 《大學衍義》, 孔子文化大全編輯部 編, 元刻本, 孔子文化大全, 山東友誼出版社, 1991.
- 《大學衍義》, 朱人求 校點, 華東師範大學出版社, 2010.

◇ 經 部

- 《論語集註大全》, 朱熹(宋) 集註, 胡廣(明) 等 編, 朝鮮 內閣本, 影印本, 學民文化社.
- 《大學章句大全》, 朱熹(宋) 集註, 胡廣(明) 等 編, 朝鮮 內閣本, 影印本, 學民文化社.
- 《孟子集註大全》, 朱熹(宋) 集註, 胡廣(明) 等 編, 朝鮮 內閣本, 影印本, 學民文化社.
- 《中庸章句大全》, 朱熹(宋) 集註, 胡廣(明) 等 編, 朝鮮 內閣本, 影印本, 學民文化社.
- 《四書諺解》, 校正廳(朝鮮) 編, 朝鮮 內閣本, 影印本, 保景文化社.
- 《四書栗谷諺解》, 李珥(朝鮮) 等 編, 朝鮮 活字本(校書館活字), 影印本, 成均館大學校 養賢齋.
- 《書傳大全》, 蔡沈(宋) 集傳, 胡廣(明) 等 編, 朝鮮 內閣本, 影印本, 學民文化社.
- 《詩傳大全》, 朱熹(宋) 集傳, 胡廣(明) 等 編, 朝鮮 內閣本, 影印本, 學民文化社.
- 《禮記集說大全》, 陳澔(元) 集說, 胡廣(明) 等 編, 朝鮮 內閣本, 影印本, 學民文化社.
- 《周易傳義大全》, 程頤(宋) 傳, 朱熹(宋) 本義, 胡廣(明) 等 編, 朝鮮 內閣本, 影印本, 學民文化社.
- 《春秋經傳集解》, 左丘明(周) 傳, 杜預(晉) 註, 林堯叟(宋)・朱申(宋・元) 附註, 朝鮮 金屬活字本(戊申字), 影印本, 保景文化社.
- 《春秋左傳新注》, 趙生群, 西安:陝西人民出版社, 2008.
- 《春秋左傳注(修訂本)》, 楊伯峻, 北京:中華書局, 1995.

- 《左氏會箋》, 竹添光鴻, 成都:巴蜀書社, 2008.
- 《十三經注疏 整理本》, 十三經注疏整理委員會 整理, 北京大學出版社, 2000.

◇ 史 部

- 《史記》, 司馬遷(漢) 撰, 규장각 소장본.(청구기호:奎中181)
- 《史記》, 司馬遷(漢) 撰, 標點校勘本, 中華書局, 2006.
- 《資治通鑑》, 司馬光(宋) 撰, 胡三省(元) 音註, 標點校勘本, 中華書局, 1997.
- 《資治通鑑新注》, 資治通鑑新注編纂委員會, 西安:陝西人民出版社, 1998.
- 《戰國策箋注》, 張淸常・王延棟, 南開大學出版社, 1993.
- 《戰國策注釋》, 何建章 注釋, 北京:中華書局, 2011.

◇ 사전 및 공구서

- 兪鹿年, 《中國官制大辭典》, 黑龍江人民出版社, 1998.
- 張撝之 외 주편, 《中國歷代人名大辭典》, 上海:上海古籍出版社, 1999.
- 中國歷史大辭典 先秦史卷編纂委員會 編, 《中國歷史大辭典 先秦史》, 上海辭書出版社, 1996.
- 中國歷史大辭典編纂委員會, 《中國歷史大辭典》, 上海辭書出版社, 2000.
- 中國歷史博物館, 《簡明中國文物辭典》, 福建人民出版社, 1991.
- 趙文潤 외 주편, 《兩唐書辭典》, 山東敎育出版社, 2004.
- 陳克炯, 《左傳詳解詞典》, 鄭州:中州古籍出版社, 2004.
- 倉修良 주편, 《史記辭典》, 山東敎育出版社, 1991.
- ――――――, 《漢書辭典》, 山東敎育出版社, 1996.

◇ 研究論著 및 飜譯書

- 東一夫, 《王安石事典》, 東京:國會刊行會, 1980.
- 박기수 외, 《사료로 읽는 중국고대사회경제사》, 청어람미디어, 2005.
- 西嶋定生 저, 최덕경 외 역, 《중국의 역사(진한사)》, 혜안, 2013.
- 宋杰, 〈漢代官吏的休假制度〉, 《北京師院學報(社會科學版)》 1986年 3期, 北京:首都師範大學.
- 吳納 등, 《文章辨體序說文體明辨序說》, 人民文學出版社, 1998.
- 容庚, 《商周彝器通考》, 大通書局, 1973.
- 李國文, 〈胡椒八百石〉, 《人民文學》 11期, 2005.

- 李正周・殷昭魯,〈西漢"中謁者"考〉,《唐都學刊》2014年 7月 第30卷 第4期.
- 陳仲安,〈唐代的使職差遣制〉,《武漢大學學報》1963年 第1期.
- 湯其領,〈西漢中謁者制探論〉,《史學月刊》2008年 11期.
- 布目潮渢 저, 임대희 역,《중국의 역사(수당오대)》, 혜안, 2001.
- 韓兆琦,《史記箋證》, 南昌:江西人民出版社, 2005.
- 許嘉璐 주편,《二十四史全譯》, 漢語大詞典出版社, 2004.

◇ 데이터베이스(DB) 자료

- 電子版 文淵閣四庫全書, 迪志文化出版有限公司.
- 中國基本古籍庫, 北京愛如生數字化技術研究中心.
- 寒泉 古典文獻全文檢索資料庫(http://skqs.lib.ntnu.edu.tw/dragon)

目 次

大學衍義 卷30

大學衍義 卷31

大學衍義 卷32

附錄

大學衍義 卷27

格物致知之要(四) 사물의 원리를 깊이 연구하여 知性의 힘을 극대화하는 핵심적인 방법들 (4)

察民情 輿論을 살피는 방법

生靈嚮背之由 백성의 支持와 離叛의 이유

27-1-가[1)]

泰誓①에 **古人**이 **有言曰 撫我則后**②요 **虐我則讎**라하니 **獨夫受**[2)]가 **洪惟作威**하나니 **乃汝世讎**니라

---

1) 《書經》 〈商書 泰誓 中〉에 보인다. '泰'는 《史記》 권4 〈周本紀〉에는 '太'로 되어 있으며 '크다'라는 뜻이고, '誓'는 전쟁을 앞두고 군사들에게 경계하는 말이다. '태서'는 기원전 1048년에 周나라 武王이 商나라 紂王을 칠 때 盟津에서 제후들을 크게 모으고 告戒하였다고 하여 붙인 이름이다. 현행 《서경》은 모두 3편으로 이루어져 있는데, 상편은 무왕이 黃河를 건너기 전에 한 말이고, 중편과 하편은 황하를 건넌 뒤에 한 말이다. 무왕은 73세로 文王의 뒤를 이어 즉위한 지 13년째 되던 해에 주왕이 왕자 比干을 죽이고 箕子를 감금했다는 소식을 듣고 정벌을 결심하여 주왕을 쳐서 천자가 되었으며, 재위 7년 만에 93세를 일기로 세상을 떠났다. 《사기》에는 무왕이 제후가 된 지 11년째 되던 해에 주왕을 쳤다고 되어 있는데, 이에 대해서는 학자들의 설이 분분하다. 《사기》에 따르면 이때 무왕 측의 군대는 戎車 3백 대, 용사 3천 명, 甲士 4만 5천 명이었으며, 이때 집결한 제후는 8백 명으로 그 戰車는 4천 대였다. 주왕은 이에 대응하여 70만 명의 군사를 보내 이를 저지하게 하였으나 군사들이 전쟁할 의지가 없이 항복함으로 인해 패하여 자살하였다고 한다.

2) 獨夫受 : '獨夫'는 '一夫'라는 뜻이다. 《孟子》 〈梁惠王 下〉 제8장에 "仁을 해친 자를 賊이라 이르고, 義를 해친 자를 殘이라 이르며, 殘賊인 사람을 一夫라 이른다.〔賊仁者謂之賊 賊義者謂之殘 殘賊之人謂之一夫〕"라는 내용이 보이는데, 朱熹의 주에 따르면 一夫는 "사람들이 배반하고 친척이 떠나가서 더 이상 그를 군주로 여기지 않는다는 말이다.〔言衆叛親離 不復以爲君也〕" '受'는 商나라 紂王의 이름이다.

① 泰誓 : 周武王伐紂, 作此以誓衆士.
〈泰誓〉는 周나라 武王이 紂를 정벌할 때 이 편을 지어서 군사들에게 告戒한 것이다.

② 撫我則后 : 后, 君也.
'后'는 '임금'이라는 뜻이다.

《書經》〈泰誓〉에 다음과 같은 내용이 있다.

"옛사람이 한 말에 '나를 어루만져주면 임금이고 나를 학대하면 원수이다.'라고 하였다. 獨夫 受가 크게 학정을 행하고 있으니 바로 너희들 대대로의 원수이다."

27-1-나(按)

臣은 按 武王이 擧古人之言하사 以明民之常情이 如此也라 若君民之分은 豈以虐我而遂讎之哉리오 然君民之分을 不可恃而民之常情을 不可不察이니이다

【臣按】 武王이 옛사람의 말을 인용하여 백성의 常情을 밝힌 것이 이와 같습니다. 군주와 백성의 분수로 말한다면 어찌 나를 학대한다 하여 마침내 원수로 여기겠습니까. 그러나 군주와 백성의 분수만을 믿어서는 안 되며 백성의 상정을 자세히 살펴 알지 않으면 안 됩니다.

27-2-가[3]

康誥①에 曰 天畏나 棐忱(비침)②이어니와 民情은 大可見이나 小人은 難保니 往盡

---

3) 《書經》〈周書 康誥〉에 보인다. 周 武王이 아우인 康叔을 衛나라에 봉하면서 경계한 글이다. 《史記》 권37 〈衛康叔世家〉에 따르면 무왕은 商나라를 멸한 뒤 상나라 유민과 그들의 도읍지였던 朝歌를 상나라 紂王의 아들인 武庚에게 주어 그 조상의 제사를 받들게 하고 무왕의 두 아우 管叔과 蔡叔으로 하여금 무경을 감시하도록 하였는데, 무왕이 죽고 어린 成王이 즉위하여 周公이 섭정하게 되자 관숙과 채숙이 무경과 함께 난을 일으켰다. 이에 주공이 난을 진압하고 강숙을 이곳에 봉하여 상나라 유민들을 관리하도록 하였는데, 이 나라가 바로 衛나라이다. 주공은 성왕의 명으로 강숙을 봉하면서 〈康誥〉, 〈酒誥〉, 〈梓材〉 등 세 편의 글을 지어 정무에 힘쓸 것을 일러주었는데, 이 세 편의 글이 현행 《서경》에 모두 남아 있다. 다만 강숙을 봉한 주체에 대해서는 이설이 있다. 孔安國의 傳과 孔穎達의 疏에서는 주공이 성왕의 명으로 강숙을 봉하면서 지은 글로 보았으며 진덕수의 안설에서도 성왕으로 보았으나, 蔡沈과 본문 원주에서는 武王으로 보고 있다.

乃心하여 無康好逸豫라사 乃其乂民이니 我聞호니 曰 怨은 不在大하며 亦不在小라 惠不惠하며 懋不懋③니라

① 康誥 : 武王封康叔於衛, 作此書告戒之.
〈康誥〉는 周나라 武王이 康叔을 衛나라에 봉하면서 이 글을 지어 告戒한 것이다.

② 棐忱 : 棐, 輔也. 忱, 誠也.
'棐'는 '돕다'라는 뜻이다. '忱'은 '성실하다'라는 뜻이다.

③ 懋不懋 : 懋, 勉也.
'懋'는 '힘쓰다'라는 뜻이다.

《書經》〈康誥〉에 다음과 같은 내용이 있다.

"天命은 〈일정하지 않아서〉 두려울 만하나 성실하면 도와주려니와 民心은 대략 알 수 있으나 小民은 보전하기가 어려우니, 가서 네 마음을 다하여서 편안히 놀고 즐기는 것을 좋아하지 말아야 이에 백성을 다스릴 수 있을 것이다. 내 들으니 백성들의 원망은 큰 데 있지도 않지만 또한 작은 데 있지도 않아서, 이치를 순히 하느냐 순히 하지 않느냐, 힘쓰느냐 힘쓰지 않느냐에 달려 있다고 한다."

27-2-나(按)

臣은 按 此는 成王이 勉康叔之辭라 康叔이 就封하니 有君人之責이라 故告之曰 天命이 不常이라 雖甚可畏나 然誠則輔之어니와 民情好惡(오)는 大略可見而小民은 至爲難保라하시니 然則小民이 曷爲難保邪(야)오 曰 萬事之得에 或以一事之失而召怨하며 萬人之悅에 或以一夫之怨而生亂하나니 此其所以難保也라 然康叔이 往治其國이 豈有它[4]哉리오 盡汝之心하여 無自安而好逸豫라사 乃其所以乂民也라 昔之人이 或以小失而致怨者라 故不在大하며 亦或以大過而致怨者라 故不在小하니 怨之來也가 非一端이나 其弭怨也가 無他術이라 惟順所不必順하며 勉所不必勉하여 於人情所忽者에 一不敢忽焉이라사 庶幾其無怨乎인저 始以天與民竝言而終獨歸之民者는 民心이 卽天心也니 能保小民則能保天命矣니이다

【臣按】 이 글은 成王이 康叔에게 권면한 말입니다. 강숙이 封地에 나아가게 되었으니 군주의 책임이 있었습니다. 이 때문에 강숙에게 고하기를 "天命은 일정하

---

4) 它 : 사고본에는 '他'로 되어 있다.

지 않으니 비록 매우 두려울 만하지만 성실하면 도와주려니와, 민심의 好惡는 대략 알 수 있으나 小民은 보전하기가 매우 어렵다."라고 한 것입니다.

그렇다면 소민은 무엇 때문에 보전하기가 어렵겠습니까. 만 가지 일이 잘되었어도 혹 한 가지 일의 잘못으로 인해 원망이 초래되고, 만 명의 사람이 기뻐해도 혹 한 사람의 원망으로 인해 난이 생겨나니, 이 때문에 보전하기가 어려운 것입니다. 그러나 강숙이 자신의 봉국으로 가서 다스리는 것이 어찌 다른 방법이 있겠습니까. '네 마음을 다하여서 스스로 편안히 하여 놀고 즐기기를 좋아하지 말아야 이에 백성들을 다스릴 수 있었습니다.'

옛날 사람 중에 간혹 작은 잘못으로 인해 원망을 초래한 경우가 있었기 때문에 큰 데에 있지 않다고 한 것이며, 간혹 큰 잘못으로 인해 원망을 초래한 경우도 있었기 때문에 작은 데에 있지도 않다고 한 것입니다. 원망을 초래하는 원인은 한 가지가 아니지만 그 원망을 그치게 하는 것은 다른 방법이 없습니다. 오직 굳이 따를 필요 없는 것을 따르고 굳이 힘쓸 필요 없는 것을 힘쓸 뿐입니다. 그리하여 人情에 소홀히 하기 쉬운 것에 대해 한결같이 감히 소홀히 하지 않아야 거의 원망이 없게 될 것입니다.

처음에는 하늘과 백성을 나란히 언급하였다가 마지막에는 백성에게만 귀결시켜 말한 것은, 민심은 바로 天心이니 소민을 보전할 수 있다면 天命을 보전할 수 있기 때문입니다.

27-3-가[5)]

春秋傳①에 曰 財盡則怨하고 力盡則懟(대)니라

5) 《春秋穀梁傳》 莊公 31년(기원전 663) 조에 보인다. 魯 莊公은 이해 봄에 "郎에 대를 쌓고〔築臺于郎〕", 여름에는 "薛에 대를 쌓고〔築臺于薛〕", 가을에는 "秦에 대를 쌓았다.〔築臺于秦〕" 《春秋公羊傳》 장공 31년 조 何休 注에 "禮에 따르면 천자는 靈臺를 두어 천지를 살피고 제후는 時臺를 두어 사시를 살피되, 높은 곳에 올라가 민심이 즐거워하는 바를 멀리 살펴서 행하여도 백성들에게 유익함이 없는 것은 비록 즐겁더라도 하지 않는다.〔禮 天子有靈臺以候天地 諸侯有時臺以候四時 登高遠望 人情所樂 動而無益於民者 雖樂不爲也〕"라는 내용이 보이는데, 이런 관점에서 보면 《춘추》 경문은 장공이 봄에는 민간의 부녀자들이 빨래하는 장소인 낭에 대를 쌓고, 여름에는 교외 먼 지역인 설에 대를 쌓고, 가을에는 사직과 종묘와 조정을 굽어볼 수 있는 진에 대를 쌓아 예를 어겼을 뿐 아니라, 농사에 바쁠 세 철에 모두 백성들을 동원하여 농사 시기를 뺏고 백성들의 힘을 고갈시킨 것에 대해 기롱한 것이다. 낭, 설,

① 春秋傳：穀梁氏.
'春秋傳'은 《春秋穀梁傳》이다.

《春秋穀梁傳》에 다음과 같은 내용이 있다.
"재물이 다 떨어지면 원망을 하고 힘이 다 고갈되면 원한을 품는다."

27-3-나(按)

臣은 按 此는 亦言民之常情이라 故聖賢之君은 輕賦斂而不盡其財하며 省(생)徭役而不盡其力하나니이다[6)]

【臣按】이 글 또한 백성의 常情을 말한 것입니다. 그러므로 훌륭하고 어진 군주는 세금을 가볍게 하여 백성의 재물이 다 떨어지지 않게 하고 徭役을 줄여주어서 백성의 힘이 다 고갈되지 않게 합니다.

27-4-가[7)]

齊宣王이 見孟子於雪宮[8)]이러시니 王曰 賢者도 亦有此樂乎잇가 孟子가 對曰 有하니 人不得則非其上矣니이다 不得而非其上者도 非也[9)]며 爲民上而不與民同樂者도 亦非也니이다 樂民之樂者는 民亦樂其樂하고 憂民之憂者는 民亦憂其憂하나니 樂以天下하며 憂以天下하고 然而不王者가 未之有也니이다

齊 宣王이 孟子를 雪宮에서 만났다. 왕이 말하였다.
"賢者에게도 이러한 즐거움이 있습니까?"
맹자가 대답하였다.
"있습니다. 사람들은 이러한 즐거움을 얻지 못하면 그 윗사람을 비난합니다. 즐거움을 얻지 못했다 하여 그 윗사람을 비난하는 백성도 잘못이지만 백성의 윗사

진은 모두 노나라의 땅 이름이다.

6) 하나니이다 : 509본에는 '하나니라'로 되어 있다.

7) 《孟子》〈梁惠王 下〉 제4장에 보인다.

8) 雪宮 : 離宮의 이름이다. 연못〔池〕과 관상용 짐승을 기르는 동산〔囿〕이 있다. 《孟子注疏 梁惠王 下 孫奭疏》

9) 也 : 대전본에는 '矣'로 되어 있다.

람이 되어 백성과 함께 즐거움을 같이하지 않는 군주 또한 잘못입니다. 백성의 즐거움을 즐거워하는 군주에 대해서는 백성 또한 그 군주의 즐거움을 즐거워하고, 백성의 근심을 근심하는 군주에 대해서는 백성 또한 그 군주의 근심을 근심합니다. 즐거워하기를 온 천하로써 하며 근심하기를 온 천하로써 하고, 이렇게 하고서도 王者가 되지 못한 자는 있지 않았습니다."

孟子

27-4-나(按)

臣은 按 爲民上者가 知有宮室之樂하며 爲民者가 亦欲有居處之安하나니 因己之樂而圖民之憂가 是之謂與民同樂이요 因民之憂而不敢恣己之樂이 是之謂與民同憂니 君之憂樂이 與民同而民不與君同其憂樂者가 鮮矣라 故爲人君者가 不以己之樂爲樂而以天下之樂爲樂하며 不以己之憂爲憂而以天下之憂爲憂니 如此而天下不歸者가 未之有也니이다

【臣按】 백성의 윗사람이 된 자는 宮室의 즐거움이 있음을 알고 백성이 된 자 또한 거처의 편안함을 갖고자 하니, 자신의 즐거움을 통해 백성의 근심을 생각하는 이것을 일러 백성과 즐거움을 함께한다고 이르며, 백성의 근심을 통해 감히 자신의 즐거움을 함부로 하지 않는 이것을 일러 백성과 근심을 함께한다고 이릅니다. 군주의 근심과 즐거움이 백성과 같은데 백성이 군주와 함께 군주의 근심과 즐거움을 같이하지 않는 경우는 거의 없습니다.

그러므로 군주가 된 자는 자신의 즐거움을 즐거움으로 삼지 않고 천하의 즐거움을 즐거움으로 삼으며, 자신의 근심을 근심으로 삼지 않고 천하의 근심을 근심으로 삼으니, 이와 같이 하는데도 천하 사람이 이러한 군주에게 歸附하지 않는 경우는 있지 않았습니다.

27-5-가[10]

齊宣王이 **問曰 人皆謂我毁明堂**[11]이라하나니 **毁諸**아 **已乎**잇가 **孟子**가 **對曰 夫明堂者**는 **王者之堂也**니 **王欲行王政則勿毁之矣**소서 **王曰 王政**을 **可得聞乎**[12]잇가 **對曰 昔者文王之治岐**(기)[13]**也**에 **耕者**를 **九一**[14]하며 **仕者**를 **世祿**[15]하며 **關市**를 **譏而不征**[16]하며 **澤梁**을 **無禁**하며 **罪人**을 **不孥**(노)[17]하더시니 **老而無妻曰鰥**(환)[18]이요

---

10)《孟子》〈梁惠王 下〉 제5장에 보인다.

11) 明堂 : 옛날에 천자가 政教를 편 곳이다. 조회, 제사, 慶賞, 選士, 養老, 教學 등의 의식을 모두 이곳에서 행하였다. 趙岐의 주에 따르면 여기의 명당은 泰山에 있는 명당으로, 周나라의 천자가 동쪽 지역을 巡狩할 때 제후들에게 조회받던 곳이다. 이 당시 齊나라가 그 지역을 침탈하여 제나라에 천자의 명당이 있게 된 것인데, 사람들이 명당을 허물고자 했던 것은 전국시대에 와서는 천자가 더 이상 순수하지도 않았을 뿐 아니라 제후들 또한 이곳에 거처할 수 없었기 때문이다.《孟子注疏 梁惠王 下 趙岐注》

12) 乎 : 사고본에는 '與'로 되어 있다.

13) 岐 : 대전본에는 '歧'로 되어 있다. 岐는 周나라의 옛 도읍지였던 岐周를 이른다. 지금의 陝西省 岐山縣 일대에 있었다. 文王이 西伯으로 있을 때 처음으로 王政을 펴던 곳이다.《孟子》〈離婁 下〉 제1장에 "문왕은 岐周에서 태어나 畢郢에서 별세하였으니 西夷 사람이다.〔文王生於岐周 卒於畢郢 西夷之人也〕"라는 내용이 보이는데, 趙岐의 주에 따르면 기주와 필영은 모두 지명이다.《孟子注疏 梁惠王 下 趙岐注》

14) 耕者九一 : 井田制를 이른다. 사방 1里 900畝가 1井이다. 趙岐의 주에 따르면 1리를 井字 모양으로 구획하여 가운데 100묘는 公田, 주위 800묘는 私田으로 삼아, 각각 100묘의 사전을 경작하는 8명의 농부가 공전 100묘를 공동으로 경작하여 사전에 대한 세금은 없이 공전 100묘의 생산물만 세금으로 내는 제도이다. 공전 100묘의 세금 역시 실제로는 80묘에 대한 세금만을 거둔 것이었다. 8명의 농부가 각각 공전 10묘씩을 경작하고 남은 20묘는 8명의 농부에게 각각 2.5묘씩을 주어 농사를 짓는 세 계절 동안 머물 廬를 지을 곳으로 제공하였기 때문이다. 농부들은 겨울에는 읍에 머물렀는데, 읍에도 각각 2.5묘씩의 里라는 거주지가 있었다.《孟子注疏 梁惠王 下 趙岐注》

15) 仕者世祿 : 朱熹의 주에 따르면 선왕의 세대에 벼슬한 자의 자손을 모두 가르쳐서 훌륭한 인재가 되면 벼슬을 시키고, 설령 등용하기에 부족하더라도 그 녹을 잃지 않게 한 것을 이른다.《孟子集註 梁惠王 下 朱熹注》

16) 關市譏而不征 : '關'은 도로의 관문, '市'는 도읍의 시장을 이른다. 관문과 시장의 관리들이 이상한 복장을 하고 이상한 말을 하는 사람들만 기찰하고 상인들에게는 별도로 세금을 징수하지 않은 것이다.《孟子集註 梁惠王 下 朱熹注》

17) 孥 : 대전본·사고본에는 '拏(나)'로 되어 있으나, 오자이다.

老而無夫曰寡[19]요 **老而無子曰獨**이요 **幼而無父曰孤**[20]니 **此四者**는 **天下之窮民而無告者**어늘 **文王**이 **發政施仁**하사대 **必先斯四者**하시니 **詩云**[21] **哿**(가)**矣富人**이어니와 **哀此煢**(경)[22]**獨**이라하니이다

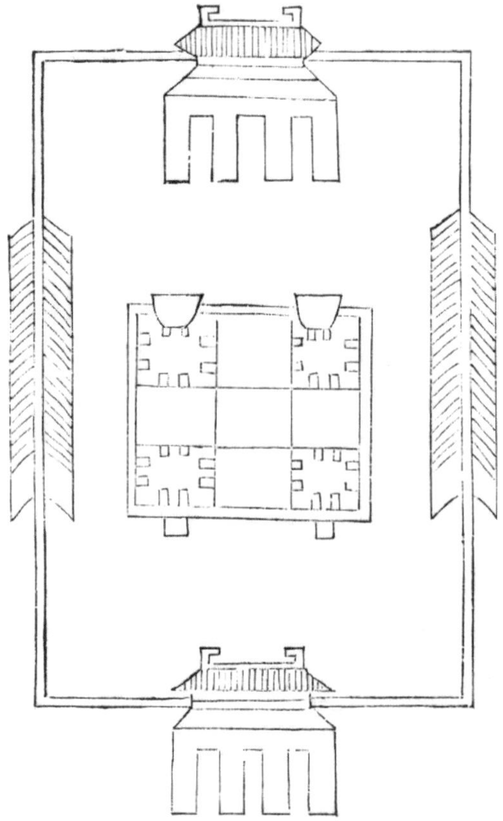

周明堂

齊 宣王이 물었다.

"사람들이 모두 나에게 明堂을 헐라고 하는데, 헐어야 하겠습니까, 그대로 두어야 하겠습니까?"

孟子가 대답하였다.

"저 명당이란 것은 王者의 堂이니, 왕께서 王政을 행하고자 하신다면 헐지 마소서."

제 선왕이 말하였다.

"왕정에 대해 들려주실 수 있습

18) 老而無妻曰鰥 : '老'는 60세 이상인 남자를 이른다. 《詩經》 孔穎達의 疏에 "장부로서 60에 아내가 없는 자를 '환'이라 이른다.〔丈夫六十無妻曰鰥〕"라는 구절이 보인다. 《毛詩注疏 國風 周南 桃夭 孔穎達疏》

19) 老而無夫曰寡 : '老'는 50세 이상인 여자를 이른다. 《詩經》 孔穎達의 疏에 "부인으로 50에 남편이 없는 자를 '과'라 이른다.〔婦人五十無夫曰寡〕"라는 구절이 보인다. 《毛詩注疏 國風 周南 桃夭 孔穎達疏》

20) 幼而無父曰孤 : '幼'는 아버지가 없는 30세 이하인 자를 이른다. 《禮記》 鄭玄의 注에 "30세 이하로 아버지가 없는 자를 '고'라 칭한다.〔三十以下無父稱孤〕"라는 구절이 보인다. 《禮記注疏 深衣 鄭玄注》

21) 詩云 : 《詩經》 〈小雅 正月〉을 이른다. 鄭玄의 箋에 따르면 '正月'은 夏曆으로 4월에 해당한다. 이때는 純陽이 用事할 때인데도 서리가 많이 내려 만물을 해치자 당시의 어진 대부가 이를 근심하여 지은 것이다. 〈毛序〉에서는 "대부가 幽王을 풍자한 시〔大夫刺幽王也〕"라고 하였다. 《毛詩注疏 小雅 正月 毛序, 鄭玄箋》

22) 煢 : 사고본에는 '惸'으로 되어 있다.

니까?"

맹자가 대답하였다.

"옛날에 文王이 岐周를 다스릴 때 경작하는 자들에게는 9분의 1의 세금을 받았으며, 벼슬하는 자들에게는 대대로 녹을 주었으며, 도로의 관문과 도읍의 시장에 대해서는 기찰하기만 하고 세금을 징수하지 않았으며, 저수지와 魚梁의 이용을 금함이 없었으며, 죄인을 처벌하되 처자식까지 처벌하지 않게 하였습니다. 늙어서 아내가 없는 이를 鰥이라 하고, 늙어서 남편이 없는 이를 寡라 하고, 늙어서 자식이 없는 이를 獨이라 하고, 어려서 부모가 없는 이를 孤라고 하니, 이 네 부류는 천하의 곤궁한 백성으로서 하소연할 곳이 없는 이들입니다. 그런데 문왕은 정령을 펴고 仁을 베풀되 반드시 이 네 부류의 사람들을 우선하였으니, 《詩經》에 이르기를 '부자들은 괜찮지만 이 곤궁한 자들이 가엾다.' 하였습니다."

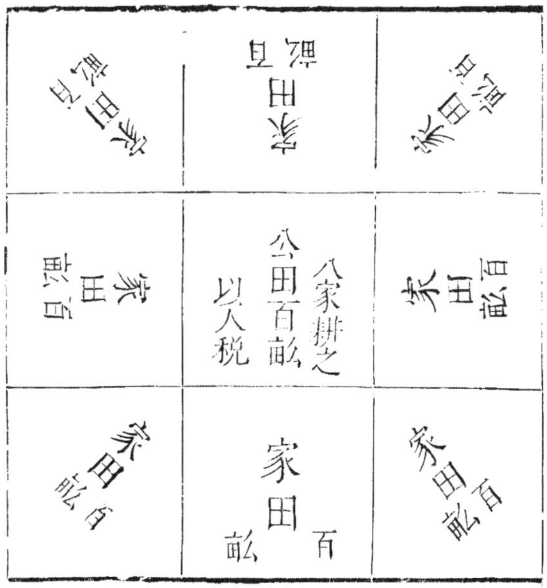

井田之法圖

魚梁

王曰 善哉라 **言乎**여 **曰 王如善之則何爲不行**이니잇고 **王曰 寡人**이 **有疾**호니 **寡人**은 **好貨**하노이다

對曰 昔者에 **公劉**[23]가 **好貨**하더시니 **詩云**[24] **乃積乃倉**[25]이어늘 **乃裹餱**(후)**糧**을 **于槖**(탁)**于囊**(낭)[26]이오야 **思戢用光**하여 **弓矢斯張**하며 **干戈戚揚**[27]으로 **爰方啓行**이라하니 **故**로 **居者**가 **有積倉**하며 **行者**가 **有裹糧也然後**에야 **可以爰方啓行**이니 **王如好貨**어시든 **與百姓同之**하시면 **於王**에 **何有**리잇고

齊 宣王이 말하였다.

---

23) 公劉 : 鄭玄의 箋에 따르면 '公'은 호이고 '劉'는 이름이라고도 하고, '공'은 작위이고 '류'는 이름이라고도 하며, '공류'가 字라고도 하여 정설이 없다. 공류는 堯임금 때 農官을 역임했던 后稷의 증손이다.《史記》에 따르면 후직은 요임금 때 邰(태)에 봉해지고 姬姓을 하사받았다. 아들 不窋(부줄)이 농관의 직책을 이어받았으나 말년에 농관의 직책을 잃자 夏나라 말기의 난을 피해 지금의 甘肅省 慶陽縣 일대의 戎狄 지역으로 거주지를 옮겼다. 부줄의 손자 공류에 이르러 다시 토지의 특성을 살펴 농경에 힘쓰면서 재물이 쌓이고 사람들이 몰려들자 공류는 도읍을 지금의 陝西省 彬縣 일대의 豳(빈)으로 옮겼다. 毛亨의 傳에 따르면 이때 공류를 따른 제후국이 모두 18개국이었다고 한다. '豳'은 '邠(빈)'으로 쓰기도 한다.《毛詩注疏 大雅 公劉 毛亨傳, 鄭玄箋》《史記 卷4 周本紀》

24) 詩云 :《詩經》〈大雅 公劉〉를 이른다. 毛亨의 傳에 따르면 〈공류〉는 어린 成王이 親政을 하게 되자 召康公이 공류를 찬미한 시를 지어 성왕으로 하여금 治民에 힘쓰도록 경계한 것이다.《毛詩注疏 大雅 公劉 毛亨傳》

25) 乃積乃倉 : '積'은 노천에 쌓아둔 곡식 더미인 노적가리를 이르며, '倉'은 곡식 창고이다.《周禮》賈公彦의 소에 따르면 "네모진 곡식 창고를 倉, 둥근 곡식 창고를 囷(균)이라 한다.〔方曰倉 圜曰囷〕"《周禮 考工記 匠人 賈公彦疏》

26) 于槖于囊 : '槖'과 '囊'에 대해서는 설이 분분한데 대체로 네 가지로 요약할 수 있다. 첫 번째는 "작은 자루를 '탁', 큰 자루를 '낭'이라고 한다.〔小曰槖 大曰囊〕"라는 설이다. 毛亨의 傳에서 채택하였다. 두 번째는 이와 반대로 작은 자루를 '낭', 큰 자루를 '탁'으로 본 설이다.《文選》呂向의 주에서 채택하였다. 세 번째는 "밑이 없는 자루를 '낭', 밑이 있는 자루를 '탁'이라고 한다.〔無底曰囊 有底曰槖〕"라는 설이다.《說文解字》와 陸德明의《經典釋文》에서 채택하였다. 네 번째는 이와 반대로 밑이 없는 자루를 '탁', 밑이 있는 자루를 '낭'으로 본 설이다.《漢書》顔師古의 주와《孟子集註》주희의 주에서 채택하였다. 이에 대한 논의가 淸나라 학자 黃中松의《詩疑辨證》에 자세하다.《毛詩注疏 大雅 公劉 毛亨傳》《六臣註文選 卷49 史論 上 公孫弘傳贊 干令升 呂向注》《前漢書 卷23 刑法志 顔師古注》《孟子集註 梁惠王 下》《詩疑辨證 卷5 于槖于囊》

27) 干戈戚揚 : 모두 고대의 병기로, '干'은 방패〔盾〕, '戈'는 창〔戟〕, '戚'은 도끼〔斧〕, '揚'은 큰 도끼〔鉞〕이다. 이것은 군대를 정비하여 무기를 들고 길을 내면서 질서정연하게 떠난 것을 이른다.

"참으로 좋은 말씀입니다!"

孟子가 말하였다.

"왕께서 좋게 여기신다면 어찌하여 행하지 않습니까?"

제 선왕이 말하였다.

"과인은 병통이 있습니다. 과인은 재물을 좋아합니다."

맹자가 대답하였다.

"옛날에 公劉가 재물을 좋아하였습니다. 《詩經》에 이르기를 '노천에 노적가리가 쌓이고 창고에 곡식이 쌓이자 마른 양식을 싸기를 전대에 싸고 자루에 싸고서야 백성을 편안히 하여 이로써 나라를 빛낼 것을 생각하여 활과 화살을 준비하며 방패와 창과 도끼를 가지고 이에 비로소 길을 떠난다.' 하였습니다. 그러므로 집에 남아 있는 자들은 노적가리와 창고에 쌓인 곡식이 있고 길을 떠나는 자들은 전대와 자루에 싼 양식이 있은 뒤에야 이에 비로소 길을 떠날 수 있는 것입니다. 왕께서 재물을 좋아하신다면 백성과 함께하소서. 그렇게 하신다면 王者가 되는 데 무슨 어려움이 있겠습니까."

王曰 寡人이 **有疾**호니 **寡人**은 **好色**하노이다 **對曰 昔者**에 **大**(태)[28]**王**[29]이 **好色**하사 **愛厥妃**하더시니 **詩云**[30] **古公亶父**(고공단보)가 **來朝走馬**하사 **率西水滸**(호)하여 **至于岐**[31]**下**하여 **爰及姜女**①로 **聿來胥宇**②라하니 **當是時**[32]**內無怨女**[33]하며 **外無曠**

28) 大 : 사고본에는 '太'로 되어 있다.

29) 大王 : 古公亶父(고공단보)이다. 주희의 주에 따르면 公劉의 9세손이자 周 文王의 할아버지이다. 太王으로도 쓴다. '고공'은 本號이며 '단보'는 이름이다. 毛亨의 傳에서는 단보를 字로 보았다. '태왕'은 武王이 周나라를 건립한 뒤에 추존한 칭호이다. 《史記》에 따르면 북방의 이족인 薰育(훈육)과 서방의 이족인 戎狄이 고공단보의 도읍지인 豳(빈)을 침략하여 고공단보에게 재물을 요구하고 계속해서 땅과 백성을 요구하자 고공단보가 빈을 떠나 岐山 아래에 정착하였다고 한다. '薰育'은 夏나라 때의 호칭이며, 周나라 때에는 獫狁(험윤), 전국시대와 秦漢 때에는 匈奴로 불렸다. '岐山'은 岐周를 이른다. 27-5-가 주석 '岐' 참조. 《孟子集註 梁惠王 下》《毛詩注疏 大雅 綿 毛亨傳》《史記 卷4 周本紀》

30) 詩云 : 《詩經》〈大雅 綿〉을 이른다. 周나라가 천명을 받은 것은 后稷·公劉·太王으로 면면히 그 기반을 닦음으로 인해 文王 때에 와서 이루어진 것임을 노래한 시이다. 〈毛序〉에서는 "문왕이 일어난 것은 모두 태왕의 업적에 근본을 둔 것이다.〔文王之興 本由大王也〕"라고 하여 특히 태왕을 찬미한 시라고 말하고 있다. 《毛詩注疏 大雅 綿 毛序》

夫[34]하니 王如好色이어시든 與百姓同之하시면 於王에 何有리잇고

① 爰及姜女 : 大[35]王妃.
'姜女'는 태왕의 비이다.
② 聿來胥宇 : 胥, 相[36]也. 宇, 居也.
'胥'는 '보다'라는 뜻이다. '宇'는 '집터'라는 뜻이다.

齊 宣王이 말하였다.
"과인은 병통이 있습니다. 과인은 女色을 좋아합니다."
孟子가 대답하였다.
"옛날에 太王이 여색을 좋아하여 그 후비를 사랑하였습니다. 《詩經》에 이르기를 '古公亶父가 아침에 말을 달려와서 서쪽 물가를 따라 岐山 아래에 이르러 이에 姜女와 함께 와서 집터를 보았다.' 하였습니다. 이 당시 안에는 혼인하지 못하는 여자가 없었고 밖에는 혼인하지 못하는 남자가 없었으니, 왕께서 여색을 좋아하신다면 백성과 함께하소서. 그렇게 하신다면 王者가 되는 데 무슨 어려움이 있겠습니까."

27-5-나(按)

臣은 按 此亦前章[37]之意라 文王이 發政施仁에 必先於鰥寡孤獨하시니 孟子가 以爲此四者는 天下之窮民而無告者라 故文王이 先焉이라하시니 以臣攷[38]之컨대 不虐無告・

31) 岐 : 대전본에는 '歧'로 되어 있다.
32) 時 : 사고본에는 이 뒤에 '也' 1자가 있다. 저본과 512본의 欄上에는 '時之下有也하야字(時자 다음에 「也하야」자가 있다.)' 6자 한자와 '하야' 현토가 筆書되어 있다.
33) 怨女 : 혼인 적령기가 되었으나 혼인을 하지 못한 성년 여자를 이른다. 이와 관련하여 《周禮》 〈地官 媒氏〉에 "매씨는 만민의 혼인을 주관하여……남자는 30세가 되면 장가가도록 하고 여자는 20세가 되면 시집가도록 한다.〔媒氏掌萬民之判……令男三十而娶 女二十而嫁〕"라는 내용이 보인다.
34) 曠夫 : 혼인 적령기가 되었으나 혼인을 하지 못한 성년 남자를 이른다.
35) 大 : 사고본에는 '太'로 되어 있다.
36) 相 : 대전본・사고본・509본에는 '皆'로 되어 있다.
37) 前章 : 《孟子》 〈梁惠王 下〉 제4장을 이른다. 27-4-가 참조.
38) 攷 : 사고본에는 '考'로 되어 있다.

不廢困窮이 自堯・舜已然矣니 文王治岐[39]之心은 卽堯・舜治天下之心也라 宣王이 知善孟子之言而自謂不能行者는 以有好貨・好色之累而孟子則以公劉・大[40]王之事爲言하여 以爲 人君이 豈能不事儲峙(치)之富리오 惟能推此心하여 使民亦有餱糧之積이 可也요 人君이 豈能無妃匹之奉이리오 惟能推此心하여 使民亦有配偶之安이 可也라

【臣按】이 글 또한 앞 4장의 뜻과 같습니다. 文王이 善政을 펴고 仁을 베풀 때 반드시 鰥・寡・孤・獨을 우선시하였는데, 孟子는 이 네 부류의 사람들이 천하의 곤궁한 백성으로서 하소연할 곳이 없는 자들이었기 때문에 문왕이 우선시한 것이라고 하였습니다. 신이 살펴보건대 하소연할 곳이 없는 자들을 학대하지 않고 곤궁한 자들을 방치하지 않은 것은 堯임금과 舜임금 때부터 이미 그렇게 했던 것이니 문왕이 岐周를 다스릴 때의 마음은 바로 요임금과 순임금이 천하를 다스릴 때의 마음이었습니다.

齊 宣王이 맹자의 말을 좋게 여길 줄 알았으면서도, 스스로 생각하기에 이를 행할 수 없는 이유는 재물을 좋아하고 女色을 좋아하는 문제가 있기 때문이라고 하였습니다. 그런데 맹자는 公劉와 太王의 사례를 가지고 논지를 전개하여 "군주가 어찌 비축의 넉넉함에 온 힘을 기울이지 않을 수 있겠는가. 오직 자신의 이러한 마음을 미루어서 백성들 역시 마른 양식의 비축이 있을 수 있게 하면 되는 것이다. 군주가 어찌 배필의 받듦이 없을 수 있겠는가. 오직 자신의 이러한 마음을 미루어서 백성들 역시 배필의 편안함이 있을 수 있게 하면 되는 것이다."라고 하였습니다.

夫公劉가 非好貨也라 不過居則有積倉하며 行則有裹糧爾而當時之民이 居者・行者가 亦皆有以自養而無飢餒(뇌)之虞하니 可見其與民同欲也요 大(태)[41]王이 非好色也라 不過同姜女以來胥宇爾而當時宮中에 無怨女하며 民間에 無曠夫하니 可見其與民同欲也라 公劉・大[42]王이 與民同欲이 如此하니 王業이 安得而不興이리오 後世人主가 私四海之富하여 鉅橋[43]・洛口[44]에 儲粟山積而民無宿昔之糧하고 侈六宮[45]之奉하여

39) 岐 : 대전본에는 '歧'로 되어 있다.
40) 大 : 대전본・사고본에는 '太'로 되어 있다.
41) 大 : 사고본에는 '太'로 되어 있다.
42) 大 : 사고본에는 '太'로 되어 있다.

燕姬[46]・趙女[47]가 充盈館籞(어)而民多鰥孤之歎[48]하니 其專欲病民이 如此라 禍變이 安得而不作이리오 惟仁聖之君이 享玉食[49]而憂民之不飽於藜藿(려곽)하며 對嬪御而念民之不足於室家하니 推此之心하여 行此之政이면 其庶矣乎인저

저 公劉는 재물을 좋아했던 것이 아니라, 거처할 때에는 노적가리와 창고의 곡식이 있고 길을 떠날 때에는 자루에 싼 양식이 있는 데 지나지 않았습니다. 그런데 당시 백성들 역시 남아 있는 자들과 떠나는 자들이 모두 스스로 먹을 것이 있어 굶주리는 근심이 없었으니 공류가 백성들과 그 욕구를 함께했음을 알 수 있습니다.

太王은 여색을 좋아했던 것이 아니라, 姜女와 함께 와서 집터를 본 것에 지나지 않았습니다. 그런데 당시 궁중에는 혼인 적령기에 혼인을 하지 못한 여자가 없었고 민간에는 혼인 적령기에 혼인을 하지 못한 남자가 없었으니 태왕이 백성들과

---

43) 鉅橋 : 商나라 紂王 때의 곡식 창고 이름이다. 이와 관련하여 《書經》 〈周書 武成〉에 "鹿臺의 재물을 나누어주고 鉅橋의 곡식을 풀었다.〔散鹿臺之財 發鉅橋之粟〕", 《史記》 권3 〈殷本紀〉에 "주왕이……세금을 무겁게 하여 녹대의 돈을 채우고 거교의 곡식을 채웠다.〔帝紂……厚賦稅以實鹿臺之錢而盈鉅橋之粟〕"라는 내용이 보인다.

44) 洛口 : 洛口倉을 이른다. 隋 煬帝 大業 2년(606)에 지은 곡식 창고 이름으로 興洛倉이라고도 한다. 洛水가 黃河로 들어가는 입구에 지었기 때문에 붙인 이름으로, 그 터가 지금의 河南省 鞏縣 동남쪽에 있다. 둘레가 20여 리이고 곳집이 3천 개인데, 각 곳집마다 8천 石을 저장할 수 있었다고 한다. 대업 13년(617)에 農民 起義 때 瓦崗軍이 이 창고를 점령하고 둘레 40리의 洛口城으로 증축하였다가 唐 玄宗 開元 21년(733)에 다시 이곳에 낙구창을 두었다.

45) 六宮 : 正寢 1개, 燕寢 5개로 이루어진 황후의 침궁을 이른다. 여기에서는 6궁에 거주하는 황후를 비롯한 이하의 비빈을 모두 가리킨다. 《禮記》 〈昏義〉에 "옛날에 천자의 后는 6宮, 3夫人, 9嬪, 27世婦, 81御妻를 세워서 천하의 內治를 다스려서 부인의 순함을 밝혔다.〔古者 天子后立六宮三夫人九嬪二十七世婦八十一御妻 以聽天下之內治 以明章婦順〕"라는 내용이 보인다.

46) 燕姬 : 전국시대 가무에 뛰어난 燕나라의 미녀라는 뜻으로, 여기에서는 아름다운 비빈을 비유한다.

47) 趙女 : 전국시대 노래에 뛰어난 趙나라의 미녀라는 뜻으로, 여기에서는 아름다운 비빈을 비유한다.

48) 歎 : 사고본에는 '嘆'으로 되어 있다.

49) 玉食 : 좋은 음식이라는 뜻이다. 《書經》 〈周書 洪範〉에 "오직 군주만이 상을 내리고 오직 군주만이 벌을 내리며 오직 군주만이 좋은 음식을 누릴 수 있다.〔惟辟作福 惟辟作威 惟辟玉食〕"라는 내용이 보인다.

그 욕구를 함께했음을 알 수 있습니다. 공류와 태왕이 백성들과 욕구를 함께했던 것이 이와 같았으니 왕업이 어떻게 일어나지 않을 수 있었겠습니까.

후세의 군주는 四海의 富를 사유화하여 鉅橋와 洛口 창고에 비축한 곡식이 산처럼 쌓여 있는데도 백성들은 하루 버틸 양식조차 없고, 六宮의 봉양을 지나치게 하여 燕나라와 趙나라의 미녀 같은 비빈들이 客舍와 禁苑에 가득한데도 백성들은 홀아비와 고아의 탄식 소리가 많습니다. 후세의 군주들이 욕망을 혼자서만 채워 백성을 병들게 한 것이 이와 같으니 화란과 병란이 어떻게 일어나지 않을 수 있겠습니까.

오직 어질고 훌륭한 군주만이 좋은 음식을 먹으면서도 백성들은 명아주 잎과 콩잎도 배불리 먹지 못할까를 근심하며, 비빈의 봉양을 마주하고서도 백성들은 아내가 없을까를 염려합니다. 이 마음을 미루어서 이러한 정사를 행하신다면 아마도 치세에 가까울 것입니다.

27-6-가[50)]

漢文帝時에 **晁錯**(조조)[51)]가 **以賢良**[52)]**對策曰 三王**[53)]은 **臣主**가 **俱賢**이라 **故合**

50)《前漢書》 권49 〈鼂錯傳〉 등에 보인다. 이 글은 漢 文帝 15년(기원전 165) 9월에 賢良文學을 천거하라는 문제의 詔令에 당시 太子家令으로 있었던 晁錯가 천거를 받고 對策한 내용의 일부이다. 문제의 책문은 대략 다음과 같다. "유사・제후왕・삼공・구경・군수들은 각각 자신의 뜻에 따라 현량한 인재를 추천하도록 하라. 국가의 大體에 밝고, 人事의 변화에 통달하고, 능히 직언과 극간을 할 수 있는 자로 각각 약간의 인원을 두어 짐의 부족한 점을 도와 바로잡는 데 쓸 것이다. 책문을 받는 여러 대부 중에 國體, 人事, 極諫 이 세 가지 도에 대해 제대로 답한다면 짐이 응당 가납할 것이다. 그러므로 제대로 답한 대부들을 조정에 나오게 하여 친히 짐의 뜻을 고유할 것이니, 대부들은 이 세 가지 도의 핵심을 말하고, 짐의 부족한 점, 관리들의 불공정함, 정령이 펴지지 않음, 백성들의 편치 않음을 길이 생각하여 이 네 가지 중 미비한 부분에 대해 빠짐없이 자신의 의견을 개진하여 숨김이 없도록 하라. 위로는 선왕의 종묘에 올릴 수 있고 아래로는 백성들의 이익을 일으킬 수 있어 한 편의 훌륭한 글을 이룬다면 짐이 직접 볼 것이다.〔有司・諸侯王・三公・九卿及主郡吏 各帥其志以選賢良 明於國家之大體 通於人事之終始 及能直言極諫者 各有人數 將以匡朕之不逮 二三大夫之行當此三道 朕甚嘉之 故登大夫于朝 親諭朕志 大夫其上三道之要 及永惟朕之不德 吏之不平 政之不宣 民之不寧 四者之闕 悉陳其志 毋有所隱 上以薦先帝之宗廟 下以興愚民之休利 著之於篇 朕親覽焉〕" 조조는 '국가의 大體에 밝음〔明於國家之大體〕', '인사의 변화에 통달함〔通於人事之終始〕', '직언과 극간을 함〔直言極諫〕', '관리들의 불공정함과 정령이 펴지지 않음과 백성

謀相輔하여 **計安天下**하사대 **莫不本於人情**하니 **人情**이 **莫不欲壽**어늘 **三王**이 **生而不傷也**하시고 **人情**이 **莫不欲富**어늘 **三王**이 **厚而不困也**하시고 **人情**이 **莫不欲安**이어늘 **三王**이 **扶而不危也**하시고 **人情**이 **莫不欲逸**이어늘 **三王**이 **節其力而不盡也**하사 **其爲法令也**가 **合於人情而後**에 **行之**하시며 **其動衆使民也**가 **本於人事然後**에 **爲之**하시며 **取人以己**하시며 **內恕及人**하사 **情之所惡**(오)를 **不以彊人**하시며 **情之所欲**을 **不以禁人**하시니 **是以**로 **天下**가 **樂其政・歸其德**하여 **望之若父母**하며 **從之如**[54]**流水**하니이다

漢 文帝 때 晁錯가 賢良으로 천거되어 策問에 다음과 같이 對策하였다.

"三代의 임금 때에는 신하와 군주가 모두 현명하였기 때문에 지혜를 모아 서로

들의 편치 않음〔吏之不平 政之不宣 民之不寧〕', '짐의 부족한 점을 길이 생각함〔永惟朕之不德〕', '빠짐없이 자신의 의견을 개진하여 숨김이 없음〔悉陳其志 無有所隱〕' 등의 6조항으로 나누어 대책하였는데, 이 글은 이 가운데 '인사의 변화에 통달함' 항목에 들어 있다. 당시 대책한 사람이 백여 명이었으나 賈誼가 이미 죽고 없는 상태에서 조조의 대책만이 최고 등급을 받아 조조는 곧바로 中大夫에 임명되었다. 《前漢書 卷49 晁錯傳》《前漢紀 卷8 孝文2》《西漢年紀 卷8 文帝》

51) 晁錯 : 기원전 200~기원전 154. 漢 文帝 때의 관료로 潁川 사람이다. 《資治通鑑》과 《漢書》 本傳에는 '鼂錯'로 되어 있다. 일찍이 張恢에게서 申不害와 商鞅의 刑名學을 배웠다. 太子家令, 博士, 中大夫 등을 역임하였으며, 훗날의 景帝인 태자 劉啓에게서 智囊으로 불렸다. 重農을 주장하였으며, 제후들의 封地를 삭감할 것을 주청하여 王侯와 權貴의 미움을 받았다. 景帝 3년(기원전 154) 吳・楚 7국이 조조를 토벌하여 임금의 측근을 깨끗하게 한다는 명분을 내세워 반란을 일으키자, 竇嬰(두영) 등의 주청으로 長安 東市에서 腰斬되었다. 《史記 卷101 晁錯列傳》

52) 賢良 : 賢良方正 또는 賢良文學의 약칭이다. 현량문학은 문학으로 약칭하기도 한다. 漢代의 인재를 선발하는 과목 중의 하나로, 정기적인 인재 천거와 달리 부정기적인 인재 선발의 성격을 지닌 制科이다. 文帝 때 처음 시작되어 정치의 잘잘못에 대해 直言과 極諫을 구하는 것으로, 그 글이 훌륭하면 바로 관리에 임명되었다. 여기에서 '문학'은 "문학을 했다는 말은 경서를 배운 사람을 이른다.〔爲文學 謂學經書之人〕"라는 顔師古의 주에 근거하면 經學을 이른다. 《漢書 卷96下 西域傳 顔師古注》

53) 三王 : 夏・商・周 三代의 임금으로, 范寧의 《春秋穀梁傳集解》에 따르면 하나라 禹王, 상나라 湯王, 주나라 武王을 이른다. 趙岐의 《孟子注》에서는 무왕 대신 文王을 가리킨다고 하였다.

54) 如 : 사고본에는 '若'으로 되어 있다.

도와서 천하를 안정시킬 것을 꾀하였는데 人情에 근본을 두지 않음이 없었습니다. 인정에 長壽를 바라지 않는 사람이 없자 삼대의 임금은 백성들의 생명을 보호해주어 다치지 않게 하였고, 인정에 부유함을 바라지 않는 사람이 없자 삼대의 임금은 백성들을 풍족하게 해주어 곤궁하지 않게 하였고, 인정에 안정을 바라지 않는 사람이 없자 삼대의 임금은 백성들의 질서를 유지해주어 위태롭지 않게 하였고, 인정에 편안함을 바라지 않는 사람이 없자 삼대의 임금은 백성들의 힘을 아껴주어 소진되지 않게 하였습니다. 그리하여 그 法令을 만든 것은 인정에 부합한 이후에야 시행하였으며, 그 백성들을 동원하고 부리는 것은 人事에 근본을 둔 연후에야 실행하였습니다. 자신을 살펴 다른 사람에게 요구하고 자신의 마음을 미루어 다른 사람의 마음을 헤아려서, 인정에 싫어하는 것을 사람들에게 강요하지 않고 인정에 바라는 것을 사람들에게 금하지 않았습니다. 이 때문에 천하 사람들이 그 정사를 즐거워하고 그 덕에 귀의하여 부모처럼 바라보고 흐르는 물처럼 따랐던 것입니다."

27-6-나(按)

臣은 按 漢初가 去古未遠하여 先秦舊聞이 猶有存者하니 斯言者는 非錯之言이라 先民之遺言也라 夫人情之所欲을 順之則安하고 擾之則危라 故虞廷君臣이 相戒에 必曰 罔咈百姓하여 以從己之欲[55]이라하니 錯之論이 大抵本此而其敷[56]陳이 尤詳且盡焉하니 然總其要歸컨대 不過數端이니 曰 不窮兵・不黷(독)武는 所以全其生也요 不急征・不橫斂은 所以厚其財也요 不爲苛擾之政은 所以安其居[57]요 不興長久之役은 所以養其力也니 本之以仁하고 行之以恕하니 三王之所謂本人情者가 如是而已라 考觀漢文之治컨대 雖未盡合古而寬仁安靜하여 蓋庶幾焉하니 豈錯之對가 有以發之邪아 武帝一切反之하여 幾至危亂하니 臣이 故於錯에 有取云하노이다

【臣按】 漢나라 초기는 옛 聖王의 시대와 멀지 않아 先秦의 옛 글과 말이 아직 남아 있는 것이 있었으니, 이 말은 晁錯의 말이 아니라 옛사람이 남긴 말입니다.

55) 虞廷……之欲 : 저본에 인용한 내용은 《書經》〈虞書 大禹謨〉 제6장에 보이는 구절로, 益이 순임금에게 경계한 8가지 가운데 하나이다. '虞'는 舜임금이 봉함을 받았던 나라 이름이다.
56) 敷 : 대전본에는 '尃(부)'로 되어 있다.
57) 居 : 사고본에는 이 뒤에 '也' 1자가 있다.

무릇 人情에 바라는 것을 따르면 편안하고 어지럽히면 위태롭습니다. 그러므로 舜임금의 조정에서 임금과 신하가 서로 경계할 때 반드시 "백성의 뜻을 거스르면서 자신이 바라는 것을 따르지 마소서."라고 했던 것입니다.

조조의 논설은 대체로 여기에 근본을 둔 것이지만 조조가 전개한 논설이 더욱 자세하고 남김이 없습니다. 그러나 그 요점을 종합한다면 몇 가지에 지나지 않습니다. 즉 武力을 남용하지 않고 제멋대로 전쟁을 벌이지 않는 것은 백성들의 생명을 온전히 하는 것이며, 稅金을 독촉하지 않고 제멋대로 거두어들이지 않는 것은 백성들의 재산을 풍족하게 하는 것이며, 가혹하고 어지러운 정사를 행하지 않는 것은 백성들의 거처를 편안하게 하는 것이며, 장기간의 徭役이 필요한 일을 일으키지 않는 것은 백성들의 힘을 기른다는 것입니다. 긍휼히 여기는 마음에 근본을 두고 나의 마음을 미루어 남을 헤아리는 정사를 행하였으니 三代의 임금이 '인정에 근본을 두었다.'는 것은 이와 같을 뿐입니다.

漢 文帝의 治世를 살펴보건대 비록 옛 聖王의 치세에 모두 부합하지는 못하지만 너그럽고 인자하며 편안하고 조용하여 거의 〈옛 성왕의 치세에〉 가까웠으니 어찌 조조의 대책이 그 발단이 된 것이 아니겠습니까. 漢 武帝는 모든 면에서 이와 반대로 하여 나라가 거의 위태롭고 어지러울 정도까지 되었습니다. 신이 이 때문에 조조의 논의에서 말을 가져와 쓴 것입니다.

漢 文帝

漢 武帝

27-7-가[58)]

唐德宗[59)]이 在奉天①에 陸贄(육지)[60)]가 上疏하여 謂 當今急務가 在於審察群情이니 群情之所甚欲者를 陛下가 先行之하시며 群情之所深惡者를 陛下가 先去之[61)]하시면 欲・惡가 與天下同而天下가 不歸者가 未之有也니이다

① 唐德宗在奉天 : 朱泚(자)[62)]反, 上幸奉天.

---

58) 《資治通鑑》 권229 〈唐紀45 德宗4〉 建中 4年 11월 조에 보인다.

59) 唐德宗 : 742~805(재위 779~805). 당나라 제9대 임금으로 휘는 适(괄)이다. 제8대 임금 代宗 李豫의 장자이다. 시호는 神武孝文皇帝이다. 대종 廣德 2년(764)에 황태자에 책립되었다. 즉위한 초기에는 환관이 정사에 간여하는 것을 엄금하고 楊炎(727~781)을 재상으로 임명하며 租庸調 제도를 혁파하고 여름과 가을 두 계절에 세금을 나누어 받는 兩稅法을 만들어 중흥의 기상이 있었으나 뒤에 盧杞 등을 등용하면서 정사가 어지러워졌다. 덕종 建中 4년(783)에 涇原兵變이 일어나 奉天으로 피신하였다가 이듬해 난이 평정된 뒤 長安으로 돌아왔다. 이 과정에서 많은 문무백관들의 배신과 환관의 충성스러운 扈從을 겪게 되자 이후 환관을 중용하게 되었다.

60) 陸贄 : 754~805. 자는 敬輿로 蘇州 嘉興 사람이다. 代宗 大曆 6년(771)에 進士가 되었으며, 德宗이 태자로 있을 때 그 명성이 알려져 翰林學士가 되었다. 덕종 建中 4년(783)에 朱泚가 난을 일으키자 덕종을 호종하여 奉天으로 가서 詔書와 勅令을 기초하였다. 이듬해 덕종이 장안으로 돌아오자 中書舍人이 되었으며 貞元 8년(792)에 中書侍郎・同中書門下平章事가 되었다. 재상으로 있으면서 여러 차례 덕종에게 上書하여 時政의 득실을 논하고 널리 현인을 등용하자고 주장했으며, 兩稅法 이외에 부과되던 雜稅를 철폐하고 훌륭한 장수들을 발탁하여 변경을 공고히 하였다. 성품이 강직하여 당시 황제의 총애를 받아 교만했던 裴延齡과 대립하였는데 貞元 10년(794)에 배연령의 모함으로 재상에서 쫓겨나 죽임을 당할 뻔하였다. 이듬해 忠州別駕로 폄적되었다가 順宗이 즉위하여 조서를 내려 복직시켰으나 도착하기 전에 죽었다. 저서에 《陸宣公奏議》가 있으며 시호는 宣이다.

61) 群情……去之 : 이와 관련하여 《孟子》 〈離婁 上〉 제9장에 "백성의 마음을 얻는 데 방법이 있으니, 원하는 것을 주어서 모이게 하고 싫어하는 것을 베풀지 말아야 한다.〔得其心有道 所欲與之聚之 所惡勿施爾也〕"라는 내용이 보이는데, 朱熹의 주에 晁錯의 위 대책을 대표적인 사례로 인용하고 있으며, 소주에 "이 장의 요지는 원하는 것을 주어서 모이게 하고 싫어하는 것을 베풀지 말라는 두 구에 있다.〔此章之要 在所欲與聚・所惡勿施二言〕"라는 眞德秀의 말이 실려 있다.

62) 朱泚 : 742~784. 당나라 때의 將領이자 逆臣이다. 지금의 北京市 昌平 남쪽인 幽州 昌平 사람이다. 유주의 장령으로 盧龍節度使 李懷仙(?~768)과 朱希彩(?~772)를 앞뒤로 섬기다가 부하들에 의해 幽州盧龍節度使에 옹립되었다. 代宗 大曆 7년(772) 10월에 檢校左常

朱泚가 반란을 일으키자 德宗이 奉天으로 파천한 것이다.

唐 德宗이 奉天에 있을 때 陸贄가 다음과 같이 상소하였다.

"지금 급선무는 人情을 자세히 살펴 아는 데 있습니다. 人情에 매우 바라는 것을 폐하께서 먼저 행하시고 인정에 매우 싫어하는 것을 폐하께서 먼저 제거하신다면, 폐하께서 바라시는 것과 싫어하시는 것이 천하 사람들과 같게 되어 천하에 귀의하지 않는 사람이 없을 것입니다."

陸贄

又曰 常[63]違欲以行己所難하시며 布誠以除人所病하소서 竊聞輿議하여 頗究群情호니 四方이 則患於中外意乖하고 百辟이 又患於君臣道隔하며 郡國之志가 不達於朝廷하고 朝廷之誠이 不升於軒陛하며 上澤이 闕於下布하고 下情이 壅於上聞하며 實事를 不必知하시고 知事가 不必實하여 上下가 否(비)隔하고 眞僞가 雜糅(유)하여 聚怨囂囂(효효)하며 騰謗籍籍[64]하니 欲無疑阻(조)나 其可得乎잇가

侍·유주노룡절도사에 임명되었다. 대력 9년(774)에 주자는 중앙 정부와의 관계를 개선하기 위해 직접 長安에 가서 대종에게 入朝한 뒤 그대로 장안에 머물렀다. 德宗 建中 원년(780)에 涇州의 장수 劉文喜의 반란이 일어나자 涇原節度使에 임명되어 경주의 반란을 평정하였고, 이 공으로 中書令·太尉의 벼슬을 더 받았다. 건중 3년(782)에 아우인 范陽節度使 朱滔가 반란을 일으키자 병권을 잃고 연금되었는데, 이듬해(783) 涇原兵變이 일어나자 경원의 군사들에 의해 황제로 옹립되어 국호를 秦, 연호를 應天으로 정하였다. 덕종 興元 원년(784) 정월에 다시 국호를 漢, 연호를 天皇으로 고쳤다. 얼마 뒤에 李晟이 장안을 수복하자 경주로 달아났으나 경원절도사 田希鑑이 문을 닫고 받아주지 않아 부득이 계속 서쪽으로 달아나다가 중간에 部將에게 살해되었다.

63) 常 : 사고본에는 '當'으로 되어 있다.

臣은 謂 宜因文武群臣入參之日하여 陛下가 特加延接하여 親與叙言하사 備論禍亂之由하며 明示咎(구)悔之意하여 各使極言得失하고 仍令一一面陳하여 軍務之餘에 到卽引對하여 匹夫片善[65]을 採錄不遺하소서 是乃[66]總天下之智하여 以助聰明하며 順天下之心하여 以施敎令이니 則君臣이 同志라 何有不從이며 遠邇歸心이라 孰與爲亂이리잇고

陸贄는 상소에서 또 다음과 같이 말하였다.

"항상 자신의 욕망을 버려서 자신이 어려워하는 것을 행하시고 誠心을 펴서 사람들이 문제로 여기는 점을 제거하소서. 삼가 사람들의 의론을 듣고 人情을 깊이 궁구해보니, 사방에서는 조정 안과 밖의 뜻이 괴리된 것을 근심하고 있었고 조정의 백관들은 또 군주와 신하의 도가 가로막힌 것을 근심하고 있었습니다. 郡國의 뜻이 조정에 전달되지 못하고 조정 백관의 성심이 폐하의 높은 섬돌에 오르지 못하며, 위의 은택이 아래에 펴지는 데 빠짐이 있고 아래의 뜻이 위에 알려지는 데 가로막히며, 진실을 반드시 알지는 못하였고 아는 일이 반드시 진실인 것은 아니었습니다. 그리하여 위와 아래가 가로막히고 진실과 거짓이 뒤섞여서 서로 모여 떠들썩하게 원망하며 목청 높여 비방을 하고 있으니, 의혹과 막힘이 없게 하고자 한들 될 수 있겠습니까.

신은 이렇게 생각합니다. 의당 文武 신하들이 入參하는 날을 기회로 삼아 폐하께서 특별히 引見하여 직접 그들과 말씀을 나누어 화란의 원인을 상세히 논하고 후회의 뜻을 분명히 보여서 저들로 하여금 각각 잘잘못을 남김없이 말하게 하셔야 할 것입니다. 이어 한 사람씩 대면하고 의견을 개진하게 하여 軍務를 보고 남는 시간이 있으면 곧 이들을 引對하여 필부의 작은 善言까지도 빠짐없이 채록하소서.

이것이 바로 천하의 지혜를 모아 폐하의 총명을 돕는 방법이며 천하의 마음에 따라서 敎令을 펴는 것입니다. 이렇게 되면 군주와 신하가 뜻이 같게 되니 무엇인들 따르지 않겠습니까. 멀고 가까운 사람들이 마음에서 우러나와 귀의하는 것

64) 籍籍 : 사고본에는 '藉藉'로 되어 있다.

65) 善 : 사고본에는 '言'으로 되어 있다.

66) 是乃 : 사고본에는 '乃是'로 되어 있다.

이니 누구와 더불어 난을 일으키겠습니까."

疏奏에 上이 無施行이어시늘 贄가 又言曰 立國之要는 在乎得衆이요 得衆之要는 在乎見情이니 故仲尼謂人情은 聖王之田[67]이라하시니 言理道所由生也라 時之否(비)泰와 事之損益이 萬化所繫라 必因人情이니 上下가 交而泰하고 不交而否(비)[68]하며 自損者가 人益하고 自益者가 人損[69]이라 情之得失이 豈容易(이)哉리오 故喩君爲舟하고 喩人爲水하니 水能載舟요 亦能覆舟[70]라 舟卽君道요 水卽人情이니 舟가 順水之道하면 乃浮하고 違則沒하며 君이 得人之情하면 乃固요 失則危하나니 是以로 聖人之居人上也에 必以其心으로 從天下之心而不敢以天下人으로 從其欲[71]하나니이다 德宗이 不能從하니라

---

67) 仲尼……之田 : 《禮記》〈禮運〉에 "聖王은 義의 權柄과 禮의 차례를 닦아서 이것으로 백성의 실정을 다스린다. 그러므로 백성의 실정은 성왕이 경작하는 밭이다.〔聖王修義之柄禮之序 以治人情 故人情者 聖王之田也〕"라는 내용이 보인다. 仲尼는 공자의 字이다. 이것을 중니의 말이라고 한 것은 〈예운〉 서두에 중니가 臘享 제사의 손님으로 참여했을 때 탄식하며 이하의 내용을 말한 것이라고 했기 때문이다.

68) 上下……而否 : 《周易》〈泰卦 象傳〉에 "하늘과 땅이 사귐이 泰이다.〔天地交泰〕", 〈否卦 象傳〉에 "하늘과 땅이 사귀지 않음이 否이다.〔天地不交否〕"라는 내용이 보인다.

69) 自損……人損 : 《周易》〈損卦 彖傳〉에 "損은 아래를 덜어 위에 보태어서 그 도가 올라가 행하는 것이다.〔損 損下益上 其道上行〕", 〈益卦 彖傳〉에 "益은 위를 덜어 아래에 보태주니 백성의 기뻐함이 무궁하고, 위로부터 아래에 낮추니 그 도가 크게 빛난다.〔益 損上益下 民說无疆 自上下下 其道大光〕"라는 내용이 보인다.

70) 喩君……覆舟 : 《孔子家語》에 "무릇 군주는 배이며 서인은 물이니, 물은 배를 띄울 수 있는 것이며 또한 배를 전복시킬 수 있는 것이다.〔夫君者舟也 庶人者水也 水所以載舟 亦所以覆舟〕"라는 내용이 보인다. 같은 내용이 《荀子》에도 공자의 말로 보이는데, 《太平御覽》이나 《經濟類編》 등 類書와 몇몇 문헌에 이 구절이 순자의 말로 인용되어 있기도 하다. 《孔子家語 卷1 五儀解》 《荀子 卷5 王制篇, 卷20 宥坐篇》

71) 必以……其欲 : 《春秋左氏傳》 僖公 20년 조에 宋 襄公이 천하의 제후들을 규합하려고 하자 이 소식을 들은 魯나라의 대부 臧文仲이 "자신이 바라는 것으로 다른 사람을 따라서 〈다른 사람도 자신과 똑같은 것을 얻을 수 있도록 하는 것은〉 괜찮지만, 다른 사람을 강요하여 자신이 바라는 것에 따르도록 한다면 성공하는 자가 드물다.〔以欲從人則可 以人從欲鮮濟〕"라고 말한 내용이 보인다. 저본의 글은 장문중의 말을 원용한 것이다.

疏를 상주하였는데 德宗이 시행을 하지 않자 陸贄가 또 다음과 같이 말하였다. "나라를 세우는 요체는 民心을 얻는 데 있고 민심을 얻는 요체는 그 실정을 살피는 데 있습니다. 이 때문에 仲尼가 '백성들의 실정은 聖王이 경작하는 밭이다.' 라고 한 것이니, 이치와 도가 말미암아 생겨나는 원인을 말한 것입니다. 때의 막힘과 통함, 일의 덞과 보탬, 그 만 가지 변화가 여기에 달려 있으니 반드시 백성들의 실정에 기반을 두어야 합니다. 위와 아래가 사귀면 통하게 되고 사귀지 않으면 막히게 되며, 스스로를 더는 자는 백성들이 보태주고 스스로에게 보태는 자는 백성들이 덜어냅니다. 그 실정의 득실이 어찌 쉽게 보이겠습니까. 이 때문에 군주를 배에 비유하고 백성을 물에 비유한 것이니, 물은 배를 띄울 수도 있고 또한 배를 전복시킬 수도 있기 때문입니다. 배는 즉 군주의 道이고 물은 즉 백성의 실정입니다. 배가 물의 도를 순히 따르면 물에 뜨고 어기면 침몰하며, 군주가 백성의 마음을 얻으면 군건해지고 잃으면 위태롭게 됩니다. 이 때문에 聖人이 사람들의 위에 있으면서 반드시 자신의 마음을 천하 사람들의 마음에 맞추어 따르고 감히 천하 사람들로 하여금 자신의 욕망에 맞추어 따르도록 하지 못했던 것입니다."

덕종이 육지의 말을 따르지 못하였다.

27-7-나(按)

臣은 按 德宗이 專己欲而咈(불)天下之情이라 是以致建中之亂[72]하니 陸贄가 懇懇(간간)言之호대 猶弗見聽하여 唐治가 自是日衰하니 不明之君은 可與言哉잇가

【臣按】德宗은 자신의 욕망만을 따르고 천하 백성들의 실정을 따르지 않았기 때문에 建中 연간의 난을 초래했습니다. 陸贄가 간곡하게 간하였는데도 이 간언이 가납되지 않아 당나라의 정치가 이때부터 날로 쇠락해졌으니, 밝지 못한 군주는 더불어 논할 수가 있겠습니까.

以上은 論生靈嚮背之由하니라

이상은 백성의 支持와 離叛의 이유에 대해 논한 것이다.

---

72) 建中之亂 : 唐 德宗 建中 4년(783)에 일어난 朱泚의 난을 이른다. 27-7-가 주석 '朱泚' 참조.

田里戚休之實 鄕村의 근심과 기쁨의 실상

27-8-가[73)]

詩采薇는 **遣戍役也**라 **文王之時**에 **西有昆夷之患**하고 **北有玁**[74)]**狁**(험윤)**之難**이어늘 **以天子之命**으로 **命將帥**①**遣戍役**하여 **以守衛中國**이라 **故歌采薇以遣之**[75)]하니

① 以天……將帥 : 天子, 紂也.
'天子'는 商나라 紂王이다.

《詩經》〈采薇〉는 戍役에 파견하는 것을 노래한 시이다. 文王 때 서쪽으로는 昆夷의 근심이 있고 북쪽으로는 獫狁의 난이 있자 천자인 紂王의 명에 따라 장수에게 명하여 수역에 파견하여 중국을 지키도록 하였기 때문에 〈채미〉를 노래하여 파견한 것이다.

薇

其首章에 **曰 采薇采薇**여 **薇亦作止**①엇다 **曰歸曰歸**여 **歲亦莫**(모)**止**②리로다 **靡室靡家**③가 **玁狁之故**며 **不遑啓居**가 **玁狁之故**니라

① 薇亦作止 : 作, 生也.
'作'은 '돋아나다'라는 뜻이다.

② 歲亦莫止 : 莫, 音暮.

---

73) 《詩經》〈小雅 采薇〉에 보인다. 朱熹의 《詩集傳》에 따르면 모두 6장이며 한 장에 6구로 이루어져 있다. '채미'는 '들완두를 캐다'라는 뜻으로, 〈채미〉는 수자리 살러 나가는 때가 들완두를 캐어 먹는 때이기 때문에 이를 통해 戍役에서 돌아올 기한을 흥기한 시이다.

74) 玁 : 사고본에는 '獫'으로 되어 있다.

75) 詩采……遣之 : 《詩經》〈小雅 采薇〉의 〈毛序〉에 보인다.

'莫'는 음이 '暮(모)'이다.

③ 靡室靡家 : 靡, 無也.

'靡'는 '없다'라는 뜻이다.

그 첫 장에 다음과 같이 노래하였다.

들완두를 캐고 들완두를 캠이여	采薇采薇
들완두가 또한 돋았도다	薇亦作止
돌아올 날이여 돌아올 날이여	曰歸曰歸
이 한 해가 또한 저물리로다	歲亦莫止
室家 없이 〈먼 곳에서 지내게 됨은〉	靡室靡家
玁狁이 〈변경을 어지럽혀서며〉	玁狁之故
편안히 거처할 겨를이 없게 됨은	不遑啓居
험윤이 〈변경을 어지럽혀서니라〉	玁狁之故

其次章에 **曰 采薇采薇**여 **薇亦柔止**①엇다 **曰歸曰歸**여 **心亦憂止**로다 **憂心烈烈**하여[76] **載飢載渴**호라 **我戍未定**이니 **靡使歸聘**이로다

① 薇亦柔止 : 薇始生而柔.

들완두가 갓 돋아나서 부드럽다는 뜻이다.

그 둘째 장에 다음과 같이 노래하였다.

들완두를 캐고 들완두를 캠이여	采薇采薇
들완두가 또한 부드럽도다	薇亦柔止
돌아갈 날이여 돌아갈 날이여	曰歸曰歸
이 마음에 또한 근심되도다	心亦憂止
〈돌아갈 날 아득하여〉 걱정이 태산인데	憂心烈烈
배는 주리고 목까지 타도다	載飢載渴
나의 戍役 끝나지 않았으니	我戍未定

76) 하여 : 진덕수의 按說에 근거하면 '하고'로 수정해야 한다.

돌아가 안부를 묻게 할 자 없도다 靡使歸聘

三章에 **曰 采薇采薇**여 **薇亦剛止**엇다 **曰歸曰歸**여 **歲亦陽止**[①]리로다 **王事靡**
盬(고)라 **不遑啓處**호니 **憂心孔疚**나 **我行不來**니라

① 歲亦陽止 : 十月.
10월이 되었다는 뜻이다.

그 셋째 장에 다음과 같이 노래하였다.

들완두를 캐고 들완두를 캠이여 采薇采薇
들완두가 또한 쇠었도다 薇亦剛止
돌아갈 날이여 돌아갈 날이여 曰歸曰歸
이해가 또한 시월이 되었도다 歲亦陽止
나랏일 견고히 하지 않을 수 없어 王事靡盬
편안히 거처할 겨를이 없도다 不遑啓處
마음의 근심은 병이 되도록 큰데도 憂心孔疚
우리의 출정 길은 돌아갈 날 없도다 我行不來

其末章에 **曰 昔我往矣**에 **楊柳依依**러니 **今我來思**엔 **雨雪霏霏**(비비)로다 **行道遲**
遲하여 **載渴載飢**호라 **我心傷悲**어늘 **莫知我哀**하나니다

그 마지막 장에 다음과 같이 노래하였다.

옛날 내가 戍役 떠날 때엔 昔我往矣
버들가지 한창 늘어졌는데 楊柳依依
이제 내가 돌아올 때엔 今我來思
함박눈이 펑펑 내리도다 雨雪霏霏
돌아가는 길 더디고 더뎌 行道遲遲
목이 타고 배가 주리도다 載渴載飢
나의 심정 몹시 서글픈데 我心傷悲

내 슬픔 알아주는 이 없도다　　莫知我哀

27-8-나(按)

臣은 按 此는 商之末造에 紂爲無道하니 夷狄交侵이어늘 文王이 時爲西伯하여 以天子之命으로 遣戍役以衛中國하니 非可已而弗已也而遣行之詩가 丁寧惻怛(측달)하니 曰采薇采薇는 以薇로 爲遣戍之期也라 薇之生에 戍者가 始行하고 薇之柔에 戍者가 在行하고 薇之剛에 戍者가 將歸하니 歷時久而歸期가 緩也요 曰靡室靡家는 念戍者之離其配耦[77]也요 曰不遑啓居는 念戍者之不得安其起居也요 曰憂心烈烈・載飢載渴은 念戍者가 以歸期尙遠爲憂而又重之以飢渴也요 曰我戍未定・靡使歸聘은 念戍者之行役未定하여 無與歸問其家之安否也요 曰王事靡盬(고)・不遑啓處는 念戍者之勤勞王事하여 不得安其居處也요 曰憂心孔疚・我行不來는 念戍者之決於死敵하여 憂心이 雖甚病而此行이 無歸期也요

【臣按】 이것은 商나라 말기에 紂王이 무도하여 夷狄이 차례로 침략해오자 당시 西伯이었던 文王이 천자의 명에 따라 戍役에 파견하여 중국을 지키도록 한 것이니, 그만둘 수 있는 일이 아니었기 때문에 그만두지 않은 것이었지만 出征에 파견하는 시는 간곡하고 구슬픕니다.

'들완두를 캐고 들완두를 캔다.'는 것은 들완두로 수역에 파견하는 시기를 삼은 것입니다. 들완두가 돋아날 때는 수자리 살러 가는 자가 처음 떠나는 때이며, 들완두가 부드러울 때는 수자리 살러 간 자가 수자리를 살고 있을 때이며, 들완두가 쇠했을 때는 수자리 살러 간 자가 돌아올 때이니, 시간이 오래 걸려 돌아오는 시기가 늦어짐을 차례로 읊은 것입니다. '室家 없이 〈먼 곳에서 지내게 되었다.〉'는 것은 수자리 살러 가는 자가 그 배우자와 이별함을 생각한 것입니다. '편안히 거처할 겨를이 없다.'는 것은 수자리 살러 간 자가 그 기거를 편안히 하지 못함을 생각한 것입니다. '〈돌아갈 날 아득하여〉 걱정이 태산인데 배는 주리고 목까지 탄다.'는 것은 수자리 살러 간 자가 돌아갈 날이 아직 먼 것을 근심하고 또 굶주리고 목이 타는 괴로움까지 더함을 생각한 것입니다. '나의 수역 끝나지 않았으니 돌아가 안부를 묻게 할 자 없다.'는 것은 수자리 살러 간 자의 수역이 아직 끝나지 않아서 돌아가 室家의 안부를 묻게 할 사람이 없음을 생각한 것입니다. '나랏일 견

77) 耦 : 사고본에는 '偶'로 되어 있다.

고히 하지 않을 수 없어 편안히 거처할 겨를이 없다.'는 것은 수자리 살러 간 자가 나랏일에 수고로워 그 거처를 편안히 하지 못함을 생각한 것입니다. '마음의 근심은 병이 되도록 큰데도 우리의 출정 길은 돌아갈 날 없다.'는 것은 수자리 살러 간 자가 결사적으로 싸워 근심이 비록 병이 될 정도로 심한데도 이 임무가 돌아갈 기약이 없음을 생각한 것입니다.

末章에 又言 昔我之往에 楊柳依依는 春之中也요 今我之來에 雨雪霏霏(비비)는 冬之末也라 征行之久・飢渴之害를 心傷悲而人莫我知라하니 凡此가 皆戍者之情이 鬱結于中하여 不能以自愬(소)者어늘 文王이 乃先其未發하여 歌詠以勞苦之하여 如其身之疾疢焉하시니 故范祖禹가 謂 於采薇에 見先王이 以人道使人이요 至於後世則牛羊而已矣[78]라하니 豈不然哉리오 出車勞還[79]과 杕[80]杜(체두)勤歸[81]가 大抵放此하니 不悉錄云하노이다

마지막 장에 또 말하기를 '옛날 내가 戍役 떠날 때엔 버들가지 한창 늘어졌다.'는 것은 봄이 한창일 때를 말한 것이고, '이제 내가 돌아올 때엔 함박눈이 펑펑 내린다.'는 것은 겨울의 끝자락을 말한 것입니다. 출정 길이 오래됨과 기갈의 해침을 마음속으로 몹시 슬퍼하는데도 자신을 알아주는 이가 없다고 하였으니, 이것은 모두 수자리 살러 가는 자의 심정으로 속에 단단히 맺혀서 스스로 하소연할 수 없었던 것인데, 文王이 마침내 그들이 말하기 전에 먼저 말하여 노래로 읊음으로써 그 수고를 위로하여 마치 자신이 아프고 괴로운 것처럼 한 것입니다.

이 때문에 范祖禹가 "〈采薇〉에서 선대의 왕들이 人道로 백성을 부렸음을 알 수 있다. 후세에 와서는 백성을 소나 양처럼 여길 뿐이다."라고 말한 것이니, 어찌 옳은 말이 아니겠습니까. 개선하는 장수를 위로하는 〈出車〉와 수역에서 돌아옴을 위로하는 〈杕杜〉가 대체로 이와 같으니 모두 다 수록하지는 않겠습니다.

---

78) 范祖……已矣 : 《詩集傳》〈小雅 采薇〉 朱熹의 주에 보인다.

79) 出車勞還 : '出車'는 〈采薇〉 바로 뒤에 이어 나오는 《詩經》〈小雅 出車〉 시를 이른다. 〈毛序〉에 따르면 '戍役에서 돌아오는 장수를 위로하는〔勞還率〕' 내용의 시이다. 모두 6장이다.

80) 杕 : 사고본에는 '杖(견)'으로 되어 있으나, 오자이다.

81) 杕杜勤歸 : '杕杜'는 〈出車〉 바로 뒤에 이어 나오는 《詩經》〈小雅 杕杜〉 시를 이른다. 〈毛序〉에 따르면 '戍役에서 돌아오는 군사를 위로하는〔勞還役〕' 내용의 시이다. 모두 4장이다.

27-9-가[82]

東山은 **周公**이 **東征也**①라 **周公**이 **東征三年而歸**하사 **勞歸士**어시늘 **大夫**가 **美之**라 **故作是詩也**하니 **一章**은 **言其完也**요 **二章**은 **言其思也**요 **三章**은 **言其室家之望女**(여)②**也**요 **四章**은 **樂男女之得及時也**라 **君子之於人**에 **序其情而閔其勞**라 **所以說**(열)**也**니 **說以使民**이면 **民忘其死**는 **其唯**[83]**東山乎**[84]인저

① 東征也 : 征三監[85]也.
'征'은 '三監을 정벌한다'라는 뜻이다.

② 女 : 音汝.
'女'는 음이 '汝(여)'이다.

〈東山〉은 周公이 동쪽으로 정벌 간 것을 읊은 시이다. 주공이 동쪽으로 정벌 가서 3년 만에 돌아와 돌아온 군사들을 위로하자 대부가 이를 아름답게 여겼기 때문에 이 시를 지은 것이다.

周公

82) 《詩經》〈豳風 東山〉에 보인다. 朱熹의 《詩集傳》에 따르면 모두 4장이며 한 장에 12구로 이루어져 있다. '東山'의 '東'은 商나라의 도읍지인 朝歌와 조가의 주위 지역을 이른다. 이 지역은 周나라의 수도인 鎬京보다 동쪽에 있기 때문에 '동'이라고 한 것이다.

83) 唯 : 사고본에는 '惟'로 되어 있다.

84) 東山……山乎 : 《시경》〈빈풍 동산〉의 〈毛序〉 내용이다.

85) 三監 : 周나라 武王의 아우인 管叔, 蔡叔, 霍叔을 이른다. 무왕이 商나라를 멸망시킨 뒤에 상나라의 옛 도읍지인 朝歌를 상나라 紂王의 아들인 武庚에게 주어 상나라의 遺民을 관리하도록 하였다. 그리고 조가의 동쪽을 衛나라로 만들어 아우 관숙에게 감독하게 하고, 조가의 서쪽과 남쪽을 鄘(용)나라로 만들어 아우 채숙에게 감독하게 하고, 조가의 북쪽을 邶(패)나라로 만들어 곽숙에게 감독하게 하였기 때문에 이들을 三監이라고 불렀다. 상나라를 멸망시킨 지 4년 만에 무왕이 죽고 13세의 成王이 즉위하자 周公이 성왕을 대신하여 섭정하였다. 이에 삼감은 주공이 성왕을 시해하고 왕위를 찬탈하려 한다는 명분을 내세워 무경과 함께 반란을 일으켰다. 주공은 무경의 반란을 평정한 뒤 패나라와 용나라를 모두 위나라에 소속시키고 아우 康叔을 봉하였다.

1장은 군사들이 온전히 돌아온 것을 말한 것이고, 2장은 귀향에 대한 군사들의 그리움을 말한 것이고, 3장은 아내가 자신이 돌아오기를 고대하는 심정을 말한 것이고, 4장은 남녀의 혼인이 늦지 않고 제때에 이루어진 것을 즐거워한 것이다.

군자가 사람들에 대해 그들의 심정을 기술하고 그 수고로움을 위로하였으니, 이 때문에 사람들이 기뻐한 것이다. 기쁘게 하여 백성들을 부리면 백성들이 자신의 죽음도 잊고 돌아보지 않는 것은 아마도 오직 〈동산〉뿐일 것이다.

我徂東山①하여 **慆慆**(도도)**不歸**②호라 **我來自東**일새 **零雨其濛**(몽)③이러라 **我東曰歸**에 **我心西悲**호라 **制彼裳衣**하여 **勿士行**(항)**枚**④로다 **蜎蜎**(연연)**者蠋**(촉)⑤이여 **烝在桑野**⑥로다 **敦**(퇴)**彼獨宿**⑦이여 **亦在車下**로다

① 我徂東山 : 徂, 往也.
'徂'는 '가다'라는 뜻이다.

② 慆慆不歸 : 慆慆, 言久也.
'慆慆'는 오래됨을 말한다.

③ 零雨其濛 : 濛, 雨貌.
'濛'은 비가 내리는 모습이다.

④ 勿士行枚 : 士, 事也. 行, 陳也. 枚, 如箸, 戰時所銜[86].
'士'는 '일삼다'라는 뜻이다. '行'은 '군대'라는 뜻이다. '枚'는 젓가락과 같은 것으로, 싸울 때 〈소리를 내지 못하도록〉 입에 무는 것이다.

⑤ 蜎蜎者蠋 : 桑蟲.
'蠋'은 뽕나무벌레이다.

⑥ 烝在桑野 : 烝, 發語聲.
'烝'은 발어사이다.

⑦ 敦彼獨宿 : 敦, 獨處也.
'敦'는 '홀로 거처하다'라는 뜻이다.

銜枚

내 東山에 정벌 가서 　　我徂東山
오랫동안 돌아오지 못하였네 　　慆慆不歸
내 동쪽에서 돌아올 때 　　我來自東

86) 衘 : 사고본에는 '銜'으로 되어 있다.

내리는 비 부슬부슬하였네 零雨其濛
내 동쪽에 있을 때 돌아올 것 그렸으나 我東曰歸
내 마음 서쪽 향해 슬프기만 하였네 我心西悲
저 해진 옷을 새로 만들어 입었으니 制彼裳衣
더 이상 군대에서 銜枚 쓸 일 없었으면 勿士行枚
꿈틀거리는 뽕나무벌레여 蜎蜎者蠋
뽕나무 들에 있도다 烝在桑野
외로이 저 홀로 잠드는 자여 敦彼獨宿
또한 兵車 밑에서 잠들도다 亦在車下

我徂東山하여 **慆慆**(도도)**不歸**호라 **我來自東**일새 **零雨其濛**(몽)이러라 **果臝**(라)**之實**①이 **亦施**(이)**于宇**②며 **伊威在室**③이며 **蠨蛸**(소소)**在戶**④며 **町畽**(정탄)**鹿場**⑤이며 **熠燿**(습요)**宵行**⑥이로소니 **不可畏也**라 **伊可懷也**로다

① 果臝之實 : 果臝, 括蔞[87]也.
'果臝'는 하눌타리이다.
② 亦施于宇 : 施, 延也.
'施'는 '뻗다'라는 뜻이다.
③ 伊威在室 : 伊威, 小蟲[88].
'伊威'는 작은 벌레이다.
④ 蠨蛸在戶 : 蠨蛸, 小蜘蛛也.
'蠨蛸'는 작은 거미이다.
⑤ 町畽鹿場 : 町畽, 畦隴(휴롱)也[89], 爲麋鹿之場.
'町畽'은 밭두둑이니 사슴들의 놀이터이다.
⑥ 熠燿宵行 : 熠燿, 螢火[90].

87) 括蔞 : 대전본에는 '蔞'가 '樓'로 되어 있고, 사고본에는 '括蔞'가 '括樓'로 되어 있다.
88) 蟲 : 대전본에는 '虫'으로 되어 있다.
89) 町畽畦隴也 : 朱熹의 주에서는 "町畽은 집 곁의 공터이다.〔町畽 舍旁隙地也〕"라고 하여 원주와 다르게 보았다.
90) 熠燿螢火 : 대전본・사고본에는 이 뒤에 '也' 1자가 있다. 주희의 주에서는 "熠燿는 밝음이 일정하지 않은 모양이다. 宵行은 벌레 이름이니, 누에와 같이 생겼고 밤에 다니며 목 밑에 빛이 있어 반딧불이와 같다.〔熠燿 明不定貌 宵行 蟲名 如蠶夜行 喉下有光如螢〕"라고 하여 熠

'熠燿'는 반딧불이이다.

내 東山에 정벌 가서	我徂東山
오랫동안 돌아오지 못하였네	慆慆不歸
내 동쪽에서 돌아올 때	我來自東
내리는 비 부슬부슬하였네	零雨其濛
하눌타리 열매 덩굴은	果臝之實
지붕 아래까지 늘어져 있고	亦施于宇
쥐며느리는 방 안에 출몰하리라	伊威在室
거미는 방문에 거미줄 치고	蠨蛸在戶
밭두둑은 사슴들 놀이터 되며	町畽鹿場
반딧불이는 밤에 날아다니리라	熠燿宵行
이런 것들 두려운 것 아니라	不可畏也
내 고향 그저 그립기만 하도다	伊可懷也

我徂**東山**하여 慆慆(도도)**不歸**호라 **我來自東**일새 **零雨其**濛(몽)이러라 鸛(관)**鳴于**垤(질)①이어늘 **婦歎**[91]**于室**하여 洒**掃**[92]**穹窒**(궁질)②하니 **我征聿至**로다 **有敦**(퇴)**瓜苦**③여 **烝在栗薪**④이로다 **自我不見**이 **于今三年**이엇다

① 鸛鳴于垤 : 鸛, 水鳥, 將雨則鳴. 垤, 蟻冢也.
'鸛'은 물새이니, 비가 내리려고 하면 운다. '垤'은 개밋둑이다.

② 洒掃穹窒 : 穹窒, 鼠穴也.
'穹窒'은 쥐구멍이다.

③ 有敦瓜苦 : 敦, 徒端切, 圓[93]成之狀[94]. 瓜苦, 苦瓜也.

燿와 宵行에 대한 해석을 여기의 원주와 반대로 보았다.

91) 歎 : 사고본에는 '嘆'으로 되어 있다.

92) 掃 : 사고본에는 '埽'로 되어 있다.

93) 圓 : 사고본에는 '冏(경)'으로 되어 있다.

94) 敦徒……之狀 : 대전본 《詩集傳》 원주에는 "都迴反"으로 되어 있다. 제1장 '敦彼獨宿'에 대한 주희의 주에 "敦는 홀로 거처하고 옮기지 않는 모습니다.〔敦 獨處不移之貌〕"라고 하였는데, 이에 근거하면 대전본에서는 '敦'를 '외로이 달려 있는 모습'으로 본 것이다. 諺解 역시 '퇴'로 되어 있어 여기서는 우선 언해의 음을 따랐으나, 《大學衍義》의 원주에 근거하면 '단'으로 발

'敦'는 徒와 端의 반절이니 둥글게 된 모습이다. '瓜苦'는 여주이다.

④ 烝在栗薪 : 謂瓜延于栗木之上.
여주가 밤나무 섶 위에 늘어져 있는 것을 이른다.

내 東山에 정벌 가서 我徂東山
오랫동안 돌아오지 못하였네 慆慆不歸
내 동쪽에서 돌아올 때 我來自東
내리는 비 부슬부슬하였네 零雨其濛
물새는 개밋둑 위에서 우는데 鸛鳴于垤
아내는 남편 생각에 집에서 탄식하네 婦歎于室
집 안을 청소하고 쥐구멍을 막았으니 洒掃穹窒
수자리 살러 간 나의 남편 이르리라 我征聿至
둥근 여주여 有敦瓜苦
밤나무 섶 위에 늘어져 있도다 烝在栗薪
내가 남편을 보지 못한 지 自我不見
이제 삼 년이 다 되었도다 于今三年

我徂東山하여 **慆慆**(도도)**不歸**호라 **我來自東**일새 **零雨其濛**(몽)이러라 **倉庚于飛**여 **熠燿**(습요)**其羽**①로다 **之子于歸**②여 **皇駁其馬**③로다 **親結其縭**(리)④하니 **九十其儀**⑤로다 **其新孔嘉**⑥하니 **其舊如之何**오

① 熠燿其羽 : 熠燿, 鮮明也.
'熠燿'는 '선명하다'라는 뜻이다.

② 之子于歸 : 歸, 嫁也.
'歸'는 '시집가다'라는 뜻이다.

③ 皇駁其馬 : 馬之黃曰皇,[95] 駵(류)[96]白曰駁.
말이 황색인 것을 '皇'이라 하고, 적색과 백색이 섞여 있는 것을 '駁'이라 한다.

④ 親結其縭 : 縭, 帨(세)[97]也.

음해야 한다.

95) 馬之黃曰皇 : 〈毛傳〉과 朱熹의 주에는 모두 "말의 털빛이 황색과 백색이 섞여 있는 것을 '皇', 적색과 백색이 섞여 있는 것을 '駁'이라 한다.〔黃白曰皇 騮白曰駁〕"로 되어 있다.

96) 駵 : 대전본에는 '騮(류)', 사고본에는 '騮(류)'로 되어 있다.

'縭'는 '수건'이라는 뜻이다.

⑤ 九十其儀 : 言多儀.

威儀가 많다는 말이다.

⑥ 其新孔嘉 : 新, 新婚[98].

'新'은 '신혼'이라는 뜻이다.

내 東山에 정벌 가서	我徂東山
오랫동안 돌아오지 못하였네	慆慆不歸
내 동쪽에서 돌아올 때	我來自東
내리는 비 부슬부슬하였네	零雨其濛
쌍쌍이 나는 꾀꼬리여	倉庚于飛
그 깃이 선명하도다	熠燿其羽
이 아가씨 시집감이여	之子于歸
황색과 적백색 말이로다	皇駁其馬
어머니가 친히 수건 매주니	親結其縭
그 威儀 매우 성대하도다	九十其儀
新婚이 매우 아름다우니	其新孔嘉
舊婚이야 어떠하겠는가	其舊如之何

27-9-나(按)

臣은 按 此詩가 凡四章이니 章首에 必曰我徂東山・慆慆不歸・我來自東・零雨其濛(몽)者는 序其久戍思歸之情하며 閔其歸塗陰雨之苦也라 我之在東에 未[99]嘗不曰歸而未可以歸라 故其心이 念西而悲러니 今旣歸矣에 裳衣之敝를 制而新之하니 願今以往으로 勿復從事於行(항)陳之間이 可也라 彼蜎蜎(연연)者蠋(촉)이 則在桑野而敦(퇴)然獨宿者가 亦在車下라하니 此는 因道途[100]所見而興士之獨處也라

【臣按】 이 시는 모두 4장입니다. 매 장의 첫머리에 반드시 "내 東山에 정벌 가

97) 帨 : 저본에는 '悅'로 되어 있으나, 오자이므로 사고본에 근거하여 바로잡았다.

98) 婚 : 저본에는 '貌'로 되어 있으나, 오자이므로 사고본에 근거하여 바로잡았다.

99) 未 : 대전본에는 '不'로 되어 있다.

100) 途 : 대전본에는 '涂(도)', 사고본에는 '塗'로 되어 있다.

서 오랫동안 돌아오지 못하였네. 내 동쪽에서 돌아올 때 내리는 비 부슬부슬하였네."라고 말한 것은 오랫동안 수자리 살며 歸鄕을 그리는 정을 서술하고 돌아오는 길에 비가 내리는 고초를 안타깝게 여긴 것입니다.

'내가 동쪽에 있을 때 일찍이 돌아가겠다고 하지 않은 적이 없지만 돌아갈 수 없었기 때문에 내 마음이 서쪽을 생각하며 슬펐었는데, 이제 이미 돌아오게 되어 다 해진 옷을 다시 만들어 새로 입게 되었으니 지금 이후로는 더 이상 군대의 대오에 종사하지 말아도 되기를 희망한다. 저 꿈틀거리는 뽕나무벌레는 뽕나무들에 있고 외로이 홀로 잠드는 자가 또한 兵車 아래에 있다.'고 하였으니, 이것은 돌아오는 길에 본 광경을 통해 병사가 홀로 거처하는 모습을 흥기한 것입니다.

次章[101]에 言果蠃(라)之施(이)于宇・伊威在室・蠨蛸(소소)在戶・町畽(정탄)鹿場・熠燿(습요)宵行하니 蓋未歸之時에 遐想其室空無人하여 荒涼岑寂而蔓生之實이 延焉하며 小蟲이 綴焉하며 野鹿이 游焉하니 固非可畏之物이로되 不能不動其懷歸之情也라

다음 장에서는 "하눌타리 덩굴은 지붕 아래까지 늘어져 있고 쥐며느리는 방 안에 출몰하며, 거미는 방문에 거미줄 치고 밭두둑은 사슴들 놀이터 되며, 반딧불이는 밤에 날아다닐 것이다."라고 하였으니, 이것은 아직 돌아가지 않았을 때 자신의 집이 비어서 사람이 없어 황량하고 적막하여 집에 덩굴 열매가 뻗어 있고 거미가 거미줄을 치며 들의 사슴이 노닐 것을 멀리서 상상해본 것입니다. 이것은 참으로 두려워할 만한 것들은 아니지만 그 돌아가기를 그리는 심정을 동하게 하지 않을 수 없는 것들입니다.

三章에 言天之欲雨也에 鸛(관)則鳴于垤이어늘 婦則歎于室하니 蓋以夫之在行遇雨라 念之而歎[102]하니 愛之至也요 洒掃[103]熏鼠하니 以我之征人이 行且遂至라 潔除以待하니 望之切也요 顧見苦瓜가 繫于薪上하고 因感其夫가 匏(포)繫於外하여 我之不見이 今三年矣라하니 觸物興懷하여 無一念之不在也라

3장에서는 "하늘이 비를 내리려고 하니 물새는 개밋둑 위에서 우는데 아내는

101) 章 : 대전본에는 '草'로 되어 있으나, 오자이다.

102) 歎 : 사고본에는 '嘆'으로 되어 있다.

103) 掃 : 사고본에는 '埽'로 되어 있다.

집 안에서 탄식한다."라고 하였습니다. 이것은 남편이 돌아오는 길에 비를 만날 것이기 때문에 이를 생각하고 탄식을 한 것이니, 애정이 지극한 것입니다. '집 안을 청소하고 쥐구멍을 막았으니 수자리 살러 간 나의 남편이 이제 곧 마침내 이를 것이기에 깨끗이 청소하고 기다린다.'고 하였으니, 돌아오기를 고대함이 절실한 것입니다. 여주가 섶 위에 달려 있는 것을 보고 이로 인해 '남편이 객지에 머물러 내가 보지 못한 지 이제 3년이 되었다.'고 생각하였으니, 보는 사물을 따라 심정을 흥기하여 한시도 남편 생각을 하지 않은 적이 없는 것입니다.

四章에 言倉庚于飛・鮮明其羽하니 此가 嫁娶之時也요 之子于歸・其馬皇駁은 有文彩也요 母爲結縭(리)[104]는 送其行也요 九十其儀는 儀之多也라 新婚之喜가 固可嘉矣어든 舊有室家[105]者가 相見而喜가 又何如耶아하니 蓋男女居室은 人之至情이라

4장에서는 "쌍쌍이 나는 꾀꼬리가 그 깃이 선명하다."라고 하였으니, 이것은 시집가고 장가갈 때를 말한 것입니다. '이 아가씨 시집가는데 황색과 적백색 말을 타고 간다.'고 한 것은 문채가 있는 것이며, '어머니가 수건을 매준다.'는 것은 그 시집가는 것을 전송한 것이며, '그 威儀가 아홉이며 열이다.'는 것은 위의가 많은 것을 말합니다. '신혼의 기쁨도 참으로 아름다운데 이미 아내가 있는 자가 아내를 보고 기뻐하는 것은 또 어떠하겠는가.'라고 하였으니, 부부가 함께 사는 것은 사람의 지극한 정이라는 것입니다.

故一章에 言其獨宿하고 三章에 敍其久別而四章에 又以婚之新舊終焉하니 序詩者가 曰 君子之於人에 序[106]其情而閔其勞는 所以說(열)也[107]라하니 可謂得詩之本指矣로다 詩之言我는 皆周公述歸士之辭니 士之蘊於其心而不能言者를 周公이 盡發之於言하시니 遐想其時에 上下交孚하여 歡欣感激이 有不能自已者라

그러므로 1장에서는 홀로 자는 것을 말하고, 3장에서는 오랫동안 이별해 있는 것을 기술하였으며, 4장에서는 또 新婚과 舊婚을 가지고 마친 것입니다. 이 시의 내용을 서술한 자가 "군자가 백성들에 대해 그 심정을 서술하고 그 수고로움을 애

104) 縭 : 사고본에는 '褵(리)'로 되어 있다.
105) 室家 : 사고본에는 '家室'로 되어 있다.
106) 序 : 사고본에는 '敍'로 되어 있다.
107) 君子……說也 :《詩經》〈毛序〉에 보인다.

달프게 여긴 것은 백성들이 기뻐한 이유이다."라고 하였으니, 시의 본뜻을 얻었다고 말할 수 있습니다.

시에서 '나'라고 말한 것은 모두 周公이 돌아가는 병사를 기술한 말입니다. 병사가 자기 마음에 담아두기만 하고 말로 하지 못한 것을 주공이 모두 말로 드러내었으니, 멀리 그 당시를 생각하면 윗사람과 아랫사람이 서로 신뢰하여 기뻐하고 감격한 것이 절로 그만둘 수 없는 점이 있었습니다.

後世征戍頻繁하여 民病于役則有爲詩以刺者하니 曰 父曰嗟予子行役하여 夙夜無已[108)]라하며 母曰嗟予季行役하여 夙夜無寐[109)]라하며 曰 王事靡鹽(고)[110)]라 不能蓺稷黍호니 父母何怙[111)]오하며 曰 哀哀父母여 生我劬(구)勞[112)]라하니 此는 以父子不相保而

---

108) 父曰……無已 : 《詩經》 〈魏風 陟岵〉에 보인다. '척호'는 '민둥산에 오르다'라는 뜻으로, 〈척호〉는 부역 가서 민둥산에 올라 가족이 자신을 그리워할 것을 생각하며 읊은 시이다. 〈毛序〉에 "〈척호〉는 효자가 부역을 가서 부모를 생각한 시이다. 나라가 좁아 자주 침삭을 당하여 대국에 사역되자 부모형제가 이산되어 이 시를 지은 것이다.〔孝子行役 思念父母也 國迫而數侵削 役乎大國 父母兄弟離散 而作是詩也〕"라고 하였다. 朱熹의 《詩集傳》에 따르면 모두 3장이며 한 장이 6구로 이루어져 있는데, 저본의 구절은 이 가운데 제1장 제3구와 제4구이다.

109) 母曰……無寐 : 《詩經》 〈魏風 陟岵〉의 제2장 제3구와 제4구에 보인다.

110) 鹽 : 509본에는 '盬'으로 되어 있다.

111) 王事……何怙 : 《詩經》 〈唐風 鴇羽〉에 보인다. '보우'는 '너새의 깃'이라는 뜻으로, 〈보우〉는 본래 편안함을 좋아하는 백성들이 고생스러운 征役에 종사하게 된 것을 본래 나무에 앉지 않는 너새가 본성과 달리 나무에 앉아 있는 것에 비유한 시이다. 〈毛序〉에 "〈보우〉는 세상을 풍자한 시이다. 昭公 후에 큰 혼란이 5대에 이어지자 군자가 아래로 정역에 종사하여 부모를 봉양하지 못하게 되어 이 시를 지은 것이다.〔刺時也 昭公之後 大亂五世 君子下從征役 不得養其父母 而作是詩也〕"라고 하였다. 朱熹의 《詩集傳》에 따르면 모두 3장이며 한 장이 7구로 이루어져 있는데, 저본의 구절은 이 가운데 제1장 제3구부터 제5구까지이다.

112) 哀哀……劬勞 : 《詩經》 〈小雅 蓼莪〉에 보인다. '육아'는 '길고 큰 아름다운 쑥'이라는 뜻으로, 〈육아〉는 좋은 쑥이라고 여겼는데 나쁜 쑥이었다는 비유를 통해, 부모가 자신을 낳을 때는 효자라고 생각했을 터인데 이제 자신이 征役을 와서 부모님을 봉양하지 못하게 된 것을 슬퍼한 시이다. 〈毛序〉에 "〈육아〉는 幽王을 풍자한 시이다. 백성들이 수고로워 효자가 봉양을 끝마치지 못하게 되었기 때문이다.〔刺幽王也 民人勞苦 孝子不得終養爾〕"라고 하였다. 朱熹의 《詩集傳》에 따르면 모두 6장이다. 네 장은 4구, 두 장은 8구로 이루어져 있는데, 저본의 구절은 이 가운데 제1장과 제2장의 제3구부터 제4구까지이다.

怨也요 曰 角枕粲兮며 錦衾爛兮로다 予美亡此하니 誰與獨旦[113)][114)]오하며 曰 終朝采藍을 不盈[115)]一襜(첨)[116)]호라 五日爲期[117)]호니 六日不詹(첨)[118)]이라하니 此는 以夫婦不相保而怨也요

후세에는 수자리 살러 가는 일이 빈번하여 백성들이 戍役에 동원되는 것을 괴로워하니 시를 지어 諷刺한 자가 있게 되었습니다.

"아버지께서는 '아, 우리 아들 수역 가서 밤낮으로 쉬지 못하리라.'라고 하시겠지."라고 하고, "어머니께서는 '아, 우리 막내 수역 가서 밤낮으로 자지 못하리라.'라고 하시겠지."라고 하였으며, "王事를 견고히 하지 않을 수 없기에 찰기장・메기장을 심지 못하니 우리 부모 무엇을 믿으실까."라고 하였으며, "슬프고 슬프다 부모여, 나를 낳으시느라 몹시 수고하셨도다."라고 하였으니, 이것은 부모와 자식이 서로 보전해주지 못하여 원망한 시 구절들입니다.

"뿔 장식 베개 찬란하며 비단 이불이 곱도다. 내 아름다운 분은 여기에 없으니 누구와 더불어 아침을 맞을까."라고 하였으며, "아침내 쪽을 캤으나 앞치마 하나에도 차지 못하네. 오월에 돌아온다 약속했는데 유월이 되어도 보지 못하네."라고 하였으니, 이것은 부부가 서로 보전해주지 못하여 원망한 시 구절들입니다.

---

113) 旦 : 저본에는 '朝'로 되어 있으나, 조선 태조 李旦의 피휘이므로 바로잡았다. 대전본・사고본에는 '旦'으로 되어 있다.

114) 角枕……獨旦 : 《詩經》 〈唐風 葛生〉에 보인다. '갈생'은 '칡이 자라다'라는 뜻으로, 〈갈생〉은 부인이 칡이 자라 가시나무에 덮인 것을 보고 남편이 부역 가서 오랫동안 돌아오지 못한 것을 생각하며 탄식한 시이다.

115) 盈 : 대전본에는 '能'으로 되어 있다. 〈毛序〉에 "〈갈생〉은 晉나라 獻公을 풍자한 시이다. 헌공이 침공과 전쟁을 좋아하자 국인들이 죽는 이가 많았기 때문이다.〔刺晉獻公也 好攻戰 則國人多喪矣〕"라고 하였다. 朱熹의 《詩集傳》에 따르면 모두 5장이며 한 장에 4구로 이루어져 있는데, 저본의 구절은 이 가운데 제3장이다.

116) 襜 : 대전본・사고본에는 '襜(첨)'으로 되어 있다.

117) 五日爲期 : '五日'은 鄭玄의 箋에 따르면 '五月之日', 즉 5월의 어느 날이다. 뒤의 '六日' 역시 '六月之日'이다. 《毛詩注疏 小雅 采綠 鄭玄箋》

118) 終朝……不詹 : 《詩經》 〈小雅 采綠〉에 보인다. '채록'은 '王芻 풀을 캐다'라는 뜻으로, 〈채록〉은 부인이 풀을 캐면서 남편을 그리워하는 심정을 읊은 시이다. 〈毛序〉에 "〈채록〉은 오랫동안 이별해 있는 것을 풍자한 시이다. 유왕 때 오랜 이별을 원망하는 자가 많았기 때문이다.〔刺怨曠也 幽王之時多怨曠者也〕"라고 하였다. 朱熹의 《詩集傳》에 따르면 모두 4장이며 한 장에 4구로 이루어져 있는데, 저본의 구절은 이 가운데 제2장이다.

曰 漸漸(삼삼)之石이여 維其高矣로다 山川悠遠하니 維其勞矣[119]라하며 曰 匪兕匪虎어늘 率彼曠野아 哀我征夫가 朝夕不暇[120]라하니 此는 將率戍役하여 以勞苦而怨也니 與采薇・東山之辭로 大抵略同하나 然采薇・東山은 上이 序戍者之情也요 陟岵諸詩[121]는 戍者或其家人이 自序[122]其情也라 得失之相去가 顧不遠哉아

"높고 험한 바위여 참으로 높기만 하다. 산천이 아득히 머니 참으로 수고롭도다."라고 하였으며, "외뿔소 아니며 범이 아닌데 어찌 저 광야를 가게 하는가. 불쌍한 우리 병사들 朝夕으로 겨를이 없도다."라고 하였으니, 이것은 장수가 수자리 부역 가서 그 괴로움 때문에 원망하는 시 구절들입니다.

이 시 구절들은 〈采薇〉・〈東山〉의 내용과 대체로 같기는 하나, 〈채미〉와 〈동산〉은 윗사람이 수자리 살러 간 자의 심정을 읊은 것이고, 〈陟岵〉 이하의 시들은 수자리 살러 간 자나 그 아내가 스스로 자신의 심정을 읊은 것입니다. 그 핍진한 차이가 어찌 현격하지 않겠습니까.

今之世가 兵農이 雖分而竝邊之民이 往往에 或從征役하며 或任轉輸하여 饑渴疲勞之狀[123]과 戚嗟愁苦之態가 往往有甚於古者호대 自將帥・守牧이 未聞有過而問之者어든

119) 漸漸……勞矣 : 《詩經》 〈小雅 漸漸之石〉에 보인다. '삼삼지석'은 '높고 험한 바위'라는 뜻으로, 〈삼삼지석〉은 장수가 험준한 지역에 출정하여 고생하는 심정을 읊은 시이다. 〈毛序〉에 "〈삼삼지석〉은 제후국이 幽王을 풍자한 시이다. 戎狄이 배반하고 荊나라와 舒나라가 조회 오지 않자 마침내 장수에게 명하여 동쪽으로 정벌하게 하니, 부역이 오래되어 밖에서 고통을 받았으므로 이 시를 지은 것이다.〔下國刺幽王也 戎狄叛之 荊舒不至 乃命將率東征 役久病於外 故作是詩也〕"라고 하였다. 朱熹의 《詩集傳》에 따르면 모두 3장이며 한 장에 6구로 이루어져 있는데, 저본의 구절은 이 가운데 제1장 제1구부터 제4구까지이다.

120) 匪兕……不暇 : 《詩經》 〈小雅 何草不黃〉에 보인다. '하초불황'은 '어느 풀인들 누렇게 쇠지 않으리오.'라는 뜻으로, 〈하초불황〉은 周나라 왕실이 망하려 하면서 征役이 그치지 않자 부역 가는 자들이 그 괴로움을 읊은 시이다. 〈毛序〉에 "〈하초불황〉은 제후국이 幽王을 풍자한 시이다. 사방의 이민족이 교대로 침범하고 중원의 나라가 배반하여 무력을 사용하는 일이 그치지 않으니 백성 보기를 금수처럼 하였다. 군자가 이것을 근심하였기 때문에 이 시를 지은 것이다.〔下國刺幽王也 四夷交侵 中國背叛 用兵不息 視民如禽獸 君子憂之 故作是詩也〕"라고 하였다. 朱熹의 《詩集傳》에 따르면 모두 4장이며 한 장에 4구로 이루어져 있는데, 저본의 구절은 이 가운데 제3장이다.

121) 詩 : 대전본에는 없다.

122) 序 : 대전본에는 '戍'로 되어 있다.

況得上徹於九重之邃(수)乎잇가 臣今列之是編者는 欲仁聖之君이[124] 軫文王・周公之念하사 處宮庭之奧에 如親臨邊鄙之間하사 恤民之憂를 如己之憂則民亦將以上之憂로 爲憂矣라 說(열)以使民民忘其死[125]가 其庶幾乎인저

지금 세상에는 군인과 농부가 비록 분리되어 있기는 하나, 국경 부근의 백성들은 종종 征役에 종사하기도 하고 물자 운반을 맡기도 하여 그 굶주리고 목 타며 지치고 힘든 정상과 슬퍼하고 탄식하며 근심하고 괴로워하는 모습이 종종 옛날보다 더 심한 경우가 있습니다. 그런데도 장수와 지방관 중에 이들에게 들러 안부를 묻는 자가 있다는 말을 들은 적이 없으니, 더구나 위로 깊은 구중궁궐에까지 통할 수 있겠습니까.

신이 지금 이것을 이 편에 열기한 것은 어질고 밝은 임금이 文王과 周公이 우려했던 점을 생각하여 깊은 궁정에 처할 때에 변경 고을 사이에 親臨한 것처럼 하여 백성의 근심을 자신의 근심처럼 돌아보기를 바라서입니다. 그렇게 하면 백성들 역시 윗사람의 근심을 자신의 근심으로 삼을 것이니, '기쁘게 하여 백성들을 부리면 백성들이 자신의 죽음도 잊고 돌아보지 않는 것'이 거의 가까울 것입니다.

27-10-가[126]

七月은 陳王業也라 周公이 遭變故하사 陳后稷・先公風化之所由致・王業之艱難也[127]하시니라

〈七月〉은 王業을 말한 시이다. 周公이 변고를 만나서 后稷과 선대 조상들의 敎化가 무엇으로 말미암아 이룩되었는지와 王業을 이루기까지의 어려움을 말한 것이다.

七月流火①어든 九月授衣②하나니라 一之日觱(필)發③하고 二之日栗烈④하나니 無

123) 狀 : 대전본・사고본에는 '殃'으로 되어 있다.

124) 이 : 509본에는 '으로'로 되어 있다.

125) 說以……其死 : 27-9-가 참조.

126) 《詩經》〈豳風 七月〉에 보인다. 朱熹의 《詩集傳》에 따르면 모두 8장이며 한 장에 11구로 이루어져 있다.

127) 七月……難也 : 《詩經》〈豳風 七月〉의 〈毛序〉에 보인다.

衣無褐⑤[128]이면 **何以卒歲**⑥리오 **三之日于耜**(사)⑦요 **四之日擧趾**⑧어든 **同我婦子**하여 **饁**(엽)**彼南畝**⑨커든 **田畯**(준)**至喜**⑩하나니라

① 七月流火：流, 下也. 火, 大火心星,[129] 六月之昏, 入於地之南方, 至七月之昏, 則下而西流.
'流'는 '내려가다'라는 뜻이다. '火'는 大火 心星이니, 6월 황혼에 땅의 남방에 들어가고 7월 황혼이 되면 내려가서 서쪽으로 진다.

② 九月授衣：當流火之時, 爲授衣之備也.
대화 심성이 내려갈 때 겨울옷을 줄 차비를 하는 것이다.

③ 一之日觱發：一之日,[130] 十一月也. 觱發者, 風寒.
'一之日'은 11월이다. '觱發'은 '바람이 차갑다'라는 뜻이다.

④ 二之日栗烈：二之日,[131] 十二月也. 栗烈者, 氣寒.
'二之日'은 12월이다. '栗烈'은 '기운이 차갑다'라는 뜻이다.

⑤ 無衣無褐：褐, 毛布也.
'褐'은 모포이다.

⑥ 何以卒歲：卒, 終也.

---

128) 無衣無褐：鄭玄의 箋에 따르면 '衣'는 신분이 높은 자가 입는 옷을, '褐'은 신분이 낮은 자가 입는 옷을 이른다.《毛詩注疏 豳風 七月 鄭玄箋》

129) 大火心星：별자리 이름으로, 28宿(수) 恒星 중 하나이자 동방 7宿에 속한다. 心宿는 세 개의 별로 이루어졌는데 가운데 大火星이 가장 밝기 때문에 심수를 대화심수로 부르기도 한다. 심수는 매년 음력 5월 황혼에 동북방 하늘에 나타난 뒤 매달 남쪽으로 30도씩 이동하여 6월 말이면 정남방에 도달한다. 7월 초에는 또 계속 서쪽으로 가서〔流〕 7월 중순이 되면 대략 10도 좌우쯤으로 이동하는데, 가을이 왔다는 것을 표시한다. 본문에서 심수가 서쪽으로 내려간다고 한 것은 더위가 물러가고 추위가 곧 이를 것이라는 말이다.《揚之水, 詩經名物新證, 北京:北京古籍出版社, 2000, 91~93쪽》

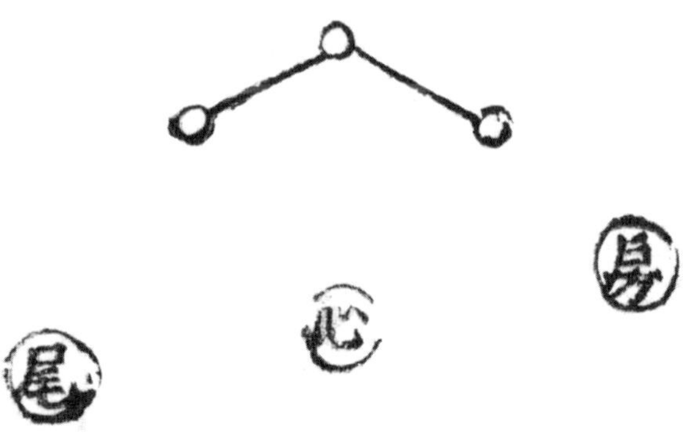

心宿

130) 一之日：하나의 陽이 생기는 달로,《周易》의 괘로 말하면 復卦(䷗)이다.

131) 二之日：두 개의 陽이 생기는 달로,《周易》의 괘로 말하면 臨卦(䷒)이다.

'卒'은 '마치다'라는 뜻이다.

⑦ 三之日于耜 : 三之日,[132] 正月也. 于, 往也. 耜, 田器.

'三之日'은 정월이다. '于'는 '가다'라는 뜻이다. '耜'는 농기구이다.

⑧ 四之日擧趾 : 四之日,[133] 二月也. 趾, 足也, 謂擧足而耕.

'四之日'은 2월이다. '趾'는 '발'이라는 뜻이니, '擧趾'는 발을 들고 밭 가는 것을 이른다.

⑨ 饁彼南畝 : 饁, 饋也.

'饁'은 '음식을 주다'라는 뜻이다.

⑩ 田畯至喜 : 田畯, 田大夫.[134]

'田畯'은 田大夫이다.

칠월이라 大火 心星 내려가면	七月流火
구월엔 겨울옷을 주느니라	九月授衣
동짓달엔 바람이 차갑고	一之日觱發
섣달에는 기운이 차갑나니	二之日栗烈
겨울옷 없고 모포 없으면	無衣無褐
어찌 한 해를 마치리오	何以卒歲
정월엔 가서 쟁기를 수선하고	三之日于耜
이월엔 발꿈치 들고 밭을 갈면	四之日擧趾
우리 처자식과 함께	同我婦子
저 남쪽 이랑에 들밥 내가니	饁彼南畝
田畯이 와서 보고 기뻐하느니라	田畯至喜

七月流火어든 **九月授衣**하나니라 **春日載陽**①하여 **有鳴倉庚**②이어든 **女執懿筐**(광)③[135]하여 **遵彼微行**④하여 **爰求柔桑**⑤하며 **春日遲遲**⑥어든 **采蘩**(번)**祁**

132) 三之日 : 세 개의 陽이 생기는 달로, 《周易》의 괘로 말하면 泰卦(䷊)이다.

133) 四之日 : 네 개의 陽이 생기는 달로, 《周易》의 괘로 말하면 大壯卦(䷡)이다.

134) 田畯 田大夫 : 勸農官이다. 司穡 또는 穡夫라고도 한다. 《周禮》〈地官 載師〉 鄭玄의 주에 "6遂의 남은 땅을 천자가 대부로 하여금 다스리게 한다.〔六遂餘地 天子使大夫治之〕"라는 내용이 보이는데, 明나라 馮復京에 따르면 농사철에 특별히 대부에게 명하여 농사를 주관하게 하는데 《주례》에는 田畯이라는 正職이 없기 때문에 곧바로 전준을 大夫라고 부른 것이다. 《六家詩名物疏 卷29 國風豳1 七月篇上 田畯》

135) 筐 : 대전본에는 '筐'으로 되어 있으나, 宋 太祖 趙匡胤을 피휘한 것이다.

祁(기기)⑦하나니 女心傷悲여 殆及公子同歸⑧로다

① 春日載陽 : 載, 則[136]也. 陽, 溫也.
'載'는 '곧'이라는 뜻이다. '陽'은 '따뜻하다'라는 뜻이다.

② 倉庚 : 黃鸝(리)也.
'倉庚'은 꾀꼬리이다.

③ 懿筐 : 懿筐[137], 深筐[138]也.
'懿筐'은 깊은 광주리이다.

④ 遵彼微行 : 遵, 循也. 微行, 墻[139]下小徑.
'遵'은 '따르다'라는 뜻이다. '微行'은 담 아래 작은 길이다.

⑤ 爰求柔桑 : 爰, 於也. 柔桑, 穉[140]桑.
'爰'은 '이에'라는 뜻이다. '柔桑'은 어린 뽕잎이다.

倉庚(黃鳥)

⑥ 春日遲遲 : 遲, 緩也.
'遲'는 '더디다'라는 뜻이다.

⑦ 采蘩祁祁 : 蘩, 皤蒿(파호)也, 所以生蠶. 祁祁, 衆多也.
'蘩'은 흰 쑥이니 누에를 기르는 것이다. '祁祁'는 '많다'라는 뜻이다.

⑧ 殆及公子同歸 : 女常悲春, 欲如貴公子之早嫁也.
아가씨는 항상 봄을 슬퍼하니 귀공자에게 가서 일찍 시집가고자 하는 것이다.

칠월이라 大火 心星 내려가면 七月流火
구월엔 겨울옷을 만들어주느니라 九月授衣
봄이 되어 햇살이 따뜻해져서 春日載陽
꾀꼬리가 꾀꼴꾀꼴 울거든 有鳴倉庚

136) 則 : 사고본에는 '始'로 되어 있다.
137) 筐 : 대전본에는 '笸'으로 되어 있으나, 宋 太祖 趙匡胤을 피휘한 것이다.
138) 筐 : 대전본에는 '笸'으로 되어 있으나, 宋 太祖 趙匡胤을 피휘한 것이다.
139) 墻 : 사고본에는 '牆'으로 되어 있다.
140) 穉 : 사고본에는 '群'으로 되어 있다.

아가씨는 깊은 광주리 들고 女執懿筐
저 오솔길을 따라가서 遵彼微行
이에 어린 뽕잎을 따며 爰求柔桑
봄이 되어 해가 더디 지거든 春日遲遲
흰 쑥 캐기를 많이 하나니 采蘩祁祁
아가씨 마음 서글퍼함이여 女心傷悲
장차 公子와 함께 돌아가리라 殆及公子同歸

七月流火어든 **八月**萑葦(환위)①니라 **蠶月條桑**②이라 **取彼斧**斨(장)하여 **以伐遠揚**③이요 猗(의)[141]**彼女桑**④이니라 **七月鳴**鵙(격)⑤이어든 **八月載績**⑥하나니 **載玄**[142] **載黃**⑦하여 **我朱孔陽**⑧이어든 **爲公子裳**⑨하나니라

① 八月萑葦 : 預蓄以爲曲薄.[143]
미리 비축하여 이것으로 曲薄을 만들려는 것이다.

② 蠶月條桑 : 條桑, 枝落之以取葉也.
'條桑'은 뽕나무 가지를 떨어뜨려서 그 잎을 따는 것이다.

③ 取彼……遠揚 : 斧斨, 所以伐遠枝之揚起者, 於此亦預備之.
'斧斨'은 위로 올라간 멀리 있는 가지를 잘라내는 것이니, 이때 이것 또한 미리 준비해두는 것이다.

④ 猗彼女桑 : 小而長條曰女桑.
작고 긴 가지를 '女桑'이라고 한다.

⑤ 七月鳴鵙 : 伯勞也.
'鵙'은 때까치이다.

⑥ 八月載績 : 緝麻之名.[144]
'績'은 '삼을 방적하는 것'의 명칭이다.

---

141) 猗 : 대전본에는 '倚(기)'로 되어 있다.

142) 玄 : 사고본에는 '𤣥'으로 되어 있는데, 淸 聖祖 玄燁을 피휘한 것이다.

143) 曲薄 : 蠶箔, 蠶薄, 蠶曲이라고도 한다. 일종의 누에를 기르는 광주리로, 대나무나 갈대로 짠다.

144) 緝麻之名 : 삼을 베고〔刈麻〕, 삼을 빨고〔漚麻〕, 삼을 방적하는 것〔緝麻〕 등의 일을 통틀어 麻事라고 하는데, 이 가운데 '績'은 孔穎達의 소에 따르면 '緝麻'를 가리킨다. 《毛詩注疏 豳風 七月 孔穎達疏》

⑦ 載玄載黃 : 以爲祭服也, 玄[145]衣黃裳.
이것으로 祭服을 만드는 것이니, 붉은 빛을 띤 검은색 上衣에 노란색 下裳이다.

⑧ 我朱孔陽 : 朱色光明.
붉은색이 밝게 빛나는 것이다.

⑨ 爲公子裳 : 以供公上.
이것을 官에 바치는 것이다.

칠월이라 大火 心星 내려가면	七月流火
팔월에는 갈대를 비축하느니라	八月萑葦
누에 치는 달엔 뽕나무 가지 자르기에	蠶月條桑
저 도끼를 가져와서	取彼斧斨
멀리 뻗은 가지는 자르고	以伐遠揚
저 작고 긴 가지는 잎만 따느니라	猗彼女桑
칠월이라 때까치가 울거든	七月鳴鵙
팔월에는 삼을 紡績하나니	八月載績
이에 검붉은색 누런색 물을 들여서	載玄載黃
우리 붉은색 밝게 빛나거든	我朱孔陽
이것으로 公子의 제복 만드느니라	爲公子裳

四月秀葽(요)①어든 **五月鳴蜩**(조)②며 **八月其穫**③이어든 **十月隕蘀**(탁)④이니라 **一之日于貉**(락)⑤하여 **取彼狐狸**하여 **爲公子裘**⑥하고 **二之日其同**⑦하여 **載纘武功**⑧하여 **言私其豵**(종)이요 **獻豣**(견)**于公**⑨하나니라

① 四月秀葽 : 草也.
'葽'는 풀이름이다.

---

145) 玄 : 사고본에는 '玄'으로 되어 있는데, 淸 聖祖 玄燁을 피휘한 것이다. '玄'은 붉은색 염료에 세 번 물을 들인 뒤 다시 검은색 염료에 세 번 물을 들인 것으로, 붉은색이 은은히 비치는 검은색이다. 보통 硃砂와 赤粟으로 염료를 만들어 붉은색을 물들이는데, 한 번 들이면 縓(전), 두 번 들이면 赬(정), 세 번 들이면 纁, 네 번 들이면 赤이라고 한다. 纁을 더 이상 붉은색 염료에 넣지 않고 개흙〔涅〕으로 만든 黑色 염료에 넣으면 紺(감), 紺을 다시 흑색 염료에 넣으면 緅(추), 緅를 흑색 염료에 넣으면 玄, 玄을 흑색 염료에 넣으면 緇(치)가 된다. 《名義考 卷11 物部 玄纁》

② 五月鳴蜩 : 蟬也.
'蜩'는 매미이다.
③ 八月其穫 : 禾之早穫者.
'穫'은 일찍 수확할 수 있는 벼를 수확하는 것이다.
④ 十月隕蘀 : 謂木葉隕[146]落.
'隕蘀'은 나뭇잎이 떨어지는 것을 이른다.
⑤ 一之日于貉 : 謂取狐狸皮也.
'于貉'은 여우 가죽을 취하는 것을 이른다.
⑥ 取彼……子裘 : 同上.
위의 '于貉'과 같은 뜻이다.
⑦ 二之日其同 : 同, 會聚也.
'同'은 '모이다'라는 뜻이다.
⑧ 載纘武功 : 纘, 繼也. 功, 事也.
'纘'은 '계속하다'라는 뜻이다. '功'은 '일'이라는 뜻이다.
⑨ 言私……于公 : 田獵所取也. 小豕曰豵, 大豕曰豜. 大獸公之, 小獸私焉.
사냥하여 잡은 것이다. 작은 돼지를 '豵', 큰 돼지를 '豜'이라고 한다. 큰 짐승은 官에 바치고 작은 짐승은 자신이 갖는 것이다.

사월이라 강아지풀이 패거든	四月秀葽
오월에는 말매미가 울며	五月鳴蜩
팔월이라 조생 벼를 수확하거든	八月其穫
시월에는 나뭇잎이 지느니라	十月隕蘀
동짓달엔 여우 가죽 취하여	一之日于貉
저 여우를 잡아서	取彼狐狸
公子의 갖옷을 만들고	爲公子裘
섣달엔 모여서 〈사냥을 하여〉	二之日其同
武藝 닦는 일 계속하여	載纘武功
작은 돼지는 자기가 갖고	言私其豵
큰 돼지는 官에 바치느니라	獻豜于公

五月斯螽(종)動股①요 六月莎雞振羽②요 七月在野요 八月在宇③요 九月在戶요

146) 隕 : 사고본에는 '損'으로 되어 있다.

十月蟋蟀(실솔)이 **入我牀下**④하나니라 **穹窒**(궁질)**熏鼠**⑤하며 **塞向墐**(근)**戶**⑥하고 **嗟我婦子**아 **曰爲改歲**어니 **入此室處**⑦어다

① 五月斯螽動股：斯螽，蝗(황)類[147].
'斯螽'은 蝗蟲 종류이다.

② 六月莎雞振羽：莎雞，如蝗.
'莎雞'는 蝗蟲과 같은 것이다.

③ 八月在宇：屋霤(류)也.
'宇'는 집의 처마이다.

④ 七月……牀下：自七月以下，皆言蟋蟀自野漸入以避寒.
'七月' 이하는 모두 쓰르라미가 들에서부터 점점 들어와 추위를 피함을 말한 것이다.

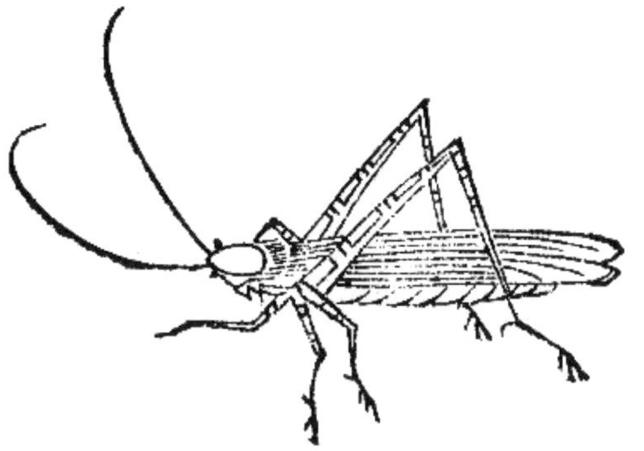

斯螽(螽斯)

⑤ 穹窒熏鼠：穹，窮[148]也. 窒，塞也. 熏去其鼠.
'穹'은 '빈틈'이라는 뜻이다. '窒'은 '막다'라는 뜻이다. '熏鼠'는 연기를 피워 쥐를 제거하는 것이다.

⑥ 塞向墐戶：向，北出牖. 墐，塗也，所以備寒.
'向'은 북쪽으로 낸 창문이다. '墐'은 '바르다'라는 뜻이니 추위에 대비하는 것이다.

⑦ 曰爲……室處：改歲大寒，將[149]此以處.
해가 바뀌고 크게 추워지는 때에 앞으로 이곳에 거처하라는 뜻이다.

莎雞

蟋蟀

147) 蝗類 : 사고본에는 '煌屬'으로 되어 있다.
148) 窮 : 사고본에는 '隙'으로 되어 있다.
149) 將 : 대전본에는 '滌'으로 되어 있다.

오월엔 여치가 다리 부벼 울고 五月斯螽動股
유월엔 귀뚜라미 깃을 떨어 우네 六月莎雞振羽
칠월엔 들에 있고 七月在野
팔월엔 처마 밑에 있고 八月在宇
구월엔 방문 앞에 있고 九月在戶
시월엔 쓰르라미 十月蟋蟀
우리 침대 아래로 들어오느니라 入我牀下
구멍 막고 연기 피워 쥐를 쫓으며 穹窒熏鼠
북창 막고 방문 틈 발라 〈추위에 대비하네〉 塞向墐戶
아, 우리 처자들아 嗟我婦子
해가 바뀌게 되었으니 曰爲改歲
이 집에 들어와 거처할지어다 入此室處

六月食鬱(울)**及薁**(욱)①하며 **七月亨葵**(팽규)**及菽**②하며 **八月剝棗**③하며 **十月穫稻**④하여 **爲此春酒**하여 **以介眉壽**⑤하나니라 **七月食瓜**하며 **八月斷壺**⑥하며 **九月叔苴**(저)⑦하며 **采荼**(도)**薪樗**(저)⑧하여 **食**(사)**我農夫**⑨하나니라

① 六月食鬱及薁 : 鬱, 棣(체)屬. 薁, 櫻(앵)薁.
'鬱'은 아가위 종류이다. '薁'은 머루이다.

② 七月亨葵及菽 : 亨, 煮也. 葵, 今之葵. 菽, 豆也.
'亨'은 '삶다'라는 뜻이다. '葵'는 지금의 아욱이다. '菽'은 콩이다.

③ 八月剝棗 : 剝, 普卜反, 擊也.
'剝'은 음이 普와 卜의 반절이니, '치다'라는 뜻이다.

④ 十月穫稻 : 稻, 謂晩收者.
'稻'는 늦게 수확하는 벼를 이른다.

⑤ 六月……眉壽 : 自食鬱以下, 皆言養老也.
'食鬱' 이하 여기까지의 내용은 모두 노인을 봉양함을 말한 것이다.

⑥ 八月斷壺 : 瓠(호)也.
'壺'는 박이다.

⑦ 九月叔苴 : 叔, 拾也. 苴, 麻子.
'叔'은 '줍다'라는 뜻이다. '苴'는 삼씨이다.

왼쪽 상단부터 鬱, 薁, 葵, 菽, 棗, 稻, 瓜, 壺, 苴, 荼, 樗

⑧ 采荼薪樗 : 荼, 苦菜. 樗, 惡木.
'荼'는 씀바귀이다. '樗'는 재목으로 쓰기 어려운 나무이다.

⑨ 七月食……農夫 : 以上皆壯[150]者之食.
'食瓜' 이하 여기까지의 내용은 모두 젊은이의 음식이다.

유월엔 아가위와 머루를 먹고	六月食鬱及薁
칠월엔 아욱과 콩을 삶으며	七月亨葵及菽
팔월엔 대추를 털며	八月剝棗
시월엔 벼를 수확하여	十月穫稻
이것으로 봄 술을 만들어서	爲此春酒
이것으로 長壽를 돕느니라	以介眉壽
칠월엔 오이를 먹으며	七月食瓜
팔월엔 박을 자르며	八月斷壺
구월엔 삼씨를 주우며	九月叔苴
씀바귀를 캐고 가죽나무를 땔나무로 베어서	采荼薪樗
우리 농부들 먹이느니라	食我農夫

九月築場圃①요 **十月納禾稼**하나니 **黍稷重穋**(륙)②과 **禾麻菽麥**이니라 **嗟我農夫**아 **我稼既同**③이어니 **上入執宮功**④이니 **晝爾于茅**요 **宵爾索綯**(삭도)⑤하여 **亟**(극)**其乘屋**⑥이오야 **其始播百穀**⑦이니라

① 九月築場圃 : 築圃爲場, 在今猶然.
채마밭을 다져서 타작마당을 만드는데 지금도 여전히 이렇게 한다.

② 黍稷重穋 : 後熟曰重, 先熟曰穋.
뒤에 익는 기장을 '重'이라 하고, 먼저 익는 기장을 '穋'이라 한다.

③ 我稼既同 : 既同, 言已聚也.
'既同'은 이미 다 모인 것을 말한다.

④ 上入執宮功 : 宮功, 公室之役.
'宮功'은 왕실의 일이다.

⑤ 晝爾……索綯 : 晝取茅, 夜作索.
낮에 띠풀을 베어 와서 밤에 이것으로 새끼를 꼬는 것이다.

---

150) 壯 : 사고본에는 '農'으로 되어 있다.

⑥ 亟其乘屋 : 亟, 急也. 乘, 升也.
'亟'은 '서두르다'라는 뜻이다. '乘'은 '올리다'라는 뜻이다.

⑦ 其始播百穀 : 以播[151]穀在近, 早修室廬.
곡식을 파종하는 것이 가까운 시일 내에 있기 때문에 일찌감치 집을 수리하는 것이다.

구월엔 채마밭 다져 타작마당 만들고	九月築場圃
시월엔 작물을 타작마당으로 들이나니	十月納禾稼
빨리 익고 늦게 익는 찰기장과 메기장	黍稷重穋
벼와 삼, 콩과 보리니라	禾麻菽麥
아, 우리 농부들아	嗟我農夫
우리 농작물 이미 다 모아놓았으니	我稼既同
위로 관청 들어가 왕실의 일 해야 할 것이라	上入執宮功
낮에는 네 가서 띠풀을 베어 오고	晝爾于茅
밤에는 네 새끼를 꼬아서	宵爾索綯
서둘러 그 지붕을 해 이어야	亟其乘屋
비로소 百穀을 파종하느니라	其始播百穀

二之日①**鑿冰沖沖**②하여 **三之日**③**納于凌陰**④하나니 **四之日其蚤**에 **獻羔祭韭**⑤[152]하나니라 **九月肅霜**이어든 **十月滌場**⑥하고 **朋酒斯饗**⑦[153]하여 **曰殺羔羊**하여 **躋彼公堂**⑧하여 **稱彼兕觥**(시굉)⑨하니 **萬壽無疆**⑩이로다

① 二之日 : 十二月.
'二之日'은 12월이다.

② 鑿冰沖沖 : 沖沖, 鑿冰之意.

---

151) 播 : 사고본에는 '布'로 되어 있다.

152) 獻羔祭韭 : '獻羔'는 제례의 하나로, 새끼 양을 바쳐 겨울을 주관하는 신인 司寒에게 제사 지내는 것이다. 이와 관련하여 《禮記》 〈月令〉에 "중춘의 달에……천자가 이에 새끼 양을 바쳐서 얼음을 꺼내 먼저 침묘에 올린다.〔仲春之月……天子乃鮮羔開氷 先薦寢廟〕"라는 내용이 보인다.

153) 朋酒斯饗 : 이와 관련하여 《儀禮》 〈鄕飮酒禮〉에 "두 개의 술 단지를 東房과 室戶 사이에 진설한다.〔尊兩壺于房戶間〕"라는 내용이 보인다.

'沖沖'은 얼음을 캔다는 뜻이다.

③ 三之日 : 正月.
'三之日'은 정월이다.

④ 納于凌陰 : 氷室也.
'凌陰'은 얼음 창고이다.

⑤ 獻羔祭韭 : 仲春獻羔開氷, 獻于寢廟也. 韭新出, 故薦之.
仲春에는 새끼 양을 바쳐 제사 지내면서 얼음을 꺼내 寢廟에 바친다. 이때 부추가 새로 나오기 때문에 함께 올리는 것이다.

⑥ 十月滌場 : 滌, 掃也.
'滌'은 '청소하다'라는 뜻이다.

⑦ 朋酒斯饗 : 兩樽曰朋.
술 두 단지를 '朋'이라고 하다.

⑧ 躋彼公堂 : 公堂, 人君之堂.
'公堂'은 임금의 堂이다.

⑨ 稱彼兕觥 : 兕角之觥.
'兕觥'은 외뿔소의 뿔로 만든 뿔잔이다.

⑩ 萬壽無疆 : 祝其君也[154].
'萬壽無疆'은 자기 임금에게 축원하는 것이다.

兕觥

십이월엔 쿵쿵 얼음을 캐어	二之日鑿氷沖沖
정월엔 얼음 창고에 들이나니	三之日納于凌陰
이월의 이른 아침에	四之日其蚤
새끼 양 바치고 부추로 제사하느니라	獻羔祭韭
구월이라 추워져서 서리가 내리거든	九月肅霜
시월엔 타작마당 깨끗이 쓸고	十月滌場
두 단지 술로 이에 宴享을 베푸네	朋酒斯饗
새끼 양과 큰 양을 잡아서	曰殺羔羊
저 임금의 堂에 올라가	躋彼公堂
저 외뿔소 뿔잔을 높이 드니	稱彼兕觥

154) 祝其君也 : 사고본에는 없다.

만수무강하리로다 萬壽無疆

27-10-나(按)

臣은 按 周家가 以農事開國[155)]하니 成王이 幼沖嗣位라 周公이 懼其未知稼穡之艱難也라 故作此詩하여 使瞽矇(고몽)[156)]歌之宮中[①]하여 庶幾成王이 知小民之依하여 不敢荒寧하니 蓋與無逸之作으로 同一意也[157)]라 夫農者는 衣食之本이니 一日無農則天地之所以養人者가 幾乎熄矣라 惟其關生人之大命이라 是以服天下之至勞하나니

① 周家……宮中 : 此朱熹說.
이것은 朱熹의 설이다.

周 成王

【臣按】 周나라는 농사로 개국하였으니, 成王이 어린 나이로 천자의 지위를 계승하였기 때문에 周公은 성왕이 농사의 어려움을 알지 못할까 두려워했습니다. 그러므로 이 시를 지어 瞽矇으로 하여금 궁중에서 이를 노래하게 함으로써 백성들이 믿고 의지하는 것을 성왕이 알아서 감히 나태하고 안일하지 않기를 바란 것이니,

---

155) 周家以農事開國 : 27-5-가 '公劉' 주석, 28-11-나(按) '后稷' 주석, 31-8-나1(按) '公劉' 주석 참조.

156) 瞽矇 : 樂官이다. 고대에는 악관 중에 盲人이 많았기 때문에 이것을 관명으로 삼은 것이다. 이와 관련하여《周禮》〈春官 瞽矇〉에 "고몽은 도·축·어·훈·소·관·현 등의 악기 연주와 노래를 담당하여, 시와 小史가 撰定한 제왕의 世系를 읊고 이것을 금과 슬로 연주한다.〔瞽矇掌播鼗柷敔塤簫管弦歌 諷誦詩世奠繫 鼓琴瑟〕"라는 내용이 보인다.

157) 庶幾……意也 : 이와 관련하여《書經》〈周書 無逸〉에 "먼저 농사의 어려움을 알아서 편안하면 백성들이 의지하는 것을 알 것입니다.〔先知稼穡之艱難 乃逸 則知小人之依〕"라는 내용이 보인다. 蔡沈은 이 편 서문에서 "成王이 처음 정사를 다스리자 周公은 성왕이 그 편안함만 알고 편안하지 말아야 함을 알지 못할까 두려웠으므로 이 글을 지어 훈계한 것이다.〔成王初政 周公懼其知逸而不知無逸也 故作是書以訓之〕"라고 하였다.

이것은 〈無逸〉편을 지은 것과 동일한 뜻입니다.

무릇 농사는 입고 먹는 것의 근본이니 하루라도 농사가 없다면 천지에 사람을 기르는 것이 거의 없어질 것입니다. 생각건대 농사는 살아 있는 사람의 목숨과 관계되니 이 때문에 천하의 지극히 수고로운 일인데도 하는 것입니다.

今以此詩考之컨대 日月星辰之運行과 昆蟲草木之變化凡感乎耳目者가 皆有以觸其興作之思하니 是其心이 無一念不在乎農也요 自于耜而擧趾・自播穀而滌場에 所治가 非一器며 所業이 非一端이요 私事가 方畢而公宮之役을 毋敢稽하며 歲功이 方成而嗣歲之圖를 不敢後하니 是一歲之間에 無一日不專乎農也요 惟[158]夫與婦와 惟[159]婦與子가 各共乃事하며 各任乃役하니 是一家之內에 無一人不力乎農也요

지금 이 시를 살펴보면, 日月星辰의 운행과 昆蟲草木의 변화로서 무릇 눈과 귀에 감촉되는 것이 모두 그 興作할 생각을 자극하니, 이것은 그 마음이 한시도 농사를 생각하지 않는 때가 없는 것입니다.

가서 쟁기를 수선하는 것부터 발꿈치를 들고 밭을 갈기까지, 百穀을 파종하는 것부터 타작마당을 깨끗이 쓸기까지, 손보아야 할 농기구가 한두 가지가 아니며 해야 할 일이 한두 가지가 아닙니다.

자기 일이 이제 막 끝나자마자 왕실의 일을 감히 늦추지 않고, 한 해 농사가 이제 막 이루어지자마자 이듬해 농사를 대비할 계획을 감히 뒷전으로 하지 않으니, 이것은 일 년 동안 어느 하루도 농사에 전념하지 않는 날이 없는 것입니다.

남편과 아내, 아내와 자식이 저마다 자기 일에 종사하고 저마다 자기 일에 책임지니, 이것은 한 집 안에 어느 한 사람도 농사에 힘쓰지 않는 자가 없는 것입니다.

織薄於秋하며 求桑於春하여 躬蠶績之勞하여 以爲衣服之計者가 無所不至호대 猶恐其未足也하여 于貉(락)爲裘하여 又有以相之하고 食鬱及薁(욱)・亨(팽)[160]葵及菽하여 備果蔬之美하여 以充耆老之養者가 無所不至호대 猶恐其未足也하여 穫稻爲酒하여 又有以介之하니 當是時하여 農之所耕者는 自有之田也而上之人이 又從而崇奬勸厲[161]之라

158) 惟 : 사고본에는 '維'로 되어 있다.
159) 惟 : 사고본에는 '維'로 되어 있다.
160) 亨 : 사고본에는 '烹'으로 되어 있다.

故斯人이 亦以爲生之樂而勤敏和悅之氣가 浹于上下하여 不見其有勞苦愁歎[162]之狀하고 朋酒羔羊으로 升堂稱壽하여 君民이 相與獻酬하여 忘其爲尊卑貴賤之殊러니

가을에는 잠박을 짜고 봄에는 뽕잎을 따서 누에 치고 방적하는 수고를 몸소 함으로써 옷을 만들 계획을 세운 것이 미치지 않음이 없는데도, 혹여 충분치 않을까 염려하여 사냥 가서 여우가죽 취하여 갖옷을 만들어서 또 이를 돕게 하며, 아가위와 머루를 먹고 아욱과 콩을 삶아서 맛좋은 과일과 채소를 갖추어서 노인의 봉양에 충당한 것이 미치지 않음이 없는데도, 혹여 충분치 않을까 염려하여 벼를 수확하여 술을 만들어서 또 이를 돕게 하였습니다.

이 당시 경작하는 농민들은 각자 農地가 있었는데 윗사람이 또 따라서 장려하고 권면하였습니다. 그러므로 백성들이 또한 사는 것을 즐겁게 여겨서 부지런히 힘쓰고 화목하고 기쁜 기운이 위아래에 두루 퍼져 그 노고를 근심하고 탄식하는 정상을 볼 수 없는 것이며, 두 단지의 술을 마련하고 새끼 양과 큰 양을 잡아 堂에 올라가 長壽를 축원해서 임금과 백성이 함께 술잔을 주고받아 그 尊卑와 貴賤의 구별을 잊었던 것입니다.

後世之農則異乎此矣라 已無田可耕而所耕者는 他人之田이요 爲有司者도 得無殃害之足矣라 豈復有崇奬勸厲[163]之意리오 故數米而炊하며 併日而食[164]者가 乃其常也요 田事가 旣起에 丁夫之糧餉與牛之芻槀(고)가 無所從給하여 豫指收斂之入하여 以爲稱貸之資하여 糲(려)飯藜(려)羹이 猶不克飽하니 敢望有鹽酪(락)之味[165]乎아

후세의 농민은 이와 다릅니다. 이미 경작할 농지도 없어서 경작하는 것은 다른 사람의 밭이며 담당 관리란 자들도 해만 끼치지 않아도 좋으니 어찌 다시 장려하

161) 厲 : 사고본에는 '勵'로 되어 있다.

162) 歎 : 사고본에는 '嘆'으로 되어 있다.

163) 厲 : 사고본에는 '勵'로 되어 있다.

164) 併日而食 : 날마다 먹지 못하고 사흘이나 이틀에 하루 분의 음식을 합쳐서 먹는 것을 이른다. 《禮記集說 儒行 陳澔注》

165) 鹽酪之味 : 간을 맞춘 음식과 좋은 음료를 이른다. 《禮記》 〈雜記 下〉에 "삼년상 끝 무렵에는 채소와 과일을 먹고 물과 장을 마시지만 소금과 타락은 없다. 〈그러나 건강이 악화되어〉 밥을 먹지 못하면 소금과 타락을 먹어도 괜찮다.〔功衰 食菜果 飮水漿 無鹽酪 不能食食 鹽酪可也〕"라는 내용이 보인다.

고 권면하는 뜻이 있겠습니까. 그러므로 쌀알을 세어 밥을 짓고 이삼 일에 한 번 먹는 것이 마침내 일상이 되었습니다. 농사일이 이미 시작되었는데 농부가 먹을 양식과 소가 먹을 꼴을 조달할 길이 없어 앞으로 거두어들일 수입을 미리 가리켜서 빌릴 담보로 삼습니다. 그리하여 거친 밥과 나물국도 오히려 충분히 배불리 먹지 못하니 감히 소금과 駝酪의 맛을 바라겠습니까.

曉霜이 未釋에 忍飢扶犁(려)하여 凍皴(준)不可忍則燎草火以自溫하나니 此가 始耕之苦也요 燠(오)氣가 將炎에 晨興以出하여 傴僂(구루)如啄(탁)하여 至夕乃休하니 泥塗가 被體하고 熱爍(삭)濕蒸하여 百畝가 告靑而形容이 變化하여 不可復識矣나니 此가 立苗之苦也요 暑日流[166]金하여 田水若沸(비)어든 耘耔(운자)是力하며 稂莠(랑유)是除하여 爬沙而指爲之戾하며 傴僂而腰爲之折하나니 此는 耘苗之苦也요 迨垂穎而堅栗에 懼人畜之傷殘하여 縛草田中하여 以爲守舍하여 數尺容膝에 僅足蔽雨며 寒夜無眠하여 風霜이 砭(폄)骨하나니 此는 守禾之苦也라

새벽 서리가 아직 녹기도 전에 배고픔을 참고 쟁기를 잡아서 추위에 살이 얼어 터져 참을 수 없을 정도가 되면 풀을 태운 모닥불로 몸을 덥히니, 이것이 경작을 시작할 때의 괴로움입니다.

따뜻한 기운이 더워지려고 할 때가 되면 새벽에 일어나 나가서 먹이를 쪼아 먹는 새처럼 허리를 구부리고 일해서 저녁이 되어야 비로소 쉽니다. 진흙을 온 몸에 뒤집어쓰고 찔 듯한 무더위에 온 논밭은 푸른 물결로 넘실거리는데 농민은 몰골이 변하여 더 이상 알아볼 수 없을 정도가 되니, 이것이 모를 심을 때의 괴로움입니다.

더위에 쇠도 녹일 듯하여 논물이 끓는 물처럼 뜨거워지면 힘써 김매고 북돋우며 가라지를 제거합니다. 기어 다니며 일하여 손가락이 뒤틀리고 구부리고 일하여 허리가 휘어지니, 이것이 김을 매는 괴로움입니다.

이삭이 드리워지고 알곡이 꽉 차고 튼실해지면 사람이나 가축이 작물을 해칠까 두려워 논밭 가운데 풀을 엮어서 작물을 지키는 농막으로 삼습니다. 두 무릎이나 들일 수 있는 몇 자 넓이에 겨우 비를 가릴 수 있으며 추운 밤에는 잠을 자지 못하여 바람과 서리가 뼛속까지 스미니, 이것이 벼를 지키는 괴로움입니다.

---

166) 流 : 대전본에는 '如'로 되어 있다.

刈穫而歸에 婦子咸喜하여 舂揄簸蹂(용유파유)하여 競敏其事하니 若可樂矣而一飽之懽이 曾無旬月하여 穀入主家之廩하고 利歸質貸之人則室又垂罄(경)矣라 自此之外에 惟采薪于茅하여 販鬻(육)易粟하여 以苟活而已니 若夫桑麻種藝와 蠶績織紝[167]의 勞苦가 稱是而敝衣故絮로 曾不得以卒歲하나니 豈不重可哀憐也哉리오 夫農夫紅女之艱勤을 富室이 知之者가 寡矣니 況士大夫乎아 士大夫가 知之者가 寡矣니 況貴戚近屬乎아 貴戚近屬이 知之者가 寡矣니 況六宮嬪御乎아

작물을 수확하여 돌아오면 처자식이 모두 기뻐하여 절구질하고 까불러서 앞다투어 그 일에 열중합니다. 즐거울 듯하지만 한 번 배불리 먹는 기쁨이 열흘이나 한 달도 채 가지 못하여, 곡식은 주인집 창고로 들어가고 이자는 저당 잡고 빌려주었던 사람에게 돌아가니 농민의 집은 다시 텅 비게 됩니다.

이 이후로는 오직 땔나무를 하거나 띠풀을 베어다 이것을 팔아 곡식을 바꾸어서 구차히 연명을 할 뿐입니다. 저 뽕나무와 삼을 심고 가꾸며 누에를 치고 실을 자아 옷을 짜는 수고로움이 경작하는 일과 맞먹을 정도로 힘든데도 해진 옷과 묵은 솜으로 한 해를 마칠 수가 없으니, 어찌 더욱 애달프고 불쌍하지 않겠습니까.

저 농부와 베 짜는 여인의 어려움을 부잣집에서도 아는 자가 적으니 더구나 士大夫야 말해 무엇하겠습니까. 사대부도 이를 아는 자가 적으니 더구나 貴戚이나 가까운 親屬들이야 말해 무엇하겠습니까. 귀척이나 가까운 친속들도 이를 아는 자가 적으니, 더구나 6宮의 妃嬪들은 말해 무엇하겠습니까.

近世張栻[168]이 入侍經筵하여 因講葛覃之詩하여 言於孝祖以爲 周公之告成王에 見於詩有若七月과 見於書有若無逸이 欲其知稼穡之難與小人之依니 帝王所傳心法之要가 端在於此하니 夫治常生於敬畏而亂常起於驕肆하나니 使爲國者로 每念乎農畝之勞則心不存焉者가 寡矣니 何者오 其必嚴恭朝夕而不敢怠也며 其必懷保小民而不敢康也며 其必思天下之飢寒을 若己飢寒之也니 是心이 常存則驕肆가 何自而生이리오 豈非治之所由興也與[169]잇가하니

167) 紝 : 대전본에는 '衽', 사고본에는 '紝'으로 되어 있다.

168) 張栻 : 1133~1180. 남송의 저명한 학자이다. 원래 자는 敬夫이나 후에 송 태조의 할아버지 趙敬을 피휘하여 欽夫로 바꾸었다. 또 다른 자는 樂齋이다. 호는 南軒이며 漢州 綿竹 사람이다. 右相 張浚의 아들이다. 朱熹, 呂祖謙과 함께 東南三賢으로 불렸다. 시호는 宣이다. 저서에 《南軒集》이 있다.

근세에 張栻이 經筵에 入侍하여 이를 통해《詩經》〈葛覃〉 시를 강설하여 孝宗께 다음과 같이 말하였습니다.

張栻

“周公이 成王에게 고해줄 때《시경》에서는 〈七月〉과 같은 시를 들어 보여주고《書經》에서는 〈無逸〉과 같은 편을 들어 보여준 것은 성왕으로 하여금 농사의 어려움과 백성들이 의지하는 것을 알게 하고자 한 것입니다. 역대의 聖王들이 전한 心法의 요체가 바로 여기에 있습니다. 무릇 안정은 항상 공경하고 두려워하는 데서 생기며 혼란은 항상 교만하고 방자한 데서 일어나는 법입니다. 만일 국가를 다스리는 자가 늘 농경의 수고로움을 생각한다면 여기에 마음을 두지 않을 자가 적을 것입니다. 무엇 때문이겠습니까. 필시 아침저녁으로 엄숙하고 공경하여 감히 태만히 하지 못할 것이며, 필시 백성들을 긍휼히 여기고 보호하여 감히 편안히 하지 못할 것이며, 필시 천하의 굶주림과 추위를 자신의 굶주림과 추위와 같이 생각할 것이니, 이 마음이 늘 있다면 교만과 방자함이 어디에서 생겨나겠습니까. 어찌 안정이 이로 말미암아 일어나는 것이 아니겠습니까.”

栻之論이 最爲懇至하니 臣愚不佞은 願詔儒臣하여 以今農夫紅女의 耕蠶勞勩(예)之狀으로 作爲歌詩하여 退朝之暇에 使人日誦于前하며 且繪畫成圖하여 揭之宮掖하고 布之戚里하여 庶幾聖心이 惕然不忘小民之依而六宮嬪御·外家近屬이 亦知衣食所自來하여 勉爲勤儉之趨而不狃汰侈之習하며 戒諭守宰하여 勸行勸相하여 毋妄興徭役하여 以奪其時하며 毋橫加賦歛하여 以困其力하고 老農之不能自養者를 籍之有司하여 大夏隆冬에 賦常平·義廩[170]之粟하여 稍賑[171]贍之하고 歲凶賑卹호대 先良農而後游

169) 周公……也與 : 張栻의《南軒集》〈經筵講議〉에 보인다.

手하여 以示聖朝重本之意則民將爭趨[172]南畝하여 衣食足而孝悌興矣니 惟仁聖은 垂意焉하소서

張栻의 논의가 가장 간곡하고 절절하니, 어리석고 재주 없는 신은 바라건대 儒臣에게 조서를 내려, 지금 농부와 베 짜는 여인들의 밭 갈고 누에 치는 수고로운 실상을 詩歌로 만들게 하여 조회를 마치고 물러간 여가에 사람으로 하여금 날마다 앞에서 외게 하고, 붓으로 그려 그림으로 만들게 하여 妃嬪의 처소에 걸고 外戚들이 사는 곳에 반포하소서. 그리하여 皇上의 마음속에 백성들이 의지하는 것을 두려워하며 잊지 않고 6궁의 비빈과 외가의 가까운 친속들 또한 입고 먹는 것이 어디에서 오는가를 알아서, 부지런하고 검소한 방향으로 힘쓰고 교만하고 사치스런 습관을 좋게 여기지 않기를 바랍니다.

지방관들에게 諭示하여, 부지런히 행하고 권면하여 함부로 徭役을 일으켜서 그들의 농사철을 빼앗지 말고, 제멋대로 세금을 거두어서 그들의 힘을 궁핍하게 하지 말도록 하소서. 그리고 스스로 먹고 살 수 없는 늙은 농부들을 담당 관사의 장부에 기록하여 한여름과 한겨울에 常平倉과 義廪의 곡식을 내주어서 조금이나마 구휼하게 하고, 흉년이 들면 賑恤하되 좋은 농부를 먼저 진휼하고 태만한 농부들을 뒤에 진휼하여 조정에서 근본을 중히 여기는 뜻을 보이게 하소서. 그렇게 하면 백성들이 앞을 다투어 경작지로 달려가서 입고 먹는 것이 풍족해지고 효도와 공경이 일어나게 될 것입니다. 바라건대 어질고 밝으신 황상께서는 이것을 유념하소서.

27-11-가[173]

君牙①에 夏暑雨에 小民이 惟曰怨咨하며 冬祈[174]寒에 小民이 亦惟曰怨咨하나니

---

170) 常平義廪 : '常平'은 곡물 가격을 조절하고 흉년에 賑恤을 대비하기 위해 관에서 설치한 곡식 창고이다. 이러한 성격의 곡식 창고는 전국시대부터 역대 왕조에 꾸준히 설치되었는데, 宋나라 때에는 太宗 淳化 3년(992)에 처음 경기 지역에 설치하고, 景德 3년(1006)에 변경 지역을 제외한 전국에 설치하였다. '義廪'은 흉년에 대비하기 위해 각 지방에 설치한 곡식 창고이다.

171) 賑 : 대전본・사고본에는 '振'으로 되어 있다.

172) 趨 : 대전본에는 '趍(추)'로 되어 있다.

173) 《書經》 〈周書 君牙〉에 보인다. '君牙'는 周나라 穆王 때의 신하이다. 이 편은 목왕이 군아

厥惟艱哉인저 **思其艱**하여 **以圖其易**(이)하면 **民乃寧**하리라

① 君牙 : 周書篇名. 穆王命君牙爲大司徒, 作此以誥.
〈君牙〉는《書經》〈周書〉의 편명이다. 穆王이 君牙에게 명하여 大司徒로 삼고 이 편을 지어 誥戒하였다.

《書經》〈周書 君牙〉에 다음과 같은 내용이 있다.

"여름에 무더운 비가 내리면 백성들이 원망하며 겨울에 크게 추우면 백성들이 또한 원망하니, 어려운 것이다. 그 힘든 것을 생각하여 쉽게 해줄 것을 도모하면 백성들이 이에 편안해질 것이다."

27-11-나(按)

臣은 **按 夏而雨·冬而寒**은 **時令之常也而小民**이 **惟曰怨咨者**는 **非怨天之雨且寒也**라 **小民生生之計**가 **無時弗艱而於斯時**에 **爲尤艱**하니 **此其所以怨咨也**라 **厥惟艱哉**는 **非深知民間眞切利疚者**면 **不能言也**라 **爲有司者**가 **當思其艱而爲圖其易者**라사 **民乃安矣**라 **穆王**이 **爲周六葉天子**하여 **生深宮之中而能恫**(통)**念細民疾苦**하니 **此**가 **孔子所以取於書也**[175]라 **然方是時**에 **井地之法**[176]이 **未壞**하여 **有廬可居**요 **有田可食**이로되 **民之**

를 大司徒로 임명하면서 명한 말을 史官이 기록한 것이다. 대사도는 주나라 때 6卿 중의 하나이다. 教官의 長으로 백성의 교화를 담당하였다.《周禮》〈地官 敍官〉에 "이에 지관인 사도를 세워 그 하속을 거느리고 나라의 교육을 관장하여 왕을 도와 나라를 편안하게 한다.〔乃立地官司徒 使率其屬 而掌邦教 以佐王安擾邦國〕"라는 내용이 보인다. 목왕은 文王을 제1대 임금으로 보았을 때 주나라 제6대 임금이다.

174) 祈 : 대전본·사고본에는 '祁(기)'로 되어 있다.

175) 孔子……書也 : 공자가 6經을 산삭하여 정리했다는 데서 유래한 말이다. 이와 관련하여《史記》〈孔子世家〉에 "공자 시대에 주나라 왕실이 미약해져 禮樂은 폐하고《詩》와《書》는 散佚되었다. 이에 공자는 三代의 예를 추적하고《서》의 기록을 순서대로 정리하여, 위로는 堯임금과 舜임금의 시대부터 아래로는 秦나라 繆公에 이르기까지 그 사적을 순서에 따라 정하였다.……그러므로《서》의 기록과《禮》의 기록은 공자로부터 시작된 것이다.〔孔子之時 周室微而禮樂廢 詩書缺 追迹三代之禮 序書傳 上紀唐虞之際 下至秦繆 編次其事……故書傳禮記自孔氏〕"라는 내용이 보인다.

176) 井地之法 : 토지 제도의 하나인 井田法을 이른다. 900畝를 1里로 삼아 9개의 井자 형태로 구획하여 가운데 100묘 중 80묘는 公田으로서 8명의 丁夫가 공동으로 경작하여 나라에 세금으로 내고 20묘는 8명의 廬舍로 삼으며, 나머지 800묘는 그 8명의 私田으로 삼아 경작

艱이 已若是하니 而況今乎아 窮閻(염)[177]敗屋과 窮山曠野[178]에 暑雨淋淫에 茅茨가 不足以自覆며 風雪凝沍[179]에 楮絮가 不足以自溫하고 平居에 終歲勤動호대 曾不得穀其腹하고 隆寒皸瘃(군촉)하여 罔所營求則坐須窮餓而已라 歲雖大穰이나 猶不免此어든 一遭艱險[180]則老弱은 轉乎溝壑(학)하고 彊者는 起爲攻剽가 勢所必然이라 民生之艱이 莫甚今日하니 惟聖明은 其深軫之하소서

【臣按】 여름이면 비가 오고 겨울이면 추운 것은 계절에 따른 당연한 현상입니다. 그런데도 백성들이 원망하는 것은 하늘의 비와 추위를 원망한 것이 아닙니다. 백성들이 살아나갈 계책이 힘들지 않을 때가 없지만 이때에는 더욱 힘드니 이 때문에 원망하는 것입니다. “어려운 것이다.”라고 한 것은 백성의 애환을 참으로 절절히 안 자가 아니면 말할 수 없는 것입니다. 담당 관리가 그 어려움을 생각하여 그들을 위해 쉽게 해줄 것을 도모해야만 백성들이 이에 편안해질 것입니다.

穆王은 周나라의 제6대 천자로서 깊은 궁궐 안에서 자랐는데도 백성들의 괴로움을 안타깝게 생각할 수 있었으니 이것이 바로 孔子가 《書經》에 이 말을 취하여 실은 이유입니다.

그러나 이 당시에는 井田法이 아직 무너지지 않아서 거주할 수 있는 집이 있고 경작하여 먹을 수 있는 농지가 있었는데도 백성들의 어려움이 이미 이와 같았으니 더구나 지금이야 말해 무엇하겠습니까.

누추한 집, 무너져가는 집과 깊은 산 광활한 들에 무더운 비가 내려 물에 잠길 때 띠풀 이엉이 자기 한 몸 덮어주지 못하며 바람 불고 눈 내리는 추위에 닥나무 솜이 자기 한 몸 따뜻하게 해주지 못합니다. 평소에는 일 년 내내 부지런히 일해도 그 배를 채울 곡식을 얻지 못하고 嚴冬雪寒에는 손발이 얼어 터져 어찌해볼 도리가 없으니 앉아서 굶어죽기를 기다릴 뿐입니다. 한 해 농사가 크게 풍년 들어도 이를 면치 못하니, 일단 어려운 상황을 만나게 되면 늙은이와 어린이들은 〈굶어

하게 한 제도이다. 실제 시행되었는지의 여부는 아직까지 정론이 없으나, 孟子가 이를 언급한 이래 儒家에서는 이를 이상적인 토지 제도로 여겨왔으며, 이후 張載(1020~1077)를 비롯하여 몇몇 儒者들에 의해 시도되기도 하였다.

177) 閻 : 사고본에는 ‘簷’으로 되어 있다.

178) 野 : 대전본에는 ‘壄’로 되어 있다.

179) 沍 : 대전본에는 ‘伍(저)’로 되어 있다.

180) 險 : 대전본에는 ‘儉’으로 되어 있다.

죽어 그 시신이〉 구렁에서 뒹굴고 건장한 자들은 일어나 약탈하는 것은 형세상 필연적인 것입니다. 民生의 어려움이 오늘날보다 더 심한 적이 없으니, 바라건대 밝으신 황상께서는 깊이 유념해주소서.

27-12-가[181]

漢文帝[182]十二年三月에 **詔曰 道民之路**가 **在於務本[183]**이니 **朕**이 **親率天下農**이 **十年于今而野不加辟**(벽)①하여 **歲一不登**에 **民有飢色**하니 **是**는 **從事焉尙寡而吏不加務也**요 **吾詔書**가 **數**(삭)**下**하여 **歲勸民種殖而功未興**하니 **是**는 **吏**가 **奉吾詔不勤而勸民不明也**라 **且吾農民**이 **甚苦而吏莫之省**하니 **將何以勸焉**이리오 **其賜農[184]民今年租稅之半**하라

① 野不加辟 : 辟, 讀曰闢.
'辟'은 '闢'(벽)으로 읽는다.

漢 文帝 12년(기원전 168) 3월에 다음과 같은 조서를 내렸다.

"백성을 인도하는 길은 근본을 힘쓰는 데 있다. 짐이 친히 천하의 농민들을 이끈 지 지금 10년이 되었는데도 들이 더 이상 개간되지 않아 농사가 한 해만 풍년이 들지 않으면 백성들에게 굶주린 기색이 있으니, 이는 농사에 종사하는 사람이 오히려 적은데도 관리들이 더 이상 힘쓰지 않기 때문이다. 나의 조서가 자주 하달되어 해마다 백성들에게 심고 기르기를 권면하는데도 효과가 나타나지 않으니, 이는 관리들이 나의 조서를 봉행하는 데 힘쓰지 않아 백성을 권면하는 것이 밝혀지지 않았기 때문이다. 그리고 나의 농민들이 매우 고통스러워하는데도 관리들 중에 이를 살피는 자가 없으니 장차 무엇으로 권면하겠는가. 농민들에게 올해 낼

181) 《前漢書》 권4 〈文帝紀〉 12년(기원전 168), 《資治通鑑》 권15 〈漢紀7 文帝 下〉 12년 조에 보인다.

182) 漢文帝 : 기원전 202~기원전 157(재위 기원전 180~기원전 157). 漢나라 제3대 황제로, 諱는 恒이다. 高祖 劉邦의 넷째 아들로 代王에 封해졌다가 呂氏들이 망하자 즉위하였다. 재위 23년 동안 한나라가 번성하는 국가적 기초를 다졌으므로 景帝와 병칭하여 그 治世를 '文景之治'라고 한다.

183) 本 : 농업을 가리킨다.

184) 農 : 사고본에는 없다.

조세의 반을 감면해주도록 하라."

27-12-나(按)

臣은 按 三代而後에 知農民之苦가 未有漢文若者라 詔令之下가 勤勤懇懇하시나 然使無實惠以將之則詔令이 爲空文矣라 惟其方春而豫賜今年之租하여 寬細民之力하니 此其所以爲誠於憫農也니이다

【臣按】 三代 이후 농민들의 고통을 안 사람 가운데 漢 文帝 같은 이가 없습니다. 詔令을 내리는 것이 매우 정성스럽고 간곡하더라도 만일 실제 은택으로 이를 시행하지 않는다면 조령은 쓸모없는 글이 될 것입니다. 한 문제가 막 봄이 되었을 때 미리 올해의 조세를 감면시켜주어 백성들의 힘을 여유 있게 해주었으니, 이것이 바로 한 문제가 농민을 긍휼히 여기는 데 진심이었다고 말하는 이유입니다.

27-13-가[185)]

唐德宗[186)]貞元二年에 上이 畋(전)於新店[187)]이러시니 入民趙光奇家하여 問 百姓이 樂乎아 對曰 不樂이니이다 上曰 今歲가 頗稔(임)하니 何爲不樂고 對曰 詔令이 不信하여 前云兩稅[188)]之外에 悉無它[189)]徭而誅求者가 殆過於稅하고 又云和

185) 《資治通鑑》 권233 〈唐紀49 德宗8〉 貞元 3년(787) 12월 1일 경진일 기사에 보인다.

186) 唐德宗 : 742~805(재위 779~805). 則天武后를 포함하면 당나라 제10대 황제 李适이다. 시호는 神武孝文皇帝이며 代宗 李豫(726~779)의 장자이다. 代宗 寶應 원년(762)에 天下兵馬元帥가 되어 史朝義를 토벌하고 河北을 평정하여 尙書令에 임명되었다. 대종 廣德 2년(764)에 황태자가 되었다. 즉위한 처음에는 문무백관을 신임하고 환관의 정사 관여를 엄금하며 楊炎을 재상으로 삼아 租庸調 제도를 폐지하고 兩稅法을 시행하여 중흥의 기상이 있었다. 뒤에 盧杞 등을 등용하면서 국정이 점차 어지러워졌다. 덕종 建中 4년(783)에 涇原兵變이 일어나 長安을 침범당하자 奉天으로 피란 갔다. 덕종 興元 원년(784)에 李晟 등이 반란을 진압하고 장안을 수복하자 還都하였다. 다시 집정하게 되자 이전의 생각을 모두 버리고 환관에게 禁軍을 통솔하게 하였으며 間架稅·茶葉稅 등을 신설하여 백성의 원망을 샀다.

187) 新店 : '店'은 대전본에는 '唐'으로 되어 있으나, 오자이다. 《資治通鑑》 등에는 '店'으로 되어 있다. '新店'은 당나라 京兆府 咸陽縣에 속한 村으로, 함양현의 서북쪽에 있다.

188) 兩稅 : '稅'는 사고본에는 '歲'로 되어 있으나, 오자이다. 《資治通鑑》에는 '稅'로 되어 있다.

糴(적)[190]而實은 强取之하니 曾不識一錢하고 始曰所糴粟[191]麥을 納於道次러니 今則遣致京西行營하여 動數百里하니 車摧牛斃하여 破產不能支하나니 愁苦가 如此하니 何樂之有리잇고 每有詔令優恤이나 徒空文耳라 恐聖主가 深居[192]九重하여 皆未知之也하노이다 上이 命復其家하시다

唐 德宗 貞元 2년(786)에 덕종이 新店에서 사냥을 하였다. 덕종이 백성 趙光奇의 집에 들어가 물었다.

"백성들이 즐거운가?"

조광기가 대답하였다.

"즐겁지 못합니다."

덕종이 물었다.

"금년은 꽤 풍년이 들었는데 어찌하여 즐겁지 아니한가?"

조광기가 대답하였다.

"詔令이 미덥지 않아 전에는 두 차례의 세금 외에 다른 부역은 전혀 없다고 해놓고서 正稅 외에 강제로 수탈한 것이 거의 세금보다 많았습니다. 또 상의를 거쳐 곡식을 사들인다고 해놓고서 실제로는 강제로 빼앗으니 돈이라고는 한 푼도 본 적이 없습니다. 처음에는 사들이는 조와 보리를 길가에서 받는다고 해놓고서

'兩稅'는 唐 德宗 建中 원년(780) 정월에 楊炎(727~781)의 건의를 채택하여 실시한 兩稅法을 이른다. 각 가호마다 백성들의 成丁 수와 재산을 조사하여 매년 그 등급에 따라 여름과 겨울 두 차례 곡물 등의 실물을 돈으로 대신 징수하였는데, 夏稅는 6월을 넘지 않고 秋稅는 11월을 넘지 않도록 하였다.《資治通鑑 卷226 唐紀42 德宗1 建中 元年》

189) 它 : 사고본에는 '他'로 되어 있다.

190) 和糴 : 군량을 징수하는 제도이다. 명목상으로는 관청과 백성이 값을 서로 상의하여 관청에서 돈을 주고 백성의 곡식을 사서 군량에 충당한다는 것이었지만 실제로는 기한을 정해 가호마다 강제로 징수하였다. 北魏에서 처음 이 제도를 만든 이후 唐나라를 거쳐 宋나라에 이르기까지 그 병폐가 賦稅보다 심하였다.《新唐書》권53 〈食貨志〉에 "당시 府와 縣에서 가호마다 기한을 정해 독촉하였는데, 시간을 끌거나 어기면 다그쳐서 채찍질을 해댄 것이 부세보다 심하였다. 상의하여 사들인다는 의미의 '화적'이라고 불렀지만 실은 백성을 해치는 것이었다.〔當時府縣配戶督限 有稽違則迫蹙鞭撻 甚於稅賦 號爲和糴 其實害民〕"라는 내용이 보인다.

191) 粟 : 사고본에는 '栗'로 되어 있다.

192) 居 : 사고본에는 '宮'으로 되어 있다.

지금은 京西의 行營에 보내도록 하여 걸핏하면 수백 리 길을 보내야 하니 이를 운반하느라 수레가 부서지고 소가 쓰러져 파산할 지경이라 버틸 재간이 없습니다. 그 근심과 괴로움이 이러하니 무슨 즐거울 일이 있겠습니까. 매번 조령에는 우대하고 구휼한다는 말이 있지만 그저 빈말일 뿐입니다. 성상께서는 九重宮闕에 깊이 거처하셔서 이를 전혀 알지 못하신 듯합니다."

唐 德宗

덕종이 명을 내려 조광기의 집에 요역과 부세를 면제시켰다.

27-13-나1(司馬)

司馬光[193])이 曰 甚矣라 唐德宗之難寤也여 自古所患者는 人君之澤이 壅而不下達하며 小人之情이 鬱而不上通이라 故君[194])이 勤恤於上而民不懷하며 民[195])이 愁怨於下而君不知하여 以[196])至於離畔危亡이 凡以此也라 德宗이 幸以游獵으로 得至民家하여 値光奇敢言而知民疾苦하니 固當按有司廢格詔書・橫增賦斂・盜匿公財之罪然後에 洗心易慮하여 一新其政하여 屛浮飾하며 廢虛文하며 謹號令하며 篤誠信하며 矜困窮하며 伸寃滯則太平之業을 可致矣어늘 釋此不爲하고 乃復光奇之家하니 夫以四海之廣과 兆民之衆으로 安得人人이 自言於天子而戶戶를 復[197])其徭賦乎리오

---

193) 司馬光 : 1019~1086. 北宋의 정치가, 史學家, 문학가이다. 字는 君實, 호는 迂叟, 陝州 夏縣 사람이다. 神宗 때 王安石의 변법에 반대하여 15년 동안 조정을 떠났으며, 이때《資治通鑑》을 저술하였다. 仁宗, 英宗, 神宗, 哲宗 대에 모두 벼슬하였다. 사후에 溫國公에 봉해졌다. 시호는 文正이다.

194) 君 : 대전본・사고본에는 없다.

195) 民 : 대전본・사고본에는 없다.

196) 以 : 대전본・사고본에는 없다.

司馬光이 다음과 같이 평하였다.

“참으로 심하다, 唐 德宗의 깨닫기 어려움이여! 예로부터 근심하는 것은 군주의 은택이 막혀 아래로 백성들에게 도달되지 못하고 백성들의 실정이 막혀서 위로 군주에게 통하지 못하는 것이었다. 그러므로 군주는 위에서 부지런히 구휼하는데도 백성은 그리워하지 않고, 백성은 아래에서 신음하고 원망하는데도 군주는 이를 알지 못하여, 民心이 離叛되며 나라가 위태롭고 망하는 지경에까지 이르렀던 것은 모두 이 때문이었다.

司馬光

덕종은 다행히 사냥을 나간 것 때문에 백성의 집에 이르러 趙光奇의 直言을 만나서 백성들의 고통을 알 수 있었으니, 참으로 담당 관리가 조서를 방기하여 시행하지 않고 세금을 제멋대로 늘리며 나라의 재물을 훔치고 숨긴 죄를 조사해야 했다. 그런 뒤에 마음을 씻고 생각을 바꾸어 그 정사를 일신해서 허례허식을 버리고 쓸모없는 제도를 폐하며 명령을 삼가고 정성과 신의를 돈독히 하며 곤궁한 백성들을 구휼하고 쌓여 있는 억울한 일들을 해결해주었다면 태평성세의 업적을 이룩할 수 있었을 것이다. 그런데 이 일은 놓아두고 하지 않은 채 마침내 조광기의 집에 요역과 부세 징수를 면제시켜 주었을 뿐이었다. 무릇 四海는 넓고 백성은 많은데 어떻게 사람마다 직접 천자에게 말하여 집집마다 요역과 부세 징수를 면제받을 수 있겠는가.”

27-13-나2(按)

臣은 按 趙光奇之言이 雖唐世之弊政이나 求之今日에 殆有甚焉이라 常賦之誅求에 粟

---

197) 復 : 대전본에는 ‘納’으로 되어 있다.

則展轉增入하여 有輸一石而其費가 至三石者하며 帛則沮(저)[198]却換易하여 有輸一縑(겸)而其費가 逾三縑者하며 和糴(적)之强取가 有僅償其半直者하며 有不給一錢者하고 其它[199]橫斂·苛征·色目如蝟(위)는 又不與焉하니 是以로 民雖遭値豐穰이나 曾無伸眉之樂하나니 況艱險[200]乎아 貪官黠(힐)胥가 交爲蒙蔽하니 監司[201]·牧守가 不獲盡聞이어든 況朝廷乎아 民日以瘠하고 吏日以肥而國家元氣가 日以朘(전)剝하니 長此不已면 將有瓦解土傾之憂라 惟仁聖은 深念焉하소서

【臣按】 趙光奇가 말한 것은 비록 당나라의 부패한 정사이지만 이와 같은 것을 오늘날에 찾아본다면 그보다 더욱 심할 듯합니다. 법에 따라 정해진 부세를 강제로 빼앗을 때 곡식은 갈수록 더 들어가서 한 섬을 운송하는 데 그 요구하는 비용이 세 섬까지 이르기도 하고, 비단은 저지하고 바꾸어서 細絹 1필을 운송하는 데 그 요구하는 비용이 세견 3필을 넘기도 하며, 和糴을 통해 곡식을 강제로 뺏는 것은 겨우 그 반값만을 보상하기도 하고 땡전 한 푼 주지 않기도 합니다. 이밖에 제멋대로 거두거나 가혹하게 징수하거나 명목이 고슴도치 털처럼 많은 것은 또 여기에 포함되어 있지도 않습니다.

이 때문에 백성들이 풍년을 만난다 하더라도 이마의 주름살을 펴는 즐거움이 없는 것이니 더구나 힘들고 어려운 해야 더 말할 것이 있겠습니까. 탐관오리가 서로 가려주고 덮어주니 감찰관과 지방관도 다 듣지 못하는데 더구나 조정이야 더 말할 것이 있겠습니까. 백성들은 날로 수척해지고 관리는 날로 비대해지면 국가의 元氣가 날로 줄어들고 손상될 것이니, 계속 이대로 두고 멈추지 않는다면 장차 완전히 붕괴될 우려가 있게 될 것입니다. 바라건대 어진 성상께서는 깊이 유념하소서.

27-14-가[202]

後唐明宗[203]이 問宰相馮道[204]호대 今歲雖豐이나 百姓이 贍足否아 道가 曰 農

198) 沮 : 사고본에는 '阻'로 되어 있다.

199) 它 : 사고본에는 '他'로 되어 있다.

200) 險 : 대전본에는 '憸(섬)'으로 되어 있다.

201) 監司 : 509본에는 '司監'으로 되어 있고 '司' 아래에 글자를 도치시키라는 의미의 교정부호가 찍혀있다. '감사'는 지방의 감찰 책임을 맡은 刺史, 轉運使, 按察使, 布政使 등 관원들의 총칭이다.

202) 《資治通鑑》 권276 〈後唐紀5 明宗 中之上〉 天成 4년(929) 9월 기사에 보인다.

家가 歲凶則死於流殍(표)하고 歲豐則傷於穀賤하나니 豐凶皆病者가 惟農家가 爲然하니이다 臣이 記進士聶夷中[205]詩[206]에 云 二月賣新絲하고 五月糶(조)新穀이라 醫得眼前[207]瘡이요 剜(완)却心頭肉이라하니 語雖鄙俚하나 曲盡田家之情狀하니 農於四民之中에 最爲勤苦라 人主가 不可以不知也니이다 上이 說(열)[208]하여 命左右錄其詩하여 常諷誦焉하더시다

後唐 明宗이 재상 馮道에게 물었다.

"올해 비록 풍년이 들기는 했지만 백성들이 넉넉한가?"

풍도가 대답하였다.

"농가에서는 한 해 농사가 흉작이면 떠돌다가 길에서 굶어죽고 한 해 농사가 풍

---

203) 後唐明宗 : 867~933. 재위 926~933. 오대십국 시기 後唐의 제2대 황제 李嗣源이다. 초명은 邈吉烈이며 칭제 후에 李亶으로 개명하였다. 시호는 聖德和武欽孝皇帝, 묘호는 明宗이다. 代北 沙陀族으로 본래는 성씨가 없었으나 晉王 李克用의 양자가 되면서 성명을 하사받았다. 용맹함으로 이름이 났다. 뒤에 莊宗 李存勖을 도와 후당을 건립하였다. 후당 장종 同光 4년(926)에 鄴都의 兵變을 진압하러 갔다가 도리어 병변을 일으킨 군사들과 함께 회군하여 洛陽을 쳐서 황제가 되었다. 즉위한 뒤 그동안의 폐정을 개혁하였다. 933년 11월에 秦王 李從榮의 반란 소식을 병석에서 듣고 놀라 67세를 일기로 갑자기 세상을 떠났다. 능은 徽陵이다.

204) 馮道 : 882~954. 오대십국 시기 後唐의 재상이다. 자는 可道, 호는 長樂老이며, 瀛州(영주) 景城 사람이다. 당나라 말기에 燕王 劉守光을 섬겼고, 이후 後唐·後晉·後漢·後周의 네 왕조에서 10명의 황제를 섬겼다. 病死하였다. 후당에서 후주에 이르는 시기에 九經 문자를 교감하여 판각하는 일을 추진하였는데 이를 '五代監本'이라고 한다. 중국 최초의 經書 官刻本이다. 시호는 文懿이다.

205) 聶夷中 : 837~?. 唐나라 말기의 시인이다. 자는 坦之, 河東 사람이다. 일설에 河南 사람이라고도 한다. 출신이 빈한하여 갖은 고초를 겪었다. 唐 懿宗 咸通 12년(871)에 進士가 되었다. 長安에 오랜 시간 머물렀다가 華陰尉에 겨우 보임되었는데, 임지에 도착했을 때 琴과 책 외에는 아무것도 없었다고 한다. 그의 시는 五言詩가 대부분인데, 통치자에 대한 통렬한 비판과 농민에 대한 깊은 애정을 담은 시가 많다. 대표 작품으로는 〈詠田家〉, 〈田家二首〉, 〈短歌〉, 〈早發鄴北經古城〉, 〈雜怨〉 등이 있다.

206) 詩 : 五言律詩 〈詠田家〉를 이른다. 〈傷田家〉라고도 한다. 저본에 인용한 구절은 이 시의 首聯과 頷聯이다.

207) 前 : 사고본에는 '下'로 되어 있다.

208) 說 : 사고본에는 '悅'로 되어 있다.

작이면 낮은 곡물 값에 피해를 입으니, 풍년이든 흉년이든 모두 힘든 것은 오직 농가만이 그렇습니다. 신이 기억하건대, 進士 聶夷中의 시에 이르기를 '이월에 새 명주실 팔고 오월에 새 곡식을 파네. 눈앞의 종기 치료하느라 심장의 살을 도려내네.'라고 하였습니다. 사용한 어휘는 저속하지만 농가의 실정을 남김없이 말하고 있으니 농민은 士·農·工·商 네 종류의 백성 중에 가장 수고롭고 힘든 백성입니다. 군주가 알지 않으면 안 됩니다."

명종이 기뻐서 좌우의 신하들에게 이 시를 기록하여 항상 이를 외도록 하였다.

27-14-나(按)

臣은 按 聶夷中之詩는 卽臣前所謂豫[209]指收斂之入以爲稱貸之資[210]가 是也라 新絲之出이 以五月而貸以二月하고 新穀之登이 以八月而貸以五月하니 此猶當時之俗也어니와 若今則往往에 貸於半歲之前矣라 千錢之物에 僅得數百하며 或不及其半焉하니 富家鉅室이 乘時射利어든 田夫蠶婦가 低首仰給하고 否則亡以爲耕桑之本하나니 迨繭(견)浴於湯하며 禾登於場而責逋者가 狎至어든 解絲量穀하여 亟以授之하고 回顧其家에 索無所有矣라 償或未足則又轉息爲本하여 因本生息하니 昔之千錢이 俄而兼倍하며 昔之數百이 俄而千錢이라 於是에 一歲所貸를 至累載不能償하며 己之所貸를 子孫이 不能償하여 牒訟이 一投에 追吏가 奄至하면 伐桑撤屋·賣妻鬻(육)子를 有不容惜者矣라

【臣按】 聶夷中의 시는 바로 신이 전에 말씀드렸던 '거두어들일 수입을 미리 가리켜서 빌릴 담보로 삼는다.'라고 한 것이 이런 경우입니다. 새 명주실은 5월에 나오는데 이것을 담보로 2월에 빌리고, 새 곡식이 익는 것은 8월인데 이것을 담보로 5월에 빌리는 것입니다.

이것은 그래도 당시의 습속이지만 지금은 종종 반년 전에 빌리고 있습니다. 천 냥짜리 물건에 겨우 수백 냥을 받거나 혹은 그 반도 못 받으니, 부호들이 때를 틈타 이득을 노리면 농사짓는 농부와 누에 치는 아녀자들은 머리를 숙이고 빌려주기를 仰望합니다. 그렇지 않으면 밭 갈고 누에 칠 자금마저도 없기 때문입니다.

그러다가 누에고치를 뜨거운 물에 담그고 곡식을 타작마당에 올리는 때가 되면

209) 豫 : 사고본에는 '預'로 되어 있다.

210) 豫指……之資 : 27-10-4(按)에 보인다.

빚을 독촉하는 자들이 득달같이 달려듭니다. 이들에게 고치실을 풀고 곡식을 계산하여 재빨리 갚아주고 돌아와 자기 집을 돌아보면 아무것도 남은 것이 없습니다. 갚는 것이 혹 부족하기라도 하면 또 이 이자가 원금으로 바뀌면서 이 원금으로 인해 이자가 발생하게 되니, 지난날의 천 냥 빚이 순식간에 곱절이 되고 지난날의 수백 냥 빚이 순식간에 천 냥이 됩니다.

이에 한 해에 빌린 것을 수년이 되어도 갚을 수가 없으며 자신이 빌린 것을 자손 대에 이르러도 갚을 수가 없습니다. 그리하여 訴狀이 날아들자마자 추징하는 관리가 대번에 들이닥치면 뽕나무를 베고 가옥을 헐며 처자식을 내다파는 것을 조금도 안타까워하지 않는 경우도 있습니다.

且人情所望者가 一稔(임)而歲稔則督逋가 尤峻하여 竭其廬之入하여 不容錙銖龠合(치수약합)留라 故昔人이 謂豐年이 不如[211]凶年[212]이라하니 其言이 似於過激이나 然實農家之眞利病也라 嗚呼라 民生之艱이 一至於此하니 上之人이 奈何眡(저)[213]爲當然而弗之恤哉리오 唐明宗은 五季之君而儉約愛民하니 所謂彼善於此[214]者라 因馮道之對誦夷中之詩하여 惻然若有所感하나 然未聞當時에 有所施行則亦徒言而已爾라 故孟子가 曰 雖有仁心・仁聞而民不被其澤者는 不行先王之政[215]也[216]라하시니 仁

211) 如 : 대전본에는 '知'로 되어 있다.

212) 昔人……凶年 : 宋 哲宗 元祐 7년(1092) 蘇軾(1037~1101)이 知杭州로 있을 때 올린 소의 내용 중 일부이다. 《東坡集》 권34 〈論積欠六事乞檢會應詔四事-處行下狀〉에 "신이 데리고 가던 관리들을 물리치고 몸소 촌락으로 들어가 父老들을 방문하였더니 모두 걱정하는 기색으로 말하였습니다. '풍년이 흉년만 못합니다. 天災가 유행하면 백성들은 비록 먹을 것이 부족하기는 하나 입는 것을 줄이고 먹는 것을 절약하면 그래도 살 수 있습니다. 그러나 만약 풍년이 들어서 밀린 빚을 한꺼번에 갚으라고 재촉하여 아전들이 문에 들이닥치고 형틀에 묶여 형신을 받게 되면 백성들은 죽을래야 죽을 수조차 없습니다.' 부로들이 말을 마치고 눈물을 흘리니 신 또한 자신도 모르게 눈물을 흘렸습니다.〔臣屛去吏卒 親入村落 訪問父老 皆有憂色云 豊年不如凶年 天災流行 民雖乏食 縮衣節口 猶可以生 若豊年擧催積欠 胥徒在門 枷捧在身 則人戶求死不得 言訖淚下 臣亦不覺流涕〕"라는 내용이 보인다.

213) 眡 : 사고본에는 '眡(시)'로 되어 있다. '眡'는 視의 古字이다.

214) 彼善於此 : 《孟子》 〈盡心 下〉 제2장에 "《春秋》에는 의로운 전쟁이 없었으니, 그중에 저것이 이것보다 나은 것은 있다.〔春秋無義戰 彼善於此 則有之矣〕"라는 내용이 보인다.

215) 政 : 사고본에는 '道'로 되어 있다.

216) 雖有……政也 : 《孟子》 〈梁惠王 上〉 제7장 朱熹(1130~1200)의 주에서 인용한 楊時

聖之君은 可不念哉잇가

그리고 人情이 바라는 것은 한 번 풍년이 드는 것인데, 한 해 풍년이 들면 밀린 것을 독촉하는 것이 더욱 혹독하여 그 집의 수입을 모두 쓸어가 낟알 한 톨도 남겨두지 않습니다. 이 때문에 옛사람이 말하기를 "풍년이 흉년만 못하다."라고 했던 것입니다. 이 말이 다소 과격한 듯하지만 실로 농가의 실제 병폐입니다. 아, 民生의 어려움이 이 지경에까지 이르렀으니 윗사람이 어찌 이를 당연시하여 구휼하지 않을 수 있겠습니까.

後唐 明宗은 五代 시기의 군주였지만 儉約하고 백성을 사랑하였으니 이른바 '저쪽이 이쪽보다 나은 것은 있다.'에 해당하는 경우입니다. 명종은 馮道의 대답 중에 聶夷中의 시를 읊은 것을 통해 측연히 감동하는 바가 있는 듯하였습니다. 그러나 당시에 명종이 이를 실제로 시행한 정사가 있다는 말을 듣지 못하였으니, 그렇다면 이 또한 빈말일 뿐입니다. 그러므로 《孟子》에 이르기를 "비록 어진 마음과 어질다는 명성이 있더라도 백성이 그 은택을 입지 못하는 것은 先王의 仁政을 행하지 않기 때문이다."라고 한 것입니다. 어질고 밝은 군주가 유념하지 않아서야 되겠습니까.

27-15-가[217]

周世宗[218]이 留意農事하여 常刻木爲農夫・蠶婦하여 寘(치)於殿庭하니라

後周 世宗이 농사에 뜻을 두어 늘 나무를 깎아 농사짓는 농부와 누에 치는 아

(1053~1135)의 말이다.

217) 《資治通鑑綱目》 권59 後周 世宗 顯德 5년(958) 무오년 10월 조 "後周에서 사람을 보내 경내의 전지에 대한 세금을 고르게 정하였다.〔周遣使均定境內田租〕"라는 綱에 대한 目에 보인다. 저본에 인용한 글 뒤로 "후주 세종은 散騎常侍 艾穎 등 34인에게 조서를 내려 각 州로 나누어 다니면서 田稅를 고르게 정하도록 하였다.〔詔散騎常侍艾穎等三十四人 分行諸州 均定田租〕"라는 내용이 보인다.

218) 周世宗 : 921~959(재위 954~959). 後周 제2대 황제 柴榮이다. 시호는 睿武孝文皇帝, 묘호는 世宗, 邢州 龍岡 사람이다. 후주 太祖 郭威(904~954, 재위 951~954)의 내조카로 어려서부터 곽위의 집에서 자랐으며, 뒤에 곽위의 양자로 들어가 성을 郭으로 고쳤다. 곽위가 후주를 건립한 뒤 晉王에 봉해졌다. 즉위한 뒤에는 안으로 예악과 제도를 정비하고 밖으로 後蜀, 南唐, 契丹을 격파하여 華夷에 위엄을 떨쳤다. 능은 嵩陵이다.

녀자의 형상을 만들어서 궁궐 뜰에 두었다.

27-15-나(按)

臣은 按 世宗이 於五季에 爲賢君이라 故能念耕蠶之苦하여 刻木爲人하여 朝夕睹之하여 以毋忘細民之艱하니 其視沈溺於富貴之欲하여 一念이 未嘗及田里者컨대 相去가 遠矣라 臣이 是以有取云[219]이로이다

【臣按】後周의 世宗은 五代 시기에 현명한 군주였습니다. 그러므로 농사짓고 누에 치는 괴로움을 생각하여 나무를 깎아 인형을 만들어서 아침저녁으로 이를 보아 백성들의 어려움을 잊지 않을 수 있었던 것입니다. 세종은 부귀의 욕망에 빠져 한 생각도 鄕村에 미치지 않았던 자들에 비한다면 그 차이가 큽니다. 신이 이 때문에 〈세종의 일화를〉 취한 것입니다.

以上은 論田里戚休之實하니라

이상은 鄕村의 근심과 기쁨의 실상을 논한 것이다.

219) 云 : 사고본에는 '焉'으로 되어 있다.

誠意正心之要(一) 생각을 성실하게 하고 마음을 바르게 하는 요체(1)

崇敬畏 공경함과 두려워함을 尊崇함

修己之敬 자신을 수양할 때의 恭敬

28-1-가1[1)]

堯典에 曰 欽明文思①라하고 又曰 允恭克讓②이라하고

① 欽明文思 : 欽, 敬也.
'欽'은 '공경하다'라는 뜻이다.

② 允恭克讓 : 允, 信也. 恭, 敬也. 克, 能也. 讓, 遜也.
'允'은 '진실로'라는 뜻이다. '恭'은 '공경하다'라는 뜻이다. '克'은 '능히'라는 뜻이다. '讓'은 '겸양하다'라는 뜻이다.

《書經》〈堯典〉에 다음과 같은 내용이 있다.

"堯임금께서는 공경스럽고 通明하였으며 문채나셨다."

또 다음과 같은 내용이 있다.

"요임금께서는 진실로 공손하고 능히 謙讓하셨다."

堯

1) 《書經》〈虞書 堯典〉에 보인다.

28-1-가2[2)]

舜典에 **曰 溫恭允塞**①이라하고

① 溫恭允塞 : 溫恭者, 和粹而恭敬也. 塞, 實也.
'溫恭'은 '온화하고 순수하며 공손하고 공경스럽다'라는 뜻이다. '塞'은 '독실하다'라는 뜻이다.

《書經》〈舜典〉에 다음과 같은 내용이 있다.
"舜임금께서는 온화하고 공손하며 성실하고 독실하셨다."

舜

28-1-가3[3)]

禹貢에 **曰 祗台**(이)**德先**①하신대 **不距朕行**②이라하고

① 祗台德先 : 祗, 敬也. 台, 我也. 言敬德爲天下先.
'祗'는 '공경하다'라는 뜻이다. '台'는 '나'라는 뜻이다. '祗台德先'은 '덕을 공경히 하여 천하의 솔선이 되었다.'라는 말이다.

② 不距朕行 : 距, 違也.
'距'는 '어기다'라는 뜻이다.

禹

《書經》〈禹貢〉에 다음과 같은 내용이 있다.
"나의 덕을 공경히 하여 솔선하자 천하 사람들이 나의 행함을 어기지 않았다."

---

2)《書經》〈虞書 舜典〉에 보인다.
3)《書經》〈夏書 禹貢〉에 보인다.

28-1-가4[4)]

詩商頌에 **曰 湯降不遲**①하시며 **聖敬**[5)] **日躋**②라하고

① 湯降不遲 : 謂應期而生不後也.
湯王의 誕降이 시기에 꼭 맞아서 태어남이 늦지 않았음을 이른다.

② 聖敬日躋 : 躋, 進也, 升也.
'躋'는 '나아가다', '오르다'라는 뜻이다.

《詩經》〈商頌〉에 다음과 같은 내용이 있다.

"湯王의 誕降이 늦지 않으셨으며 그 명철함과 공경함이 날로 하늘에 이르렀다."

湯

28-1-가5[6)]

大雅에 **曰 穆穆文王**①이여 **於**(오)**緝熙敬止**②삿다

① 穆穆文王 : 穆穆, 深遠之意.
'穆穆'은 '심원하다'라는 뜻이다.

② 於緝熙敬止 : 於, 美也. 緝, 續也. 熙, 廣也.[7)] 止, 助辭.

周 文王

4) 《詩經》〈商頌 長發〉에 보인다. '長發'은 이 시의 첫 구절 "깊고 밝은 상나라에 그 상서가 발현됨이 장구하도다.〔濬哲維商 長發其祥〕"에서 온 것이다. 〈장발〉은 商나라에서 禘(체) 제사를 지낼 때 사용하는 것으로, 상나라의 조상을 기리는 내용이다. 朱熹의 《詩集傳》에 따르면 〈장발〉은 모두 7장으로 구성되어 있는데, 본문에 인용한 구절은 제3장에 보인다.

5) 敬 : 대전본에는 '德'으로 되어 있다.

6) 《詩經》〈大雅 文王〉에 보인다. 〈毛序〉에 "문왕이 天命을 받아 周나라를 일으킨 것을 읊은 시이다.〔文王受命作周也〕"라고 하였다. 朱熹의 《시집전》에 따르면 〈문왕〉은 모두 4장으로 구성되어 있는데, 본문에 인용한 구절은 제3장에 보인다.

'於'는 찬미하는 말이다. '緝'은 '계속하다'라는 뜻이다. '熙'는 '넓히다'라는 뜻이다. '止'는 어조사이다.

《詩經》〈大雅〉에 다음과 같은 내용이 있다.
"심원하신 文王이여! 아! 공경을 계속하여 넓히셨도다."

28-1-나(按)

臣은 按 堯・舜・禹・湯・文・武는 皆天縱之聖而詩・書之敍其德에 必以敬으로 爲首稱하니 蓋敬者는 一心之主宰요 萬善之本源[8]이라 學者之所以學과 聖人之所以聖이 未有外乎此者니 聖人之敬은 純亦不已[9]하니 卽天也요 君子之敬은 自强不息[10]하니 由人而天也라 聖人之敬은 安而行之[11]하나니 然成湯之日躋와 文王之緝熙가 雖非用力이나 亦若未嘗不用其力者하니 蓋日躋者는 進進不已之意요 緝熙者는 續續無窮之功이니 此가 湯・文之所以聖益聖也라 人主而欲師帝王인댄 其可不用力於此乎잇가

【臣按】 堯임금, 舜임금, 禹王, 湯王, 文王, 武王은 모두 하늘이 낸 聖人입니다. 그런데 《詩經》과 《書經》에서 그들의 덕을 서술할 때 반드시 '恭敬'을 맨 처음 언급하였으니, 이는 공경이 한 마음의 주재자이고 모든 善의 본원이기 때문일 것입니다. 학문하는 자들이 학문하는 이유와 성인이 성인이 된 이유가 여기에서 벗어나

---

7) 熙廣也 : 《毛詩》 傳에는 "緝熙는 밝게 밝힌다는 뜻이다.〔緝熙 光明也〕"로 되어 있고, 朱熹의 주에는 "熙는 밝힌다는 뜻이다.〔熙 明〕"로 되어 있다.

8) 源 : 사고본에는 '原'으로 되어 있다.

9) 純亦不已 : 《中庸》 제26장에 "《詩經》에 이르기를 '하늘의 명이 아! 심원하여 그치지 않도다.'라고 하였으니 이는 하늘이 하늘이 된 이유를 말한 것이며, '아! 드러나지 않는가. 文王의 덕의 순수함이여!'라고 하였으니 이는 문왕이 문왕이 된 이유가 순수함이 또한 그치지 않아서임을 말한 것이다.〔詩云 維天之命 於穆不已 蓋曰天之所以爲天也 於乎不顯 文王之德之純 蓋曰文王之所以爲文也 純亦不已〕"라는 내용이 보인다. 《시경》은 〈周頌 維天之命〉이다.

10) 自强不息 : 《周易》 〈乾卦 大象傳〉에 "하늘의 운행이 굳건하니 군자가 보고서 스스로 힘쓰고 쉬지 않는다.〔天行健 君子以 自彊不息〕"라는 내용이 보인다.

11) 安而行之 : 《中庸》 제20장에 "혹은 태어나면서 이것을 알고, 혹은 배워서 이것을 알고, 혹은 애를 써서 이것을 아는데, 그 앎에 미쳐서는 똑같다. 혹은 편안히 이것을 행하고, 혹은 이롭게 여겨서 이것을 행하고, 혹은 억지로 힘써서 이것을 행하는데, 그 공을 이룸에 미쳐서는 똑같다.〔或生而知之 或學而知之 或困而知之 及其知之一也 或安而行之 或利而行之 或勉强而行之 及其成功一也〕"라는 내용이 보인다. '이것'은 朱熹의 주에 따르면 達道이다.

지 않습니다. 성인의 공경은 순수함이 또한 그치지 않으니 바로 하늘이고, 군자의 공경은 스스로 힘쓰고 쉬지 않으니 사람에서 하늘이 된 이유입니다.

성인의 공경은 편안히 행하니, 탕왕의 명철함과 공경함이 날로 하늘에 이르고 문왕이 공경을 계속하여 넓힌 것이 비록 힘을 쓴 것은 아니지만 또한 그 힘을 쓰지 않은 적이 없는 것과 같습니다. '날로 하늘에 이른다.'는 것은 나아가고 나아가서 그치지 않는다는 뜻이며, '계속하여 넓힌다.'는 것은 무궁한 노력을 끊임없이 행한다는 뜻이니, 이것이 탕왕과 문왕이 성인인데도 더욱 성인이 된 이유입니다. 임금으로서 역대의 聖王을 본받고자 한다면 여기에 힘을 쓰지 않아서야 되겠습니까.

28-2-가[12)]

曲禮①에 曰[13)] 毋不敬②하며 儼若思③하며 安定辭④면 安民哉인저

① 曲禮 : 《禮記》首篇名.
〈曲禮〉는 《禮記》의 첫 번째 편명이다.

② 毋不敬 : 毋者, 禁止之辭.
'毋'는 금지하는 말이다.

③ 儼若思 : 儼, 端莊貌. 人之坐思, 貌必儼然.[14)]
'儼'은 단정하고 엄숙한 모습이다. 사람이 앉아 생각할 때 그 모습이 반드시 단정하고 엄숙하도록 하는 것이다.

④ 安定辭 : 辭, 言也.
'辭'는 '말'이라는 뜻이다.

《禮記》〈曲禮〉에 다음과 같은 내용이 있다.

"공경하지 않음이 없으며, 엄숙히 생각하는 듯이 하며, 말을 안정되게 하면 백

---

12) 《禮記》〈曲禮〉의 첫 구절에 보인다.

13) 曰 : 사고본에는 없다.

14) 人之坐思 貌必儼然 : 이는 鄭玄의 注를 따른 것으로, 孔穎達의 疏에 "思는 생각한다는 뜻이니, 사람이 생각할 때에는 모습을 반드시 단정하고 성실하게 해야 한다.〔思 計慮也 夫人計慮 狀必端慤〕"라고 해석하였다.《禮器注疏 曲禮 鄭玄注, 孔穎達疏》이것은 眞德秀의 "그 모습을 반드시 단정하고 엄숙하게 하여 마치 생각하는 듯이 한다.〔其容貌 必端儼而若思〕"라는 해석과는 다른 것이다.

성을 편안히 할 수 있을 것이다."

28-2-나1(呂)[15]

呂大臨[16]이 曰 毋不敬者는 正其心也요 儼若思者는 正其貌也요 安定辭者는 正其言也라 三者가 正則無所往而不正이니 天下가 雖大나 取之修身而無不足이라 故曰安民哉인저하니라

呂大臨이 다음과 같이 말하였다.

"'공경하지 않음이 없다.'는 것은 그 마음을 바르게 하는 것이며, '엄숙히 생각하는 듯이 한다.'는 것은 그 모습을 바르게 하는 것이며, '말을 안정되게 한다.'는 것은 그 말을 바르게 하는 것이다. 세 가지가 바르면 어느 곳에 가도 바르지 않은 것이 없게 되니, 천하가 비록 크다 하나 자신을 수양하는 데에서 취하여 부족함이 없기 때문에 '백성을 편안히 할 수 있다.'라고 한 것이다."

28-2-나2(按)

臣은 按 曲禮一篇이 爲記禮[17]之首而毋不敬一言이 爲曲禮之首하니 蓋敬者는 禮之綱領也라 曰毋不敬者는 謂身心內外가 不可使有一毫之不敬也니 其容貌가 必端儼[18]而若思하며 其言辭가 必安定而不遽하여 以此臨民하면 民其有不安者乎아 此章이 凡四言而修身治國之道가 略備하니 其必聖賢之遺言與인저

【臣按】〈曲禮〉편은 《禮記》의 첫 번째 편이고 '공경하지 않음이 없다.'는 말은 〈곡례〉의 첫 구절이니, '공경'은 《예기》의 綱領입니다. '공경하지 않음이 없다.'라는 것은 몸과 마음의 안팎이 털끝만큼도 공경하지 않음이 있게 해서는 안 된다는

---

15) 《儀禮經傳通解》〈學禮4 曲禮〉 朱熹의 주에 보인다. 본문은 이를 요약한 것이며 또한 문자의 출입이 있다.

16) 呂大臨 : 1040~1092. 北宋 때의 학자이다. 자는 與叔이다. 京兆 藍田 사람이다. 처음에 張載와 程頤를 師事하였고, 謝良佐·游酢·楊時와 함께 '程門四先生'으로 일컬어진다. 관직은 太學博士·秘書省正字를 지냈다. 六經에 정통했고, 특히 三禮에 뛰어났다. 저서로는 《玉溪集》·《孟子講義》·《易章句》·《大易圖象》·《大學中庸解》 등이 있다.

17) 記禮 : 사고본에는 '禮記'로 되어 있다.

18) 儼 : 대전본·사고본에는 '嚴'으로 되어 있다.

말입니다. 그 모습이 반드시 단정하고 엄숙하여 생각하는 듯이 되도록 하고 그 말이 반드시 안정되어 급박하지 않게 하여 이것으로 백성에 임하면 백성들이 편안하지 않을 자가 있겠습니까. 이 장은 모두 네 마디뿐이나 자신을 수양하고 나라를 다스리는 도가 대략 갖추어졌으니, 필시 聖賢이 남긴 말일 것입니다.

28-3-가[19]

表記①에 君子가 莊敬이면[20] 日彊하고 安肆면[21] 日偸(투)니라

① 表記 : 《禮記》篇名.
〈表記〉는 《禮記》의 편명이다.

《禮記》〈表記〉에 다음과 같은 내용이 있다.
"군자가 엄숙하고 공경하면 날로 확고해지고 안일하고 방탕하면 날로 구차해진다."

28-3-나(按)

臣은 按 程頤[22]之說에 以爲 常人之情이 纔(재)檢[23]束則日就規矩하고 纔放肆則日就曠蕩[24]이라하니 學者도 猶爾온 況於人君이 處宮闈之邃하여 極貴富[25]之奉하니 儻非以莊敬自持하여 凜然肅然하여 如對神明하며 如臨師保면 其不流於放蕩者가 幾希라 彊與偸는 主心志而言하니 莊敬則志立而日彊하고 安肆則志惰而日[26]偸니 彊則毅然以進德修業[27]으로 自任하여 視天下之善에 無不可爲者하여 雖天行之健[28]이나 亦思企及이요

19) 《禮記》〈表記〉에 보인다.
20) 이면 : 509본에는 '하면'으로 되어 있다.
21) 면 : 509본에는 '하면'으로 되어 있다.
22) 程頤 : 1033~1107. 北宋의 理學家이자 교육가이다. 程顥(호)의 아우이다. 자는 正叔이며 河南府 伊川縣 사람으로 세상에 伊川先生으로 불린다. 형인 정호와 함께 周敦頤에게서 수학하여 함께 洛學을 창시하여 理學의 기초로 세웠다. 저술에 《周易程氏傳》·《易傳》 등이 있으며, 후인들이 집록한 《程頤文集》·《二程全書》 등이 있다.
23) 檢 : 사고본에는 '簡'으로 되어 있다.
24) 常人……曠蕩 : 《小學》〈外篇 嘉言〉에 보인다. 《소학》에는 앞뒤 구절이 도치되어 있다.
25) 貴富 : 사고본에는 '富貴'로 되어 있다.
26) 日 : 대전본에는 '目'으로 되어 있다.

一或偸焉則視蔭苟安하여 惟知燕嬉虞[29]樂而已라 趙武는 晉卿爾로되 一有偸心에 事功이 遂以不竞[30]하니 況人君乎아 臣이 因推衍其說하여 以爲溺心安肆者之戒하노이다

【臣按】程頤의 설에 이르기를 "보통 사람의 常情은 단속하면 곧 날로 법도에 나아가고 풀어놓으면 곧 날로 방탕함에 나아간다."라고 하였습니다. 배우는 자도 오히려 그러한데 더구나 군주는 깊은 궁궐에 살면서 지극한 부귀를 누리니, 만약 엄숙함과 공경함으로 스스로를 잡아 지켜서 엄연하고 숙연하여 마치 신명을 대하듯 스승을 대하듯 하지 않는다면 방탕으로 흐르지 않을 자는 거의 없을 것입니다.

'확고해짐'과 '구차해짐'은 마음과 뜻을 위주로 말한 것입니다. 엄숙하고 공경하면 뜻이 확립되어 날로 확고해지고, 안일하고 방자하면 뜻이 나태해져서 날로 구차해집니다. 확고해지면 의연히 덕을 진전시키고 업을 닦는 것을 자신의 소명으로 여겨서 천하의 善을 할 수 없는 것이 없다고 보아 비록 하늘의 운행이 굳건하나 또한 이에 미칠 것을 생각하게 되고, 조금이라도 구차해지면 세월을 보내는 것이 구차하고 안일하여 오직 놀고 즐기는 것만 알 뿐입니다.

---

27) 進德修業 : 《周易》 〈乾卦 文言傳〉에 "九三 爻辭에 '군자가 종일토록 힘쓰고 힘써 저녁까지도 두려워하면 위태로우나 허물이 없다.'라고 한 것은 무슨 말인가? 공자가 말하였다. "군자는 덕을 진전시키고 業을 닦으니, 忠信이 덕을 진전시키는 것이며, 말을 할 때 그 성실함을 확립하는 것이 업을 보유하는 것이다.〔九三曰 君子終日乾乾 夕惕若 厲无咎 何謂也 子曰 君子進德修業 忠信 所以進德也 修辭立其誠 所以居業也〕"라는 내용이 보인다.

28) 天行之健 : 《周易》 〈乾卦 大象傳〉에 보인다. 28-1-나(按) 주석 '自强不息' 참조.

29) 虞 : 사고본에는 '娛'로 되어 있다.

30) 趙武……不竟 : '竟'은 대전본・사고본에는 '競'으로 되어 있다. 趙武(?~기원전 541)는 춘추시대 晉나라의 正卿으로 執政大臣이다. 趙孟 또는 趙文子라고도 한다. 魯 昭公 원년(기원전 541)에 조무가 晉나라에 망명해 와 있는 秦 景公의 同母弟인 后子에게 고국에 언제 돌아갈 생각이냐고 묻자, 후자는 경공이 죽은 뒤 돌아갈 계획이지만 경공은 적어도 5년 이내에는 죽지 않을 것이라고 하였다. 이에 조무가 해 그림자를 보고 말하기를 "아침에 저녁을 기약하지 못하고 저녁에 아침을 기약하지 못하는데 누가 5년을 기다릴 수 있겠는가.〔朝夕不相及 誰能待五〕"라고 하였다. 뒤에 后子가 다른 사람에게 "조맹은 곧 죽을 것이다. 백성의 주인이 한 날 한 해를 탐하여 구차히 안일만을 생각하니 그가 얼마나 살 수 있겠는가.〔趙孟將死矣 主民翫歲而愒日 其與幾何〕"라고 말하였다고 한다. 뒤에 조무는 부패한 정국을 타개하지 못하고 이 일이 있은 지 1년도 못 되어 울분으로 생을 마감하였다. 《春秋左氏傳 昭公元年》

趙武는 晉나라의 卿에 불과했지만 한번 구차한 마음을 가지자 나라를 위해 분투했던 노력이 마침내 이 때문에 성과를 보지 못했으니, 더구나 군주야 더 말할 것이 있겠습니까. 신이 이 때문에 그 설을 미루어 부연해서 마음이 안일함과 방탕함에 빠진 자의 경계로 삼는 것입니다.

28-4-가[31)]

子路가 **問君子**한대 **子**가 **曰 修己以敬**이니라 **曰 如斯而已乎**잇가 **曰 修己以安人**이니라 **曰 如斯而已乎**잇가 **曰 修己以安百姓**이니 **修己以安百姓**은 **堯・舜**도 **其猶病諸**시니라

子路가 君子에 대하여 묻자, 孔子가 "자신을 수양하되 공경으로써 해야 한다."라고 하였다. 자로가 "이와 같이 할 뿐입니까?"라고 하자, 공자가 "자신을 수양하여 남을 편안하게 해야 한다."라고 하였다. 자로가 "이와 같이 할 뿐입니까?"라고 하자, 공자가 "자신을 수양하여 백성을 편안하게 해야 하니, 자신을 수양하여 백성을 편안하게 하는 것은 堯임금과 舜임금께서도 오히려 부족하게 여기셨다."라고 하였다.

孔子

28-4-나1(按)

臣은 **按 孔子答子路之問**이 **其言**이 **雖甚約**하나 **其理則極至而無餘**하니 **蓋自堯・舜以來**로 **世相傳授**가 **惟此一敬**이니 **臣**이 **旣列之於前矣**[32)]라 **至若禹之征苗**에 **曰 昏迷不恭**하여 **侮慢自賢**[33)]이라하며 **啓之伐有扈**(유호)에 **曰 威侮五行**하고 **怠**[34)]**棄三正**[35)]이라하며

31) 《論語》〈憲問〉 제45장에 보인다.

32) 臣旣列之於前矣 : 28-1-가1부터 28-4-가까지의 내용을 가리킨다.

武王之數紂에 曰 狎侮五常하며 荒怠弗敬[36]하여 謂己有天命이라하며 謂敬不足行[37]이라하니

【臣按】 孔子가 子路의 질문에 대답한 것이 그 말은 비록 매우 간략하나 그 이치는 지극하여 더할 것이 없습니다. 堯임금과 舜임금 이래 대대로 전수한 것이 오직 이 '恭敬'이라는 것 하나였으니, 신이 이미 앞에 이를 列記하였습니다.

그리고 禹가 有苗를 정벌할 때에는 "유묘의 군주가 어리석고 공경하지 않아서 남을 업신여기고 스스로 어진 체한다."라고 하였으며, 夏나

子路

33) 昏迷……自賢 : 《書經》 〈虞書 大禹謨〉에 보인다. 저본의 인용은 禹가 舜임금의 명을 받고 有苗를 정벌할 때 출정 전에 군사들에게 誓戒한 내용 중 일부이다.

34) 怠 : 대전본에는 '迨(태)'로 되어 있다.

35) 威侮……三正 : 《書經》 〈夏書 甘誓〉에 보인다. 저본의 인용은 夏나라 禹王을 이어 즉위한 우왕의 아들 啓가 同姓國인 有扈가 복종하지 않자 6卿을 소집하여 유호를 정벌할 때 출정 전에 甘 땅에서 군사들에게 誓戒한 내용 중 일부이다. '三正'은 三統이라고도 한다. 周나라는 子月(11월), 즉 북두성 자루가 子方을 가리키는 달을 정월로 삼았는데 이것을 天統이라 하고, 商나라는 丑月(12월)을 정월로 삼았는데 이것을 地統이라 하고, 夏나라는 寅月(1월)을 정월로 삼았는데 이것을 人統이라고 한다. '怠棄三正'은 正朔을 제대로 바로잡지 못했다는 말이다.

36) 狎侮……弗敬 : 《書經》 〈周書 泰誓 下〉에 보인다. 저본의 인용은 周나라 武王이 즉위 13년에 商나라의 마지막 군주인 紂王을 정벌할 때 황하를 건넌 뒤 군사들에게 誓戒한 내용 중 일부이다. '泰誓'는 군사들이 孟津에 크게 결집하자 서계하였다는 뜻에서 붙인 이름이다. '五常'은 五典과 같은 것으로, 다섯 가지 떳떳한 윤리라는 말이다. 孔穎達은 父義, 母慈, 兄友, 弟恭, 子孝로 보았고, 蔡沈은 君臣, 父子, 兄弟, 夫婦의 떳떳한 道로 보았다. 《尙書正義 周書 泰誓 下 孔穎達疏》 《書集傳 周書 泰誓 下 蔡沈注》

37) 謂己……足行 : 《書經》 〈周書 泰誓 中〉에 보인다. 저본의 인용은 周나라 武王이 商나라 紂王을 정벌할 때 황하를 건넌 뒤 河北에서 군사들에게 誓戒한 내용 중 일부이다.

라의 啓가 有扈를 정벌할 때에는 "유호가 五行을 능멸하고 三正을 황폐하게 하였다."라고 하였으며, 周 武王이 商 紂王을 討罪할 때에는 "商王이 五常을 무시하고 업신여기며 황폐하게 하고 태만하여 공경하지 않아서", "자기에게 天命이 있다고 하며 공경을 굳이 행할 것이 없다고 한다."라고 하였습니다.

夫堯・舜・禹・湯・文・武[38]는 天下之大聖也요 苗・扈・商辛[39]은 天下之大惡也而其所以爲大聖・大惡之分者가 敬與弗敬而已라 君子之爲君子가 其能外是乎아 子路가 未知而復(부)問이라 故孔子가 再以安人・安百姓者로 言之하시니 蓋修己가 非求於安百姓而百姓이 自安하나니 理之必然이니 無可疑者라 然此가 修身極至之驗也라 故雖堯・舜이라도 猶病其難하시니 曾謂子路而易(이)之乎아 異時에 子思가 作中庸에 亦曰 君子가 篤恭而天下平[40]이라하여늘 程頤가 推明之曰 上下가 一於恭敬則天地가 自位하며 萬物이 自育하여 氣無不和而四靈[41]이 畢至하고 聰明睿知가 皆由此出[42]이라하니 惟聖明之主가 深體而力行之則天下가 幸甚하리이다

堯임금, 舜임금, 禹王, 湯王, 文王, 武王은 천하의 큰 聖人이고, 有苗의 군주, 有扈의 군주, 商나라의 帝辛(紂王)은 천하의 큰 惡人입니다. 그런데 큰 성인과 큰 악인을 구분 짓는 그 원인은 恭敬과 不敬일 뿐입니다. 군자가 군자가 되는 것이

38) 武 : 대전본에는 '王'으로 되어 있다.

39) 商辛 : 辛은 商나라의 마지막 군주인 紂王의 시호로, 본래 帝辛이라고 칭한 것을 周나라에서 '紂'라는 시호로 바꾸어 부른 것이다. 이름은 受이다.

40) 君子……下平 : 《中庸》 제33장에 보인다.

41) 四靈 : 기린, 봉황, 거북, 용을 이른다. 《禮記》 〈禮運〉에 "무엇을 四靈이라 이르는가? 기린, 봉황, 거북, 용을 일러 '사령'이라 이른다.〔何謂四靈 麟鳳龜龍謂之四靈〕"라는 내용이 보인다.

42) 上下……此出 : 《近思錄》 권4 〈存養〉, 《二程遺書》 권6에 보인다. 원문은 다음과 같다. "성인이 '자신을 수양하기를 공경으로 하여 백성을 편안하게 한다.'라고 하고, '공손함을 돈독히 함에 천하가 화평해진다.'라고 하였다. 상하가 공경에 한결같으면 천지가 저절로 자리를 편안히 하고 만물이 저절로 길러져서 기운이 조화롭지 않음이 없으니, 네 영물이 어찌 이르지 않겠는가. 이것은 체행함이 성실함에 통달함이 순한 도이다. 총명과 예지가 모두 이 공경에서 나오니, 이것으로 하늘을 섬기고 상제를 제향한다.〔聖人脩己以敬 以安百姓 篤恭而天下平 惟上下一於恭敬 則天地自位 萬物自育 氣無不和 四靈何有不至 此體信達順之道 聰明睿智皆由是出 以此事天饗帝〕"

어찌 여기에서 벗어날 수 있겠습니까. 子路가 이를 알지 못하고 거듭 물었기 때문에 공자가 재차 '남을 편안하게 해야 한다', '백성을 편안하게 해야 한다'라는 말로 대답했던 것입니다.

자신을 수양하는 것은 백성을 편안하게 하기를 구한 것은 아니나 백성이 저절로 편안해지니, 이것은 필연적인 이치여서 의심할 것이 없습니다. 그러나 이것은 자신을 수양하여 지극한 경지에 이르게 된 징험이기 때문에 요임금이나 순임금이라 할지라도 오히려 그 어려움을 부족하게 여겼으니, 어찌 자로와 같은 사람으로 이를 쉽다고 말할 수 있겠습니까.

훗날 子思가 《中庸》을 지을 때에도 "군자가 공손함을 돈독히 함에 천하가 화평해진다."라고 하자, 程頤가 이를 미루어 밝히기를 "상하가 공경에 한결같으면 천지가 저절로 자리를 편안히 하고 만물이 저절로 길러져서 기운이 조화롭지 않음이 없게 된다. 그리하여 네 靈物이 모두 이르러 오고 聰明과 叡智가 모두 이 공경에서 나온다."라고 하였습니다. 바라건대 聖明한 군주가 이를 깊이 체득하여 힘써 행한다면 천하가 매우 다행일 것입니다.

以上은 論修己之敬하니라

이상은 자신을 수양할 때의 恭敬을 논한 것이다.

28-4-나2(按)

臣은 按 自漢以來로 世之諸儒가 未有深知敬之爲義者하다니 惟程頤가 有曰 主一之謂敬이요 無適之謂一43)이라하며 又曰 整齊嚴肅則心自一44)而朱熹가 又爲之箴45)曰 正其衣冠하며 尊其瞻視하여 潛心以居하여 對越上帝하며 足容必重하며 手

43) 主一……謂一 : 《近思錄》 권4 〈存養〉, 《二程粹言》 권4 〈論道篇〉 등에 보인다. 원문은 다음과 같다. "이른바 '敬'이란 하나를 주장하는 것을 일러 '경'이라고 한다. 이른바 '一'이란 다른 데로 가지 않는 것을 일러 '일'이라고 한다. 우선 主一의 뜻을 깊이 체득하고자 해야 하니, 하나로 하지 않으면 둘로 셋으로 나누어지게 된다.〔所謂敬者 主一之謂敬 所謂一者 無適之謂一 且欲涵泳主一之義 不一則二三矣〕" '二三'은 이랬다 저랬다 하는 것을 이른다.

44) 整齊……自一 : 《近思錄》 권4 〈存養〉, 《小學集註》 권5 〈嘉言 廣敬身〉에 보인다. 원문은 다음과 같다. "단지 정제하고 엄숙히만 하면 마음이 곧 전일해지니, 전일해지면 저절로 사벽함의 침범이 없게 된다.〔只整齊嚴肅 則心便一 一則自無非辟之干〕"

45) 箴 : 〈敬齋箴〉을 이른다. 말할 때〔言〕, 움직일 때〔動〕, 고요히 있을 때〔靜〕 모두 이 敬이 없

容必恭하며 擇地而蹈하여 折旋蟻封하며 出門如賓하며 承事如祭하여 戰戰兢兢하여 罔敢或易(이)하며 守口如甁하며 防意如城하여 洞洞屬屬(촉촉)하여 罔敢或輕하며 不東以西하며 不南以北하여 當事而存하여 靡它[46]其適①하며 不貳以二하며 不參以三이니 惟精[47]惟一에 萬變是監②이니라 從事於斯가 是曰持敬이라 動靜弗違하며 表裏交正③이니 須臾有間이면 私欲萬端이라 不火而熱하며 不氷而寒이니 毫釐有差하면 天壤易[48]處라 三綱旣淪하며 九疇(범)[49]이 亦斁(두)④니라 嗚呼[50]小子아 念哉敬哉어다 墨卿[51]司戒하여 敢告靈臺라하니 敬之爲義가 至是無復餘蘊하니 有志於聖學者는 宜熟復之어다

① 不東……其適 : 此四言釋無適之義[52].
이 네 구절은 '無適'의 뜻을 해석한 것이다.

② 不貳……是監 : 此釋主一之義.
이 네 구절은 '主一'의 뜻을 해석한 것이다.

③ 動靜……交正 : 此二言, 一[53]箴之綱領.
이 두 마디는 이 箴의 강령이다.

④ 九疇亦斁 : 九疇[54], 謂洪範九疇也. 斁, 敗也.
'九疇'은 洪範九疇를 말한다. '斁'는 '무너지다'라는 뜻이다.

【臣按】 漢나라 이후로 세상의 儒者들이 '恭敬'의 의미를 깊이 아는 자가 없었는데, 오직 程頤만이 "하나를 주장하는 것을 '공경'이라 이르고, 다른 데로 감이 없는 것을 '하나'라고 이른다."라고 하였습니다.

또 이르기를 "정제하고 엄숙히 하면 마음이 저절로 전일해진다."라고 하였는데,

어서는 안 됨을 노래한 것이다. 모두 40구로 이루어져 있다.

46) 它 : 사고본에는 '他'로 되어 있다.
47) 精 : 대전본·사고본에는 '心'으로 되어 있다.
48) 易 : 대전본에는 '異'로 되어 있다.
49) 疇 : 사고본에는 '法'으로 되어 있다.
50) 嗚呼 : 사고본에는 '烏乎'로 되어 있다.
51) 墨卿 : 文房四友의 하나인 먹[墨]의 별칭이다. 붓은 毛純, 벼루는 羅文, 종이는 楮先生이라고 한다.
52) 義 : 사고본에는 '意'로 되어 있다.
53) 一 : 사고본에는 '乃'로 되어 있다.
54) 疇 : 사고본에는 '法'으로 되어 있다.

朱熹가 또 이를 위해 다음과 같은 箴을 지었습니다.

그 衣冠을 바르게 하고	正其衣冠
그 보는 것을 높여서	尊其瞻視
마음을 沈潛해서 거처하여	潛心以居
上帝를 대하라	對越上帝
발 모양은 반드시 무겁게 하고	足容必重
손 모양은 반드시 공손하게 하고	手容必恭
디딜 곳을 가려 밟아서	擇地而蹈
개밋둑에서도 꺾어지고 돌 듯 종종걸음을 하라	折旋蟻封
문을 나서면 손님을 대하듯 하고	出門如賓
일을 받들기를 제사를 지내듯 하여	承事如祭
戰戰兢兢하여	戰戰兢兢
감히 혹시라도 輕忽함이 없도록 하라	罔敢或易
입을 단속하기를 甁처럼 하고	守口如甁
私意를 막기를 城처럼 하여	防意如城
공경하고 삼가서	洞洞屬屬
감히 혹시라도 경솔히 함이 없도록 하라	罔敢或輕
동쪽으로 가면서 서쪽으로 마음 두지 말며	不東以西
남쪽으로 가면서 북쪽으로 마음 두지 말아서	不南以北
일에 당하여 그 일에 마음을 보존하여	當事而存
다른 데로 가지 않도록 하라	靡它其適
두 갈래로 하여 마음을 둘이 되게 하지 말며	不貳以二
세 갈래로 하여 마음을 셋이 되게 하지 말도록 해야 할 것이니	不參以三
오직 정밀하게 살피고 오직 전일하게 하면	惟精惟一
온갖 변화를 이에 살피게 된다	萬變是監
여기에 종사하는 것	從事於斯
이것을 공경을 잡아 지킨다고 한다	是曰持敬
움직일 때나 고요히 있을 때나 어긋나지 않게 하고	動靜弗違
안으로나 밖으로나 바르게 해야 할 것이니	表裏交正

잠시라도 틈이 있으면	須臾有間
私欲이 만 가지로 일어나기에	私欲萬端
불이 나지 않았는데도 뜨거우며	不火而熱
얼지 않았는데도 추울 것이다	不氷而寒
털끝만큼이라도 차이가 나면	毫釐有差
하늘과 땅이 자리를 바꾸니	天壤易處
三綱의 윤리가 없어지고	三綱旣淪
洪範九疇의 법 또한 무너지게 된다	九疇亦斁
아, 小子들아	嗚呼小子
유념하고 공경할지어다	念哉敬哉
먹으로 경계를 써서	墨卿司戒
감히 靈臺(마음)에 고하노라	敢告靈臺

'공경'의 뜻이 이에 이르러 더 이상 밝혀지지 않은 것이 없게 되었으니, 聖人의 학문에 뜻을 둔 자는 의당 익히 반복해야 할 것입니다.

事天之敬 하늘을 섬길 때의 恭敬

28-5-가[55)]

舜典에 **在璿璣**(선기)**玉衡**하사 **以齊七政**①하시다

① 在璿……七政 : 在, 察也. 璿, 珠也. 七政, 日月五星[56)].
'在'는 '살피다'라는 뜻이다. '璿'은 '구슬'이라는 뜻이다. '七政'은 해, 달, 목성, 화성,

---

55)《書經》〈虞書 舜典〉에 보인다. '典'은《說文解字》에 따르면 "책이 책상 위에 있는 뜻을 따른 것이니, 높여 보관한다는 뜻이다.〔從冊在丌上 尊閣之也〕" 蔡沈의 〈堯典〉 주석에 "간책에 요임금의 일을 기록하였기 때문에 '요전'이라 이름 하였다. 후세에 여기에 기록된 일이 떳떳한 법이 될 만하다 하여 또 떳떳하다는 뜻으로 보기도 한다.〔以簡冊載堯之事 故名曰堯典 後世以其所載之事可爲常法 故又訓爲常也〕"라는 내용이 보이는데, 이에 따르면 '舜典'은 떳떳한 법이 될 만한 순임금의 일을 기록한 책이라는 뜻이다.

56) 星 : 대전본 · 사고본에는 이 뒤에 '也' 1자가 있다.

토성, 금성, 수성이다.

《書經》〈舜典〉에 다음과 같은 내용이 있다.

"舜임금은 璿璣玉衡으로 천문을 살펴 해와 달과 다섯 행성의 운행을 고르게 하였다."

璿璣玉衡圖

28-5-나(按)

臣은 按 璣衡은 正天文之器니 今渾天儀가 是也라 舜이 方歷試之時에 納于大麓①而烈風雷雨에 弗迷矣②[57]시며 使之主祭而百神이 享之矣[58]러니 逮玆卽位하산 猶懼已之未當天心焉하사 察璿璣(선기)以揆日月五星之運하사 其循軌邪(야)인댄 是天之與我也요 其失度邪인댄 是天之警我也라하사 正如人子之事親에 候伺[59]顔色하여 惟恐一毫가 少

57) 納于……迷矣 :《書經》〈虞書 舜典〉에 보인다. 이 장에 대해 李瀷(1681~1763)은 천문과 관련지어 다음과 같이 해석하고 있다. '納于大麓'의 '麓'은 '岳'이며 이것은 순을 四岳의 관직에 임명한 것이다. 또한《周易》〈坤卦〉의 "먼저 하면 혼미하고 뒤에 하면 얻을 것이다.〔先迷後得〕"라는 괘사에 대한 〈彖傳〉에서 "먼저 하면 혼미하여 길을 잃을 것이다.〔先迷失道〕"라고 해석한 것에 근거하면 '迷'는 '失'의 뜻이니 '不迷'는 風雨가 제때를 잃지 않았다는 뜻이다. 풍우가 제때를 잃지 않도록 하는 것은 大岳의 소임이며, 이것은 순이 대악으로서 음양의 도를 다룰 줄 알아 그 정성이 하늘에까지 미쳐 당시 홍수나 가뭄의 재해가 없었다는 것이다.《書經疾書 舜典》

58) 使之……之矣 :《孟子》〈萬章 上〉 제5장에 보인다.《주자어류》에 "단지 음과 양이 조화를 이루고 바람과 비가 때에 맞는다면 이것이 바로 온갖 신이 흠향하는 것이다.〔只陰陽和 風雨時便是百神享之〕"라는 내용이 보인다.《朱子語類 卷58 孟子8 萬章 上 問堯以天下與舜章》

咈於親心하니 此가 大舜事天之敬也니이다

① 納于大麓 : 納, 入也. 大麓, 大山林麓也.
'納'은 '들여 넣다'라는 뜻이다. '大麓'은 큰 산의 산림이다.

② 弗迷矣 : 弗[60]迷錯也.
'弗迷'는 길을 잃지 않았다는 뜻이다.

【臣按】 선기옥형은 天文을 바로잡는 기구이니 지금의 渾天儀가 바로 이것입니다. 舜이 堯임금의 시험을 거칠 때 〈요임금이 순을〉 큰 산의 산림에 들여 넣었는데 세찬 비바람과 번개가 쳤지만 순은 길을 잃지 않았고, 요임금이 순에게 제사를 주관하게 하였는데 온갖 신이 내려와 순의 제사를 흠향하였습니다.

그런데 순은 이렇게 帝位에 올라서도 여전히 자신이 아직 하늘의 뜻에 합당하지 못할까 두려워하였습니다. 그리하여 선기옥형으로 천문을 살펴 해와 달과 다섯 행성의 운행을 헤아려서, 그 운행이 정상적인 궤도를 따라 운행한다면 이것은 하늘이 자신을 허락한 것이고 그 운행이 정상정인 궤도를 잃었다면 이것은 하늘이 자신을 경계시키는 것이라고 하였습니다. 이는 마치 자식이 부모님을 섬길 때 부모님의 안색을 살펴 오직 털끝만큼 조금이라도 부모님의 마음을 어긋나게 할까만 두려워하는 것과 같은 것이었습니다. 이것이 바로 大舜이 하늘을 섬겼던 공경입니다.

28-6-가[61]

皐陶謨(고요모)에 天敍[62]有典하시니 勑(칙)我五典[63]하사 五를 惇哉①하시며 天秩[64]有禮하시니 自我五禮[65]하사 有[66]를 庸哉②하소서 同寅協恭하사 和衷哉③하소서 天

59) 伺 : 대전본에는 '司'로 되어 있다.

60) 弗 : 대전본·사고본에는 '不'로 되어 있다.

61) 《書經》 〈虞書 皐陶謨〉에 보인다. '皐陶(고요)'는 舜임금 때의 賢臣으로, 형법을 관장하는 관원이다. '謨'는 훌륭한 계책이라는 뜻이다.

62) 敍 : 蔡沈의 주에 따르면 君臣, 父子, 兄弟, 夫婦, 朋友의 倫敍이다. 《書集傳 虞書 皐陶謨 蔡沈注》

63) 五典 : 蔡沈의 주에 따르면 五常, 즉 父子有親, 君臣有義, 夫婦有別, 長幼有序, 朋友有信이다. 《書集傳 虞書 舜典 蔡沈注》

64) 秩 : 蔡沈의 주에 따르면 尊卑와 貴賤에 따른 등급의 높고 낮은 品秩이다. 《書集傳 虞書 皐陶謨 蔡沈注》

命有德이어시든 **五服**[67]으로 **五章**[68]**哉**하시며 **天討有罪**어시든 **五刑**[69]으로 **五用哉**하사 **政事**를 **懋哉懋哉**④하소서 **天聰明**이 **自我民聰明**하며 **天明畏**가 **自我民明威**라 **達于上下**⑤하니 **敬哉**어다 **有土**아

① 天敍……惇哉 : 敍, 次也. 勑, 正也. 惇, 厚也.
'叙'는 '차례'라는 뜻이다. '勑'은 '바로잡다'라는 뜻이다. '惇'은 '후하게 하다'라는 뜻이다.

② 天秩……庸哉 : 秩, 品秩也. 庸, 常也.
'秩'은 '등급'이라는 뜻이다. '庸'은 '떳떳하다'라는 뜻이다.

③ 同寅協恭和衷哉 : 寅, 敬也. 協, 合也. 衷, 心也.
'寅'은 '공경하다'라는 뜻이다. '協'은 '합하다'라는 뜻이다. '衷'은 '마음'이라는 뜻이다.

④ 懋哉懋哉 : 懋, 勉也.
'懋'는 '힘쓰다'라는 뜻이다.

⑤ 達于上下 : 上謂天, 下謂民.
'上'은 하늘을 이르고, '下'는 백성을 이른다.

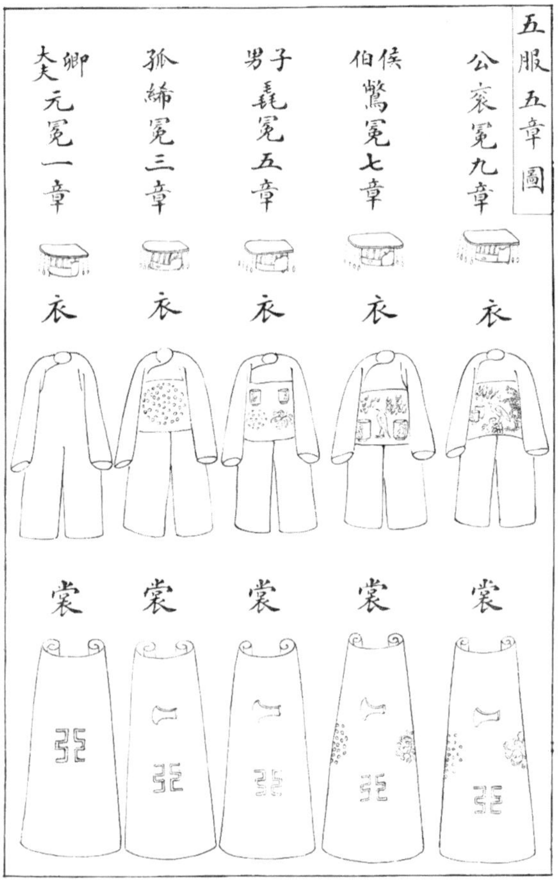

五服五章圖

65) 五禮 : 鄭玄의 주에 따르면 吉禮, 凶禮, 軍禮, 賓禮, 嘉禮이다.《周禮注疏 春官 小宗伯 鄭玄注》

66) 有 : 蔡沈의 주에 따르면 '五'이다.《書集傳 虞書 皐陶謨 蔡沈注》

67) 五服 : 孔安國의 전에 따르면 天子, 諸侯, 卿, 大夫, 士의 복식이다.《書集傳 虞書 皐陶謨 孔安國傳》

68) 五章 : 孔安國의 전에 따르면 尊卑에 따라 복식에 사용하는 문장을 각각 달리하는 것이다.《書集傳 虞書 皐陶謨 孔安國傳》

69) 五刑 : 蔡沈의 주에 따르면 墨刑, 劓刑(의형), 剕刑(비형), 宮刑, 大辟刑(대벽형)이다.《書集傳 虞書 舜典 蔡沈注》

《書經》〈皐陶謨〉에 다음과 같은 내용이 있다.

“하늘이 차례로 펴서 법을 두시니 우리 五典을 바로잡아 다섯 가지를 후하게 하시며, 하늘이 등급을 매겨 禮를 두시니 우리 五禮로부터 하여 다섯 가지를 떳떳하게 하소서. 君臣이 공경함을 함께하고 공손함을 합하여 마음을 화합하게 하소서. 하늘이 덕이 있는 이에게 명하거든 다섯 가지 복식으로 다섯 가지 등급을 표창하며, 하늘이 죄가 있는 자를 토벌하거든 다섯 가지 형벌로 다섯 가지 등급을 써서 징계하여, 정사를 힘쓰고 힘쓰소서. 하늘이 듣고 보는 것은 우리 백성들이 듣고 보는 것을 통해 듣고 보는 것이며, 하늘이 선한 자를 드러내주고 악한 자를 두렵게 하는 것은 우리 백성들이 드러내주고 두렵게 하는 것을 통해 드러내주고 두렵게 하는 것입니다. 그러므로 上下는 통하는 것이니 공경해야 할 것입니다. 땅을 소유한 군주들은!”

28-6-나(按)

臣은 按 帝王이 居天之位하시니 其所職이 無非天之事者라 君臣・父子・夫婦・長幼・朋友之典이 其別이 有五니 天之所敘也나 待我而厚하고 君臣・父子・夫婦・長幼・朋友之禮가 其別이 亦有五하니 天之所秩也나 自我而不失其常하나니 其可不敬乎아 寅與恭이 皆敬也니 君臣이 一心하여 恪奉天職이 是謂之和衷이라 有德者는 天之所命也나 五服之章則在我하고[70] 有罪者는 天之所討也나 五刑之用則在我하니 其可不敬乎아 大而命討之政과 小而命討之事를 勉之又勉이 是亦敬也라 天之聰明이 在民하고 天之明威가 在民하니 民心所在가 卽天心也니 天人一理라 通達無間하니 有民社者가 其可不敬乎아 此가 皐陶(고요)之告舜者가 如此하니 隆古君臣之間에 講論政治가 無一事不本於天하며 無一事不主於敬하니 眞後王所當法與신저

【臣按】 제왕은 하늘의 자리에 거하니 그 맡은 직분이 하늘의 일 아닌 것이 없습니다. 君臣과 父子와 夫婦와 長幼와 朋友의 규범〔典〕은 그 구분이 다섯이니 하늘이 차례로 편 것이지만 나를 기다려 두터워지며, 군신과 부자와 부부와 장유와 붕우의 禮는 그 구분이 또한 다섯이니 하늘이 등급 지은 것이지만 나로부터 시작하여 그 떳떳함을 잃지 않으니, 공경하지 않을 수 있겠습니까. 寅과 恭은 모두 공경

70) 하고 : 509본에는 ‘하니’로 되어 있다.

한다는 뜻이니, 군주와 신하가 마음을 하나로 하여 하늘의 직분을 삼가 받드는 것을 일러 '마음을 합한다〔和衷〕'고 합니다.

덕이 있는 이는 하늘이 명하는 바이지만 다섯 가지 복식의 표창은 나에게 달려 있고, 죄가 있는 자는 하늘이 토벌하는 바이지만 다섯 가지 형벌의 사용은 나에게 달려 있으니, 공경하지 않을 수 있겠습니까. 크게는 명하고 토벌하는 정사와 작게는 명하고 토벌하는 일을, 힘쓰고 또 힘쓰는 것이 이 또한 공경하는 것입니다.

하늘의 듣고 보는 것이 백성들에게 달려 있고, 하늘의 드러내주고 두렵게 하는 것이 백성들에게 달려 있으니, 백성들의 마음이 있는 곳이 바로 하늘의 마음입니다. 하늘과 사람이 한 가지 이치여서 서로 통하여 간격이 없으니, 백성과 社稷을 소유한 자는 공경하지 않을 수 있겠습니까.

이것은 皐陶가 舜임금에게 고해준 것이 이와 같으니, 먼 옛날 군주와 신하 사이에 정치를 강론한 것이 어느 한 가지 일도 하늘에 근본을 두지 않은 것이 없고 어느 한 가지 일도 공경을 주장하지 않은 것이 없었던 것입니다. 참으로 후세의 왕들이 본받아야 할 것입니다.

28-7-가[71]

伊尹이 **作太甲曰 先王**이 **顧諟**(시)**天之明命**①하사 **以承上下神祇**(기)[72]하시며 **社稷宗廟**를 **罔不祗**(지)[73]**肅**②하신대 **天監厥德**하사 **用集大命**하사 **撫綏**(수)**萬方**하시니이다

① 先王……明命 : 先王, 謂湯也. 顧, 謂常目在之. 諟, 是也.
'先王'은 湯王을 이른다. '顧'는 항상 눈을 여기에 두는 것을 이른다. '諟'는 '이'라는 뜻이다.

② 罔不祗肅 : 祗[74], 敬也. 肅, 亦敬也.

---

71)《書經》〈商書 太甲 上〉에 보인다. '太甲'은 商나라 제4대 임금으로, 湯王의 嫡長孫이다. 이 편은 재상 伊尹이 향락에 빠져 사는 태갑에게 경계하는 말과, 이윤이 태갑을 탕왕의 묘소 부근에 있는 桐宮으로 보내 이곳에 머물면서 執喪하도록 한 뒤 3년 뒤에 다시 태갑을 맞이하여 수도인 亳邑으로 돌아오게 한 내용을 기록한 것으로, 상・중・하 3편으로 이루어져 있다.

72) 祇 : 대전본・사고본에는 '祗(기)'로 되어 있다.

73) 祗 : 사고본에는 '祇'로 되어 있다.

'祗'는 '공경하다'라는 뜻이다. '肅'은 마찬가지로 '공경하다'라는 뜻이다.

伊尹이 〈太甲〉편을 지어 다음과 같이 말하였다.

"先王이 이 하늘의 밝은 명을 돌아보아 상하의 신들을 받들며 社稷과 宗廟를 공경하고 엄숙히 하지 않음이 없으시니, 하늘이 그 덕을 살펴보고서 大命을 모아 만방을 어루만지고 편안하게 하였습니다."

伊尹作書圖

28-7-나(按)

臣은 按 此는 太甲이 不惠于阿衡之時也①라 故尹이 作書하여 以湯之所以敬天者로 告之하니 夫天之明命이 至可畏也라 常人은 視之邈乎幽顯之隔이요 聖人은 視之瞭然心目之間이라 故常常[75]瞻顧而不敢斯須間斷하여 惟恐己之所爲가 少咈天意則明命이 去之라 推此一心하여 於天神地祇(기)[76]社稷宗廟에 無不祗(지)肅하시니 天視成湯之德이 如此라 故大命이 集焉하여 俾任撫安萬方[77]之責하시니 湯惟敬天이라 天亦睠(권)湯하시니 曰顧曰監에 可見天人之交가 至近而非遠也라 嗚呼라 爲人主者는 奈何不[78]敬이리잇고

74) 祗 : 사고본에는 '祇'로 되어 있다.
75) 常常 : 사고본에는 '常' 1자가 없다.
76) 祇 : 대전본·사고본에는 '示(기)'로 되어 있다.
77) 方 : 사고본에는 '民'으로 되어 있다.
78) 不 : 사고본에는 '弗'로 되어 있다.

① 不惠……時也：惠，順也. 阿衡，伊尹[79]之號.
'惠'는 '순하다'라는 뜻이다. '阿衡'은 伊尹의 호이다.

【臣按】이때는 太甲이 阿衡(伊尹)에게 순하지 못한 때였습니다. 이 때문에 이윤이 글을 지어 湯王이 하늘을 공경했던 것으로 고한 것입니다.

무릇 하늘의 밝은 命은 지극히 두려운 것입니다. 보통 사람은 이 명을 이승과 저승의 거리보다 더 멀게 봅니다. 그러나 聖人은 마음과 눈 사이에 분명하게 보기 때문에 항상 돌아보아 감히 잠시도 중단되지 않도록 하여, 오직 자신이 행한 바가 조금이라도 하늘의 뜻을 어기면 밝은 명이 떠나가지 않을까만을 두려워합니다.

이 때문에 이 한 마음을 미루어 天神과 地祇와 社稷과 宗廟에 공경하고 엄숙히 하지 않음이 없었으니, 하늘이 成湯의 덕을 본 것이 이와 같았기 때문에 大命이 탕왕에게 모여 만방을 어루만지는 책무를 맡도록 했던 것입니다. 탕왕이 오직 하늘을 공경했기 때문에 하늘 또한 탕왕을 돌아보았던 것이니, '돌아보다〔顧〕', '살펴보다〔監〕'라는 말에서 하늘과 사람의 만남은 지극히 가까우며 멀지 않음을 알 수 있습니다. 아, 군주 된 자가 어찌 공경하지 않을 수 있겠습니까.

28-8-가[80]

伊尹이 **申誥于王曰 嗚呼**라 **惟天**은 **無親**하사 **克敬**을 **惟親**하시며 **民罔常懷**하여 **懷于有仁**하며 **鬼神**은 **無常享**하여 **享于克誠**하나니 **天位**가 **艱哉**니이다 **德**[81]이면 **惟治**하고 **否德**[82]이면 **亂**이라 **與治**로 **同道**하면 **罔不興**하고 **與亂**으로 **同事**하면 **罔不**

79) 伊尹：생몰년은 자세하지 않다. 商나라 초기의 어진 재상으로 이름은 伊 또는 摯이다. 尹·阿衡·保衡 등으로도 불리는데, 원래는 이윤의 관직을 의미한다. 空桑 사람이다. 湯王이 有莘氏의 딸과 혼인할 때 媵臣(잉신)으로 따라왔다가 발탁되었다. 湯王을 보좌하여 夏나라를 멸망시키고 상나라를 건국하는 데 공을 세웠다. 탕왕의 사후에는 外丙·仲壬·太甲·沃丁을 보좌하였다. 태갑이 즉위 초에 선왕의 법을 어기고 無道를 자행하자 태갑을 桐宮에 유폐한 뒤 섭정하였다. 후에 태갑이 잘못을 뉘우치고 덕을 닦자 다시 복위시켰다. 《서경》의 〈伊訓〉·〈咸有一德〉 등이 이윤의 글로 전한다.

80) 《書經》〈商書 太甲 下〉에 보인다. '伊尹'은 28-7-나 주석 '伊尹' 참조, '太甲'은 28-7-가 주석 참조.

81) 德：蔡沈의 주에 따르면 앞에서 말한 공경〔敬〕, 인자함〔仁〕, 정성〔誠〕을 합친 것을 이른다.

82) 德：대전본에는 '則'으로 되어 있다.

亡하나니 終始에 愼厥與는 惟明明后니이다 先王이 惟時로 懋敬厥德하사 克配上帝①하시니 今王이 嗣有令緖하시니 尙監玆哉②인저

① 克配上帝 : 配, 合也.
'配'는 '합하다'라는 뜻이다.
② 尙監玆哉 : 監, 視也.
'監'은 '살펴보다'라는 뜻이다.

伊尹이 왕에게 다시 다음과 같이 고하였다.

"아, 하늘은 친히 함이 없어 능히 공경하는 이를 친히 하며, 백성들은 변함없이 그리워함이 없어 인자함이 있는 이를 그리워하며, 귀신은 변함없이 歆饗함이 없어 능히 정성을 바친 곳에서 흠향하니, 하늘의 지위는 어려운 것입니다. 덕이 있으면 다스려지고 덕이 없으면 어지러워집니다. 이 때문에 잘 다스린 자와 같은 도를 행하면 흥하지 않음이 없고 어지럽게 한 자와 같은 일을 하면 망하지 않음이 없으니, 처음부터 끝까지 같이할 대상을 삼간 사람은 오직 밝은 덕을 밝힌 군주입니다. 先王은 때로 힘써 그 덕을 공경하여 능히 上帝에 짝하였습니다. 지금 왕께서는 훌륭한 전통을 이어 소유하셨으니 부디 이것을 살펴보셔야 할 것입니다."

28-8-나(按)

臣은 按 此는 太甲이 悔過思庸之後也라 伊尹이 猶恐其持守之未篤則儆之以三言하여 使知天道之無私親하여 惟敬則親하며 民心之無常懷하여 惟仁則懷하며 鬼神之無常享하여 惟誠則享而終之以敬德之一言하니 蓋敬則仁이니 不敬則私欲이 賊之而不仁矣며 敬則誠이니 不敬則私欲이 雜之而不誠矣라 曰誠曰仁이 何所用力고 惟敬而已라 夫有德則必治라 與治同道則必興이니 成湯之敬德이 至與天合하시니 太甲이 其可不與之同道邪아 能與湯合則亦與天合矣라하니 斯言也가 豈獨爲太甲謀리오 萬世人主가 皆當取法이니이다

【臣按】 伊尹의 이 말은 太甲이 잘못을 뉘우치고 떳떳한 도를 생각한 뒤에 한 말입니다. 이윤은 그래도 태갑이 잡아 지킴이 독실하지 못할까 걱정되었기 때문에 세 마디로 경계하여, 天道는 사사로이 친히 함이 없어 오직 공경하면 친히 하며,

民心은 변함없이 그리워함이 없어 오직 인자하면 그리워하며, 귀신은 변함없이 흠향함이 없어 오직 정성이 있으면 흠향함을 알게 하였습니다. 그리고 덕을 공경하라는 한마디로 끝을 맺었습니다. 이것은 공경하면 인자하게 되니 공경하지 않으면 사욕이 해쳐서 인자하지 않게 되며, 공경하면 정성스럽게 되니 공경하지 않으면 사욕이 섞여서 정성스럽지 않게 되기 때문입니다. '정성스럽다', '인자하다'라고 하는 것은 어디에 힘을 쓰는 것이겠습니까? 오직 공경하는 것일 뿐입니다.

무릇 덕이 있으면 반드시 잘 다스려지기 때문에 잘 다스린 자와 같은 도를 행하면 반드시 흥하게 됩니다. 成湯이 덕을 공경한 것이 하늘과 부합하는 데에까지 이르렀으니, 태갑이 어찌 성탕과 같은 도를 행하지 않아서야 되겠습니까. 능히 湯王이 행한 도와 합치된다면 또한 하늘과도 합치된 것이라고 하였으니, 이 말이 어찌 유독 태갑만을 위한 계책이 되겠습니까. 만대의 군주가 모두 취하여 법으로 삼아야 할 것입니다.

28-9-가[83)]

伊尹이 **作咸有一德曰 嗚呼**라 **天難諶**(침)①은 **命靡常**이니 **常厥德**하면 **保厥位**하고 **厥德**이 **靡常**하면 **九有**가 **以亡**하리이다 **又曰 惟吉凶**이 **不僭在人**②은 **惟天**이 **降災祥**이 **在德**이니이다

① 天難諶 : 諶, 信也.
'諶'은 '믿다'라는 뜻이다.
② 不僭在人 : 僭, 差也.
'僭'은 '어그러지다'라는 뜻이다.

伊尹이 〈咸有一德〉을 지어 다음과 같이 말하였다.

"아, 하늘을 믿기 어려움은 그 命이 일정하지 않기 때문이니, 그 덕이 일정하면 그 지위를 보존하고 그 덕이 일정하지 않으면 九州가 망할 것입니다."

---

83) 《書經》 〈商書 咸有一德〉에 보인다. 蔡沈의 序에 따르면 이 편은 재상 伊尹이 致仕하고 떠날 때 太甲의 덕이 순일하지 못하고 나쁜 사람을 등용할까 걱정되었기 때문에 지은 것이다. '咸有一德'은 이 편 가운데 들어 있는 구절로, '모두 순일한 덕을 소유하다.'라는 뜻이다. '一德'은 채침의 주에 따르면 '순일한 덕〔純一之德〕', 즉 '떳떳한 덕〔常德〕'이다. '伊尹'은 28-7-나 '伊尹' 주석 참조, '太甲'은 28-7-가 주석 참조.

이윤이 또 말하였다.

"길함과 흉함이 어그러지지 않아서 사람에게 달려 있음은 하늘이 재앙과 상서를 내림이 덕에 달려 있기 때문입니다."

28-9-나(按)

臣은 按 此는 伊尹이 將告歸之時也라 太甲이 處仁遷義하시니 伊尹之責이 塞矣라 猶慮其德之未一이라 故以斯言儆之하니 曰天難諶(침)者는 謂今日而善則福之하고 明日而淫則禍之니 難必信也요 曰命靡常者는 有德則歸于我하고 無德則去而之人이니 無定在也라 吉與祥이 爲類라 德之吉則祥이 應之하고 凶與災가 爲類라 德之凶則災가 從之하나니 天雖難信이나 然常厥德者가 必保厥位하니 乃所以爲可信也요 命雖靡常이나 然有吉德者가 必降祥하니 乃所以爲有常也니이다

【臣按】 이것은 伊尹이 장차 돌아갈 것을 고하려는 때에 한 말입니다. 太甲이 仁에 처하고 義로 옮겨갔으니 이윤의 책임은 다한 것입니다. 그런데도 여전히 그 덕이 純一하지 못할까 염려스러웠기 때문에 이 말로 경계한 것입니다. "하늘을 믿기 어렵다."라고 한 것은, 오늘 잘하면 복을 내리고 내일 어긋나면 화를 내리니 믿음을 기필하기 어렵다는 말입니다. "그 명이 일정하지 않다."라고 한 것은, 덕이 있으면 나에게 돌아오고 덕이 없으면 떠나서 다른 사람에게 가니 일정한 소재가 없다는 것입니다.

길함과 상서가 비슷한 부류가 되기 때문에 덕이 길하면 상서가 응하고, 흉함과 재앙이 비슷한 부류가 되기 때문에 덕이 흉하면 재앙이 뒤따르는 것입니다. 하늘은 비록 믿기 어려우나 그 덕을 일정하게 하는 자는 반드시 그 지위를 보전하니 바로 이 때문에 믿을 수 있는 것이고, 命은 비록 일정하지 않으나 길한 덕이 있는 자는 반드시 상서를 내려받으니 바로 이 때문에 일정함이 있는 것입니다.

28-10-가[84)]

召誥①에 嗚呼라 皇天上帝가 改厥元子·茲大邦[85)]殷之命②하시니 惟王受命이

84) 《書經》 〈周書 召誥〉에 보인다. '召誥'는 召公이 周 成王에게 올린 告誡하는 글이다.

85) 邦 : 사고본에는 '國'으로 되어 있다.

無疆惟休[③]시나 **亦無疆惟恤**[④]이시니 **嗚呼曷其**오 **奈何弗敬**이리오 **又曰 天亦哀于四方民**이라 **其眷命用懋**하시니 **王其疾敬德**[⑤]하소서

① 召誥 : 成王命召公相宅, 因作誥.
成王이 召公에게 도읍 터를 살펴보게 하자, 이를 계기로 소공이 성왕에게 고하는 글을 지은 것이다.

② 改厥……之命 : 紂, 殷王長子, 元, 長也.
紂는 殷나라 왕의 장자이니, '元'은 '맏이'라는 뜻이다.

③ 無疆惟休 : 休, 美也.
'休'는 '아름답다'라는 뜻이다.

④ 亦無疆惟恤 : 恤, 憂也.
'恤'은 '근심하다'라는 뜻이다.

⑤ 王其疾敬德 : 疾, 速也.
'疾'은 '빠르다'라는 뜻이다.

召公

《書經》〈召誥〉에 다음과 같은 내용이 있다.

"아! 皇天上帝가 그 元子와 이 대국 殷나라의 天命을 바꾸었으니, 왕께서 천명을 받으신 것이 가없는 아름다움이나 또한 끝없는 근심입니다. 아! 어찌하여야 하겠습니까. 어찌 공경하지 않을 수 있겠습니까."

또 다음과 같은 내용이 있다.

"하늘이 또한 사방의 백성을 불쌍히 여기시기에 돌아보아 명하심이 덕을 힘쓰는 자에게 하시니, 왕께서는 속히 덕을 공경하소서!"

又曰 王敬作所시니 **不可不敬德**[①]이니이다 **我**는 **不可不監于有夏**[②]며 **亦不可不監于有殷**이니 **我不敢知**하노니 **曰 有夏**가 **服天命**하여 **惟有歷年**가 **我不敢知**하노니 **曰 不其延**가 **惟不敬厥德**하여 **乃早墜厥命**하니이다 **我不敢知**하노니 **曰 有殷**이 **受天命**하여 **惟有歷年**가 **我不敢知**하노니 **曰不其延**가 **惟不敬厥德**하여 **乃早墜厥**

命하니이다

① 王敬……敬德 : 所, 居處也.
'所'는 '거처'라는 뜻이다.
② 不可不監于有夏 : 監, 視也.
'監'은 '보다'라는 뜻이다.

또 다음과 같은 내용이 있다.

"왕께서는 공경으로 거처를 삼아야 할 것이니, 덕을 공경하지 않으면 안 됩니다. 저는 夏나라를 보지 않을 수 없으며, 또한 殷나라를 보지 않을 수 없습니다. 하나라가 天命을 따라서 歷年을 두었는지 저는 감히 알지 못하며, 길게 두지 못하였는지 저는 감히 알지 못합니다. 〈제가 아는 것은〉 그 덕을 공경하지 아니하여 일찍 그 天命을 실추하였다는 것입니다. 은나라가 천명을 받아 역년을 두었는지 저는 감히 알지 못하며, 길게 두지 못하였는지 저는 감히 알지 못합니다. 〈제가 아는 것은〉 그 덕을 공경하지 아니하여 일찍 그 命을 실추하였다는 것입니다."

又曰 嗚呼라 若生子가 罔不在厥初生하여 自貽(이)哲命①하니 今天은 其命哲가 命吉凶가 命歷年가 知今我[86]初服이니이다 宅新邑하사 肆惟王이 其疾敬德하소서 王其德之用이 祈天永命②이니이다 又曰 上下가 勤恤하여 其曰호대 我受天命이 丕若有夏歷年하며 式勿替有殷歷年③이라하나니 欲王은 以小民으로 受天永命[87]하노이다

① 自貽哲命 : 哲, 智也.
'哲'은 '도리에 밝다'라는 뜻이다.
② 祈天永命 : 祈, 求也. 永, 長也.
'祈'는 '구하다'라는 뜻이다. '永'은 '길다'라는 뜻이다.
③ 式勿替有殷歷年 : 替, 廢也.
'替'는 '폐하다'라는 뜻이다.

---

86) 我 : 대전본에는 '乃'로 되어 있다.

87) 以小民受天永命 : 蔡沈의 주석에 인용된 蘇軾의 말에 따르면 민심으로 天命을 삼아 하늘의 영원한 명을 받으라는 말이다. 《書集傳 周書 召誥 蔡沈注》

또 다음과 같은 내용이 있다.

"아! 자식을 낳는 것은 그 처음 낳음에 달려 있어서 스스로 밝은 命을 받지 않음이 없음과 같습니다. 이제 하늘이 왕께 그 밝음을 명하실까? 길함과 흉함을 명하실까? 歷年을 명하실까? 이것을 아는 것은 이제 우리가 처음 정사함에 달려 있습니다. 새 도읍에 머무시어 이에 왕께서는 속히 덕을 공경하소서. 왕께서 덕을 쓰는 것이 하늘에게 영원한 명을 비는 것입니다."

또 다음과 같은 내용이 있다.

"上下가 부지런히 근심하여 기약하며 말하기를 '우리가 천명을 받는 것은 크게 夏나라의 歷年과 같아야 할 것이며, 殷나라의 역년도 폐하지 말아야 할 것이다.'라고 합니다. 왕께서는 백성의 마음으로 하늘의 영원한 명을 받으시기를 바랍니다."

28-10-나(按)

臣은 按 召公一誥가 丁寧反復[88]하니 老臣의 事少主惓惓之心也라 始則謂皇天上帝가 改厥元子・大邦殷之命이라하니 蓋紂는 元子也요 殷은 大邦也라 其命이 若未易(이)改而天이 遽改之하시니 豈不可畏也哉리오 次言 今王受命이 雖有無窮之美하나 亦有無窮之憂라하니 蓋以天命之靡常而去留之難必이 此其爲可憂也라 旣又擧夏・商言之하니 謂其旣服受天命矣라 其歷年之永不永을 我皆不敢知요 所可知者는 惟不敬厥德이 迺(내)早墜厥命이니 此則灼然不誣者也라

【臣按】 召公의 한 戒告가 간절하게 반복되었으니 어린 임금을 섬기는 老臣의 충정 어린 마음입니다.

처음에는 皇天上帝가 그 元子와 대국 殷나라의 天命을 바꾸었다고 말하였으니, 은나라 紂王은 원자이고 은나라는 대국입니다. 그 천명이 바뀌기 쉽지 않을 것 같았는데 하늘이 대번에 바꾸었으니, 어찌 두려워하지 않을 수 있겠습니까.

다음에는 지금 왕이 명을 받은 것이 비록 무궁한 아름다움이 있지만 또한 무궁한 근심도 있다고 하였습니다. 이는 천명이 일정하지 않기 때문에 떠나고 머무는 것을 기필하기 어려운 것이 바로 근심할 만하다는 것입니다.

이윽고 또 夏나라와 商나라를 들어 말하였습니다. 이는 이미 천명을 따라서 받

88) 復 : 사고본에는 '覆'으로 되어 있다.

았는데 그 歷年이 영원할 것인지 영원하지 않을 것인지를 나는 모두 감히 알지 못하겠고, 알 수 있는 것은 오직 그 덕을 공경히 하지 않으면 이에 그 천명을 일찌감치 실추시킨다는 것뿐이니, 이것은 明若觀火하여 속일 수 없다는 것을 말한 것입니다.

既又以生子喩之하니 凡人之生子에 其明智・其壽考가 皆定於初니 講學則明하고 愛身則壽하나니 今王受命之始가 亦猶子之初生이요 況肇(조)卜新大邑而居之가 是又一初也라 天之命以哲・命以吉凶・命以歷年이 皆自今日始니 其可不謹乎아

이윽고 또 자식을 낳는 것으로 비유하였습니다. 무릇 사람이 자식을 낳을 때에 그 밝은 지혜와 그 長壽하는 것이 모두 처음에 정해져 있으니, 講學을 하면 밝게 되고 자신을 아끼면 장수하게 됩니다. 지금 왕이 命을 받은 초기는 또한 자식이 처음 태어날 때와 같습니다. 더구나 처음으로 새로운 큰 읍에 터 잡아 거주하는 것은 이것이 또 초기입니다. 하늘이 밝음으로 명할지, 길함과 흉함으로 명할지, 歷年으로 명할지가 모두 오늘에서 시작되니 삼가지 않아서야 되겠습니까.

既又曰 王惟德之用이 祈天永命이라하니 夫天命이 至公하니 不可以求而得也어늘 今曰祈天永命은 何哉오 蓋一於用德이 乃不祈之祈也라 然天命이 至重하니 必君臣이 同德然後에 可保라 故曰 上下가 勤恤이라하니 恤은 即所謂無疆之恤[89]也라 上下가 一心하여 勤而憂之則夏・商之歷年을 庶乎其可冀矣라 末則欲王이 以小民受天永命이라하니 命在天이니 於小民乎何與리오 蓋天이 無心하니 以民爲心者也라

이윽고 또 말하기를 "왕께서 덕을 쓰는 것이 하늘에게 영원한 명을 비는 것입니다."라고 하였습니다. 무릇 天命은 지극히 공정하니 구한다고 해서 얻을 수 없는 것입니다. 그런데도 지금 '하늘에게 영원한 명을 빈다.'라고 한 것은 무엇 때문이겠습니까? 덕을 쓰는 것을 한결같이 하는 것이 바로 빌지 않으면서도 비는 것입니다.

89) 無疆之恤 : 《書經》 〈周書 君奭〉에 "周公이 말하였다. '前人 武王께서는 당신 마음을 펴서 모두 네게 명하여 너를 백성의 표준으로 삼고 말씀하시기를 「너는 밝게 힘써 왕을 도와서 서로 믿어 이 大命을 실어 文王의 덕을 생각해서 무궁한 근심을 크게 받들라.」라고 하셨다.' 〔公曰 前人敷乃心 乃悉命汝 作汝民極 曰 汝明勖偶王 在亶乘玆大命 惟文王德 丕承無疆之恤〕"라는 내용이 보인다.

그러나 천명은 지극히 중하니 반드시 임금과 신하가 덕을 함께한 연후에 보전할 수 있는 것입니다. 이 때문에 "상하가 부지런히 근심한다.〔上下勤恤〕"라고 한 것입니다. '근심한다〔恤〕'는 것은 즉 이른바 '무궁한 근심〔無疆之恤〕'이라는 것입니다. 상하가 마음을 하나로 하여 부지런히 근심하면 夏나라와 商나라의 歷年을 거의 기대할 수 있을 것입니다.

마지막에는 "왕께서는 백성의 마음으로 하늘의 영원한 천명을 받으시기를 바랍니다."라고 하였는데, 천명은 하늘에 달려 있으니 백성과 무슨 상관이 있겠습니까. 이것은 하늘은 무심하니 백성을 마음으로 삼으라는 것입니다.

一篇之中에 言敬者가 凡七八이니 曰嗚呼曷其・奈何不敬고하며 曰王敬作所라하며 曰不可不敬德이라하며 曰王其疾敬德이라하여[90] 言之諄(순)・望之切하니 臣이 故曰 此가 老臣惓惓之心也라하노이다 異時에 成王이 饗[91]百年之壽而周家卜世가 過於夏・商然後에 知召公之言이 眞有補於周室이니이다

한 편 안에 '공경하라〔敬〕'라고 말한 것이 모두 7, 8번입니다. "아! 어찌하여야 하겠습니까. 어찌 공경하지 않을 수 있겠습니까."라고 하고, "왕께서는 공경으로 거처를 삼아야 할 것입니다."라고 하고, "덕을 공경하지 않으면 안 됩니다."라고 하고, "왕께서는 속히 덕을 공경하소서!"라고 하여 정성스레 말하고 간절하게 바랐으니, 신이 이 때문에 이것은 老臣의 충정 어린 마음이라고 하는 것입니다.

훗날 成王이 100세의 수명을 누리고 周나라 왕가의 국운이 夏나라와 商나라보다 더 오래간 뒤에 召公의 말이 참으로 주나라 왕실에 도움이 되었다는 것을 알 수 있었습니다.

28-11-가[92]

文王①은 文王이 受命作周也[93]라 其一章에 曰 文王在上하사 於(오)昭于天하시니

---

90) 이라하여 : 509본에는 '이라야'로 되어 있다.

91) 饗 : 사고본에는 '享'으로 되어 있다.

92) 《詩經》〈大雅 文王〉 제1장, 제4장, 제5장, 제6장, 제7장에 보인다. 〈文王〉은 모두 7장으로 이루어져 있다. 朱熹의 주에 따르면 이 시는 周公이 文王의 덕을 追述하여 주나라 왕실에서 천명을 받아 商나라를 대신한 것이 모두 여기에서 말미암았음을 밝혀서 成王을 경계한 것이다. 《詩集傳 大雅 文王 朱熹注》

周雖舊邦이나 **其命維新**이로다 **有周不顯**②가 **帝命不時**③아 **文王陟降**④이 **在帝左右**시니라

① 文王：大雅篇名.
〈文王〉은《詩經》〈大雅〉의 편명이다.
② 有周不顯：不顯, 顯也.
'不顯'은 '드러나다'라는 뜻이다.
③ 帝命不時：不時, 時也.
'不時'는 '때에 맞다'라는 뜻이다.
④ 文王陟降：陟, 升也. 降, 下也.
'陟'은 '올라가다'라는 뜻이다. '降'은 '내려오다'라는 뜻이다.

《詩經》〈文王〉은 문왕이 天命을 받아 周나라를 일으킨 것을 읊은 시이다. 그 제1장에 다음과 같은 내용이 있다.

文王이 위에 계시어	文王在上
아, 하늘에 밝게 계시니	於昭于天
周나라가 비록 오래된 나라이나	周雖舊邦
그 天命이 새롭도다	其命維新
주나라가 드러나지 않으랴	有周不顯
上帝의 명이 때에 맞지 않으랴	帝命不時
문왕의 신령이 올라가고 내려오심이	文王陟降
상제의 좌우에 계시니라	在帝左右

又曰 穆穆文王이여 **於**(오)**緝熙敬止**샷다 **假哉天命**①은 **有商孫子**니라 **商之孫子**가 **其麗不億**②이언마는 **上帝旣命**이라 **侯于周服**[94]이로다 **侯服于周**하니 **天命靡常**[95]이라

① 假哉天命：假, 大也.

---

93) 文王……周也：《詩經》〈大雅 文王〉의 〈毛序〉에 보인다.
94) 穆穆……周服：《詩經》〈大雅 文王〉 제4장에 보인다.
95) 侯服……靡常：《詩經》〈大雅 文王〉 제5장에 보인다.

'假'는 '크다'라는 뜻이다.

② 其麗不億 : 麗, 數也. 十萬爲億.
'麗'는 '수'라는 뜻이다. 십만이 '億'이다.

또 다음과 같은 내용이 있다.

심원하신 文王이여	穆穆文王
아, 공경을 계속하여 밝히셨도다	於緝熙敬止
크나큰 천명은	假哉天命
商나라의 자손을 보면 아느니라	有商孫子
상나라의 자손들이	商之孫子
그 수가 십만에 그치지 않았건만	其麗不億
상제가 이미 명하였기에	上帝旣命
周나라에 복종하도다	侯于周服
주나라에 복종하니	侯服于周
천명은 일정하지 않느니라	天命靡常

又曰 無念爾祖①아 **聿修厥德**②이어다 **永言配命**③이 **自求多福**이라하고 **又曰 殷之未喪師**④엔 **克配上帝**러니 **宜鑒于**[96]**殷**이어다 **駿命不易**(이)⑤[97]니라

① 無念爾祖 : 無念, 念也.
'無念'은 '생각하다'라는 뜻이다.

② 聿修厥德 : 聿, 述也.
'聿'은 '계승하다'라는 뜻이다.

③ 永言配命 : 配, 合也.
'配'는 '합하다'라는 뜻이다.

④ 殷之未喪師 : 師, 衆也.
'師'는 '무리'라는 뜻이다.

⑤ 駿命不易 : 駿, 大也.
'駿'은 '크다'라는 뜻이다.

---

96) 于 : 대전본에는 '干'으로 되어 있다.
97) 無念……不易 : 《詩經》〈大雅 文王〉 제6장에 보인다.

또 다음과 같은 내용이 있다.

너의 할아버지를 생각하지 않겠는가 無念爾祖
그 덕을 계승하여 닦을지어다 聿修厥德
길이 천명에 부합하는 것이 永言配命
스스로 많은 복을 구하는 길이니라 自求多福

또 다음과 같은 내용이 있다.

殷나라가 무리를 잃지 않았을 때에는 殷之未喪師
능히 상제께 부합하였느니라 克配上帝
마땅히 은나라를 거울로 삼을지어다 宜鑒于殷
큰 천명은 보전하기가 쉽지 않느니라 駿命不易

又曰 命之不易(이)니 **無遏爾躬**①이어다 **宣昭義問**하며 **有虞殷自天**②하라 **上天之載**③는 **無聲無臭**어니와 **儀刑文王**④하면 **萬邦作孚**⑤[98]하리라

① 無遏爾躬 : 遏, 止也.
'遏'은 '중지하다'라는 뜻이다.
② 有虞殷自天 : 虞, 度(탁)也.
'虞'는 '헤아리다'라는 뜻이다.
③ 上天之載 : 載, 事也.
'載'는 '일'이라는 뜻이다.
④ 儀刑文王 : 儀, 法也. 刑, 亦法也.
'儀'는 '본받다'라는 뜻이다. '刑'은 마찬가지로 '본받다'라는 뜻이다.
⑤ 萬邦作孚 : 孚, 信也.
'孚'는 '믿다'라는 뜻이다.

또 다음과 같이 말하였다.

98) 命之……作孚 : 《詩經》〈大雅 文王〉 제7장에 보인다.

천명은 보전하기가 쉽지 않으니 命之不易
네 몸에서 끊어지게 하지 말지어다 無遏爾躬
훌륭한 명성을 펴서 밝히며 宣昭義問
또 은나라를 헤아리되 하늘로부터 하라 有虞殷自天
上天의 일은 上天之載
소리도 없고 냄새도 없거니와 無聲無臭
文王을 본받아 법으로 삼으면 儀刑文王
만방이 믿고 따르리라 萬邦作孚

28-11-나(按)

臣은 按 此詩는 周公所作이니 擧文王之事하여 以戒成王也라 首章에 言 文王在上하시니 其德之昭明이 上徹于天하여 與之爲一하니 周之有邦이 自后稷[99]・公劉[100]以來로 綿[101]歷千載하니 可謂舊矣나 惟文王이 與天同德이라 故天이 錫以維新之命焉하시니 有周不顯은 蓋言其甚顯也요 帝命不時는 蓋言其甚時也니 詩人之辭가 類如此라 德旣顯矣요 命旣時矣로되 然文王一陟一降이 常若在上帝之左右而未嘗少間하시니 此所謂之[102]德之純[103]也라

【臣按】 이 시는 周公이 지은 것이니, 文王의 일을 들어 成王을 경계한 것입니다. 첫 장에 이르기를 "문왕께 위에 계시니 그 덕의 밝음이 위로 하늘에 통하여 하늘과 하나가 되었다. 周나라가 나라를 소유한 것이 后稷과 公劉 이래로 면면히 천 년을 이어왔으니 오래되었다고 할 수 있다. 그러나 오직 문왕이 하늘과 덕을

99) 后稷 : 周나라의 시조이다. 성은 姬, 이름은 棄이다. 黃帝의 현손이자 帝嚳(제곡)의 아들이다. 어머니는 姜嫄이다. 전설에 따르면 강원이 거인의 엄지 발자국을 밟고 태기를 느껴 낳았기 때문에 불길하게 여겨 버렸으나 짐승들이 보호하는 신이한 현상이 발생하여 다시 데려와 길렀다고 한다. 이로 인해 이름을 '버리다'라는 뜻의 '棄'라고 지었다고 한다. 堯・舜 임금 때 농업을 관장하는 관원으로 백성들에게 밭 갈고 씨 뿌리는 법을 가르쳤다. 후직과 관련된 내용이 《詩經》 〈大雅 生民〉에 자세하다.

100) 公劉 : 27-5-가 주석 '公劉' 참조. 공류와 관련된 내용이 《詩經》 〈大雅 公劉〉에 자세하다.

101) 綿 : 대전본에는 '緜'으로 되어 있다.

102) 之 : 사고본에는 '文'으로 되어 있다.

103) 德之純 : 28-1-나 주석 '純亦不已' 참조.

같이했기 때문에 하늘이 새로운 천명을 내려주신 것이다."라고 하였습니다. "주나라가 드러나지 않으랴."라는 것은 매우 드러남을 말한 것이고, "상제의 명이 때에 맞지 않으랴."라는 것은 매우 때에 맞음을 말한 것이니, 시인의 말이 대체로 이와 같습니다. 덕이 이미 드러났고 천명이 이미 때에 맞았지만 문왕의 신령이 한 번 올라가고 한 번 내려오는 것이 항상 상제의 좌우에 있듯 하여 일찍이 잠시도 중단된 적이 없었으니, 이것이 이른바 '덕의 순수함'이라는 것입니다.

四章에 言 穆穆哉文王이 緝熙其敬하여 純亦不已라 故大命이 集焉하니 夫以商之孫子가 其數가 不止於億이나 然天命이 旣歸于周라 商之孫子가 亦皆侯服于周하니 周가 固嘗臣商矣러니 今乃反臣於周하니 可見天命之靡常也라 故五章之首에 申言之하고 又呼王之藎(신)臣而告之曰 得無念爾祖文王之德乎아하니 藎臣[104]者는 忠誠篤至之臣이니 周公이 言之는 欲其申戒于王也라

제4장에 이르기를 "심원하신 文王이 그 공경을 계속하여 밝혀서 순수함이 또한 그치지 않았기 때문에 크나큰 命이 이에 모였다. 저 商나라의 자손들이 그 수가 십만에만 그치지 않지만 천명이 이미 周나라로 돌아갔기 때문에 상나라의 자손들이 또한 모두 주나라에 복종하게 되었다. 주나라는 참으로 상나라의 신하였었는데 지금은 도리어 상나라가 주나라에 신하 노릇을 하니 천명이 일정하지 않음을 알 수 있다."라고 하였습니다.

그러므로 제5장 첫머리에 거듭 이를 말하고, 또 왕의 충직한 신하들을 불러 고하기를 "너의 할아버지 문왕의 덕을 생각하지 않겠는가."라고 하였습니다. '충직한 신하들'이란 충성심이 지극히 돈독한 신하이니, 周公이 이를 말한 것은 왕에게 거듭 경계하고자 한 것입니다.

六章에 又言 欲念文王인대 惟在述修其德而已니 能修德則可以長配天命而福祿이 自來矣라 孟子가 曰 禍福이 無不自己求之者[105]라하시니 商自求禍하고 周自求福이라 天何容心其間哉리오 方有商未失衆之時에 蓋嘗克配上帝矣러니 今其子孫이 乃至於是하니 宜以爲監[106]而自省焉則知天命之難保矣라

104) 臣 : 대전본에는 '心'으로 되어 있다.

105) 禍福……之者 : 《孟子》〈公孫丑 上〉 제4장에 보인다.

106) 監 : 사고본에는 '鑒'으로 되어 있다.

제6장에 또 이르기를 "文王을 생각하고자 한다면 오직 그 덕을 계승하여 닦는 데 달려 있을 뿐이니 능히 덕을 닦는다면 길이 천명에 합하여 福祿이 절로 올 것이다."라고 하였습니다. 孟子는 말하기를 "禍와 福이 자기에게서 찾아지지 않는 것이 없다."라고 하였습니다. 商나라는 스스로 화를 구한 것이고 周나라는 스스로 복을 구한 것이니 하늘이 그 사이에 무슨 마음을 두었겠습니까.

한창 상나라가 무리를 잃지 않았을 때에는 上帝에게 능히 합하였었는데 지금 그 자손들이 이런 지경에까지 이르게 되었습니다. 의당 이를 거울삼아 스스로 돌아보아야 할 것이니, 이렇게 하면 천명이 보전하기 어렵다는 것을 알 것입니다.

末章에 又謂 命之難保라 毋使僭及爾躬而止라하니 周至成王이 再世爾로되 周公이 已憂其命之不延而欲成王이 布昭善問而度(탁)商之所以失天命者하시니 蓋博詢衆言然後에 知商之所以亡이요 知商之所以亡則知周之所以興矣라 讀毋遏爾躬之一語에 至今猶使人凜然震懼어든 況周公이 親言之而成王이 親聽之乎아 亦猶堯之告舜曰 天祿永終[107]也라 以後世言之컨대 必且謂此가 不祥之語而古者君臣이 更相告戒에 不諱危亡이 如此하니 斯其所以不危亡也라

마지막 장에 또 이르기를 "천명은 보전하기 어려우니 겨우 네 몸에 이르러서 끊어지게 하지 말라."라고 하였습니다. 周나라는 成王에 이른 것이 두 세대밖에 되지 않았는데도 周公은 벌써 그 천명이 이어지지 않을까 근심하여, 성왕으로 하여금 훌륭한 명성을 펴서 밝히고 商나라가 천명을 잃은 이유를 헤아리게 하고자 하였습니다. 이는 사람들의 말을 널리 물어본 뒤에 상나라가 망한 이유를 알 수 있고, 상나라가 망한 이유를 알면 주나라가 흥한 이유를 알 수 있기 때문입니다.

"네 몸에서 끊어지게 하지 말지어다."라는 구절을 읽으면 지금도 여전히 사람으로 하여금 서늘하게 두려워 떨게 만드는데, 더구나 주공이 직접 말을 하고 성왕이 직접 들은 것이야 더 말할 것이 있겠습니까. 또한 堯임금이 舜임금에게 고하기를

107) 天祿永終 : 《書經》 〈虞書 大禹謨〉에 "사랑할 만한 것은 군주가 아니며 두려워할 만한 것은 백성이 아니겠는가. 백성은 임금이 아니면 누구를 떠받들며 임금은 백성이 아니면 더불어 나라를 지킬 수 없을 것이니, 공경하여 네가 소유한 지위를 삼가서 백성들이 원할 만한 것을 공경히 닦도록 하라. 四海가 곤궁하면 하늘의 복록이 영영 끊길 것이다.〔可愛非君 可畏非民 衆非元后 何戴 后非衆 罔與守邦 欽哉愼乃有位 敬脩其可願 四海困窮 天祿永終〕"라는 내용이 보인다.

"하늘의 복록이 영영 끊길 것이다."라고 한 것과 같습니다. 후세의 관점에서 말한다면 틀림없이 이것을 불길한 말이라고 할 것입니다. 그러나 옛날에는 임금과 신하가 서로 일러주고 경계할 때에 위태롭게 되고 망하게 될 것임을 숨기지 않음이 이와 같았으니, 이것이 바로 위태로워지지 않고 망하지 않았던 이유입니다.

篇將終에 乃斷之曰 凡欲配命者가 當法天이나 然天無聲臭可求니 惟法文王則合乎天而萬邦이 所以信服也라하니 文王之詩七章은 蓋周公親筆이라 後之王者가 欲保天命인대 所宜列之屛[108]幛하며 書之簡牘[109]하여 晝讀而夜思之則將若上帝之實臨其上이라 雖欲斯須之自放이나 有不可得이라 惟聖明은 其深念之하소서

이 편을 장차 끝내려고 하면서 마침내 단정하기를 "무릇 천명에 합하고자 하는 자는 하늘을 본받아야 할 것이다. 그러나 하늘은 찾을 만한 소리도 냄새도 없으니, 오직 文王을 본받는다면 하늘에 합하여 만방이 믿고 따를 것이다."라고 하였습니다.

〈문왕〉 시 7장은 周公이 직접 쓴 것입니다. 후세의 군왕 된 자가 천명을 보전하고자 한다면 의당 이를 병풍에 列記하고 서책에 써서 낮이면 읽고 밤이면 생각해야 할 것이니, 이렇게 하면 上帝가 실제로 그 위에 임하는 것처럼 될 것이어서 비록 잠시만 스스로 放逸하려고 해도 그렇게 할 수 없을 것입니다. 바라건대 聖明께서는 깊이 유념하소서.

28-12-가[110]

大明은 **文王**이 **有明德**이라 **故天**이 **復**(부)①**命武王也**[111]라 **明明在下**하면 **赫赫在上**이니라 **天難忱**(침)**斯**②라 **不易**(이)**惟王**이니 **天位殷適**③을 **使**[112]**不挾四方**④하시니라

---

108) 屛 : 대전본에는 '屛'으로 되어 있다.

109) 牘 : 대전본에는 '櫝(독)'으로 되어 있다.

110)《詩經》〈大雅 大明〉 제1장, 제3장, 제7장에 보인다. 〈대명〉은 모두 8장으로 이루어져 있다. 朱熹의 주에 따르면 〈文王〉과 마찬가지로 이 시 역시 周公이 成王을 경계한 것이다. 〈문왕〉은 28-11-가 참조.

111) 大明……王也 :《詩經》〈大雅 大明〉의 〈毛序〉에 보인다.

112) 使 : 대전본에는 '俾'로 되어 있다.

其三[113]**章**에 **曰 維此文王**이 **小心翼翼**⑤하사 **昭事上帝**하사 **聿懷多福**⑥하시니 **厥德不回**⑦하사 **以受方國**하시니라 **其七**[114]**章**에 **曰 上帝臨女**하시니 **無貳爾心**이어다

① 復：去聲.[115]
'復'는 去聲이다.
② 天難忱斯：忱，信也.
'忱'은 '믿다'라는 뜻이다.
③ 天位殷適：紂，殷之正嫡[116].
紂王은 殷나라의 적자였다.
④ 使不挾四方：挾，謂挾而有之.
'挾'은 끼고 소유한 것을 이른다.
⑤ 小心翼翼：翼翼，恭順貌.
'翼翼'은 공손하고 순한 모습이다.
⑥ 聿懷多福：懷，來也.
'懷'는 '오다'라는 뜻이다.
⑦ 厥德不回：回，違也.
'回'는 '어기다'라는 뜻이다.

《詩經》〈大明〉은 文王이 밝은 덕을 소유하였기 때문에 하늘이 다시 武王에게 명한 것을 읊은 시이다.

밝고 밝은 德이 아래에 있으면	明明在下
빛나고 빛난 命이 위에 있느니라	赫赫在上
하늘은 믿기 어려운지라	天難忱斯
쉽지 않은 것이 왕 노릇 하는 것이니	不易惟王
天子의 지위에 있던 殷나라의 嫡子를	天位殷適
사방을 소유하지 못하게 하시니라	使不挾四方

113) 三：저본에는 '二'로 되어 있으나, 오류이므로 사고본에 근거하여 바로잡았다.
114) 七：저본에는 '末'로 되어 있으나, 오류이므로 사고본에 근거하여 바로잡았다.
115) 去聲：復가 거성으로 발음될 때에는 '다시'라는 뜻이다.
116) 嫡：사고본에는 '適'으로 되어 있다.

그 제3장에 다음과 같이 말하였다.

이 문왕이	維此文王
마음을 삼가서 공손하고 순하여	小心翼翼
上帝를 밝게 섬겨	昭事上帝
많은 복을 오게 하니	聿懷多福
그 덕이 하늘을 어기지 않아서	厥德不回
사방의 나라를 받았느니라	以受方國

그 제7장에 다음과 같이 말하였다.

상제가 너에게 임하여 계시니	上帝臨女
네 마음에 의심하지 말지어다	無貳爾心

28-12-나(按)

臣은 按 明明在下는 指君德而言하고 赫赫在上은 指天命而言하니 君有明明之德則天有赫赫之命矣라 觀赫赫在上之言則其威明可畏가 曾不違咫尺之間하니 此가 天之所以爲難忱而爲君之所以不易(이)也라 以商紂言之컨대 所居之尊則天位요 所傳之正則殷適이로되 一旦[117]失道에 雖欲挾四方而有之라도 有所不能하니 此與召誥皇天이 改厥元子之命[118]으로 同意하니 皆所以深警成王也라

【臣按】"밝고 밝은 德이 아래에 있다."라는 것은 군주의 덕을 가리켜서 말한 것이고, "빛나고 빛나는 命이 위에 있다."라는 것은 天命을 가리켜서 말한 것이니, 군주가 밝고 밝은 덕을 소유하면 하늘이 빛나고 빛나는 명을 내리게 됩니다. "빛나고 빛나는 명이 위에 있다."라는 말을 보면 그 위엄 있고 밝아서 두려운 것이 일찍이 지척 사이도 어긋난 적이 없으니, 이것이 바로 하늘을 믿기 어려운 이유이며 군주 노릇 하는 것이 쉽지 않은 이유입니다.

商나라 紂王으로 말하면, 그가 처했던 존귀함은 천자의 자리였고 전해받은 정

117) 旦 : 저본에는 '朝'로 되어 있으나 조선 太祖 李旦의 피휘이므로 바로잡았다.
118) 召誥……之命 : 28-10-가 참조.

통성은 殷나라의 적자였습니다. 그런데도 하루아침에 도를 잃자 비록 사방을 끼고 소유하고자 하더라도 할 수 없는 바가 있었습니다. 이것은《書經》〈召誥〉에서 皇天이 그 元子의 명을 바꾼 것과 뜻이 같으니, 모두 成王을 깊이 경계한 것입니다.

既言商紂之失하고 又言文王之得하여 謂其小心恭順하여 以昭事上帝하여 遂能懷來百福하니 由其德이 不違於天이라 故天이 使膺受四方之國이라하니 此又所以深勉成王也라 上帝臨女・無貳爾心은 此는 言 武王이 以諸侯로 伐紂하시니 衆寡가 不侔로되 所恃者는 上帝之臨而已라 汝者는 武王이 自謂也라 商紂가 無道어늘 天[119]命討之하시니 其可以彊[120]弱으로 貳其心乎아 此二言也가 雖爲伐商而發이나 然玩其辭則若上帝가 實臨其上하니 人主가 而能時時誦味則非心邪念이 自當潛弭於冥冥之中矣라 豈小補哉리잇고

商나라 紂王의 잘못을 말한 뒤에는 또 文王이 잘한 것을 말하였습니다. 그리하여 문왕이 마음을 삼가고 공순하여 上帝를 밝게 섬겨서 마침내 능히 온갖 복을 오게 하였는데, 그 덕이 하늘을 어기지 않았기 때문에 하늘이 사방의 나라를 받게 하였다고 하였습니다. 이것은 또 成王을 깊이 권면한 것입니다.

"상제가 너에게 임하여 계시니 네 마음에 의심하지 말지어다."라는 것은, 이것은 武王이 제후들을 거느리고 주왕을 정벌하였는데 그 군대의 수는 비교도 되지 않았지만 믿는 것은 상제가 임하였다는 것일 뿐임을 말한 것입니다. '너'는 무왕이 스스로를 말한 것입니다. 상나라 주왕이 무도하자 하늘이 토벌을 명하였으니 強弱을 가지고 그 마음에 의심을 가질 수 있겠습니까.

이 두 마디는 비록 상나라를 정벌하기 위해서 나온 것이지만 그 말을 완미하면 마치 상제가 실제로 그 위에 임한 듯이 한 것입니다. 군주가 능히 〈이 두 마디를〉늘 외고 완미한다면 그릇된 마음과 부정한 생각이 저절로 어둡고 아득한 사이에 가만히 그칠 것입니다. 어찌 도움이 적다고 하겠습니까.

28-13-가[121]

敬之①는 群臣이 進戒嗣王也②[122]라 敬之敬之어다 天維顯思③라 命不易(이)

119) 天 : 대전본에는 '大'로 되어 있다.
120) 彊 : 사고본에는 '强'으로 되어 있다.

哉니 **無曰高高在上**이어다 **陟降厥士**④하여[123] **日監**[124]**在玆**시니라

① 敬之：周頌篇名.
〈敬之〉는《詩經》〈周頌〉의 편명이다.
② 進戒嗣王也：嗣王, 成王.
'嗣王'은 成王이다.
③ 天維顯思：顯, 明也. 思, 語辭.
'顯'은 '밝다'라는 뜻이다. '思'는 어조사이다.
④ 陟降厥士：士, 與事同.
'士'는 '事'와 같다.

《詩經》〈敬之〉는 신하들이 嗣王인 成王에게 경계를 올린 시이다.

공경하고 공경하소서	敬之敬之
하늘이 밝은지라	天維顯思
天命을 보전하기가 쉽지 않으니	命不易哉
높고 높아서 저 위에 있다고 하지 마소서	無曰高高在上
그 일에 오르내릴 때	陟降厥士

121)《詩經》〈周頌 敬之〉에 보인다. 1章 12句로 이루어져 있는데, 眞德秀에 따르면 앞의 6구는 周나라 제2대 임금인 成王에게 신하들이 경계를 올린 말이며, 뒤의 6구는 이에 대한 성왕의 답변이다. 저본의 내용은 앞의 6구이다. 뒤의 6구는 3-2-가 참조. 다만 朱熹의 주석에서는 앞의 6구를 성왕이 신하들의 경계를 받아들여 그 말을 서술한 것으로 보았는데, 주체를 이렇게 성왕으로 본다면 번역은 "공경할지어다, 공경할지어다.……"와 같이 되어야 한다.

122) 敬之……王也：《詩經》〈周頌 敬之〉의 〈毛序〉에 보인다.

123) 陟降厥士하여：蔡沈의 주에서는 "天道가 높이 있어 나를 살피지 못한다고 생각하지 말고, 마땅히 총명하여 밝고 두려워서 항상 나의 하는 바에 오르내리는 듯하여 날마다 여기에 임하여 보지 않음이 없음을 알아서 공경하지 않으면 안 된다.〔無謂其高而不吾察 當知其聰明明畏 常若陟降於吾之所爲 而無日不臨監于此者 不可以不敬也〕"라고 해석하여 오르내리는 주체를 '하늘'로 보았다. 그러나 眞德秀의 按說에서는 "군주가 일을 행하는 데 한 번 오르고 한 번 내려갈 때에 하늘의 살펴봄이 하루도 여기에 있지 않은 적이 없다.〔人君一升一降於事爲之間 天之監視 未嘗一日不在此也〕"라고 하여 오르내리는 주체를 '군주'로 보고 있다. 진덕수에 따르면 여기의 '하여' 토는 '할새'로 바꾸어야 한다.

124) 監：사고본에는 '鑒'으로 되어 있다.

날로 살펴서 이에 계시나이다 日監在玆

28-13-나(按)

臣은 按 成王卽政之初에 群臣이 進戒하여 首以敬天爲言하니 蓋帝王所當尊者가 莫如天이요 所當從事者가 莫如敬이라 故重言以求其聽하니 夫天道가 甚明이라 不可欺也요 天命惟艱[125]이라 不易(이)保也니 昧者가 徒曰 高高在上하여 不與人接而不知人君一升一降於事爲之間에 天之監[126]視가 未嘗一日不在此也하니 豈可忽哉리오 當時群臣之學이 以格心爲主라 故其言純粹가 如此하니 人主가 宜深味之니이다

【臣按】成王이 국정을 잡은 초기에 신하들이 경계를 올려 서두에 하늘을 공경하라는 것으로 말하였으니, 이는 제왕이 존중해야 할 것이 하늘만 한 것이 없고 종사해야 할 것이 공경만 한 것이 없기 때문에 거듭 말하여 그 말을 들어줄 것을 구한 것입니다.

저 天道는 매우 밝기 때문에 속일 수 없으며 天命은 어렵기 때문에 보전하기가 쉽지 않습니다. 어두운 자들은 그저 하늘은 높고 높아 위에 있어서 사람들과 접하지 않는다고 말하여, 군주가 일을 행하는 데 한 번 오르고 한 번 내려갈 때에 하늘의 살펴봄이 하루도 여기에 있지 않은 적이 없다는 것을 모르니, 어찌 경홀히 해서야 되겠습니까. 당시 신하들의 학문은 마음을 바로잡는 것을 주로 하였기 때문에 그 말의 순수함이 이와 같았던 것이니, 군주는 깊이 완미해야 할 것입니다.

28-14-가[127]

我將은 祀文王於明堂也[128]라 伊嘏(가)文王이 旣右享之하시리라[129] 我其夙夜에

125) 艱 : 사고본에는 '難'으로 되어 있다.

126) 監 : 사고본에는 '鑒'으로 되어 있다.

127) 《詩經》〈周頌 我將〉에 보인다. 모두 1장으로 이루어져 있다. '我將'은 '내가 받들어 올린다.'라는 뜻이다.

128) 我將……堂也 : 《詩經》〈周頌 敬之〉의 〈毛序〉에 보인다.

129) 伊嘏……享之하시리라 : 저본의 현토는 朱熹의 주 "이렇게 하는 것은 복을 내리는 문왕이 이미 강림하여 이 오른쪽에 계시어 내 제사를 흠향해서 반드시 그렇게 될 것임을 보는 것과 같이 할 수 있는 것이다.〔此能錫福之文王 旣降而在之右 享我祭 若有以見其必然矣〕"라는 것에 근거한 것이다. 진덕수의 안설에 근거하면 '伊嘏文王하여 旣右享之하시리라'가 되어야 한다.

畏天之威하여 于時保之엇다

《詩經》〈我將〉은 文王을 明堂에서 제사하는 시이다.

문왕에게 복을 받아	伊嘏文王
이미 오른쪽에 와 계셔 흠향하셨으리라	既右享之
내 밤낮으로	我其夙夜
하늘의 위엄을 두려워하여	畏天之威
이에 그 뜻을 보전할지어다	于時保之

28-14-나(按)

臣은 按 此는 卽孝經所謂宗祀文王於明堂[130]하여 以配上帝者也[131]라 此頌이 作於成・康之時하니 古人謂受福曰嘏(가)[132]라 夫既受福於文王而享吾之祭矣나 然豈敢自滿哉리오 必也夙興夜寐하여 亹亹(미미)怵惕하여 畏天之威하여 於是以保其天命爾라 後世人主가 一行郊祀[133]・明堂之禮하면 類哆(치)然有矜大之心하나니 如漢武諸詔가 是也라 其視我將之頌에 可愧多矣니이다

【臣按】이것은 《孝經》에서 이른바 "文王에게 明堂에서 제사하여 上帝에게 배향하였다."라는 것입니다. 이 頌이 成王과 康王 때에 지어졌으니, 옛사람은 "복을 받

130) 明堂 : 천자가 政敎를 펴고 제사를 지내는 禮堂으로, 대체로 朝會, 祭祀, 慶賞, 選士, 養老, 敎學 등의 예를 행하였다.

131) 孝經……者也 : 《孝經》〈聖治〉에 "옛날에 周公은 시조인 后稷에게 郊제사를 지내어 하늘에 배향하고, 아버지인 文王에게 명당에서 제사하여 상제에게 배향하였다.〔昔者周公郊祀后稷以配天 宗祀文王於明堂以配上帝〕"라는 내용이 보인다.

132) 受福曰嘏 : 鄭玄의 箋에 보인다. 朱熹의 주에서는 "嘏는 복을 내려주는 것이다.〔嘏 錫福也〕"라고 하였다.

133) 郊祀 : 교외에서 天地에 제사 지내는 것을 이른다. 이와 관련하여 《漢書》 卷25下 〈郊祀志下〉에 "제왕의 일은 하늘의 질서를 잇는 것보다 큰 것이 없으며, 하늘의 질서를 잇는 것은 교제사보다 더 중한 것이 없다.……남쪽 교외에서 하늘에 제사하는 것은 陽에 나아가는 의미이고, 북쪽 교외에서 제물을 땅에 묻어 제사하는 것은 陰에 나아가는 것을 형상한 것이다.〔帝王之事莫大乎承天之序 承天之序莫重於郊祀……祭天於南郊 就陽之義也 瘞地於北郊 卽陰之象也〕"라는 내용이 보인다.

는 것을 '嘏'라고 한다."라고 하였습니다. 이미 문왕에게 복을 받아 나의 제사를 흠향하였지만 어찌 감히 자만하겠습니까. 반드시 또한 아침 일찍 일어나고 밤늦게 잠들어서 부지런히 힘쓰고 두려워하여 하늘의 위엄을 敬畏하여 이에 그 천명을 보전해야 할 뿐입니다. 후세의 임금은 한번 郊제사와 明堂의 예를 행하면 대체로 느슨해져 교만한 마음이 생기니, 漢 武帝의 여러 詔書와 같은 것이 바로 이에 해당합니다. 이를 〈아장〉의 頌과 비교하면 매우 부끄러운 것입니다.

28-15-가[134]

板①은 **凡伯**이 **刺厲王也**②[135]라 **其卒章**에 **曰 敬天之怒**하여 **無敢戲豫**하며 **敬天之渝**(투)하여 **無敢馳驅**③어다 **昊天曰明**하사 **及爾出王**④하시며 **昊天曰旦**⑤[136]하사 **及爾游衍**⑥하시나니라

① 板 : 變大雅[137]篇名.
〈板〉은《詩經》〈變大雅〉의 편명이다.

② 凡伯刺厲王也 : 厲王, 周無道之君. 凡伯, 其臣也.
'厲王'은 周나라의 무도한 임금이다. '凡伯'은 그 신하이다.

③ 敬天……馳驅 : 渝, 變也.
'渝'는 '변하다'라는 뜻이다.

④ 及爾出王 : 爾, 指王而言. 出王, 出入往來也.
'爾'는 왕을 가리켜서 말한 것이다. '出王'은 '出入往來'라는 뜻이다.

⑤ 昊天曰旦 : 旦, 亦明也.
'旦'은 '明'과 마찬가지로 '밝다'라는 뜻이다.

⑥ 及爾游衍 : 衍, 猶逸也.

---

134)《詩經》〈大雅 板〉 제8장에 보인다. 〈판〉은 모두 8장으로 이루어져 있으며, '板'은 '뒤집다'라는 뜻이다.

135) 板凡伯刺厲王也 :《詩經》〈大雅 板〉의 〈毛序〉에 보인다.

136) 旦 : 저본에는 '朝'로 되어 있으나, 조선 太祖 李旦의 피휘이므로 바로잡았다.

137) 變大雅 : 大雅, 小雅, 正風, 變風, 變小雅와 함께 六詩의 하나이다. '雅'는 '바르다〔正〕'라는 뜻으로 王者의 시를 이른다. 정사 중에 작은 일을 노래한 것을 '小雅', 큰일을 노래한 것을 '大雅'라고 하며, '變'은 정사의 변란을 노래하였다는 뜻이다.《詩經》의 〈大雅〉 31편 중 〈文王〉부터 〈卷阿〉까지 18편이 正大雅이며, 〈民勞〉부터 〈召旻〉까지 13편이 變大雅이다.《說郛 卷80 風騷旨格 六詩》《毛詩指說 興述》《毛詩注疏 序 孔穎達疏》

'衍'은 '逸(방종하다)'과 같다.

〈板〉은 凡나라 군주가 厲王을 풍자한 시이다. 그 마지막 장에 다음과 같이 말하였다.

하늘의 노여움을 공경하여	敬天之怒
감히 안일하지 말며	無敢戲豫
하늘의 변함을 공경하여	敬天之渝
감히 방종하지 말지어다	無敢馳驅
昊天이 밝아서	昊天曰明
너의 出入往來에 미치며	及爾出王
호천이 밝아서	昊天曰旦
너의 넘친 행동에 미치느니라	及爾游衍

28-15-나(按)

臣은 按 迅(신)雷烈風之屬은 天之怒也요 日食星變[138]之類는 天之渝也라 人君이 爲天所子하니 其事天이 如事親然이니 親之容色이 少有不懌(역)[139]이면 人子가 當痛自咎責이니 敢有輕忽傲慢之意邪아 天之變異가 有少失常이면 人君이 當深自戒懼니 敢爲戲豫[140]馳驅之失耶아

【臣按】 빠른 우레와 맹렬한 바람의 등속은 하늘의 노여움이고, 日蝕과 星變의 종류는 하늘의 변고입니다. 군주는 하늘의 자식이 되니, 군주가 하늘을 섬기는 것은 자식이 부모를 섬기는 것과 같습니다. 부모의 기색이 조금이라도 기쁘지 않은 점이 있으면 자식은 통렬히 자신을 책망해야 할 것이니, 감히 경홀히 하고 오만한 뜻을 가질 수 있겠습니까. 하늘의 異變이 조금이라도 常道를 잃은 것이면 군주가 깊이 스스로를 경계하고 두려워해야 할 것이니, 감히 안일하고 방종하는 잘못을 저지를 수 있겠습니까.

---

138) 星變 : 별이 역행하는 것과 같은 星象의 이변을 이른다. 옛날에는 이를 흉조로 보았다.

139) 懌 : 저본에는 '悅'로 되어 있으나, 朝鮮 中宗 李懌의 피휘이므로 바로잡았다. 509본에는 '懌'으로 되어 있다.

140) 豫 : 사고본에는 '渝(투)'로 되어 있다.

易之洊(천)雷가 震에 曰 君子가 以하여 恐懼修省[141]이라하고 孔子가 於迅雷烈風[142]에 必變[143]而記禮者가 亦曰 若有疾雷迅風甚雨에 必變하시며 雖夜나 必興하사 衣服冠而坐[144]라하고 古之人主가 於日食星變之類에 必減膳撤[145]樂(악)하며 或責己求言하니 凡皆所以示敬也라 然天道昭明하여 凡人君出入往來之頃과 優游暇逸之時에 天之監臨이 無乎不在하니 又不待變異失常然後에 當知警也라 吁라 此가 文王在帝左右之事而凡伯이 迺以刺厲王하니 古之忠臣이 不敢謂君不能[146]이 類如此라 惜厲王之終不悟也로소이다

《周易》의 "거듭된 우레가 震이다."라는 것에 대해 "군자가 보고서 두려워하여 자신을 수양하고 살핀다."라고 하였고, 孔子는 빠른 우레와 맹렬한 바람에 반드시 낯빛을 변하였는데 禮를 기록한 자가 또한 "〈군자는〉 만일 빠른 우레와 빠른 바람과 폭우가 있으면 반드시 낯빛을 변하여 비록 밤중이라도 반드시 일어나서 의복을 입고 冠을 쓰고 앉는다."라고 하였으며, 옛날에 군주는 日蝕과 星變 등에 대해 반드시 음식의 가짓수를 줄이고 음악을 거두며 혹은 자신을 책망하고 좋은 말을 구하기도 하였으니, 이는 모두 공경을 보이기 위한 것입니다.

그러나 天道는 밝아서 무릇 군주가 출입하고 왕래하는 즈음과 편히 놀고 안일하게 거처할 때에 하늘이 임하여 살핌이 있지 않을 때가 없으니, 또 이변이 常道를 잃은 뒤를 기다릴 것 없이 경고를 알아야 합니다. 아, 이것은 文王의 신령이 上帝의 좌우에 있었던 일로 凡나라 임금이 마침내 이것으로 厲王을 풍자하였으니, 옛날의 충신이 감히 임금은 하지 못한다고 말하지 않았던 것이 대체로 이와

141) 易之……修省 : 《周易》〈震卦 大象傳〉에 "우레가 거듭된 것이 震이니, 군자가 보고서 두려워하여 자신을 수양하고 살핀다.〔洊雷震 君子以 恐懼脩省〕"라는 내용이 보인다.

142) 烈風 : 대전본·사고본에는 '風烈'로 되어 있다.

143) 孔子……必變 : 《論語》〈鄕黨〉 제15절에 "빠른 우레와 맹렬한 바람에 반드시 낯빛을 변하였다.〔迅雷風烈 必變〕"라는 내용이 보인다.

144) 記禮……而坐 : 《論語》〈鄕黨〉 제15절 朱熹의 주에서 공자가 낯빛을 변한 것에 대해 하늘의 진노에 공경한 것으로 해석하고, 이어 《禮記》〈玉藻〉의 글을 인용한 것이다.

145) 撤 : 사고본에는 '徹'로 되어 있다.

146) 古之……不能 : 이와 관련하여 《孟子》〈離婁 上〉 제1장에 "어려운 일을 군주에게 요구하는 것을 '恭'이라 이르고, 善한 것을 말하여 邪心을 막는 것을 '敬'이라 이르고, 우리 군주는 불가능하다 하는 것을 '賊'이라 이른다.〔責難於君謂之恭 陳善閉邪謂之敬 吾君不能謂之賊〕"라는 내용이 보인다.

같습니다. 여왕이 끝내 깨닫지 못한 것이 안타깝습니다.

以上은 論事天之敬하니라

이상은 하늘을 섬길 때의 恭敬을 논한 것이다.

大學衍義 卷29

誠意正心之要(一) 생각을 성실하게 하고 마음을 바르게 하는 요체(1)

崇敬畏 공경함과 두려워함을 尊崇함

遇災之敬 災異를 만났을 때의 恭敬

29-1-가[1)]

帝曰 來하라 **禹**아 **降**(강)**水儆予**①라하시다

① 降水儆予 : 降, 亦作洚, 洪水也.
'降'은 또한 '洚'으로 쓰니 홍수이다.

舜임금이 말하였다.
"이리 오라, 禹야! 홍수가 나를 경계시켰다."

29-1-나(按)

臣은 **按 孟子**가 **曰 水逆行**을 **謂之洚水**[2)]라하니 **其災**가 **雖起堯時**하나 **至舜攝位**히 **害猶未息**이라 **故舜**이 **自謂此**가 **天之所以儆我也**라하시니 **聖帝明王之畏天省己**가 **類如此**하니

---

1) 《書經》〈虞書 大禹謨〉에 보인다. '謨'는 훌륭한 계책이나 말씀을 의미한다. 蔡沈의 《書集傳》에 인용된 林氏의 설에 따르면, 虞나라 史官이 〈堯典〉과 〈舜典〉을 기술하였으나 미비한 내용이 있었으므로 다시 군신간에 나눈 훌륭한 말씀과 정사를 기술하여 〈大禹謨〉〈皐陶謨〉〈益稷〉 3편을 지었다고 한다. 〈대우모〉는 帝舜이 대신인 大禹와 益 그리고 皐陶가 정사에 대해 논의한 내용을 기록한 것으로, 대우와 익, 고요는 帝堯의 공적을 찬양하는 한편, 각자 治國의 방도에 대한 견해를 밝히고 있다. 今文에는 없고 古文에만 있다. 《書集傳 虞書 大禹謨》

2) 水逆行謂之洚水 : 《孟子》〈告子 下〉 제11장에 보인다.

其後에 成湯이 憂旱하사 亦以六事로 自責曰 政不節與아 使人疾與아 何以不雨가 至此極也오 宮室이 崇[3]與아 女謁이 盛與아 何以不雨가 至此極也오 苞苴[4]가 行與아 讒夫가 昌與아 何以不雨가 至此極也[5]오하시니 夫以成湯之聖으로 安得有此而反躬自責이 若是其至하시니 湯之心은 卽舜之心也라

【臣按】 孟子가 말하기를 "물이 역류하는 것을 洚水(洪水)라고 이른다."라고 하였으니 홍수의 재해가 비록 堯임금 때 시작되기는 하였지만 舜이 제위를 攝行할 때까지 재해가 여전히 그치지 않았습니다. 그러므로 순이 스스로 이르기를 "이것은 하늘이 나를 경계시키기 위한 것이다."라고 하였으니, 聖明한 제왕이 하늘을 두려워하고 자신을 성찰하는 것이 대개 이와 같습니다.

그 후에 成湯이 가뭄을 근심하여 또한 여섯 가지 정사를 가지고 스스로 책망하기를 "정사가 알맞게 되지 않았던가? 백성을 부리기를 혹독하게 하였던가? 어찌하여 이 지경에 이르도록 비가 오지 않는가. 宮室이 지나치게 컸던가? 궁녀의 청탁이 성행하였던가? 어찌하여 이 지경에 이르도록 비가 오지 않는가. 뇌물이 자행되었던가? 참소하는 자들이 창궐하였던가? 어찌하여 이 지경에 이르도록 비가 오지 않는가."라고 하였습니다. 聖王인 저 성탕에게 어찌 이런 일이 있었겠습니까. 그런데도 자신에게 돌이켜 스스로 책망한 것이 이와 같이 지극하였으니, 湯王의 마음은 곧 순임금의 마음입니다.

至漢武帝時하여 公孫弘[6]이 對策에 乃曰 堯가 遭洪水하사 使禹治之하시니 未聞舜[7]之

3) 崇 : 대전본에는 '榮'으로 되어 있다.
4) 苞苴 : '苞苴'는 뇌물을 이른다. 楊倞의 《荀子注》에 "뇌물은 반드시 물건을 싸거나 깔았기 때문에 총괄하여 '苞苴'라고 이른다.〔貨賄必以物苞裹 故總謂之苞苴〕"라고 한 내용이 보인다.
5) 成湯……極也 : 《荀子》 〈大略〉에 보인다. '六事'는 여섯 가지 잘못된 정사로, 천하에 크게 가뭄이 들자 商나라 湯王이 桑林의 들에서 기도하면서 위의 여섯 가지 일로써 자책하였다.
6) 公孫弘 : 기원전 200~기원전 121. 西漢의 재상이다. 자는 季 또는 次卿으로, 菑川國 薛縣 사람이다. 40여 세에 胡毋生에게 《春秋公羊傳》을 전수받았다. 60세인 漢 武帝 建元 원년(기원전 140)에 對策에 응하여 博士가 되었으나 匈奴의 일로 관직에서 물러났다. 다시 무제 元光 5년(기원전 130)에 賢良對策으로 박사에 제수되고 待詔金馬門이 되었다. 이후 左內史, 御史大夫 등을 역임하였다. 무제 元朔 5년(기원전 124)에 丞相이 되고 平津侯에 봉해졌다. 매양 조회에서 정사를 논의할 때 공손홍은 그 단서만 제시하여 무제가 직접 채택하게 할 뿐 면전에서 반대하거나 논쟁하지 않았고, 여러 공경과 어떤 사안을 함께 건의하기로

有水也요 若湯之旱則桀之餘烈也[8]라하니 夫舜이 以水自儆而弘[9]이 歸之於堯하고 湯이 以旱自責而弘[10]이 歸之於桀하니 姦諛之情이 所以惑誤其君하여 使傲忽天戒者가 凡皆若此하니 不可以不察이니이다

漢나라 武帝 때에 이르러 公孫弘이 對策을 올려 마침내 이르기를 "堯임금이 홍수를 당하여 禹로 하여금 이를 다스리게 하였으니 舜임금 때 홍수가 있었다는 것을 듣지 못했고, 湯王 때의 가뭄으로 말하면 桀王 때의 남은 영향입니다."라고 하였습니다. 저 순이 홍수를 가지고 스스로 경계하였는데 공손홍은 그 탓을 요임금에게 돌렸고, 탕왕이 가뭄을 가지고 스스로 책망하였는데 공손홍은 그 탓을 걸왕에게 돌렸습니다. 간사하고 아첨하는 마음이 자신의 임금을 현혹시키고 그르쳐서 하늘의 경계를 태만히 하고 경시하게 만드는 것이 대개 이와 같으니, 잘 살펴 알지 않아서는 안 될 것입니다.

29-2-가[11]

伊陟이 相太戊①할새 亳에 有祥②桑穀이 共生於朝어늘 伊陟이 贊于巫咸[12]하여 作咸乂四篇하다

약속하고도 무제의 뜻을 살펴 약속을 저버려 汲黯에게 논척을 당하기도 하였다. 《漢書 권58 公孫弘傳》

7) 舜 : 대전본・사고본에는 '禹'로 되어 있다. 통행본 《漢書》에도 '禹'로 되어 있다.

8) 堯遭……烈也 : 《漢書》 권58 〈公孫弘傳〉에 보인다. 漢 武帝 元光 5년(기원전 130) 賢良對策 때 무제의 制書에 禹王과 湯王 때의 홍수와 가뭄의 원인에 대해 묻는 내용이 있었다. 公孫弘은 대책을 올려 이에 대해 "신은, 堯임금이 홍수를 당하자 禹에게 다스리게 하였다는 것은 들었지만 우임금 때 홍수가 있었다는 것은 듣지 못했습니다. 탕왕 때의 가뭄으로 말하면 桀王 때의 남은 영향입니다.〔臣聞堯遭鴻水 使禹治之 未聞禹之有水也 若湯之旱 則桀之餘烈也〕"라고 답하였다. 太常은 공손홍의 대책을 하등급으로 평가하였으나 무제가 직접 1등으로 선발하여 박사에 제수하고 待詔金馬門으로 삼았다. 《漢書 권58 公孫弘傳》

9) 弘 : 대전본에는 '洪'으로 되어 있으나, 宋 宣祖 趙弘殷을 피휘한 것이다.

10) 弘 : 대전본에는 '烈'로 되어 있다.

11) 《書經》 〈咸乂〉의 〈小序〉에 보인다. 〈咸乂〉는 일실되고 〈소서〉만 전한다.

12) 巫咸 : 殷 中宗 때의 賢臣으로, 巫戊라고도 한다. 《尙書注疏》 〈咸乂〉의 〈小序〉의 傳에 인용한 馬融의 설에 따르면 '巫'는 남자 무당이며 '咸'은 이름이나, 〈君奭〉의 孔安國 傳에는 '巫'를 성씨라고 하였다. 《尙書注疏 咸乂 小序》 《尙書注疏 周書 君奭 孔安國傳》

① 伊陟相太戊 : 太戊, 商中宗也. 伊陟, 尹之子.
'太戊'는 商나라 中宗이다. '伊陟'은 伊尹의 아들이다.
② 亳有祥 : 亳, 國都也. 祥, 異也.
'亳'은 商나라 도읍이다. '祥'은 '괴변'이라는 뜻이다.

伊陟이 재상이 되어 太戊를 보좌할 때 도성인 亳에 뽕나무와 닥나무가 조정에서 합쳐져 자라나는 괴변이 생기자, 이척이 巫咸에게 고하여 〈咸乂〉 4편을 지었다.

29-2-나(按)

臣은 按 咸乂四篇이 今亡而史記에 敍之曰 帝太戊立에 伊陟이 爲相이러니 桑・穀이 生于朝하여 一暮에 大拱이어늘 太[13]戊가 懼하사 問伊陟하신대 伊陟曰 臣은 聞妖不勝德이라하니 帝之政이 其有闕與인저 帝其修德하소서 太[14]戊가 從之而祥桑이 枯死[15]하니 夫太[16]戊가 遇災而聽忠言・修闕政하여 亟以銷復이라 故周公이 稱之曰 昔在殷王中宗하사 嚴恭寅畏하사 天命自度[17]라하니 謂其能盡敬畏之誠而以天命으로 律己也니 可謂知中宗之心矣로소이다

【臣按】〈咸乂〉 4편은 지금 일실되었지만 《史記》에 이에 대해 서술하기를 "帝太戊가 즉위했을 때 伊陟이 재상이 되었는데 뽕나무와 닥나무가 조정에서 자라나 하루 저녁에 크기가 한 아름이 되었다. 태무가 두려워하여 이척에게 묻자 이척이 아뢰기를 '신은 요망함이 덕을 이기지 못한다고 들었습니다. 帝의 정사가 미흡한 점이 있을 것입니다. 제께서는 덕을 닦으소서.'라고 하였다. 태무가 이 말을 따르자 불길한 뽕나무가 말라 죽었다."라고 하였습니다.

태무가 災異를 당해 忠言을 듣고 미흡한 정사를 고쳐서 빨리 재앙을 소멸시키고 올바른 도리를 회복하였기 때문에 周公이 이를 칭송하여 말하기를 "옛날 殷나라 왕 中宗이 엄숙하고 공손하고 공경하고 두려워하여 천명으로 스스로를 다스렸다."라고 하였습니다. 이는 공경하고 두려워하는 정성을 제대로 다하여 천명을 가

13) 太 : 대전본에는 '大'로 되어 있다.
14) 太 : 대전본에는 '大'로 되어 있다.
15) 帝太……枯死 : 《史記》 권3 〈殷本紀〉에 보인다.
16) 太 : 대전본에는 '大'로 되어 있다.
17) 昔在……自度 : 《書經》 〈周書 無逸〉에 보인다.

지고 자신을 바로잡았다고 한 것이니 중종의 마음을 알았다고 이를 만합니다.

29-3-가[18)]

高宗이 祭成湯할새 有飛雉가 升鼎耳而雊(구)①어늘 祖己②가 曰 惟先格王오사 正厥事호리라 乃訓于王曰 惟天이 監[19)]下民하사대 典厥義③니 降年이 有永有不永④은 非天이 夭民이라 民中絶命이니이다 民有不若德하며 不聽罪할새 天旣孚命으로 正厥德⑤이어시늘 乃曰 其如台(이)⑥아 嗚呼라 王司敬民⑦하시니 罔非天嗣⑧[20)]시니 典祀를 無豐于昵(녜)⑨하소서

① 有飛……而雊 : 雊, 鳴也.
'雊'는 '울다'라는 뜻이다.
② 祖己 : 賢臣.
祖己는 賢臣이다.
③ 惟天……厥義 : 典, 常也. 義, 理也.
'典'은 '떳떳함'이다. '義'는 '이치'이다.
④ 降年有永有不永 : 永, 長也.
'永'은 '길다'라는 뜻이다.
⑤ 天旣孚命正厥德 : 孚, 信也.
'孚'는 '符信'이라는 뜻이다.
⑥ 乃曰其如台 : 台, 我也.
'台'는 '나'라는 뜻이다.
⑦ 王司敬民 : 司, 主也.
'司'는 '주재하다'라는 뜻이다.
⑧ 罔非天胤 : 罔, 無也. 胤, 嗣也.
'罔'은 '없다'라는 뜻이다. '胤'은 '後嗣'라는 뜻이다.

鼎

18) 《書經》 〈商書 高宗肜日〉에 보인다. 序에 高宗이 湯王에게 제사 지낼 때 꿩이 날아와 제사 지내는 鼎의 귀에 올라 울었다고 하였는데, 漢나라 孔安國은 '귀로 밝게 듣지 못해서 일어난 이변〔耳不聰之異〕'이라고 하였다. 劉歆은 정의 세 발은 三公을 상징하는 것으로, 꿩이 정의 귀에 앉는 것은 소인이 공경의 자리에 올라 종묘의 제사를 무너지게 할 징조라고 하였다. 《尙書注疏 商書 高宗肜日 孔安國傳》 《漢書 卷27中之下 五行志》

19) 監 : 대전본·사고본에는 '降'으로 되어 있다.

20) 嗣 : 대전본·사고본에는 '胤'으로 되어 있으나, 오자이다.

⑨ 典祀無豐于昵 : 豐, 厚也. 昵, 親也.
'豐'은 '후하게 하다'라는 뜻이다. '昵'는 '어버이'라는 뜻이다.

王司敬民圖

高宗이 成湯에게 제사 지낼 때에 날아가던 꿩이 鼎의 귀에 올라가 울자, 祖己가 말하였다.

"먼저 왕을 바로잡고서 이 일을 바로잡겠다."

이에 왕에게 다음과 같이 훈계하였다.

"하늘이 下民을 굽어보되 그 義를 떳떳함으로 삼으니, 年數를 내리는 것이 길기도 하고 짧기도 한 것은 하늘이 백성을 일찍 죽게 한 것이 아니라 백성이 중간에 천명을 끊는 것입니다. 백성이 덕을 따르지 않고 죄에 승복하지 않기 때문에 하늘이 이미 災變을 符信으로 삼아 명하는 것으로 그 덕을 바로잡는데 마침내 '재변이 나를 어찌하겠는가.'라고 하겠습니까. 아! 왕은 백성을 공경하는 일을 주재하니 하늘의 後嗣 아님이 없습니다. 제사를 주관하는 데 어버이의 廟에만 후하게 하지 마소서."

29-3-나1(蘇)[21]

先儒蘇軾이 日 高宗肜[22]祭(융제)[23]之日에 野雉가 鳴於鼎耳하니 此爲神告以宗廟祭祀

21) 蘇軾의 《書傳》〈商書 高宗肜日〉에 보인다.
22) 肜 : 대전본에는 '彤(동)'으로 되어 있으나, 오자이다.

之失이 審矣라 故祖己가 謂當先格王心之非라하니 蓋武丁이 不專修人事하고 數(삭)祭以媚神而祭又豐於親廟하여 敬父薄祖하니 此가 失之大者라 故祖己가 先格而正之하니 夫天之監人이 有常理而降年이 有永有不永者는 非天이 夭人이라 人或中道自絶於天也라 人有不順德不服罪者를 天이 未卽誅絶而以孽祥으로 爲符信하여 以正其德이어시늘 人이 乃曰 是孽祥이 其如我何리오하면 則天必誅絶之矣시나니 今王이 專主於敬民而已요 數(삭)祭無益이라 夫先王이 莫非天嗣者시니 常祀而豐于昵가 其可乎아 或者가 謂天災를 不可以象類求라하니 夫書曰 越有雊[24]雉가 足矣而又記其鳴於耳하니 非以耳爲祥乎아 人君이 於天下에 無所畏라 惟天이 可以儆之니 今曰 天災를 不可以象類求라 我가 自視無過則已矣라하면 爲國之害가 莫大於此하니라

先儒 蘇軾이 말하였다.

"高宗이 肜祭를 지내는 날에 들꿩이 鼎의 귀에서 울었으니 이는 신이 宗廟 제사의 잘못을 일러준 것이 분명하다. 그러므로 祖己가 '먼저 왕의 마음의 그릇된 점을 바로잡아야 한다.'라고 한 것이다. 아마도 武丁이 온 마음을 다하여 사람이 할 일을 다스리지 않고 자주 제사를 지내 신에게 아첨하였고 제사는 또 어버이의 廟에 후하게 하여 아버지를 공경하고 할아버지를 소홀히 하였던 듯하니 이것은 잘못 가운데 큰 것이다. 그러므로 조기가 먼저 바로잡아 바르게 한 것이다.

저 하늘이 사람을 굽어보는 것이 떳떳한 이치가 있어서 年數를 내리는 것이 길기도 하고 짧기도 한 것은, 하늘이 사람을 일찍 죽게 한 것이 아니라 사람이 더러 중간에 스스로 天命을 끊는 것이다. 덕을 따르지 않고 죄를 승복하지 않는 것이 있는 사람을 하늘이 즉시 주살하여 끊지 않고 재앙과 祥瑞로 符信을 삼아 그 덕을 바루게 하였는데, 사람이 마침내 말하기를 '이 재앙과 상서가 나를 어떻게 하겠는가.'라고 한다면 하늘이 반드시 주살하여 끊어버릴 것이다.

지금 왕은 오로지 백성을 공경하는 것을 위주로 행할 뿐이지 자주 제사 지내는 것은 보탬이 없다. 저 先王이 하늘의 후사가 아닌 사람이 없으니 고정적으로 제사 지내는데 어버이의 廟에 후하게 지내서야 되겠는가.

---

23) 肜祭 : 殷나라의 제사 이름으로, 《尚書注疏》〈商書 高宗肜日〉의 孔安國 傳에 따르면, 제사 지낸 다음날에 다시 제사 지내는 것으로 夏나라는 '復胙'라고 하고, 은나라에서는 '肜'이라고 하고, 周나라에서는 '繹'이라고 하였다. 孔穎達의 疏에는 孫炎의 설을 인용하여 '肜'은 서로 이어져 끊어지지 않는다는 뜻이라고 하였다. 《尚書注疏 商書 高宗肜日 孔安國傳·孔穎達疏》

24) 雊 : 대전본·사고본에는 '鳴'으로 되어 있다.

어떤 이는 이르기를 '하늘의 재변에 대해 현상을 가지고 유추하여 찾아서는 안 된다.'라고 하였다. 저 《書經》에 이르기를 '꿩이 우는 이변이 있었다.'라고 하는 것이 충분한데도 다시 그 꿩이 鼎의 귀에서 울었다고 기재하였으니 鼎의 귀를 가지고 징조로 삼은 것이 아니겠는가. 임금은 천하에 대해 두려워하는 것이 없기 때문에 오직 하늘만이 임금을 경계시킬 수 있으니, 지금 '하늘의 재변에 대해 현상을 가지고 유추하여 찾아서는 안 된다. 내가 스스로 살펴봐서 과실이 없으면 그만이다.'라고 한다면 나라에 해를 끼치는 것이 이보다 큰 것이 없는 것이다."

29-3-나2(按)

臣은 按 軾所謂以象類求者는 謂洪範五行之說也라 鳴不於它而於鼎耳하니 蓋鼎者는 祭祀之器요 耳는 主聽하니 聽不聰則災孽이 生焉이라 漢儒之論災異가 大抵若此하니 成帝時에 博士가 行大射禮할새 有飛雉가 集于庭하여 登堂而雊하고 又集太常・宗正・丞相・御史・車騎府하고 又集未央宮承明殿이어늘 御史大夫王音이 進言 天地之氣가 以類相應하여 譴告人主가 甚微而著하니 雉者는 聽察하여 先聞雷聲이라 故經載高宗雊雉之異하여 以明轉禍爲福之驗하니 今以博士行禮之日로 大衆이 聚會어늘 飛集於庭하여 歷階登堂하여 歷三公之府・典宗廟骨肉之官然後에 入宮하니 其宿留告曉人이 具備라 雖人道相戒나 何以過是리오

【臣按】 蘇軾이 말한 '현상을 가지고 유추하여 찾는다.'라는 것은 《書經》〈洪範〉의 五行說을 말합니다. 울기를 다른 데에서 하지 않고 鼎의 귀에서 하였습니다. 鼎은 제사에 쓰는 기물이고 귀는 듣는 것을 주관하니, 듣기를 밝게 듣지 못하면 재앙이 생겨납니다. 漢나라 유학자들이 재이를 논한 것이 대체로 이와 같습니다.

漢 成帝 때 博士가 大射禮를 행할 적에 날아가던 꿩이 뜰에 모여 당에 올라 울었고 또 太常, 宗正, 丞相府, 御史府, 車騎將軍府에 모였고 또 未央宮 承明殿에 모였는데, 御史大夫 王音이 진언하기를 "천지의 기운이 부류에 따라 서로 반응하여 군주를 꾸짖고 일러주는 것이 매우 은미하면서도 드러납니다. 꿩이라는 것은 듣고 살펴서 천둥소리를 먼저 듣습니다. 그러므로 《서경》에 高宗 때 꿩이 운 이변을 수록하여 轉禍爲福의 징험을 밝혔습니다. 지금은 박사가 예를 행하는 날이라서 대중이 모였습니다. 그런데 뜰에 날아와 모여서 계단을 지나 당에 올라 三公의 부서와 宗廟와 宗室을 담당하는 관서를 지난 뒤에 궁으로 들어왔습니다. 그 머물

면서 사람에게 일러주어 깨우치는 것이 모두 갖추어졌습니다. 비록 사람이 말하여 서로 경계시키더라도 어떻게 이보다 나을 수 있겠습니까."라고 하였습니다.

後에 帝가 使詔音曰 聞捕得雉하니 毛羽가 頗摧折하여 類拘執者라하니 得無人爲之아 音이 復對曰 陛下가 安得此亡國之語오 不知誰主爲佞諂之計하여 誣亂聖聽을 如此오 陛下가 卽位十五年에 繼嗣가 不立하고 日日駕車而出하시니 失行이 流聞하여 海內傳之하여 甚於京師하니 皇天이 數(삭)見災異하여 欲人變更호대 尙不能感動陛下하니 臣子가 何望이리오 宜謀於賢哲하여 克己復禮하여 以求天意則繼嗣를 尙可立이요 災異를 尙可銷也[25)]라하니 漢去三代未遠이라 一雉之異而君臣相儆이 如此라 故附著焉하노이다

나중에 成帝가 사람을 시켜 王音에게 명하기를 "듣건대 꿩을 잡아보니 깃털이 몹시 꺾여 있어서 잡아놓은 꿩과 비슷하다고 하니, 꿩을 잡아다 풀어놓은 사람은 없는 것인가."라고 하였습니다.

왕음이 다시 대답하기를 "폐하께서 어찌 이처럼 나라를 망치는 말씀을 하실 수 있습니까. 누가 영합하고 아첨하는 꾀를 주도하여 내어 성상을 이와 같이 속이고 어지럽히는 것입니까? 폐하께서 즉위한 지 15년에 후사가 서지 않았고 날마다 수레를 몰고 나가시니 잘못한 행실이 퍼져 알려져서 천하에 이것이 전해져서 서울보다 심합니다. 皇天이 자주 재이를 나타내어 사람으로 하여금 고치게 하고자 하는데 오히려 폐하를 감동시키지 못하였으니 신하가 무엇을 바라겠습니까. 어질고 지혜로운 사람과 도모하여 사욕을 극복하여 예의를 회복하여 하늘의 뜻을 구한다면 후사를 오히려 세울 수 있고 재이를 오히려 없앨 수 있을 것입니다."라고 하였습니다.

한나라는 夏・商・周 三代와 시간적 격차가 멀지 않기 때문에 꿩 한 마리의 이변이 일어나자 군주와 신하가 서로 경계한 것이 이와 같았습니다. 그러므로 여기에 덧붙여 수록합니다.

29-4-가[26)]

雲漢은 仍叔이 美宣王[27)]也[①]라 遇烖[28)]而懼하사 側身修行하사 欲銷去之하시니

25) 成帝……銷也 : 《漢書》 권27 中之下 〈五行志〉에 보인다. 博士가 大射禮를 행한 일은 漢 成帝 鴻嘉 2년(기원전 19) 3월에 있었다.

百姓이 **見憂**라 **故作是詩也**하니라 **其一章**에 **曰 倬彼雲漢**이여 **昭回于天**②이로다 **王曰於乎**라 **何辜今之人**고 **天降喪亂**하사 **饑饉薦臻**③일새 **靡神不擧**하며 **靡愛斯牲**하여 **圭璧**[29]**旣卒**④이어늘 **寧莫我聽**고

① 仍叔美宣王也 : 仍叔, 周大夫.
'仍叔'은 周나라 大夫이다.

② 倬彼……于天 : 倬, 明大也. 雲漢, 天河[30]. 昭, 光也. 回, 轉也.
'倬'은 '밝고 크다'라는 뜻이다. '雲漢'은 은하수이다. '昭'는 '빛'이라는 뜻이다. '回'는 '돌다'라는 뜻이다.

③ 饑饉薦臻 : 薦, 重也. 臻, 至也.
'薦'은 '거듭되다'라는 뜻이다. '臻'은 '이르다'라는 뜻이다.

④ 卒 : 卒, 盡也.
'卒'은 '다하다'라는 뜻이다.

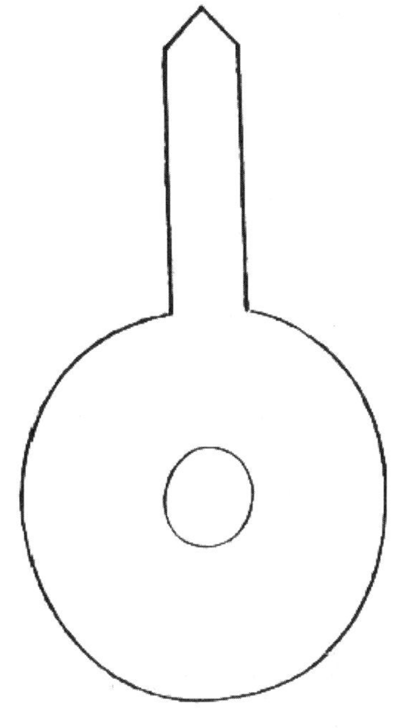

圭璧

《詩經》〈雲漢〉은 仍叔이 周 宣王을 찬미한 시이다. 재앙을 만나 두려워하여 몸을 편안히

---

26)《詩經》〈大雅 雲漢〉에 보인다. '雲漢仍叔'부터 '故作是詩也'까지는 〈毛序〉에 보이는데 일부 자구의 축약이 있다. 朱熹의 《詩集傳》에 따르면 모두 8장이며 장10구로 구성되어 있다. 〈모서〉에 따르면, 폭정을 행한 厲王의 뒤를 이어 周 宣王이 즉위하여 난을 다스리려는 뜻을 품고 재앙을 당해 잠시도 몸을 편안히 하지 않고 행실을 닦아 재앙을 사라지게 하려고 하자 천하 사람들이 이를 기뻐하였기에 仍叔이 이 시를 지어 선왕을 찬미한 것이라고 한다.

27) 宣王 : ?~기원전 782(재위 기원전 827~기원전 782). 西周의 제11대 국왕인 姬靜이다. 厲王의 아들이다. 국인 폭동으로 축출된 여왕이 죽자, 周 定公과 召 穆公에 의해 국왕에 옹립되었다. 이후 소 목공, 尹吉甫, 仲山甫, 程伯 休父, 仍叔 등 현신을 중용하여 교화를 일으키고 대외적으로 玁狁, 西戎, 淮夷, 徐國, 楚國 등을 제압하는 등 국세를 회복하여 '宣王中興'을 이루었다.

28) 烖 : 사고본에는 '災'로 되어 있다.

29) 圭璧 : 고대 帝王과 諸侯가 朝聘이나 제사에 사용한 玉器이다. 《周禮》〈考工記 玉人〉에 따르면 그 길이는 5寸으로 日月星辰에 제사 지내는 데 사용하며, 唐나라 封演의 《封氏聞見記》〈紙錢〉에는 제사를 지내고 나서 규벽을 땅에 묻는다고 하였다.

30) 河 : 대전본에는 '何'로 되어 있으나, 오자이다.

하지 못하고 행실을 닦아 재앙을 없애고자 하였으니 백성이 걱정해줌을 받았다. 그러므로 이 시를 지은 것이다. 그 1장에 다음과 같은 내용이 있다.

밝고 큰 저 은하수여	倬彼雲漢
밝은 빛 하늘을 따라 도네	昭回于天
왕이 말씀하기를 아!	王曰於乎
지금 사람에게 무슨 죄 있는가	何辜今之人
하늘이 禍亂을 내리시어	天降喪亂
饑饉이 거듭하여 이르기에	饑饉薦臻
제사 지내지 않는 신이 없으며	靡神不擧
이 희생을 아끼지 않아서	靡愛斯牲
圭璧을 이미 다 올렸는데	圭璧旣卒
어찌 내 말을 들어주지 않는가	寧莫我聽

其二章에 **曰 旱旣大**[31)]**甚**하여 **蘊隆蟲蟲**①일새 **不殄禋祀**(인사)②하여 **自郊徂宮**③하여 **上下奠瘞**(예)④하며 **靡神不宗**⑤호니 **后稷不克**⑥이시며 **上帝不臨**⑦이샷다 **耗斁**(두) **下土**⑧가 **寧丁我躬**고

① 蘊隆蟲蟲 : 蘊, 積也. 隆, 盛也. 蟲蟲, 旱氣也.
'蘊'은 '쌓이다'라는 뜻이다. '隆'은 '성하다'라는 뜻이다. '蟲蟲'는 가뭄의 기운이다.

② 不殄禋祀 : 殄, 絶也.
'殄'은 '끊기다'라는 뜻이다.

③ 自郊徂營 : 郊, 祀天也. 徂, 往也. 宮, 廟也.
'郊'는 하늘에 제사 지내는 것이다. '徂'는 '가다'라는 뜻이다. '宮'은 廟이다.

④ 上下奠瘞 : 上祭天, 下祭地, 奠其禮, 瘞其物.
'上下奠瘞'는 위로 하늘에 제사 지내고 아래로 땅에 제사 지내며 그 예물을 올리고 그 물건을 땅에 묻는다는 것이다.

⑤ 靡神不宗 : 宗, 謂尊事之.
'宗'은 높이고 섬기는 것을 이른다.

⑥ 后稷不克 : 克, 能也.

---

31) 大 : 대전본 · 사고본에는 '太'로 되어 있다.

'克'은 '능히 하다'라는 뜻이다.

⑦ 上帝不臨 : 鑒臨也.

'臨'은 '굽어보다'라는 뜻이다.

⑧ 耗斁下土 : 斁, 敗也.

'斁'는 '실패하다'라는 뜻이다.

그 2장에 다음과 같은 내용이 있다.

가뭄이 이미 너무도 심하여	旱旣大甚
열기가 쌓이고 성하여 가물기에	蘊隆蟲蟲
禋祀를 그치지 않아	不殄禋祀
郊祭 지내고 宗廟에 가서	自郊徂宮
天地에 제사하고 예물을 올리고 묻으며	上下奠瘞
높이고 섬기지 않는 신 없으니	靡神不宗
后稷이 능히 구하지 못하시고	后稷不克
上帝가 굽어보지 않으시네	上帝不臨
세상에 해를 입히고 망치기보다는	耗斁下土
차라리 내 몸에 당했으면	寧丁我躬

三章에 曰 旱旣太甚이라 則不可推(추)①[32]로다 兢兢業業②하여 如霆如雷호라 周餘黎民이 靡有孑(혈)遺③[33]로다

32) 則不可推 : 《毛詩注疏》의 鄭玄 箋에는 '推'를 '물리치다〔去〕'로 풀이하였고, 孔穎達의 疏에는 '멀리 떨어진다는 말〔遠離之辭〕'이라고 부연하였는데, 이 경우 '推'의 독음은 '퇴'이다. 朱熹의 《詩集傳》도 이와 같으며, 일반적으로 '推'에 대해 '밀어내다', '옮기다' 등으로 풀이하였다. 다만 呂祖謙의 《呂氏家塾讀詩記》에는 臨川 王氏(王安石)의 설을 인용하여 "'旱旣大甚則不推'는 그 연유를 미루어 알 수 없다는 것이다.〔旱旣大甚則不推者 不可推知其故也〕"라고 풀이하여, 眞德秀의 풀이와 일맥상통한다. 《毛詩注疏 大雅 雲漢 鄭玄箋·孔穎達의 疏》《詩集傳 大雅 雲漢》《呂氏家塾讀詩記 大雅 雲漢》

33) 三章……孑遺 : 朱熹의 《詩集傳》에 따르면 〈雲漢〉 제3장은 10구로 구성되어 있다. 그러나 저본에 인용된 것은 그중 전반부 6구뿐이며, 본래 이 뒤에 "昊天의 上帝께서, 나를 남겨두지 않으시네. 어찌 두려워하지 않겠는가. 선조의 제사 끊기게 되었네.〔昊天上帝 則不我遺 胡不相畏 先祖于摧〕"의 4구가 더 있다.

① 不可推 : 不可推知.
'不可推'는 '미루어 알 수 없다'라는 뜻이다.
② 兢兢業業 : 兢兢, 恐也. 業業, 危也.
'兢兢'은 '두려워하다'라는 뜻이다. '業業'은 '위태롭게 여기다'라는 뜻이다.
③ 靡有孑遺 : 孑, 獨立貌.
'孑'은 홀로 선 모양이다.

그 3장에 다음과 같은 내용이 있다.

가뭄이 이미 너무도 심하기에	旱既太甚
그 이유 미루어 알 수 없네	則不可推
두렵고 조심스러워	兢兢業業
천둥벼락처럼 여기네	如霆如雷
周나라의 남은 백성	周餘黎民
한 사람도 안 남았네	靡有孑遺

四章에 曰 旱既太甚이라 則不可沮(저)로다 赫赫炎炎하여 云我無所로다 大命近止①라[34] 靡瞻靡顧②호라 群公先正은 則不我助③어니와 父母先祖는 胡寧忍予오

① 大命近止 : 大命, 民死生之命.
'大命'은 백성이 죽고 사는 운명이다.
② 靡瞻靡顧 : 言無顧視之者.
'靡瞻靡顧'는 돌봐주고 살펴보는 자가 없다는 것을 말한다.
③ 群公……我助 : 謂百辟卿士之從雩祀者.
'群公先正'은 諸侯와 卿士 가운데 祈雨祭에 종사하는 자를 이른다.

그 4장에 다음과 같은 내용이 있다.

가뭄이 이미 너무도 심하기에	旱既太甚
멈추게 할 수가 없네	則不可沮

34) 大命近止라 : 저본의 현토는 '라'로 되어 있으며 諺解도 이와 같으나, 眞德秀의 안설에는 '民之大命이 死亡無日이어늘'이라고 하였으므로 '어늘'이 옳을 듯하다.

메마르고 뜨거워서　赫赫炎炎
내 몸 둘 곳 없게 되었네　云我無所
죽을 운명 가까워졌는데　大命近止
돌봐주는 이도 살펴주는 이도 없네　靡瞻靡顧
諸侯들과 卿士들은　群公先正
나를 돕지 않더라도　則不我助
부모와 선조께서는　父母先祖
어찌하여 차마 나를 버리는가　胡寧忍予

五章에 **曰 旱旣太甚**이라 **滌滌山川**①이로다 **旱魃**(발)**爲虐**②하여 **如**惔(담)**如焚**③이로다 **我心憚**(단)**暑**④하여 **憂心如熏**호라 **群公先正**이 **則不我聞**이로소니 **昊天上帝**는 **寧俾我遯**(돈)고

神魃

① 滌滌山川 : 山枯川竭, 如洗滌也.
'滌滌山川'은 산의 나무는 마르고 냇물은 말라서 씻어 없앤 듯한 것이다.
② 旱魃爲虐 : 魃, 旱神.
'魃'은 가뭄의 신이다.
③ 如惔如焚 : 惔, 燎之也.
'惔'은 태우는 것이다.
④ 我心憚暑 : 憚, 畏也.
'憚'은 '두려워하다'라는 뜻이다.

그 5장에 다음과 같은 내용이 있다.

가뭄이 이미 너무도 심하기에　旱旣太甚
산천이 씻어낸 듯 말랐네　滌滌山川
가뭄의 신 殘虐하여　旱魃爲虐
태우는 듯 사르는 듯하네　如惔如焚
내 마음 더위를 두려워하여　我心憚暑
근심스런 마음 타는 듯하네　憂心如熏

諸侯들과 卿士들은　群公先正
내 말 들어주지 않으니　則不我聞
하늘의 上帝께서는　昊天上帝
어찌하여 나를 달아나게 하는가.　寧俾我遯

29-4-나(按)

臣은 按 此詩는 蓋宣王이 憂旱責躬之詞라 其首에 曰 雲漢爛然하여 雨未有兆하니 今之民이 何罪而數(삭)罹饑饉之厄乎오 神之能爲雨者를 無不禱矣라 牲牷을 不敢愛하며 圭璧을 不敢惜而神不我聽은 何也오하고 二章則言 旱已太甚하여 暑威爞然(충연)일새 自郊至廟히 所以祭享者가 無不至矣호니 莫親於后稷而不能捄하고 莫尊於上帝而不見臨하니 與其耗斁下土하여 民受其害론 寧使我躬當之라하고

【臣按】 이 시는 아마도 周나라 宣王이 가뭄을 근심하여 자신을 책망하는 말일 것입니다. 그 첫 장에 "은하수 반짝반짝하여 비가 내릴 징조가 있지 않으니 지금의 백성들이 무슨 죄라고 자주 饑饉의 곤액을 당하는가. 비를 내리게 할 수 있는 신에게 빌지 않은 신이 없다. 감히 희생을 아끼지 않았으며 圭璧을 감히 아끼지 않았는데 신이 내 말을 들어주지 않는 것은 어째서인가."라고 하였습니다.

2장에서는 말하기를 "가뭄이 이미 너무도 심하여 더위가 푹푹 찌는 듯하기에 郊祭부터 宗廟까지 제사 지내는 것이 지극히 하지 않은 것이 없었다. 后稷보다 친한 신이 없는데도 구해주지 못하고 上帝보다 높은 신이 없는데도 굽어봐주지 않으니, 세상에 해를 주고 실패시켜서 백성이 그 해를 받는 것보다는 차라리 내 몸으로 감당하게 하는 것이 낫다."라고 하였습니다.

三章에 又言 致旱之由를 不可推知라 兢畏危懼하여 殆如雷霆之在上이라 周自厲王[35]

35) 厲王 : ?~기원전 828(재위 기원전 878~기원전 841). 西周의 제10대 국왕인 姬胡이다. 夷王의 아들이다. 재위 중에 奸臣 榮夷公을 卿士로 임용하여 國事를 주관하게 하고, 사치와 폭정을 자행하였다. 결국 기원전 841년에 國人의 暴動이 일어나자 鎬京을 탈출하여 彘(지금의 山西省 霍縣)로 달아났고, 周 定公과 召 穆公이 천자를 대신하여 함께 정무를 관리하는 '共和政'이 성립하였다. 이후 共和 14년(기원전 828)에 彘에서 죽었다. 그의 사후 아들인 宣王 姬靜이 즉위하였으나 이후 주 왕실의 권위는 크게 약화되었고 국세도 쇠락하였다.

板蕩之餘로 民之僅存者가 無幾어늘 今又重之以旱하니 將無復有孑[36]遺者矣라하고 四章則言 旱甚而不可止하니 我將無所自容이라 民之大命이 死亡無日이어늘 莫有顧視之者하니 群公先正之與祀者는 曾不我助而父母以及先祖가 亦何忍使予로 至此乎오하고

3장에 또 말하기를 "가뭄을 불러온 이유를 미루어 알 수 없기에 두려워하고 조심하여 거의 위에서 천둥 번개가 치는 것처럼 합니다. 周나라가 厲王 때부터 혼란해진 나머지 겨우 보존된 백성이 얼마 없는데, 지금 다시 가뭄을 거듭 내리니 장차 더 이상 남아나는 사람이 없을 것이다."라고 하였습니다.

4장에서는 말하기를 "가뭄이 심한데도 그치게 할 수 없으니 내가 장차 몸 둘 곳이 없을 것이다. 백성의 운명은 죽을 날이 얼마 안 남았는데 돌봐주고 살펴주는 자 있지 않다. 제사에 참여하는 제후들과 경사들은 일찍이 나를 도와주지 않는다 해도 부모와 선조도 어찌 차마 나를 이 지경에 이르게 하는가."라고 하였습니다.

五章에 言 旱之已甚이라 雖山川이나 亦爲槁竭하여 使我로 心如焚灼이어늘 群公先正이 不我聽聞이라 天旣見譴하니 寧使我로 遯而去位하여 以謝罪於天이언정 不可使民으로 被其毒이라하니 五章而下는 大略申復前意라 詳味其辭컨대 敬天憂民之心과 側身修行之實을 至今猶可想見이니 此其所以爲中興之治與인저

5장에 말하기를 "가뭄이 이미 심하기에 비록 산의 나무와 냇물이라고 하더라도 또한 마르고 말라버려서 나로 하여금 마음을 태우고 졸이게 하는데 제후들과 경사들이 내 말을 들어주지 않기에 하늘이 이미 꾸지람을 보였다. 차라리 나로 하여금 도망가 王位를 떠나 하늘에 사죄하게 하더라도 백성들이 그 폐해를 받게 해서는 안 된다."라고 하였습니다. 5장 이하는 대체로 앞 장의 뜻을 거듭하여 반복하였습니다.

그 내용을 자세히 음미해보면 하늘을 공경하고 백성을 근심하는 마음과 몸을 편안히 하지 못하고 행실을 닦는 실제를 지금까지도 상상해 볼 수 있습니다. 이것이 中興의 盛世를 이룩한 이유일 것입니다.

---

36) 孑 : 대전본에는 '子'로 되어 있으나, 오자이다.

29-5-가[37)]

正月①은 **大夫**가 **刺幽王也**라 **其首章**에 **曰 正月繁霜**②이라 **我心憂傷**이어늘 **民之訛言**③이 **亦孔之將**④이로다 **念我獨兮**가 **憂心京京**⑤호니 **哀我小心**이여 **癙**(서)**憂以痒**⑥호라

① 正月 : 正, 音政.
'正'은 음이 '政(정)'이다.
② 正月繁霜 : 正月, 夏之四月. 繁, 多也.
'正月'은 夏나라의 4월이다. '繁'은 '많다'라는 뜻이다.
③ 民之訛言 : 訛, 僞也.
'訛'는 '거짓'이라는 뜻이다.
④ 亦孔之將 : 將, 大也.
'將'은 '크다'라는 뜻이다.
⑤ 憂心京京 : 京京, 大也.
'京京'은 '크다'라는 뜻이다.
⑥ 癙憂以痒 : 癙憂, 幽憂也. 痒, 痛也.
'癙憂'는 '속으로 근심하다'라는 뜻이다. '痒'은 '아프다'라는 뜻이다.

《詩經》〈正月〉은 大夫가 幽王을 諷刺하여 지은 시이다. 그 첫 장에 다음과 같은 내용이 있다.

正月에 서리 많이 내리기에	正月繁霜
내 마음 근심하고 서글픈데	我心憂傷
백성의 거짓된 말이	民之訛言
또한 매우 크네	亦孔之將
생각하면 나만 홀로	念我獨兮
근심스런 마음 크기만 하니	憂心京京
서글퍼라, 내 소심함이여	哀我小心
속으로 근심하여 병드네	癙憂以痒

37) 《詩經》〈小雅 正月〉에 보인다. "正月 大夫刺幽王也"는 〈毛序〉에 보인다. 《詩集傳》에 따르면 모두 13장이다.

29-5-나(按)

臣은 按 正月은 純陽이 用事하니 爲正陽之月[38)]이니 天地長養之時而多霜焉하니 其異가 大矣而民言이 爭爲詐僞하니 其異가 又大於繁霜也라 曰訛言者는 何오 以是爲非하며 以非爲是하며 以忠爲佞하며 以佞爲忠이 此所謂訛言也라 訛言이 興則君子小人이 易位而邪正이 混淆하니 所以致繁霜之灾也라 在位之君子가 爲之憂·爲之病而王莫知焉하니 其致禍敗也가 宜哉로소이다

【臣按】 정월은 純陽이 일을 주도하니 正陽의 달이 됩니다. 천지가 키우고 기르는 때인데 서리가 많이 내리니 그 災異가 중대한 것입니다. 그런데 백성의 말이 앞다투어 거짓을 행하니 그 재이가 또 된서리보다 큰 것입니다.

'거짓된 말'이라고 한 것은 무엇이겠습니까? 옳은 것을 그릇된 것으로 만들고 그릇된 것을 옳은 것으로 만들며 충성함을 간사함으로 만들며 간사함을 충성함으로 만드는 것, 이것이 이른바 '거짓된 말'입니다.

거짓된 말이 일어나면 君子와 小人이 자리가 바뀌고 사악함과 올바름이 뒤섞이니, 된서리의 재변을 불러온 이유입니다. 백성을 다스리는 자리에 있는 군자가 이 때문에 근심하고 이 때문에 병드는데 왕은 이를 알지 못하니, 그 재앙과 실패를 불러들이는 것이 마땅할 것입니다.

29-6-가[39)]

十月之交는 大夫가 刺幽王[40)]也라 其一章에 曰 十月之交①朔日[41)]辛卯에 日有食之하니 亦孔之醜②로다 彼月而微어니와 此日而微여 今此下民이 亦孔之哀로다

---

38) 正陽之月 : 《周易》의 十二辟卦에 따르면, 4월은 여름의 첫 달인 巳月로 乾卦에 해당하여 純陽이 된다.

39) 《詩經》 〈小雅 十月之交〉에 보인다. "十月之交 大夫刺幽王也"는 〈毛序〉에 보인다. 《詩集傳》에 따르면 모두 8장이다.

40) 幽王 : ?~기원전 771(재위 기원전 782~기원전 771). 西周의 제12대 국왕인 姬宮涅(희궁녈)이다. 宣王의 아들이다. 재위 중에 鎬京에 지진이 나는 등 천재가 잇따랐지만, 가혹한 정사를 자행하고 사치향락에 빠져 내정이 혼란하였다. 게다가 褒姒를 총애하여 왕후인 申后와 그 소생인 太子 宜臼를 폐하고 포사의 소생인 伯服을 태자로 세워 申侯의 반란을 야기하였다. 결국 신후와 犬戎의 공격을 받아 호경이 함락되고 유왕도 피살되었다.

41) 日 : 대전본에는 '月'로 되어 있으나, 오자이다.

① 十月之交 : 十月, 夏正建亥之月.
'十月'은 夏正에서 북두칠성의 자루가 亥方을 가리키는 달이다.
② 亦孔之醜 : 醜, 惡也.
'醜'는 '추악하다'라는 뜻이다.

《詩經》〈十月之交〉는 大夫가 幽王을 諷刺하여 지은 시이다. 그 1장에 다음과 같은 내용이 있다.

10월의 해와 달이 만나는	十月之交
초하루 辛卯日에	朔日辛卯
日蝕이 일어나니	日有食之
또한 매우 보기 흉한 일이네	亦孔之醜
저 달이야 이지러질 수 있지만	彼月而微
이 해가 이지러짐이여	此日而微
지금 이 백성들이	今此下民
또한 매우 가엾네	亦孔之哀

二章에 **曰 日月告凶**하여 **不用其行**하니 **四國無政**하여 **不用其良**이로다 **彼月而食**은 **則維其常**이어니와 **此日而食**이여 **于何不臧**①고

① 于何不臧 : 臧, 善也.
'臧'은 '좋다'라는 뜻이다.

2장에 다음과 같은 내용이 있다.

해와 달이 흉함을 알려서	日月告凶
그 운행하는 길을 쓰지 않으니	不用其行
사방 제후국에 정사가 없어서	四國無政
어진 사람을 쓰지 않네	不用其良
저 달이 먹히는 것은	彼月而食
일상적인 일이지만	則維其常

이 해가 먹힘이여 此日而食
어찌하여 좋지 못한가 于何不臧

三章에 曰 爗爗(엽엽)[42]震電[①]이 不寧不令[②]이로다 百川沸騰하며 山冢崒(줄)崩[③]하여 高岸爲谷이요 深谷爲陵이어늘 哀今之人은 胡憯莫懲[④]고 皇父(황보)卿士[⑤]요 番維[43]司徒[⑥]요 家伯爲宰[⑦]요 仲允膳夫[⑧44]요 棸子(추자)內史[⑨45]요 蹶(궤)維趣馬(추마)[⑩46]요 楀(구)維師氏[⑪47]어늘 豔(염)妻煽方處[⑫48]로다

① 爗爗震電 : 爗爗, 電光貌. 震, 雷也.
'爗爗'은 번개가 번쩍이는 모양이다. '震'은 천둥이다.

② 不寧不令 : 寧, 安也. 令, 善也.
'寧'은 '편안하다'라는 뜻이다. '令'은 '좋다'라는 뜻이다.

③ 山冢崒崩 : 冢, 頂也. 崒, 崔嵬之狀.
'冢'은 '꼭대기'라는 뜻이다. '崒'은 높은 모습이다.

④ 胡憯莫懲 : 憯, 慘也.
'憯'은 '비통하다'라는 뜻이다.

⑤ 皇父卿士 : 皇父, 字也.
'皇父'는 字이다.

⑥ 番維司徒 : 番, 氏也.
'番'은 氏이다.

褒姒

42) 爗爗 : 사고본에는 '燁'으로 되어 있는데, 淸 高宗 玄燁의 피휘이다.
43) 維 : 사고본에는 '爲'로 되어 있으나, 오자이다.
44) 膳夫 : 왕의 요리와 식사를 담당하는 食官의 우두머리로 上士에 해당한다.《周禮 天官 膳夫》
45) 內史 : 왕의 八枋의 법을 관장하여 爵·祿·廢·置·殺·生·予·奪을 맡으며 中大夫이다.《周禮 春官 內史》
46) 趣馬 : 왕의 馬政을 관장하는 관직으로 中士이다.《周禮 夏官 趣馬》
47) 師氏 : 조정의 得失의 일을 관장하며 中大夫이다.《周禮 地官 師氏》
48) 三章……方處 :《毛詩注疏》와《詩集傳》에 따르면 〈十月之交〉는 모두 8장이며 장8구이다. 이에 따르면 저본에 제3장으로 인용된 내용 중에서 '爗爗'부터 '莫懲'까지의 8구만이 제3장이며, 나머지 '皇父'부터 '方處'까지의 8구는 제4장에 해당한다.

⑦ 家伯爲宰：伯，字也.
'伯'은 字이다.
⑧ 仲允膳夫：仲，字也.
'仲'은 字이다.
⑨ 棸子內史：棸，氏也.
'棸'는 氏이다.
⑩ 蹶維趣馬：蹶，氏也.
'蹶'는 氏이다.
⑪ 楀維師氏：楀，氏也. 卿士以下，皆官名.
'楀'는 氏이다. 卿士 이하는 모두 관직 이름이다.
⑫ 豔妻煽方處：豔妻，謂褒姒也. 煽，熾也. 處，居也.
'豔妻'는 褒姒(포사)를 이른다. '煽'은 '불을 피우다'라는 뜻이다. '處'는 '거처하다'라는 뜻이다.

3장에 다음과 같은 내용이 있다.

번쩍번쩍 천둥 번개가	爗爗震電
편안하지 않고 좋지 않네	不寧不令
온갖 하천이 용솟음치고	百川沸騰
높은 산마루가 무너져서	山冢崒崩
높은 언덕은 골이 되고	高岸爲谷
깊은 골은 구릉 되었네	深谷爲陵
슬프다, 지금 사람은	哀今之人
어찌하여 비참해지고 징계하지 못하는가	胡憯莫懲
皇父가 卿士이고	皇父卿士
番氏가 司徒이고	番維司徒
家伯이 宰가 되고	家伯爲宰
仲允이 膳夫이고	仲允膳夫
棸子가 內史이고	棸子內史
蹶氏가 趣馬이고	蹶維趣馬
楀氏가 師氏인데	楀維師氏

요염한 부인이 화를 일으키며 그대로 있네 豔妻煽方處

六章에 曰 黽勉從事하여 不敢告勞호라 無罪無辜어늘 讒口囂囂(효효)로다 下民之孽(얼)이 匪降自天이라 噂(준)沓背(패)憎이 職競由人[49]이니라

6장에 다음과 같은 내용이 있다.

힘써서 나랏일에 매진하여 黽勉從事
감히 수고롭다고 말하지 못하였네 不敢告勞
죄도 없고 잘못도 없는데도 無罪無辜
헐뜯는 입 시끄럽게 떠드네 讒口囂囂
백성이 당한 재앙은 下民之孽
하늘에서 내린 것이 아니고 匪降自天
앞에서는 수다 떨다 뒤에서는 미워함이 噂沓背憎
다툼을 주재하는 것은 사람 때문이네 職競由人

29-6-나(按)

臣은 按 四月繁霜이어늘 幽王이 不知戒也라 於是十月之朔에 日有食之하니 考諸先儒之論컨대 以爲日月之食이 雖有常度하나 然王者가 修德行政하여 用賢去姦하여 能使陽盛足以勝陰하며 陰衰不能侵陽則日月之行이 雖或當食而不食焉하고 若國無政不用善하여 臣子가 背君父하며 妾婦가 乘其夫하며 小人이 陵君子하며 夷狄이 侵中國則陰盛陽微하여 當食必食하나니 雖曰行有常度而實爲非常之變矣라

【臣按】 4월에 된서리가 내렸는데도 幽王은 경계할 줄 몰랐습니다. 그리하여 10월 초하루에 일식이 일어났습니다. 先儒의 의론을 상고해보건대 다음과 같습니다. 일식과 월식이 비록 일정한 도수가 있기는 합니다. 그러나 王者가 덕을 닦고 정사를 행하여 어진 이를 등용하고 간사한 이를 없애서 陽이 강성해져 충분히 陰을 이

49) 六章……由人 : 《毛詩注疏》와 《詩集傳》에 따르면 〈十月之交〉 제7장에 해당하나 眞德秀가 앞서 제3장과 제4장의 16구를 한데 묶어 제3장으로 제시하였으므로, 착오의 여부는 자세하지 않다.

기게 하고 음이 쇠하여 양을 침범하지 못하게 한다면, 해와 달의 운행이 비록 간혹 먹힐 때를 당하여도 먹히지 않게 됩니다.

만약 나라에 제대로 된 정사가 없고 선한 사람을 등용하지 않아서 신하와 자식이 임금과 아비를 배반하고 부녀자가 지아비의 위에 올라서고 소인이 군자를 능멸하고 夷狄이 中國을 침범하면, 음이 강성해지고 양이 미약해져 먹힐 때가 되면 반드시 먹힙니다. 비록 운행에는 일정한 도수가 있다고 하지만 실로 범상치 않은 변고가 됩니다.

正陽之月에 日有食之는 古之深忌也어니와 十月純陰而食을 詩人이 亦刺之者는 蓋純陽而食은 陽弱之甚이요 純陰而食은 陰壯之甚이라 故均於爲異焉이라 亦孔之醜는 言其甚可醜也라 月有虧微는 理之正也어니와 日亦虧微하니 豈不甚可哀乎리오 原日月之告[50]凶하여 不用其行者는 以四國이 無政하여 不用其良故也라 月食은 陽盛[51]陰也요 日食은 陰勝陽也라 陽尊陰卑하니 陰亢陽而不勝은 乃其常也어니와 陰勝陽而揜之하니 可以爲常乎아

正陽의 달에 일식이 있는 것은 고대에 매우 꺼렸습니다. 하지만 純陰의 달인 10월에 일식이 일어나는 것을 시인이 마찬가지로 풍자한 것은 다음과 같습니다. 純陽에 먹히는 것은 양이 매우 약한 것이고 순음에 먹히는 것은 음이 매우 강성한 것입니다. 그러므로 異變이 된다는 점에 있어서 같은 것입니다.

'또한 매우 보기 흉한 일이네.'라는 것은 매우 흉하게 여길 만함을 말한 것입니다. 달에 이지러지고 미약해짐이 있는 것은 올바른 이치지만, 해도 이지러지고 미약해지니 어찌 매우 슬퍼할 만하지 않겠습니까. 해와 달이 흉함을 알려 그 운행하는 길을 쓰지 않는 것을 근본을 캐보면, 사방 제후국에 제대로 된 정사가 없어서 어진 사람을 쓰지 않기 때문입니다. 월식은 양이 음보다 강성해지는 것이고 일식은 음이 양을 이기는 것입니다. 양은 높고 음은 낮으니, 음이 양에 항거하다가 이기지 못하는 것은 곧 떳떳한 것이지만 음이 양을 이겨서 가렸으니 떳떳한 것이 될 수 있겠습니까.

曰 于何不臧은 言何由而有此不善之證也라 雷는 發聲于春하고 收聲于秋하나니 今旣

50) 告 : 대전본에는 '吉'로 되어 있다.
51) 盛 : 사고본에는 '勝'으로 되어 있다.

十月矣而雷電이 交作하며 山傾川涌하여 陵谷改易하여 高深易位하니 此爲何景而幽王이 曾莫之懲고 刺王而曰今之人者는 不欲斥言也라

'어찌하여 좋지 못한가.'라고 한 것은 무슨 이유로 이처럼 좋지 못한 증험이 일어났는가라고 말한 것입니다. 우레는 봄에 소리를 내고 가을에 소리를 거두어들입니다. 지금 이미 10월이 되었는데 천둥 번개가 함께 일어나며 산이 무너지고 하천이 넘쳐서 구릉과 골이 바뀌어 높은 곳과 깊은 곳이 자리를 바꾸었으니 이것이 어떤 상황입니까. 그런데도 幽王은 일찍이 이를 징계하지 않았단 말입니까. 왕을 풍자하여 '지금 사람'이라고 말한 것은 지적하여 말하지 않고자 한 것입니다.

前云不用其良은 謂善人失職也니 善人失職은 由小人之用事也요 小人用事于外者는 由婦人主之於中也라 故至此하여 歷敍其人焉하니 卿士・司徒而下는 皆王朝貴近之官而皇父之屬이 分據其位하니 所以然者는 有褒姒가 爲之地也라 女子・小人이 內外交締하니 此가 灾異所以倂至也라 善人君子가 遭値此時하여 黽勉從事하여 未嘗敢以勞苦自言而無罪無辜가 橫罹讒毁하니 以此로 知山摧川沸之變이 非天爲之라 實噂沓背憎之人이 爲之也라 蓋上天이 仁愛하시니 非有意於降灾라 乃人自取之耳니 可不戒哉잇가

앞에서 '어진 사람을 쓰지 않네.'라고 한 것은 善人이 직위를 잃었다는 것을 이르니 선인이 직위를 잃은 것은 소인이 일을 주도하는 데에서 말미암은 것이고 소인이 밖에서 일을 주도하는 것은 부인이 안에서 이를 주재하는 데에서 말미암은 것입니다. 그러므로 이에 이르러 그 사람들을 여기에 하나하나 서술하였습니다. 卿士와 司徒 이하는 모두 왕의 조정의 존귀하고 왕을 측근에서 모시는 관직인데, 皇父의 무리가 그 자리를 나누어 차지하였습니다. 그렇게 된 이유는 褒姒가 그 바탕이 되었기 때문입니다. 女子와 小人이 안팎에서 서로 연계하니 이것이 재이가 한꺼번에 이른 이유입니다.

善人 君子가 이때를 당하여 힘써서 나랏일에 매진하여 감히 수고롭다고 스스로 말한 적도 없었는데 죄도 잘못도 없이 뜻밖에 참소를 당하였습니다. 이 때문에 산이 무너지고 하천이 용솟음치는 재변이 하늘이 행한 것이 아니라, 실제로는 앞에서는 수다 떨고 뒤에서는 미워하는 사람이 이를 행하였다는 것을 알 수 있습니다. 上天이 어질고 자애로우니 재앙을 내리는 데 뜻이 있는 것이 아니고, 바로 사람이 스스로 재앙을 취한 것이니 경계하지 않아서야 되겠습니까.

29-7-가[52]

齊有彗星[①]이어늘 **齊侯**가 **使禳之**[②]하신대 **晏子**[③53)]가 **曰 無益也**라 **祇取誣焉**이니 **天道不諂**이라 **不貳其命**이니 **若之何禳之**리잇고 **且天之有彗也**는 **以除穢也**[④]니 **君無穢德**이면 **又何禳焉**이며 **若德之穢**면 **禳之何損**이리잇고 **公**이 **說**(열)하사 **乃止**하시다

① 齊有彗星 : 彗星, 除舊布新之象.
 彗星은 옛것을 쓸어내고 새것을 펴는 형상이다.
② 齊侯使禳之 : 景公也.
 '齊侯'는 景公이다.
③ 晏子 : 晏嬰也.
 '晏子'는 晏嬰이다.
④ 且天……穢也 : 彗之狀如帚, 故曰除穢.
 彗星의 형상이 빗자루와 같기 때문에 '더러운 것을 쓸어낸다.'라고 한 것이다.

齊나라에 彗星이 출현하자 齊侯(景公)가 사람을 시켜 제사를 지내어 혜성의 소멸을 기도하게 하였다. 晏子가 말하였다.
"도움은 없고 그저 속임을 취할 뿐입니다. 天道는 의혹이 없어 하늘의 명에 착오가 없으니, 어찌 제사를 지내 기도하여 혜성을 소멸시킬 수 있겠습니까. 그리고 또 하늘에 혜성이 출현하는 것은 더러운 것들을 쓸어내기 위함이니, 군주가 불미스러운 행실이 없다면 또 어찌 제사를 지내어 기도하겠으며, 만약 임금님의 행위에 더러움이 있다면 제사를 지내 기도한다고 어찌 덜어지겠습니까."
경공이 기뻐하여 마침내 제사를 지내 혜성의 소멸을 기원하는 일을 중지시켰다.

29-7-나(按)

臣은 **按 晏子**가 **於是知天道矣**라 **古之應天者**는 **惟有敬德而已**니 **禱禳**이 **非所恃也**라 **後**

52) 《春秋左氏傳》 昭公 26년(기원전 516)조에 보인다.
53) 晏子 : ?~기원전 600. 춘추시대 齊나라의 재상이다. 이름은 嬰, 자는 平仲, 夷維 사람이다. 齊 靈公·莊公·景公 세 임금을 섬기면서 50여 년간 국정을 보좌하였다. 임금에게 자주 간언을 올려 민생을 살피고 근검을 역설하였다. 제나라가 陳氏의 수중에 넘어갈 것을 우려했으나 막지 못하였다.

世에 神怪之說이 興하여 以爲災異可以禳而去라하여 於是人主가 不復有畏天之心하니 此가 爲害之大者也니이다

【臣按】 晏子가 이에 天道를 알았습니다. 옛날에 하늘의 뜻에 따르는 자는 오직 덕을 공경하는 데 있을 뿐이었으니 기도하는 것은 믿을 바가 아닙니다. 후세에 신비하고 기이한 이야기가 생겨나 災異는 기도하여 물리칠 수 있다고 하였습니다. 그리하여 군주가 더 이상 하늘을 두려워하는 마음을 가지지 않았으니, 이것은 해악 중에 큰 것이 됩니다.

29-8-가[54)]

宋景公時에 熒惑(형혹)이 守心①하니 心은 宋之分野也[55)]라 景公[56)]이 憂之어시늘 司星子韋가 曰 可移於相公이니이다 曰 相은 吾之股肱이니라 曰 可移於民이니이다 公曰 君者는 待民이니라 曰 可移於歲니이다 公曰 歲飢면 民困이니 吾誰爲君이리오 子韋가 曰 天高聽卑하니 君有君人之言이 三이라 熒惑이 宜有動이니이다 於是候之하니 果徙三度하다

① 熒惑守心 : 熒惑, 火星也. 心, 東方宿(수)也.
'熒惑'은 火星이다. '心'은 東方의 별자리이다.

54) 《史記》 권38 〈宋微子世家〉 景公 37년(기원전 480)조에 보인다.

55) 心宋之分野也 : 分野는 별자리와 서로 대응하는 지역을 이른다. 고대에는 12 별자리 또는 28宿의 위치를 땅위의 州나 國의 위치에 대응시켰는데, 이때 하늘은 分星, 땅은 分野라고 하였다. 분성과 분야는 다음과 같다. 角宿와 亢宿는 鄭나라의 분야로서 兗州에 해당하고, 氐宿와 房宿와 心宿는 宋나라의 분야로서 豫州에 해당하고, 尾宿와 箕宿는 燕나라의 분야로서 幽州에 해당하고, 斗宿와 牛宿는 吳나라와 越나라의 분야로서 揚州에 해당하고, 女宿와 虛宿는 齊나라의 분야로서 青州에 해당하고, 危宿와 室宿와 壁宿는 衛나라의 분야로서 并州에 해당하고, 奎宿와 婁宿는 魯나라의 분야로서 徐州에 해당하고, 胃宿와 昴宿는 趙나라의 분야로서 冀州에 해당하고, 畢宿와 觜宿와 參宿는 魏나라의 분야로서 益州에 해당하고, 井宿와 鬼宿는 秦나라의 분야로서 雍州에 해당하고, 柳宿와 星宿와 張宿는 周나라의 분야로서 三河에 해당하고, 翼宿와 軫宿는 楚나라의 분야로서 荊州에 해당한다.

56) 景公 : 사고본에는 없다.

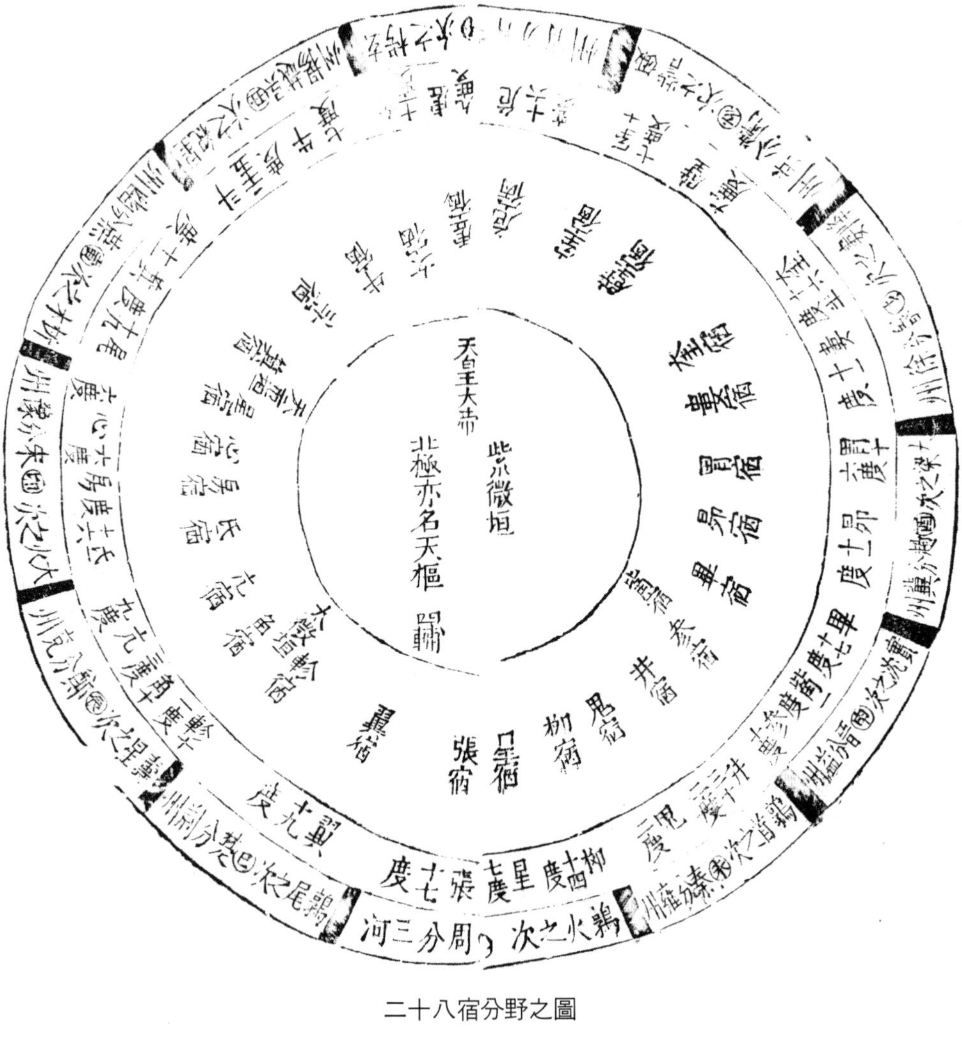

二十八宿分野之圖

宋나라 景公 때 熒惑星이 心宿(심수)의 구역을 침범하니, 심수는 宋나라의 분야에 해당하였다. 경공이 이를 근심하자 司星인 子韋가 말하였다.

"재앙을 相公에게 옮겨가게 할 수 있습니다."

경공이 말하였다.

"재상은 나의 팔다리와 같다."

자위가 말하였다.

"백성에게 옮겨가게 할 수 있습니다."

경공이 말하였다.

"군주는 백성에 의지한다."

자위가 말하였다.

"한 해의 농사에 옮겨가게 할 수 있습니다."

경공이 말하였다.

"한 해의 농사가 饑饉이 들면 백성이 곤궁하게 되니 내가 누구에게 군주 노릇을 하겠는가."

자위가 말하였다.

"하늘은 높지만 낮은 곳의 말을 듣습니다. 군주께서 군주다운 말을 한 것이 세 번입니다. 형혹성이 틀림없이 움직일 것입니다."

그리하여 천체의 운행을 관측해보니 형혹성이 과연 3도를 옮겨갔다.

29-8-나(按)

臣은 按 易에 曰 言行은 君子所以動天地也[57]라하니 景公三言之善而法星[58]이 爲徙三度하니 天人相應이 其捷如此하니 可不畏哉잇가

【臣按】《周易》에 이르기를 "말과 행실은 군자가 天地를 움직이는 것이다."라고 하였습니다. 景公이 세 번 善言을 말하여 法星이 3도를 옮겨갔으니 하늘과 인간이 서로 반응하는 것이 이와 같이 빠릅니다. 두려워하지 않아서야 되겠습니까.

29-9-가1[59]

漢董仲舒[60]가 告武帝曰 天人相與之際는 甚可畏也라 國家가 將有失道之

57) 易曰……地也 : 《周易》〈繫辭傳 上〉 제8장에 보인다.

58) 法星 : 熒惑星의 별명으로, 罰星 또는 執法이라고도 한다.

59) 《漢書》 권56 〈董仲舒傳〉에 보인다. 漢 武帝가 즉위한 뒤 賢良文學之士를 발탁하자, 동중서가 賢良으로서 對策한 것이다. 같은 내용이 《文章正宗》 권7 〈董仲舒對賢良策1〉에도 보인다.

60) 董仲舒 : 기원전 179~기원전 104. 西漢의 저명한 경학가, 사상가, 정치가이다. 젊어서 《春秋》를 공부하였으며 특히 《春秋公羊傳》을 중시하였다. 漢 景帝 때 박사가 되었다. 武帝 建元 원년(기원전 140) 10월에 무제의 策問에 응하여 세 편의 對策을 올렸다. 이후 江都易王 劉非(기원전 168~기원전 128)의 國相에 임명되었다. 元朔 5년(기원전 124)에 公孫弘의 천거로 膠西王 劉端의 國相에 임명되자 병을 핑계로 사직하였다. 그의 대책에 나오는 大

敗인대 **天迺先出災害**하여 **以譴告之**하고 **不知自省**이어든 **又出怪異**하여 **以警懼之**하고 **尙不知變而傷敗迺至**하나니 **以此**로 **見天心之仁愛人君而欲止其亂也**라 **自非大無道之世**인대 **天**이 **盡欲扶持而全安之**니 **事在彊勉而已**니이다

漢나라 董仲舒가 武帝에게 아뢰었다.

"하늘과 인간의 상관관계는 몹시 두려워할 만합니다. 국가가 장차 올바른 도리를 잃은 패망이 일어나려고 하면 하늘이 이에 먼저 災害를 내려 꾸짖고 알려주며, 스스로 반성할 줄 모르면 다시 怪變을 내려 경계하고 두렵게 하며, 그런데도 고칠 줄을 모르면 패망이 이에 다다릅니다. 이를 통해 하늘의 마음은 임금을 사랑하여 세상의 혼란을 그치게 하고자 한다는 것을 알게 됩니다. 가령 크게 올바른 도리를 상실한 때가 아니라면 하늘은 끝까지 붙들어주어 그를 온전하고 편안하게 하려고 하니, 일은 열심히 노력하는 데 달렸을 뿐입니다."

董仲舒

29-9-가2[61)]

仲舒가 **又言 人之所爲**가 **其美惡之極**이 **乃與天地流通而往來相應**이니이다

董仲舒가 또 말하였다.

"인간의 행위 가운데 善惡이 극단에 이른 것은 마침내 천지와 소통하여 왕래하고 상응합니다."

一統 · 天人感應 · 罷黜百家 · 獨尊儒術과 같은 주장들은 이후의 통치 철학에 많은 영향을 주었다. 저서에 《春秋繁露》가 있다.

61) 《漢書》 권56 〈董仲舒傳〉에 보인다. 같은 내용이 《文章正宗》 권7 〈董仲舒對賢良策3〉에도 보인다.

29-9-가3[62)]

元帝時에 日食地震이어늘 匡[63)]衡[64)]이 上疏曰 天人之際에 精祲이 有以相盪하며 善惡이 有以相推라 事作於下者는 象動於上이니 陰陽之理가 各應其感하여 陰變則靜者가 動[①]하며 陽蔽則明者가 晻[②]하고 水旱之災가 隨類而至니이다

① 陰變則靜者動 : 謂地震也.
'靜者動'은 지진을 이른다.

② 陽蔽則明者晻 : 謂日食也.
'明者晻'은 일식을 이른다.

漢 元帝 때 日蝕과 地震이 일어나자 匡衡이 상소하여 다음과 같이 말하였다. "하늘과 인간의 사이에 순수한 기운과 요사스러운 기운이 서로 움직이고 善과 惡이 서로 밀어내어서 일이 아래에서 생기는 것은 懸象이 위에서 나타납니다. 그러니 陰陽의 이치가 각각 그 감촉에 응하여, 음이 변화하면 멎어 있는 땅이 움직이고 양이 가려지면 밝은 해가 어두워지며 홍수와 가뭄의 재해가 부류에 따라 이릅니다."

29-9-가4[65)]

哀帝元壽元年에 日有蝕之어늘 孔光[66)]이 對曰 臣이 聞師호니 曰 天이 右與王

62)《漢書》 권81 〈匡衡傳〉에 보인다. 元帝 永光 2년(기원전 42)에 일식과 지진의 재변이 발생하자 정치의 득실에 대해 匡衡에게 자문을 구하였다. 이에 광형이 상소한 것이다. 같은 내용이 《文章正宗》 권7 〈匡衡上政治得失疏〉에도 보인다.

63) 匡 : 대전본에는 '康'으로 되어 있으나, 宋 太祖 趙匡胤의 피휘이다.

64) 匡衡 : 생몰년은 자세하지 않다. 자는 稚圭이다. 東海 承 사람이다. 后蒼에게 《齊詩》를 배웠다. 《詩經》의 해설에 뛰어났고 《論語》와 《孝經》을 중시하였다. 宣帝 때 太常掌故, 平原文學을 역임하였고, 元帝 때 郎中·博士·給事中·御史大夫 등을 거쳐 建昭 3년(기원전 36)에 丞相이 되었다.

65)《漢書》 권81 〈孔光傳〉에 보인다. 같은 내용이 《文章正宗》 권8 〈孔光日蝕對〉에도 보인다. 孔光은 哀帝 때 승상이 되었으나 자주 傅太后의 뜻을 거슬러 결국 면직되었다. 그런데 마침 애제 元壽 元年(기원전 2) 정월 초하루에 일식이 발생하자 애제가 공광을 徵召하여 公車로 나오게 하여 일식에 대해 물은 것이다.

66) 孔光 : 기원전 65~5. 자는 子夏이다. 魯國 曲阜 사람이다. 공자의 14세손이다. 經史에 해

者라 故災異數(삭)見하여 以譴告之하여 欲其改更이니 若不畏懼하여 有以塞除而輕忽簡誣則凶罰이 加焉이라 其至可必이니 詩曰 敬之敬之어다 天維顯思라 命不易(이)哉[67]라하며 又曰 畏天之威하여 于時保之[68]라하니 皆謂不懼者凶이요 懼之則吉也라 書曰 天棐(비)諶[69]辭라하니 言有誠道면 天이 輔之也라 明承順天道가 在於崇德博施하며 加精致誠하여 孳孳而已라 俗之祈禳小數가 終無益於應天이 較然甚明이라 無可疑惑이니이다

漢 哀帝 元壽 원년(기원전 2)에 日蝕이 있자, 孔光이 애제에게 다음과 같이 대답하였다.

"臣이 스승에게 듣건대, 하늘이 王者를 돕기 때문에 재이를 자주 나타내어 꾸짖고 일러주어 그가 고치게 하고자 하니, 만약 두려워하지 않아 막고 없앨 것이 있는데도 소홀히 하고 속인다면 재앙과 징벌이 가해집니다. 재앙과 징벌은 필연적으로 도래합니다. 《詩經》에 이르기를 '공경하고 공경할지어다. 하늘의 도가 밝기에 천명을 보전하기 쉽지 않다.'라고 하였으며, 또 이르기를 '하늘의 위엄을 두려워하여 이에 천명을 보전하네.'라고 하였으니, 모두 하늘을 두려워하지 않는 자는 흉하고 하늘을 두려워하면 길하다는 것을 말하였습니다. 《書經》에 이르기를 '하늘이 돕되 정성스런 말씀으로 하신다.'라고 하였으니, 말에 정성스런 도리가 있으면 하늘이 이를 돕는 것입니다. 天道를 받들어 따르는 것이 덕행을 숭상하고 널리 시행하며 정성을 지극히 하여 부지런히 힘쓰는 데 있을 뿐임을 밝힌 것입니다. 세속에서 재앙이 소멸되기를 기도하는 하찮은 술수가 끝내 하늘의 뜻에 부응하는 데 도움이 없음이 확연히 매우 분명하기에 의혹할 만한 것이 없습니다."

박하여 成帝 때 博士가 되었고, 僕射(복야)·尙書令·御史大夫 등을 역임하였다. 성품이 곧고 권세에 아부하지 않았다. 성제에게 아들이 없어 丞相 翟方進·大司馬 王根 등이 성제의 조카 劉欣을 태자로 세우고자 하니, 이를 반대하다가 성제의 노여움을 사서 하옥되었다. 성제의 사후에 王莽에 의해 승상이 되고 博山侯에 봉해졌으나 傅太后의 專權을 반대하다가 파직되었다. 부태후가 죽자 다시 출사하여 승상에 올랐으나 왕망의 전횡이 심해지자 老病으로 致仕하였다.

67) 敬之……易哉 : 《詩經》〈周頌 敬之〉에 보인다.

68) 畏天……保之 : 《詩經》〈周頌 我將〉에 보인다.

69) 諶 : 《書經》〈周書 大誥〉에는 '忱'으로 되어 있다.

29-9-가5[70)]

是年에 **息夫躬**[71)]이 **建言 灾異數**(삭)**見**이라 **恐必有非常之變**이니 **可遣大將軍**하여 **行邊兵敕武備**하고 **斬一郡守**하여 **以立威應變**이라한대 **上**이 **然之**하사 **以問丞相王嘉**[72)]하신대 **嘉**가 **對曰 動民以行**이요 **不以言**하며 **應天以實**이요 **不以文**이니 **下民細微**라도 **猶不可詐**온 **況於上天神明而可欺哉**아 **天之見異**는 **所以敕戒人君**하여 **欲令覺悟反正**이니 **推誠行善**하여 **民心說**(열)이면 **而天意解矣**리니 **謀動干戈**하여 **設爲權變**이 **非應天之道也**니이다

이해에 息夫躬이 건의하여 말하였다.

"재이가 자주 나타나기에 틀림없이 범상치 않은 변고가 생길 듯합니다. 대장군을 보내 변방의 군대를 순행하여 군비를 정비하고 郡守 한 사람을 참수하여 위엄을 세워서 변고에 대처하여야 합니다."

哀帝가 이를 옳게 여겨 이를 丞相 王嘉에게 묻자, 왕가가 대답하였다.

"백성을 감동시키는 것은 행동으로써 하고 말로써 하지 않으며, 하늘의 뜻에 따르는 것은 실제로 하고 文飾으로 하지 않습니다. 백성이 하찮고 미천할지라도 오히려 속일 수 없는데, 더구나 신령스럽고 밝은 하늘을 속일 수 있겠습니까. 하늘이 재이를 나타내는 것은 군주를 경계시켜 군주로 하여금 과오를 깨달아 바른 도

---

70) 《漢書》 권45 〈蒯伍江息夫傳 息夫躬〉에 보인다. 이 일은 漢 哀帝 建平 4년(기원전 3)에 있었다. 같은 내용이 《資治通鑑》 권34 〈漢紀36 哀帝 中〉에도 보인다.

71) 息夫躬 : ?~기원전 1. 西漢의 관료, 문학가이다. 자는 子微로, 河內 河陽 사람이다. 일찍이 博士弟子가 되어 《春秋》를 공부하였다. 哀帝 때 징소되어 待詔, 光祿大夫, 左曹給事中 등을 역임하였고, 宜陵侯에 봉해졌다. 참언을 잘하여 사람들이 그의 입을 두려워하여 그를 보면 눈을 돌렸다고 한다. 建平 4년(기원전 3)에 熒惑星이 心宿를 침범하고 角星이 河鼓의 자리에 출현하여 병란의 조짐이 있다고 하면서 변방의 군비를 강화하고 군수 한 명을 참수하여 이변에 대응할 것을 헌책하여 가납되었다. 이에 대해 丞相 王嘉와 董賢의 저지를 받았다. 이후 방책을 실시한 당일에 다시 일식이 발생하자, 元壽 원년(기원전 2)에 논핵되어 면직되었다가 다시 모함을 받아 투옥된 뒤 죽었다. 저술로는 〈絶命辭〉가 있다.

72) 王嘉 : ?~기원전 2. 漢 成帝・哀帝 때의 대신이다. 자는 公仲으로, 平陵 사람이다. 돈후하고 소박한 성품으로 직언을 잘하여 成帝 때 太中大夫가 되었고 京兆尹, 御史大夫 등을 역임하였다. 哀帝 建平 3년(기원전 4) 승상이 되었고 新甫侯에 봉해졌다. 애제가 董賢을 총애하여 侯로 봉하려 하자, 이에 반대하다가 하옥되어 죽었다.

리를 회복하게 하고자 해서이니, 진실한 마음을 미루어 善을 행하여서 백성의 마음이 기뻐하게 되면 하늘의 뜻이 풀어지게 될 것입니다. 전쟁을 일으키기를 획책하여 임기응변의 계책을 만들어내는 것은 하늘의 뜻에 따르는 방법이 아닙니다."

29-9-나(按)

臣은 按 漢儒之言天者가 衆矣로되 惟仲舒가 最爲精粹하니 其曰 人之所爲가 美惡之極이 與天地流通往來相應者는 尤古今之格言也라 匡衡以下는 其言이 亦足以警世主라 故剟其略하여 著于篇云하노이다

【臣按】漢나라 유학자 중에 하늘에 대해 말한 사람이 많지만 오직 董仲舒가 가장 정수를 말하였습니다. 그가 이르기를 "인간의 행위 가운데 善惡이 극단에 이른 것은 마침내 천지와 소통하여 왕래가 상응합니다."라고 한 것은 특히 고금의 격언입니다. 匡衡 이하는 그 말이 또한 國君을 경계시킬 만하기 때문에 그 대략적인 내용을 추려서 이 책에 수록하는 바입니다.

以上은 論遇災之敬하니라

이상은 災異를 만났을 때의 恭敬을 논한 것이다.

臨民之敬　백성을 대할 때의 恭敬

29-10-가[73]

五子之歌①에 其一曰 皇祖가 有訓②하시니 民可近이언정 不可下니라 民惟邦本이니 本固라야 邦寧하나니라 予視天下혼대 愚夫愚婦가 一能勝予[74]라하노니 一人이 三失이어니 怨豈在明이리오 不見(현)에 是圖니라 予臨兆民호대 懍乎若朽索之馭六

73) 《書經》〈夏書 五子之歌〉에 보인다. 〈五子之歌〉는 31-4-가 참조.

74) 皇祖……勝予 : 蔡沈의 《書集傳》에 따르면 저본에 인용된 내용 중에서 湯王이 남긴 교훈은 '皇祖'부터 邦寧까지이고, "予視" 이하는 太康의 다섯 아우의 말이다. 그러나 眞德秀의 안설에 "大禹自謂 天下之愚夫愚婦 有能勝我者"라고 하였으므로 이를 감안하여 "一能勝予"까지를 탕왕이 남긴 교훈으로 번역하였다.

馬하노니 **爲人上者**는 **奈**[75]**何不敬**고

① 五子之歌 : 夏書篇名, 詳見後.[76]
〈五子之歌〉는《書經》〈夏書〉의 편명이니 뒤에 자세히 보인다.
② 其一曰皇祖有訓 : 皇祖, 大禹也.
'皇祖'는 大禹이다.

《書經》〈五子之歌〉에 다음과 같은 내용이 있다.
"그 첫 번째는 다음과 같다. '皇祖(大禹)께서 교훈을 남기셨으니, 「백성은 가까이할지언정 얕잡아보아서는 안 된다. 백성은 나라의 근본이니 근본이 튼튼해야 나라가 편안하다. 내가 천하를 살펴보건대 어리석은 백성들도 한 사람이 나를 이길 수 있다.」라고 하셨네. 한 사람이 세 번 잘못을 하였으니 원망이 어찌 밝게 드러난 데 있겠는가. 드러나지 않았을 적에 도모하여야 하네. 내가 만백성을 대하기를 썩은 새끼줄로 여섯 마리 말을 모는 것처럼 두려워하니, 백성의 윗사람이 된 사람은 어찌하여 공경하지 않는가.'"

29-10-나(按)

臣은 **按 君之與民**이 **以分言之則若霄壤之不侔**어니와 **以情言之則若心體之相資**라 **故可親而近之**요 **不可卑而遠之也**니라 **國之有民**이 **猶木之有根**하니 **根搖則木拔**하고 **民離則國危**하나니 **匹夫匹婦**가 **若無所知**나 **然離而聽之則愚**하고 **合而聽之則聖**이니 **故大禹**가 **自謂天下之愚夫愚婦**가 **有能勝我者**라하시니 **蓋衆多之智慮**는 **雖聖人**이나 **有不能加焉**이라 **敢以己之聖爲可恃而民之愚爲可忽乎**아

【臣按】 임금과 백성은 분수로 말하면 하늘과 땅이 대등하지 않은 것과 같지만 情으로 말하면 마음과 육체가 서로 돕는 것과 같습니다. 그러므로 친히 하여 가까이해야 하고 천시하여 멀리해서는 안 됩니다. 나라에 백성이 있는 것은 나무에 뿌리가 있는 것과 같으니 뿌리가 흔들리면 나무가 뽑히고 백성이 떠나면 나라가 위태로워집니다.

어리석은 백성들이 아는 것이 없는 듯하지만, 따로 떨어져서 판단하면 어리석

75) 奈 : 사고본에는 '柰'로 되어 있다.
76) 詳見後 : 31-4-가 참조.

고, 모여서 판단하면 총명합니다. 그러므로 大禹가 스스로 이르기를 "천하의 어리석은 남녀도 나를 이길 수 있는 자가 있다."라고 하였습니다. 많은 사람의 지혜는 비록 聖人이라 할지라도 이보다 더할 수 없기 때문입니다. 감히 자신이 성인이라는 것을 믿을 만하다고 여겨서 백성들이 어리석다고 얕잡아 볼 수 있겠습니까.

三失은 謂失之衆也니 一失도 猶不可어든 況至於三가 凡民情之怨忿이 其端이 甚微나 其極이 至於不可禦니 圖於未形則易(이)하고 捄於已著則難이라 六馬者는 駕車之馬而六轡는 所以馭之니 車賴馬하고 馬賴轡가 猶君之賴民也라 朽索馭馬면 必危요 非道臨民이면 必離니 故大禹之心이 常懍乎其不自保也하시니 然則爲人上者는 奈[77]何不敬고 後世之君이 以一人而肆於民上者가 視大禹之訓이면 宜知戒矣니이다

'세 번 잘못하는 것'은 잘못이 많은 것을 말하니, 한 번 잘못하는 것도 오히려 해서는 안 되는데 하물며 세 번 잘못하기에 이른 것을 말해 무엇하겠습니까. 무릇 民心의 원한이 그 발단은 매우 미미하지만 그 끝은 막을 수 없는 지경에까지 이르니, 아직 드러나기 전에 도모하기는 쉽고 이미 드러난 뒤에 바로잡기는 어렵습니다.

'여섯 마리 말'은, 수레에 멍에한 말에 여섯 개의 고삐를 한 것은 수레를 몰기 위한 것이니, 수레는 말에 의지하고 말은 고삐에 의지하는 것이 마치 임금이 백성을 의지하는 것과 같습니다. 썩은 새끼줄로 말을 몰면 반드시 위태롭게 되고, 도에 어긋나게 백성을 대하면 반드시 이반하게 됩니다. 그러므로 대우의 마음이 항상 스스로 보전하지 못할까 두려워했던 것입니다. 그렇다면 君上이 된 자는 어찌하여 공경하지 않는단 말입니까. 후세의 군주 가운데 한 사람으로서 백성의 위에서 제멋대로 구는 사람이 대우의 교훈을 살펴보면 마땅히 경계할 줄 알 것입니다.

29-11-가[78]

召誥①에 嗚呼라 有王은 雖小하시나 元子哉시니 其丕能諴(함)于小民하여 今

77) 奈 : 사고본에는 '柰'로 되어 있다.

78)《書經》〈周書 召誥〉에 보인다. 蔡沈의《書集傳》에 따르면, 周 武王이 商나라를 정벌하고 도읍을 洛邑으로 옮기도록 하였지만 이를 실행한 것은 成王 때의 일이었다. 당시에 太保인 召公이 도읍의 터를 살펴 경영하는 일을 맡았는데, 周公이 이를 시찰하고 제후들과 殷나라 백

休②하소서 王不敢後하사 用顧畏于民嵒(암)③하소서

① 召誥 : 召公作以告成王.
〈召誥〉는 召公이 지어서 周 成王에게 고한 글이다.
② 其丕……今休 : 丕, 大也. 諴, 和也. 休, 美也.
'丕'는 '크게'라는 뜻이다. '諴'은 '화합시키다'라는 뜻이다. '休'는 '아름답게 하다'라는 뜻이다.
③ 用顧畏于民嵒 : 嵒, 險也.
'嵒'은 '헤아리기 어렵다'라는 뜻이다.

《書經》〈召誥〉에 다음과 같은 내용이 있다.
"아! 왕은 비록 어리시지만 하늘의 元子입니다. 크게 백성을 화합시켜 이제 아름답게 하소서. 왕께서 감히 늦추지 말아 백성의 헤아리기 어려움을 돌아보아 두려워하소서."

29-11-나(按)

臣은 **按 成王**이 **幼沖在位**하시니 **召公**이 **元老**라 **恐其未知民之可畏也則歎息而言 王之年**[79]이 **雖小而任則重**하시니 **若能大和于小民則善矣**라 **蓋小民**이 **雖甚微而至爲可畏**하니 **王其毋或敢後**하사 **用顧畏于民之嵒險**이 **可也**라하시니 **夫民**이 **若何其險邪**오 **曰 朽索馭馬**를 **前聖**이 **言之**[80]하시고 **水能覆舟**를 **後賢**이 **喩之**[81]하니 **天下之險**이 **孰逾乎此**리오 **召公此篇**에 **言畏天**에 **必及民**하니 **是**는 **畏民**을 **當如畏天也**라 **周公**이 **作酒**[82]**誥**에 **亦曰 迪畏天顯小民**[83]이라하시고 **多士**에 **曰 罔顧于天顯民祗**[84]라하시니 **周・召**[85]

성들에게 부역을 명하여 공역을 진행하게 한 뒤 宗周로 돌아갈 때 소공이 이 글을 주공에게 주어 왕에게 전달하게 하였다고 한다. 그 내용은 夏나라와 은나라가 멸망한 역사교훈을 통해서 덕정을 실시하여 왕업을 계승할 것을 성왕에게 당부하는 내용이다.

79) 年 : 대전본에는 '言'으로 되어 있다.

80) 曰朽……言之 : '前聖'은 大禹를 일컬으며 '朽索馭馬'는 《書經》〈夏書 五子之歌〉에 보인다. 29-10-가 참조.

81) 水能……喩之 : '後賢'은 荀子를 일컫는다. '水能覆舟'는 《荀子》〈哀公〉과 〈王制〉에 보이는데, "임금은 배이고, 서민은 물이다. 물은 배를 띄우기도 하고 물은 배를 뒤집기도 한다.〔君者舟也 庶人者水也 水則載舟 水則覆舟〕"라고 한 데에서 나온 말이다.

82) 酒 : 대전본・사고본에는 '康'으로 되어 있으나, 오자이다.

之啓告其君者가 如出一口하시니 人主가 其可不深念哉잇가

【臣按】 成王은 어려서 즉위하였습니다. 召公은 元老이기에 백성이 두려워할 만하다는 것을 성왕이 알지 못할까 염려하였으니, 탄식하고 말하기를 "왕의 나이가 비록 어리지만 맡은 바가 중대합니다. 만약 능히 백성을 크게 화합시킨다면 좋을 것입니다. 백성이 비록 매우 미약하지만 지극히 두려워할 만합니다. 왕께서는 혹시라도 감히 늦추지 말아서 백성의 헤아리기 어려움을 돌아보아 두려워해야 할 것입니다."라고 하였습니다. 저 백성은 어찌하여 헤아리기 어렵겠습니까. "썩은 새끼줄로 말을 모는 것과 같다."라는 말을 前代의 聖人이 말하였고, "물은 배를 뒤집을 수 있다."라는 말을 後代의 賢人이 비유하였으니 천하의 헤아리기 어려운 것 중에 무엇이 이보다 더하겠습니까.

召公은 이 〈召誥〉에서 하늘을 두려워하는 것에 대해 말할 적에 반드시 백성에게까지 미쳤으니, 이것은 백성을 두려워하기를 하늘을 두려워하는 것과 같이 해야 한다는 것입니다. 周公이 〈酒誥〉를 지을 적에 또한 "하늘의 밝은 명과 백성들을 두려워하였다."라고 하였고, 〈多士〉를 지을 적에는 "하늘의 밝은 명과 백성을 공경하는 일을 돌아보지 않았다."라고 하였습니다. 주공과 소공이 자신의 군주에게 아뢴 내용이 마치 한 사람의 입에서 나온 것 같으니 군주가 깊이 생각하지 않아서야 되겠습니까.

83) 迪畏天顯小民 : 《書經》 〈周書 酒誥〉에 "옛날 殷나라의 현명한 선대왕들은 하늘의 밝은 명과 백성들을 두려워하여 자신의 덕을 떳떳이 간직하고 현명한 신하를 등용하여, 成湯으로부터 帝乙에 이르기까지 모두가 왕의 덕을 이루고 재상들을 경외하였기에 御事들이 공손한 마음으로 도와서 감히 스스로 한가하고 안일하게 지내지 못하였다.〔在昔殷先哲王 迪畏天顯小民 經德秉哲 自成湯咸至于帝乙 成王畏相 惟御事厥棐有恭 不敢自暇自逸〕"라는 내용이 보인다.

84) 罔顧于天顯民祗 : 《書經》 〈周書 多士〉에 "지금 後嗣王인 殷 紂王에 이르러서는 天道에 크게 밝지 못하였으니, 하물며 先王들이 국가를 위하여 수고한 것을 듣고 생각한 일이 있다고 하겠는가. 크게 음탕하고 放泆하여 하늘의 밝은 도와 백성을 공경하는 일을 돌아보지 않았다.〔在今後嗣王 誕罔顯于天 矧曰其有聽念于先王勤家 誕淫厥泆 罔顧于天顯民祗〕"라는 내용이 보인다.

85) 召 : 대전본에는 '公'으로 되어 있으나, 오자이다.

29-12-가[86]

孟子가 曰 民이 爲貴하고 社稷이 次之하고 君이 爲輕하니라

孟子가 말하였다.
"백성이 가장 귀중한 것이고 社稷이 그 다음이고 君主가 가벼운 것이다."

29-12-나(按)

臣은 按 君者는 神人之主라 君爲貴요 社稷이 次之而民又次之는 乃其常也而孟子가 顧反言之는 何哉오 戰國之時에 視民如草芥하여 不知廢興存亡이 皆此焉出이라 故其言若此하여 使知民之貴가 甚於社稷하니 其敢以君之貴而嫚其民乎잇가

【臣按】 군주는 귀신과 사람의 주인이기에 군주가 가장 귀중한 것이고 사직이 그 다음이고 백성이 또 그 다음인 것이 바로 떳떳한 법인데 孟子가 도리어 이를 반대로 말한 것은 어째서이겠습니까. 전국시대에는 백성을 보기를 지푸라기와 같이 여겨서 盛衰와 存亡이 모두 이에서 나온다는 것을 알지 못했습니다. 그러므로 이와 같이 말하여 백성의 귀중함이 사직보다 크다는 것을 알도록 하였으니, 감히 군주의 존귀함을 가지고 그 백성을 업신여기겠습니까.

以上은 論臨民之敬하니라
이상은 백성을 대할 때의 恭敬을 논한 것이다.

治事之敬　일을 처리할 때의 恭敬

29-13-가[87]

堯典에 乃命羲·和①하사 欽若昊天②하여 曆象日月星辰하여 敬授人時③하시다

① 乃命羲和 : 羲氏·和氏, 掌天地四時之官.
'羲氏'와 '和氏'는 천지와 사계절을 관장하는 관원이다.

86) 《孟子》〈盡心 下〉 제14장에 보인다.
87) 《書經》〈虞書 堯典〉에 보인다.

② 欽若昊天 : 欽, 敬也. 若, 順也. 元氣廣大, 謂之昊天.
'欽'은 '공경히'라는 뜻이다. '若'은 '순히 하다'라는 뜻이다. 元氣가 광대한 것을 '昊天'이라고 이른다.

③ 敬授人時 : 人時, 謂四時農功之時.
'人時'는 사계절의 농사하는 때이다.

《書經》〈堯典〉에 다음과 같은 내용이 있다.

"이에 羲氏와 和氏에게 명하여 공경히 昊天을 따라서 해와 달과 星辰의 운행을 冊曆으로 기록하고 觀象 기구로 관찰하여 공경히 백성들에게 농사짓는 때를 알려주게 하였다."

29-13-나(按)

臣은 按 奉天時하여 以興農功이 事之至重이라 故命羲和敬以授民하시니 敬之見於經者가 始此하니라 其分命에 曰 寅賓出日이라하시며 曰 寅餞納日[88]이라하시니 蓋於日之出入에 必敬候之也라 至於咨鯀(곤)以治水에 曰 往欽哉[89]라하시며 釐降二女에 亦曰 欽哉[90]라하시니 此가 堯之敬이 見於事者也요 其於郵刑・於敷教・於典禮・於咨牧에

88) 其分……納日 : 《書經》〈虞書 堯典〉에 보인다. 堯임금이 羲氏와 和氏에게 천체의 운행을 기록하고 관측하여 백성에게 농사철을 알려주는 일을 맡긴 뒤에, 그 일족인 羲仲, 羲叔, 和仲, 和叔에게 각각 暘谷, 明都, 昧谷, 幽都에 머물며 봄, 여름, 가을, 겨울에 그 실제를 징험하여 推步의 오차를 살피게 하였다. 〈堯典〉에 "희중에게 나누어 명하여 우이에 머물게 하니 양곡이라고 하는바, 나오는 해를 공경히 맞이하여 봄철에 시작하는 농사일을 고르게 다스리도록 하였다.〔分命羲仲 宅嵎夷 曰暘谷 寅賓出日 平秩東作〕"라고 하고, "화중에게 나누어 명하여 서쪽에 머물게 하니 매곡이라고 하는바, 들어가는 해를 공경히 전송하여 가을에 수확하는 일을 고르게 다스리도록 하였다.〔分命和仲 宅西 曰昧谷 寅餞納日 平秩西成〕"라고 한 내용이 보인다.

89) 至於……欽哉 : 《書經》〈虞書 堯典〉에 보인다. 堯임금이 四岳에게 홍수를 다스릴 만한 사람을 추천하게 하자, 여러 신하가 鯤을 추천하였다. 요임금은 곤이 윗사람의 명령을 거역하며 여러 사람들과 불화하여 남을 상하게 하고 일을 망친다고 하여 거절하였다. 그러나 사악이 곤을 극구 추천하자 결국 치수 사업을 담당하게 하였는데, 요임금이 "가서 공경히 수행하라.〔往欽哉〕"라고 한 내용이 보인다.

90) 釐降……欽哉 : 《書經》〈虞書 堯典〉에 보인다. 요임금이 재위 70년이 되어 자신의 자리를 계승할 만한 사람을 추천하게 하자, 四岳이 舜을 추천하였다. 이에 요임금이 순의 품성과 능력을 관찰하고자 자신의 두 딸을 순에게 시집보냈는데, 이때 요임금이 두 딸에게 "공경하

不曰欽則曰寅이요 不曰寅則曰敬[91)]이라하시니 此가 舜之敬이 見於事者也라 天下萬事가 莫不本之一心하니 敬則立이요 嫚則隳(휴)라 雖至細微나 亦不可忽이라 故堯舜之敬은 不獨修身에 爲然이라 至於應事에 亦莫不然이러시니 後世人主는 旣鮮知以敬治身而臨事에 尤多輕忽하니 此가 禍敗[92)]所由基也라 臣이 故摭二典所記하여 以爲後王之法云하노이다

【臣按】天時를 받들어 농사를 일으키는 것은 매우 중요한 일입니다. 그러므로 堯임금이 羲氏와 和氏에게 명하여 공경히 백성에게 농사짓는 때를 알려주게 하였습니다. '공경〔敬〕'이 經書에 보이는 것이 이에서 시작됩니다. 요임금이 나누어 명할 때에 "뜨는 해를 공경히 맞이하라."라고 하였고 "지는 해를 공경히 전송하라."라고 하였으니, 해가 뜨고 질 적에 반드시 공경히 살핀 것입니다. 鯀을 찾아 홍수를 다스릴 때에 이르러서는 "가서 공경히 수행하라."라고 하였고, 두 딸을 치장하여 下嫁시킬 때에도 "공경하라."라고 하였으니, 이것은 堯임금의 공경이 일에 나타난 것입니다. 형벌을 신중히 적용하고 五常의 가르침을 펴고 三禮를 맡기고 12州의 牧에게 명할 때에 '欽(공경하라)'이라고 하지 않으면 '寅(공경하라)'이라고 하였고 '寅(공경하라)'이라고 하지 않으면 '敬(공경하라)'이라고 하였으니, 이것은 舜임금의 공경이 일에 나타난 것입니다.

천하의 온갖 일이 한 마음에 근본하지 않는 것이 없으니, 공경하면 확립되고 업신여기면 무너집니다. 그래서 비록 아주 사소한 일이라고 하더라도 소홀히 해서는 안 됩니다. 그러므로 요임금과 순임금의 공경은 몸을 수양하는 데에만 그러한 것이 아니라 일을 처리하는 데까지도 그렇지 않은 것이 없었습니다. 후세의 군주는 이미 공경으로 자신을 다스릴 줄 아는 이가 적고 일을 다스릴 때에 더욱 소홀

라.〔欽哉〕"라고 당부한 내용이 보인다.

91) 其於……曰敬 : 《書經》〈虞書 舜典〉에 따르면, 舜임금은 형벌을 제정할 적에 "공경하고 공경하여 형벌을 신중히 행하였다.〔欽哉欽哉 惟刑之恤哉〕"라고 하였고, 契(설)을 司徒로 삼아 백성의 교화를 명할 적에 "공경히 五常의 가르침을 펴되 너그러움을 가지고 대하라.〔敬敷五教在寬〕"라고 하였고, 伯夷를 秩宗으로 삼아 天神과 人鬼와 地祇(지기)에게 제사를 지내는 三禮를 맡게 할 적에 "너를 질종으로 삼으니 밤낮으로 공경하여 곧게 하여야 깨끗할 것이다.……가서 공경히 수행하라.〔汝作秩宗 夙夜惟寅 直哉惟淸……往欽哉〕"라고 하였고, 四岳과 9官과 12牧에게 총괄하여 명할 때 "아! 너희 22인아. 공경하여 때로 하늘의 일을 도우라.〔咨汝二十有二人 欽哉 惟時亮天功〕"라고 하였다.

92) 敗 : 대전본에는 '故'로 되어 있다.

한 경우가 많으니, 이것이 재앙이 일어나고 실패하게 되는 원인인 것입니다. 신이 이 때문에 〈堯典〉과 〈舜典〉에 기록된 내용을 뽑아 후세 군왕의 본보기로 삼는 바입니다.

以上은 論治事之敬하니라

이상은 일을 처리할 때의 恭敬을 논한 것이다.

操存省察之功 마음을 간직하고 보존하며 반성하고 살폈을 때의 功效

29-14-가[93)]

詩思齊之三章①에 雝雝(옹옹)在宮②하시며 肅肅在廟③하시며 不顯亦臨하시며 無射(역)亦保④하시니라

① 詩思齊之三章 : 文王詩.
《詩經》〈思齊〉는 文王에 대한 시이다.

② 雝雝在宮 : 雝, 與雍同, 和也.
'雝'은 '雍'과 같으니 '화락하다'라는 뜻이다.

③ 肅肅在廟 : 肅, 敬也.
'肅'은 '공경하다'라는 뜻이다.

④ 無射亦保 : 射, 厭也. 保, 守也.
'射'은 '싫어하다'라는 뜻이다. '保'는 '지키다'라는 뜻이다.

《詩經》〈思齊〉 3장에 다음과 같은 내용이 있다.

宮中에 계실 적에는 그지없이 화락하시며 雝雝在宮
宗廟에 계실 적에는 그지없이 공경하시며 肅肅在廟
남이 보지 않는 곳에서도 상제가 계신 듯 不顯亦臨
싫증난 적이 없었는데도 도리를 지키셨네 無射亦保

---

93) 《詩經》〈大雅 思齊〉에 보인다. 〈思齊〉는 모두 5장으로 제3장 이하는 장4구이다. 〈毛序〉에 "문왕이 성인이 된 까닭을 읊은 시이다.〔文王所以聖也〕"라고 하였다.

29-14-나(按)

臣은 按 此詩는 言 文王之在宮中則雝雝然而和하시며 在宗廟則肅肅然而敬하사 從容中道가 如此하시니 然持守之功을 未嘗斯須廢也라 故其所處가 雖非顯明之地나 常若天地神明之在其上也하며 父母師保之在其前也라 雖未嘗有厭倦之心而嚴於自保하여 常恐燕安怠惰之私가 萌於中하며 邪僻嫚易之氣가 設於體也라 斯其所以爲純亦不已[94]與니이다

【臣按】 이 시는 다음과 같은 내용을 말하였습니다. 文王은 궁중에 있을 적에는 화기애애하게 화락하고 종묘에 있을 적에는 엄숙하게 공경하여 조용히 도에 합치된 것이 이와 같았습니다. 그러나 도리를 지키는 공부를 잠시도 폐한 적이 없었습니다. 그러므로 계신 곳이 비록 드러나 밝은 곳이 아니더라도 항상 천지신명이 그 위에 있고 부모와 師保가 그 앞에 있는 것처럼 하였습니다. 비록 싫증나고 게으른 마음이 생긴 적은 없었으나 스스로 지키는 데 엄정하여 항상 편안하고 나태해지는 사욕이 마음에 싹틀까 염려하며 바르지 않고 깔보는 기운이 몸에 붙을까 염려하였습니다. 이것이 문왕의 순수함이 또한 그치지 않는 이유일 것입니다.

29-15-가[95]

抑之五章[96]에 曰 視爾友君子혼대 輯柔爾顔①하여 不遐有愆(건)②가하나다 相在爾室③혼대도 尙不媿[97]于屋漏④니 無曰不顯이라 莫予云覯(구)⑤라하라 神之格思⑥가 不可度(탁)思⑦온 矧可射(역)思⑧아

① 輯柔爾顔 : 輯, 和也.
'輯'은 '온화하게 하다'라는 뜻이다.

② 不遐有愆 : 遐, 遠也.[98]

---

94) 純亦不已 : 《中庸》 제26장에 보인다. 이에 따르면 文王의 덕이 天道에 순수하여 그치지 않음을 文王이 文이 된 이유로 설명하였다. 28-1-나(按) 주석 '純亦不已' 참조.

95) 《詩經》 〈大雅 抑〉에 보인다. 〈毛序〉에 따르면 衛 武公이 周 厲王을 풍자하고 또한 스스로 경계하여 지은 시라고 하였으며, 朱熹의 《詩集傳》도 이를 따랐다. 〈抑〉은 모두 12장이다.

96) 抑之五章 : 《毛詩注疏》와 朱熹의 《詩集傳》에 따르면 저본에 인용한 내용은 제7장에 해당한다.

97) 媿 : 사고본에는 '愧'로 되어 있다.

'遐'는 '멀리하다'라는 뜻이다.

③ 相在爾室 : 相, 視也.
'相'은 '살펴보다'라는 뜻이다.

④ 尙不愧于屋漏 : 屋漏者, 室之西北隅也.
'屋漏'는 방의 서북쪽 구석이다.

⑤ 莫予云覯 : 覯, 見也. 云, 語辭.
'覯'는 '보다'라는 뜻이다. '云'은 어조사이다.

⑥ 神之格思 : 格, 至也. 思, 語辭.
'格'은 '이르다'라는 뜻이다. '思'는 어조사이다..

⑦ 不可度思 : 度, 測也.
'度'은 '헤아리다'라는 뜻이다.

⑧ 矧可射思 : 射, 音亦, 厭也.
'射'은 음이 '亦(역)'이니, '싫어하다'라는 뜻이다.

《詩經》〈抑〉 5장에 다음과 같은 내용이 있다.

네가 군자를 벗할 때를 보건대	視爾友君子
네 얼굴을 온화하게 하고 유순히 하여	輯柔爾顔
허물을 멀리하지 않았는가 하네	不遐有愆
네가 실내에 있을 때를 보건대	相在爾室
거의 서북쪽 방구석에도 부끄러움이 없게 할지니	尙不媿于屋漏
드러나지 않아서	無日不顯
나를 보는 이 없다고 말라	莫予云覯
신께서 임하여 이르심은	神之格思
헤아려 알 수 없는데	不可度思
더구나 싫어할 수 있겠는가	矧可射思

29-15-나(按)

臣은 按 此는 衛武公[99]이 自警之詩也라 人之常情이 祗敬於群居者는 易하고 兢畏於獨

98) 遐遠也 : 朱熹의 《詩集傳》에는 '遐'가 "'何'와 통한다.〔何通〕"라고 하였는데, 이에 따르면 '不遐有愆'은 "무슨 잘못이 있지 않은가 하네."라는 뜻이 된다.

處者는 難하니 況人君之尊이 臨朝廷之上하여 接對士大夫가 儼如朋友則和柔顏色하여 防遠過失은 雖庸君이나 猶或知勉이어니와 至於宮庭屋漏之中과 蠕蜎蠖濩(연연확호)之地에 無法家拂士(필사)之在側하고 有近習褻御之旁環而能凜然自持하여 不媿屋漏者는 雖明主라도 猶或難之니 故武公이 自謂 毋曰此非顯明之地而莫予見也라하여 當知鬼神之妙가 無物不體하니 其至於是를 有不可得而度(탁)者온 況可有厭斁之意乎아하니 子思가 作中庸에 推明其說曰 微之顯이니 誠之不可揜也[100]라하니 嗚呼라 武公은 其聖賢之徒與니이다

【臣按】이는 衛 武公이 스스로 경계하여 지은 시입니다. 사람의 일반적인 情理가 여럿이 있을 때에 공경하기는 쉽고 혼자 있을 때에 삼가고 두려워하기는 어렵습니다. 하물며 존귀한 군주가 조정의 위에 임하여 士大夫를 대하는 것이 벗을 대할 때와 같이 엄정해야 할 때를 말해 무엇하겠습니까.

안색을 온화하게 하고 유순히 하여 過失을 막고 멀리하는 것은 비록 용렬한 군주라고 하더라도 오히려 더러 힘쓸 줄 알 것입니다. 하지만 궁정의 방 서북쪽 구석과 구중궁궐로 말하면 곁에 법도를 지키며 대대로 벼슬하는 신하와 보필하는 賢士가 없고 주변에 임금을 가까이에서 모시는 친근하고 편한 신하만 있습니다. 그런데도 위엄 있게 스스로 절조를 지켜 방 서북쪽 구석에 부끄럽지 않을 수 있는 것은 비록 현명한 군주라고 하더라도 오히려 더러 어렵게 여깁니다.

그러므로 무공이 스스로 이르기를 "'이곳은 밝게 드러나 있는 곳이 아니라서 나를 보는 이가 없다.'라고 하지 말아야 한다. 그리하여 귀신의 오묘함은 어떤 물건이든 체현되지 않는 것이 없으니 귀신이 여기에 이르는 것을 헤아려 알 수 없는 점이 있다는 것을 알아야 한다. 그런데 하물며 싫어하는 마음을 가질 수 있겠는가."라고 하였습니다. 子思가 《中庸》을 지을 적에 이 말을 미루어 밝히기를 "은미

99) 衛武公 : 기원전 852?~기원전 758(재위 기원전 812~기원전 758). 춘추시대 衛國의 11대 國君이다. 성은 姬이고, 이름은 和이다. 釐侯(희후)의 아들이자 共伯의 동생이다. 일찍이 희후의 총애를 받아 하사받은 재물로 무사를 양성하여 무력을 키웠다. 희후가 죽자, 즉위한 共伯을 습격하여 君位를 찬탈하였다. 즉위한 후에는 선조인 康叔의 정령을 시행하여 백성을 화목하고 안정되게 하였다. 기원전 771년에 犬戎이 西周의 국도인 鎬京을 침공하여 周 幽王을 죽이자, 勤王하여 平王을 도와 난을 평정하고 洛邑으로 東遷하였다. 그 공으로 작위가 侯爵에서 公爵으로 승격되었다.

100) 微之……揜也 : 《中庸》 제16장에 보인다.

함이 드러나는 법이니 성실함을 가릴 수 없다."라고 하였으니, 아! 武公은 聖賢의 무리일 것입니다.

29-16-가[101)]

中庸에 道也者는 不可須臾離也니 可離면 非道也라 是故로 君子는 戒愼乎其所不睹하며 恐懼乎其所不聞이니라 莫見(현)乎隱하며 莫顯乎微하니 故로 君子는 愼其獨也니라

《中庸》에 다음과 같은 내용이 있다.

"道라는 것은 잠시도 떠날 수 없는 것이니, 떠날 수 있다면 도가 아니다. 이 때문에 군자는 보지 않는 바에도 경계하고 삼가며, 듣지 않는 바에도 염려하고 두려워한다. 숨겨진 것보다 더 잘 드러나는 것이 없으며, 은미한 것보다 더 잘 나타나는 것이 없다. 그러므로 군자는 홀로 아는 부분을 삼가는 것이다."

29-16-나(按)

臣은 按 朱熹之說호니 道者는 日用事物當然之理니 皆性之德而具於心하여 無物不有하며 無時不然이니 是以로 不可須臾離也라 若其可離則爲外物而非道矣라 是以로 君子之心에 常存敬畏하여 雖不見聞이나 亦不敢忽하나니 所以存天理之本然而不使離於須臾之頃也[102)]니라

【臣按】 朱熹의 설을 살펴보니 다음과 같이 말하였습니다. '道'는 일상생활하는 사이에 마땅히 그래야 할 이치이니 모두 性의 덕으로서 마음에 갖추어져 있어서 사물마다 있지 않은 것이 없으며 언제나 그렇지 않은 때가 없습니다. 이 때문에 잠시도 떠날 수 없는 것입니다. 만약 떠날 수 있다면 外物이 되어서 도가 아닙니다. 이 때문에 군자의 마음에 항상 공경하고 두려워함을 보존하여 비록 보고 듣지 않는 때라고 하더라도 또한 감히 소홀히 할 수 없으니, 그러므로 天理의 本然을 보존하여 잠시도 떠나게 하지 않는 것입니다.

---

101) 《中庸》 제1장에 보인다.

102) 道者……頃也 : 朱熹의 《中庸章句》 제1장의 제2절 "道也者 不可須臾離也 可離非道也 是故君子戒愼乎其所不睹 恐懼乎其所不聞"의 주석에 보이는데, 일부 자구의 차이가 있다.

隱은 暗處也요 微는 細事也요 獨者는 人所不知而己所獨知之地也라 幽暗之中・細微之事가 跡雖未形而幾則已動하고 人雖不知而己獨知之則是는 天下之事가 無有著見明顯而過於此者라 是以로 君子가 旣常戒懼而於此에 尤不敢忽焉이니 所以遏人欲於將萌而不使滋長於隱微之中하여 以至離道之遠也[103]라하니

'隱'은 어두운 곳이고 '微'는 작은 일입니다. '獨'은 남들은 알지 못하고 자기만 홀로 아는 부분입니다. 깊숙하고 어두운 가운데와 작고 은미한 일은, 자취가 비록 아직 드러나지 않았다고 하더라도 기미는 이미 동하였고, 남들은 비록 알지 못하지만 자기는 홀로 알고 있으니, 이는 천하의 일이 드러나고 밝게 나타나서 이보다 더한 것이 없는 것입니다. 이 때문에 군자가 이미 항상 경계하고 두려워하지만 이에 있어서 더욱 감히 소홀히 하지 않습니다. 그러므로 인욕을 장차 싹트려 할 때 막아서 은미한 가운데에 불어나고 자라나 도에서 멀리 떨어지는 지경에 이르지 않도록 하는 것입니다.

臣이 觀 自昔諸儒之釋此章者가 皆以戒愼[104]恐懼與愼[105]獨云者로 通爲一事러니 至熹하여 乃析而二之하니 蓋以爲不睹不聞者는 我之所不睹不聞也요 獨者는 人之所不睹不聞也니 其義가 不容不二요 又以見平常之時要切之處에 無所不用其謹則天理가 存而人欲泯이라 是乃所謂致中和之功也니 聖明之主가 熟玩而深體之則天地位하며 萬物育이 其原[106]이 實自此出이니 可不勉哉잇가

신이 살펴보니, 예로부터 이 장에 대해 해석한 여러 유학자들은 모두 경계하고 삼가며 염려하고 두려워하는 것과 홀로 아는 부분을 삼가는 것을 통틀어 한 가지 일로 보았습니다. 그런데 朱熹에 이르러서 마침내 분리하여 둘로 만들었습니다. "보지 않고 듣지 않는다."라고 한 것은 내가 보지 않고 듣지 않는 것이고, '홀로 아는 부분'이라고 한 것은 남이 보지 못하고 듣지 못하는 것이니, 그 의미가 둘이 아닐 수 없습니다.

또 평상시와 중요하고 긴절한 부분에 그 삼감을 쓰지 않는 바가 없으면 天理가

103) 隱暗……遠也 : 주희의 《중용장구》 제1장의 제3절 "莫見乎隱 莫顯乎微 故君子愼其獨也"의 주석에 보이는데, 일부 자구의 차이가 있다.

104) 愼 : 대전본・사고본에는 '謹'으로 되어 있는데, 대전본은 南宋 孝宗 趙昚의 피휘이다.

105) 愼 : 대전본에는 '謹'으로 되어 있으나, 南宋 孝宗 趙昚의 피휘이다.

106) 原 : 대전본・사고본에는 '源'으로 되어 있다.

보존되고 人欲이 없어짐을 볼 수 있으니, 이것이 바로 이른바 '中과 和를 지극히 하는 공부'라는 것입니다. 성스럽고 현명한 군주가 익숙하게 완미하고 깊이 체득한다면, 天地가 제자리를 편안히 하고 만물이 잘 생육되는 것은 그 근원이 진실로 이에서 나오니 힘쓰지 않아서야 되겠습니까.

29-17-가[107]

詩曰①潛雖伏矣나 **亦孔之昭**②[108]라하니 **故**로 **君子**는 **內省不疚**③하여 **無惡**(오)**於志**④니 **君子之所不可及者**는 **其惟人之所不見乎**인저 **詩曰**⑤ **相在爾室**혼대도 **尙不愧于屋漏**[109]라하니 **故**로 **君子**는 **不動而敬**하며 **不言而信**이니라

① 詩曰：小雅正月之篇.
'詩'는《詩經》〈小雅 正月〉이다.
② 亦孔之昭：孔, 甚也. 昭, 明也.
'孔'은 '심히'라는 뜻이다. '昭'는 '분명하다'라는 뜻이다.
③ 故君子內省不疚：疚, 病也.
'疚'는 '하자'라는 뜻이다.
④ 無惡於志：猶言無愧於心.
'無惡於志'는 '마음에 부끄러움이 없다.〔無愧於心〕'라고 말하는 것과 같다.
⑤ 詩曰：抑篇.
'詩'는《詩經》〈大雅 抑〉이다.

《詩經》〈正月〉에 이르기를 "잠겨 있는 물고기가 비록 물속에 엎드려 있으나 또한 심히 분명하다."라고 하였다. 그러므로 군자는 안으로 살펴보아 하자가 없어서 마음에 부끄러움이 없는 것이니, 군자의 미칠 수 없는 점은 오직 사람들이 보지 못하는 바에 있을 것이다.

《詩經》〈抑〉에 이르기를 "네가 실내에 있을 때를 보건대 거의 서북쪽 방구석에도 부끄러움이 없게 한다."라고 하였다. 그러므로 군자는 동하지 않아도 사람들이

107)《中庸》 제33장에 보인다.

108) 潛雖……之昭：《詩經》〈小雅 正月〉 제11장에 보인다. 제11장은 모두 6구로 구성되어 있다.

109) 相在……屋漏：《詩經》〈大雅 抑〉 제7장에 보인다. 29-15-가 참조.

공경하며 말하지 않아도 사람들이 믿는 것이다.

29-17-나(按)

臣은 按 此亦前章愼[110]獨之意라 故引詩以明雖潛深隱伏之地而其昭著章灼이 有不可揜者라 故君子가 內省不疚而無愧於心하나니 蓋人心이 至靈이라 毫髮之微가 少有自欺면 必有不能慊(협)①於中者니 此所謂疚也며 此所謂惡也라 惟夫處幽如顯하며 視獨如衆하여 反之於己하여 無所疚惡焉이면 此가 君子之所以大過人而人之所不能及也라 又引詩하여 謂處室之時에 當無媿於屋漏라 故君子가 靜而常敬하며 嘿而常信하여 不待動作語言而後見也라 存養之功이 至此하니 非盛德이면 其孰能之乎리잇고

① 必有不能慊 : 音愜.
'慊'은 음이 '愜(협)'이다.

【臣按】 이것 역시 앞장의 '홀로 아는 부분을 삼간다.'라는 뜻입니다. 그러므로 시를 인용하여 비록 깊은 곳에 잠겨 있고 숨어 엎드린 곳이라도 그 밝게 드러나 빛나서 숨길 수 없는 것이 있음을 밝힌 것입니다. 그러므로 군자가 안으로 살펴보아 하자가 없어서 마음에 부끄러움이 없는 것입니다. 사람의 마음은 지극히 신령스러워 털끝만치 작은 것도 조금이라도 스스로 속이는 것이 있으면 반드시 마음속에 만족하지 못하는 것이 있으니, 이것이 이른바 '하자'이며 이것이 이른바 '부끄러움'입니다. 다만 어두운 곳에 처하기를 드러난 곳에 처한 것처럼 하고, 홀로 아는 부분을 보기를 많은 사람이 보는 것처럼 합니다. 그리하여 자신에게 이를 돌이켜보아 하자가 되고 부끄러운 점이 없다면, 이것이 군자가 남보다 크게 뛰어나서 남들이 미칠 수 없는 이유입니다.

또 《詩經》을 인용하여 "방에 거처할 때에 마땅히 실내 서북쪽 방구석에도 부끄러움이 없어야 한다. 그러므로 군자는 고요히 있어도 사람들이 항상 공경하고 잠자코 있어도 사람들이 항상 믿어서 동하고 말하기를 기다린 뒤에 나타나는 것이 아니다."라고 하였습니다. 良心을 보존하고 本性을 함양하는 공부가 이러한 경지에 이르렀으니, 훌륭한 덕을 지닌 사람이 아니라면 그 누가 이렇게 할 수 있겠습니까.

110) 愼 : 대전본에는 '謹'으로 되어 있으나, 南宋 孝宗 趙眘의 피휘이다.

29-18-가[111)]

樂記에 君子가 曰 禮樂은 不可斯須去身이니 致樂以治心則易(이)直子諒之心이 油然生矣①라 易直子諒之心이 生則樂하고 樂則安하고 安則久하고 久則天하고 天則神이니 天則不言而信하고 神則不怒而威하나니 致樂以治心者也라 致禮以治躬則莊敬하고 莊敬則嚴威하나니 中心[112)]이 斯須不和不樂而鄙詐之心이 入之矣요 外貌가 斯須不莊不敬而易嫚之心이 入之矣니라

① 易直……生矣 : 易, 平易. 直, 正直. 子, 愛. 諒, 信也. 油然, 新生好貌.
'易'는 '화평하고 부드럽다'는 뜻이다. '直'은 '바르고 곧다'라는 뜻이다. '子'는 '자애롭다'라는 뜻이다. '諒'은 '신실하다'라는 뜻이다. '油然'은 새로 생겨나 좋은 모양이다.

《禮記》〈樂記〉에 다음과 같은 내용이 있다.

"君子가 말하였다. '禮樂은 잠시도 몸에서 떼어놓을 수 없다. 樂의 이치를 지극히 하여 마음을 수양하면 온화하고 정직하며 자애롭고 신실한 마음이 무럭무럭 생겨난다. 온화하고 정직하며 자애롭고 신실한 마음이 생겨나면 즐겁게 되고, 즐거우면 편안하게 되고, 편안하면 오래하게 되고, 오래하면 자연스럽게 되고, 자연스럽게 되면 신묘하게 된다. 자연스럽게 되면 말하지 않아도 믿고, 신묘하게 되면 노여워하지 않아도 위엄이 있으니, 이것이 樂의 이치를 지극히 하여 마음을 수양하는 것이다. 禮의 이치를 지극히 하여 몸을 수양하면 엄숙하고 공경하게 되고, 엄숙하고 공경하면 위엄이 있게 된다. 속마음이 잠시라도 화평하고 즐겁지 않으면 야비하고 거짓된 마음이 이를 파고들고, 겉모습이 잠시라도 엄숙하고 공경하지 않으면 경솔하고 태만한 마음이 이를 파고든다.'"

29-18-나(按)

臣은 按 古之君子가 以禮樂爲治身心之本이라 故斯須不可去之라 致者는 極其至之謂也라 樂之音이 和平中正이라 故致此以治心則易直子諒이 油然而生하여 自不能已라 生則樂은 善端之萌이 自然悅豫也요 樂則安은 樂之然後에 安也요 安則久는 安之然

111) 《禮記》〈樂記〉에 보인다.
112) 中心 : 사고본에는 '心中'으로 되어 있다. 통행본 《禮記》에도 '心中'으로 되어 있다.

後에 能久也요 久則天은 渾然天成하여 無所作爲也요 天則神은 變化無方하여 不可度思也라 天雖不[113]言이나 人自信之는 以其不忒也요 神雖不怒나 人自畏之는 以其不測也라 生·樂·久·安은 猶孟子所謂善信美大也니 至於天且神則大而化之矣[114]라

【臣按】 옛날의 군자는 禮樂을 몸과 마음을 수양하는 근본으로 여겼습니다. 그러므로 잠시라도 이를 떼어놓아서는 안 되었습니다. '致'라는 것은 그 지극함을 완전히 다한다는 말입니다. 樂의 소리는 조화롭고 온화하며 치우치지 않고 바릅니다. 그러므로 樂의 이치를 지극히 하여 마음을 수양하면 온화하고 정직하며 자애롭고 신실한 마음이 무럭무럭 생겨나서 저절로 그칠 수 없는 것입니다.

'생겨나면 즐겁게 된다.'라는 것은 선한 단서의 싹이 자연히 기쁘게 되는 것입니다. '즐거우면 편안하게 된다.'라는 것은 이를 즐거워한 뒤에 편안해지는 것입니다. '편안하면 오래하게 된다.'라는 것은 이를 편안히 여기게 된 뒤에 오래할 수 있는 것입니다. '오래하면 자연스럽게 된다.'라는 것은 온전히 자연스러움이 이루어져서 人爲的으로 하는 것이 없는 것입니다. 자연스러우면 신묘하게 되는 것은 변화에 일정한 방향이 없어서 헤아릴 수 없는 것입니다. '자연스럽게 되면 비록 말하지 않아도 사람들이 저절로 이를 믿는다.'라는 것은 그것이 어그러짐이 없기 때문이고, '신묘하게 되면 비록 노여워하지 않아도 사람들이 저절로 이를 두려워한다.'라는 것은 헤아릴 수 없기 때문입니다. 생겨나고 즐겁고 오래하고 편안한 것은 맹자가 말한 善人·信人·美人·大人과 같으니 자연스럽고 신묘한 데 이르면 대인이면서 저절로 변화하게 됩니다.

禮以恭儉退讓[115]으로 爲本而有節文度數之詳이라 故致此以治身則自然莊敬이요 莊

113) 不 : 대전본에는 '何'로 되어 있다.

114) 孟子……之矣 : 《孟子》 〈盡心 下〉 제25장에 보인다. 齊나라 사람 浩生不害가 맹자에게 樂正子에 대해 묻자 맹자가 善人이며 信人이라고 평가하고, 이에 대해 "누구나 그렇게 되고 싶어하는 사람을 善人이라고 하고, 善을 자기 몸에 소유한 사람을 信人이라고 하고, 선을 내면에 충실히 쌓은 사람을 美人이라고 하고, 선을 내면에 충실히 쌓아 외면에 드러나 빛이 나는 사람을 大人이라고 하고, 대인이면서 저절로 변화하는 사람을 聖人이라고 하고, 성스러워서 알 수 없는 것을 神人이라고 한다.〔曰可欲之謂善 有諸己之謂信 充實之謂美 充實而有光輝之謂大 大而化之之謂聖 聖而不可知之之謂神〕"라고 설명한 내용이 보인다.

115) 讓 : 대전본·사고본에는 '遜'으로 되어 있다. 대전본의 경우, 宋 神宗의 부친 趙允讓의 피휘이다.

敬則自然嚴威니 夫禮樂이 一也라 然以禮治身은 至於嚴威而止라 不若樂之治心이 能至于天且神이니 何也오 蓋天者는 自然之謂라 治身而至于嚴威則亦自然矣니 其效가 未嘗不同也라 但樂之於人에 能變化其氣質하며 消融其查滓라 故禮以順之於外而樂以和之於中하나니 此가 表裏交養之功而養於中者가 實爲之主라 故聖門之教에 立之以禮而成則以樂[116]이라

禮는 공손하고 검소하며 물러나고 사양하는 것을 근본으로 삼고, 예의의 규정과 품목의 수량에 대한 세부 사항이 있습니다. 그러므로 예의 이치를 지극히 하여 몸을 수양하면 저절로 엄숙하고 공경하게 되고, 엄숙하고 공경하면 저절로 위엄이 있게 되니 저 예와 樂은 하나입니다.

그러나 예를 가지고 몸을 수양하는 것은 위엄이 있는 데 그칠 뿐이어서 악과 같이 마음을 수양하는 것이 자연스럽고 신묘한 경지에 이르지 못하니 어째서이겠습니까? '자연스러움〔天〕'은 저절로 그러하다는 말입니다. 몸을 수양하여 위엄이 있는 경지에 이르는 것 또한 저절로 그렇게 되는 것이니, 그 효과가 같지 않은 적이 없었습니다. 다만 악은 사람에게 있어서 그 기질을 변화하며 그 찌꺼기를 없애기 때문에 예가 외면에서 이를 순히 하고 악이 내면에서 이를 화합시키는 것입니다. 이것이 외면과 내면을 같이 涵養하는 공부입니다. 하지만 내면을 함양하는 것이 진실로 그 주인이 되기 때문에 성인 문하의 가르침에 확립하는 것은 예로써 하지만 이루는 것은 악으로 한 것입니다.

記禮者가 推明其效를 亦若是其至也하고 於是에 又言 身心이 無主則邪慝이 易乘하나니 中心이 斯須而不和樂則鄙詐가 入之하고 外貌가 斯須而不莊敬則嫚易가 入之라하니 善惡之相爲消長이 如水火然이라 此盛則彼衰也니 鄙詐易嫚이 皆非本有而謂之心者는 和樂이 不存則鄙詐가 入而爲之主하고 莊敬이 不立則易嫚이 入而爲之主라 夫既爲主於內면 非心而何오 猶汙泥非水也로되 撓而濁之면 是亦水矣니 此가 禮樂之所以不可斯須去身也니이다

예를 기록한 사람이 그 효험을 미루어 밝히기를 또한 이와 같이 지극히 하였고, 여기에서 또 "몸과 마음이 주인이 없으면 야비하고 간사한 마음이 쉽게 파고든다.

116) 聖門……以樂 : 《論語》〈泰伯〉 제8장에 孔子가 "詩에서 善心을 일으키고, 禮에서 확립하며, 樂에서 이루는 것이다.〔興於詩 立於禮 成於樂〕"라고 한 말이 보인다.

속마음이 잠시라도 화평하고 즐겁지 않으면 야비하고 거짓된 마음이 이를 파고들고, 겉모습이 잠시라도 엄숙하고 공경하지 않으면 경솔하고 태만한 마음이 이를 파고든다."라고 하였습니다. 善惡이 서로 잦아들고 자라남이 물과 불이 그러한 것과 같기에 이것이 왕성하면 저것이 쇠퇴하는 것입니다.

야비하고 거짓되며 경솔하고 태만한 마음이 모두 본래부터 있는 것이 아닌데 '마음'이라고 말하는 것은, 화평하고 즐거운 마음이 있지 않으면 야비하고 거짓된 마음이 파고들어 그 주인이 되고, 엄숙하고 공경하는 마음이 서지 않으면 경솔하고 태만한 마음이 파고들어 그 주인이 되기 때문입니다. 이미 내면에 주인이 되었다면 마음이 아니고 무엇이겠습니까. 진흙탕은 물이 아니지만 뒤섞어 탁하게 만들면 이것도 물인 것과 같습니다. 이것이 禮樂을 잠시도 몸에서 떼어놓을 수 없는 이유입니다.

29-19-가[117]

君子가 奸聲亂色을 不留聰明하며 淫樂慝(특)禮①를 不接心術하며 惰嫚邪僻之氣를 不設於身體하여 使耳目鼻口心知②百體로 皆由順正하여 以行其義니라

① 淫樂慝禮 : 淫樂, 如鄭·衛淫哇(왜)之樂. 慝禮, 如委巷猥俗之禮.
'淫樂'은 이를테면 鄭나라와 衛나라의 음란한 음악이다. '慝禮'는 이를테면 민간의 저속한 예이다.

② 心知 : 音智.
'知'는 음이 '智(지)'이다.

군자는 간사한 소리와 어지러운 색을 귀와 눈에 머물러두지 않으며, 음란한 음악과 사특한 禮를 마음에 접하지 않으며, 태만하고 바르지 못한 기운을 신체에 행하지 아니하여, 귀와 눈과 코와 입과 마음의 知覺과 온몸으로 하여금 모두 순하고 바름을 따르게 하여 그 義를 행하게 한다.

29-19-나(按)

臣은 按 君子之所以自養者는 無它라 內外交致其功而已라 故姦聲亂色을 不留聰明

117)《禮記》〈樂記〉에 보인다.

者는 所以養其外也요 淫樂慝禮를 不接心術者는 所以養其內也라 外無聲色之誘則內亦正矣요 內無淫慝之惑則外亦正矣라 惰嫚之氣는 自內出者也요 邪辟[118]之氣는 自外入者也라 二者를 不得設於身體니 如是則外而耳目鼻口四肢百體와 內而心知皆由順正하여 以行其義니 自養之功이 畢矣라 斯誼也가 夫人之所當知而於人主에 爲尤切하니 惟聖明은 留意焉則顔子四勿之功[119]을 可以庶幾也니이다

【臣按】君子가 스스로를 함양하는 것은 다른 데 있지 않습니다. 내면과 외면으로 번갈아 그 공부를 지극히 할 따름입니다. 그러므로 간사한 소리와 어지러운 색을 귀와 눈에 머물러두지 않는 것은 그 외면을 기르는 것이고, 음란한 음악과 사특한 禮를 마음에 접하지 않는 것은 그 내면을 기르는 것입니다. 밖으로 간사한 소리와 어지러운 색의 유혹이 없으면 내면이 또한 바르게 됩니다. 안으로 음란한 음악과 사특한 예의 유혹이 없으면 외면이 또한 바르게 됩니다.

태만한 기운은 안으로부터 나오는 것이고 바르지 못한 기운은 밖으로부터 들어오는 것입니다. 이 두 가지를 신체에 행해서는 안 되니, 이와 같이 한다면 밖으로 귀와 눈과 코와 입과 사지와 온몸, 안으로 마음의 지각이 모두 순하고 바름을 따라 그 義를 행하게 될 것이니, 스스로를 함양하는 공부가 끝나게 됩니다. 이 義는 사람이라면 마땅히 알아야 할 것이지만 군주에 있어서 더욱 절실한 것이 됩니다. 바라건대 聖明하신 황상께서 이에 유의하소서. 그렇게 하신다면 顔子의 '네 가지 하지 말아야 하는 것'에 대한 공부를 거의 할 수 있을 것입니다.

29-20-가[120]

孟子가 曰 牛山之木이 嘗美矣러니 以其郊於大國也라 斧斤이 伐之어니 可以爲美乎아 是其日夜之所息①과 雨露之所潤에 非無萌蘖(얼)之生焉이언마는 牛羊이

---

118) 辟 : 사고본에는 '僻'으로 되어 있다.

119) 顔子四勿之功 : '顔子'는 孔子의 제자인 顔淵이다. '四勿'은 예가 아니면 보지 말며〔非禮勿視〕, 예가 아니면 듣지 말며〔非禮勿聽〕, 예가 아니면 말하지 말며〔非禮勿言〕, 예가 아니면 동하지 마는 것〔非禮勿動〕이다. 《論語》〈顔淵〉 제1장에 따르면, 안연이 공자에게 '仁'에 대해 물었는데 공자가 '私慾을 극복하여 예로 돌아가는 것〔克己復禮〕'이라고 설명하고 그 조목으로 이 '四勿'을 제시한 바 있다.

120) 《孟子》〈告子 上〉 제8장에 보인다.

又從而牧之라 **是以**로 **若彼濯濯也**②하니 **人**이 **見其濯濯也**하고 **以爲未嘗有材焉**이라하나니 **此**가 **豈山之性也哉**리오

① 是其日夜之所息 : 息, 生長也.
'息'은 '생장하다'라는 뜻이다.
② 是以若彼濯濯也 : 濯濯, 蕩然之貌.
'濯濯'은 텅 빈 모양이다.

孟子가 말하였다.
"牛山의 나무가 일찍이 아름다웠는데, 그것이 큰 나라의 國都 근교에 있기 때문에 도끼와 자귀가 그 나무를 베어내니, 아름답게 될 수 있겠는가. 그 낮과 밤에 자라나는 바와 비와 이슬이 적셔주는 바에 싹과 움돋이가 나오는 것이 없지 않지마는 소와 양이 또 따라서 방목된다. 이 때문에 저처럼 민둥민둥하게 되었다. 사람들이 그 민둥민둥한 것만을 보고는 '훌륭한 재목이 있었던 적이 없다.'라고 하니, 이것이 어찌 산의 본성이겠는가.

雖存乎人者인들 **豈無仁義之心哉**리오마는 **其所以放其良心者**가 **亦猶斧斤之於木也**에 **旦旦**[121]**而伐之**어니 **可以爲美乎**아 **是**[122]**其日夜之所息**과 **平旦**[123]**之氣**에 **其好惡**(오)가 **與人相近也者**가 **幾希**어늘 **則其旦**[124]**晝之所爲**가 **有梏**(곡)**亡之矣**①나니 **梏之反覆**②**則其夜氣**가 **不足以存**이요 **夜氣**가 **不足以存則其違禽獸**가 **不遠矣**니 **人**이 **見其禽獸也**하고 **而以爲未嘗有才**[125]**焉**[126]이라하나니 **是豈人之情也哉**리오

① 有梏亡之矣 : 梏, 械也.
'梏'은 '형틀'이라는 뜻이다.
② 梏之反覆 : 反覆, 猶展轉也.

---

121) 旦旦 : 저본에는 '朝朝'로 되어 있으나, 朝鮮 太祖 李旦의 피휘이다.
122) 是 : 사고본에는 없다.
123) 旦 : 저본에는 '朝'로 되어 있으나, 朝鮮 太祖 李旦의 피휘이다.
124) 旦 : 저본에는 '朝'로 되어 있으나, 朝鮮 太祖 李旦의 피휘이다.
125) 才 : 대전본에는 '材'로 되어 있다.
126) 焉 : 사고본에는 이 뒤에 '者' 1자가 있다. 통행본 《孟子》에도 이 뒤에 '者' 1자가 있다.

'反覆'은 '展轉(반복하다)'과 같다.

비록 사람에게 보존된 것이라고 하더라도 어찌 仁義의 마음이 없겠는가마는 그 良心을 잃어버리는 것이 또한 도끼와 자귀가 나무를 아침마다 베는 것과 같으니, 이렇게 하고서 아름답게 될 수 있겠는가. 그 낮과 밤에 자라나는 바와 새벽의 맑은 기운에 그 좋아하고 미워하는 것이 사람들과 서로 가까운 것이 얼마 되지 않는데 낮에 하는 행실이 또 이것을 속박하여 없앤다. 그러니 속박하여 없애기를 반복하면 밤에 자라난 기운이 보존될 수 없고, 밤에 자라난 기운이 보존될 수 없으면 짐승과 차이가 크지 않게 된다. 사람들은 그의 禽獸와 같은 행실을 보고는 '훌륭한 자질이 있었던 적이 없었다.'라고 하니, 이것이 어찌 사람의 實情이겠는가.

故로 **曰**[127] **苟得其養**이면 **無物不長**이요 **苟失其養**이면 **無物不消**니라 **孔子**가 **曰 操則存**하고 **舍則亡**하여 **出入無時**하여 **莫知其鄉**은 **惟心之謂與**인저하시니라

그러므로 만일 그 길러주기를 잘하면 물건마다 자라지 않을 것이 없고, 만일 그 길러주기를 잘못하면 물건마다 소멸하지 않을 것이 없다. 孔子가 말씀하기를 '잡으면 보존되고 놓으면 잃어버려서 나고 듦이 일정한 때가 없으며 그 방향을 알 수 없는 것은 오직 사람의 마음을 두고 말하는 것이리라.'라고 하셨다."

29-20-나1(朱)[128]

朱熹가 曰 牛山은 齊之東南山이니 其木이 固嘗美矣러니 以伐之者가 衆이라 故失其美하나 然氣化가 流行하여 未嘗間斷하니 日夜之間에 必有所生長이라 非無萌蘖也而牛羊이 又從而牧之라 是以至於濯濯也니라 良心者는 本然之善心이니 卽所謂仁義之心也라 平旦[129]之氣는 謂未與物接之時淸明之氣也라 好惡가 與人相近은 言得人心之所同然也라 人之良心이 雖已放失이나 然其日夜之間에 亦必有所生長이라 故平旦[130]未與物接하여 其氣淸明之際에 良心이 必猶有發見者언마는 但其發見이

---

127) 曰 : 사고본에는 없다. 통행본 《孟子》에도 없다.

128) 《孟子集註》〈告子 上〉 제8장에 보인다.

129) 旦 : 저본에는 '朝'로 되어 있으나, 朝鮮 太祖 李旦의 피휘이다.

至微而旦[131]晝所爲之不善이 又已隨而梏亡之하나니 如山木이 旣伐에 猶有萌櫱而牛羊이 又牧之也라 晝之所爲가 旣有以害其夜之所息하고 夜之所息이 又不能勝其晝之所爲라 是以로 展轉相害하여 至於夜氣之生이 日以寖薄而不足以存其仁義之良心則平旦[132]之氣가 亦不能淸而好惡가 遂與人遠矣니라

朱熹가 말하였습니다.

"牛山은 齊나라 國都의 동남쪽에 있는 산이니, 그 산의 나무가 본래 아름다웠는데 나무를 베는 사람이 많기 때문에 그 아름다움을 잃게 된 것이다. 그러나 氣의 化育이 流行하여 중단된 적이 없으니, 낮과 밤의 사이에 반드시 생장하는 바가 있기에 싹과 움돋이가 없는 것은 아니었지만 소와 양이 또 따라서 방목되었다. 이 때문에 민둥민둥한 지경에 이르게 된 것이다.

'良心'은 본연의 선한 마음이니, 곧 이른바 '仁義의 마음'이라는 것이다. '새벽의 기운'은 사물과 접하지 않았을 때의 맑고 밝은 기운을 이른다. '좋아하고 미워함이 사람들과 서로 가깝다.'라는 것은 사람의 마음에 똑같이 옳게 여기는 바를 얻음을 말한다.

사람의 양심이 비록 이미 散逸되었지만 그 낮과 밤의 사이에 그래도 반드시 생장하는 바가 있기 때문에 새벽에 아직 사물과 접하지 않아서 그 기운이 맑고 밝을 때에는 양심이 그래도 반드시 발현되는 것이 있다. 다만 그 발현되는 것이 지극히 미미하고 낮에 행하는 선하지 못한 행실이 또 이미 따라서 속박하여 없애니, 마치 산의 나무가 베어졌어도 오히려 싹과 움돋이가 있지만 소와 말이 또 방목되는 것과 같다. 낮에 하는 소행이 이미 그 밤에 자라는 바를 해침이 있고 밤에 자라는 바가 또 낮에 하는 소행을 이기지 못한다. 이 때문에 반복하여 서로 해쳐서 밤에 자라난 기운이 생겨나는 것이 날로 점점 적어져서 仁義의 양심을 보존하기에 충분하지 못한 지경에 이르게 되면 새벽의 기운이 또한 맑지 못하여 좋아하고 미워하는 것이 마침내 사람들과 거리가 멀어지게 된다."

又曰 孔子가 言 心을 操之則在此하고 舍之則失去하여 其出入이 無定時하며 亦無定處가 如此라하여시늘 孟子가 引之하여 以明心之神明不測이 得失之易而保守之難이라 不

130) 旦 : 저본에는 '朝'로 되어 있으나, 朝鮮 太祖 李旦의 피휘이다.

131) 旦 : 저본에는 '朝'로 되어 있으나, 朝鮮 太祖 李旦의 피휘이다.

132) 旦 : 저본에는 '朝'로 되어 있으나, 朝鮮 太祖 李旦의 피휘이다.

可頃刻失其養하시니 學者가 當無時而不用力하여 使神清氣定하여 常如平旦[133]之時則 此心이 常存하여 無適而非仁義矣리라 程子가 曰 心豈有出入이리오 亦以操舍而言耳라 操之之道는 敬以直內而已라

또 말하였습니다.

"孔子가 말씀하기를 '마음을 잡으면 여기에 있고 놓아버리면 잃어버려서 그 나고 듦이 일정한 때가 없으며 또한 일정한 곳이 없는 것이 이와 같다.'라고 하였다. 孟子가 이를 인용하여 神明하고 헤아릴 수 없는 마음은 얻었다가도 잃기 쉽고 보존하여 지키기 어렵기 때문에 잠시라도 그 함양하는 것을 잃어버려서는 안 된다는 것을 밝혔다. 그러니, 학문하는 자가 마땅히 어느 때든지 힘을 쓰지 않는 때가 없어서 정신이 맑고 기운이 안정되게 하여 항상 새벽녘과 같게 한다면 이 마음이 항상 보존되어 어디를 가든지 仁義가 아닌 것이 없을 것이다.

程子가 말하기를 '마음이 어찌 나고 듦이 있겠는가. 또한 잡아두는 것과 놓아버리는 것을 가지고 말했을 뿐이다. 마음을 잡아두는 방법은 공경하여 내면을 곧게 하는 것일 뿐이다.'라고 하였다."

又曰 人理義之心이 未嘗無라 唯持守之면 卽在爾니 若於旦[134]晝之間에 不至梏亡則 夜氣가 愈清이요 夜氣清則平旦[135]未與物接之時에 湛然虛明하여 氣象을 自可見矣라 孟子가 發此夜氣之說하시니 於學者에 極有力하니 宜熟玩而深省之也니라

또 말하였습니다.

"사람은 義理의 마음이 없었던 적이 없기에 오직 이를 잡아 지키기만 하면 바로 여기에 있게 된다. 만약 아침과 낮 사이에 속박하여 없애는 데 이르지 않는다면 밤에 자라난 기운이 더욱 맑아질 것이고, 밤에 자라난 기운이 맑아지면 새벽에 아직 사물과 접하지 않았을 때에 맑고 깨끗하게 텅 비고 밝아서 氣象을 진실로 볼 수 있을 것이다. 孟子가 밤에 자라난 기운에 대한 이 이야기를 꺼냈는데 학문하는 자에게 지극히 효력이 있으니, 이를 익숙히 익히고 깊이 살펴야 할 것이다."

---

133) 旦 : 저본에는 '朝'로 되어 있으나, 朝鮮 太祖 李旦의 피휘이다.

134) 旦 : 저본에는 '朝'로 되어 있으나, 朝鮮 太祖 李旦의 피휘이다.

135) 旦 : 저본에는 '朝'로 되어 있으나, 朝鮮 太祖 李旦의 피휘이다.

29-20-나2(按)

臣은 按 孟子之言이 以旦[136)]晝爲主而朱熹가 推衍其義하여 謂當無時而不用力則旦[137)]也晝也夜也가 皆兢業自持之時니 其功이 益精密矣라 臣不佞이 又嘗推衍朱熹之說하여 爲夜氣之箴[138)]호니 有曰 盍觀夫冬之爲氣乎아 木歸其根하며 蟄坏其封하여 凝然寂然하여 不見兆朕而造化發育之妙가 實胚胎乎其中하나니 蓋闔者는 闢之基[①139)]요 貞者는 元之本[②140)]而艮所以爲物之始終[③141)]이니라 夫一晝一夜者는 三百六旬之積이니 故冬爲四時之夜而夜乃一日之冬이라 天壤之間에 群物이 俱閴하여 窈乎如未判之鴻濛이라 維人之身이 嚮晦宴息[142)]에 亦當以造物而爲宗하여 必齋其心하며 必肅其躬하여 不敢弛然自放於牀笫之上하여 使慢易非僻으로 得以賊吾之衷이니라 雖終日乾乾하여 靡容一息之間斷而昏冥易忽之際에 尤當致戒愼[143)]之功이니 蓋安其身은 所以

---

136) 旦 : 저본에는 '朝'로 되어 있으나 朝鮮 太祖 李旦의 피휘이다.

137) 旦 : 저본에는 '朝'로 되어 있으나 朝鮮 太祖 李旦의 피휘이다.

138) 夜氣之箴 : 眞德秀의 《西山文集》 권33 〈夜氣箴〉을 지칭한다.

139) 闔者闢之基 : 闔과 闢은 우주 변화의 순환 법칙인 閉合과 開闢으로, 《周易》 〈繫辭傳 上〉 제11장에 이르기를 "이런 까닭에 문을 닫는 것을 坤이라고 하고 문을 여는 것을 乾이라고 하니 한 번 열고 한 번 닫는 것을 變이라고 하고 끊임없이 오고 가는 것을 通이라고 한다.〔是故闔戶謂之坤 闢戶謂之乾 一闔一闢謂之變 往來不窮謂之通〕"라고 하였다.

140) 貞者元之本 : 《周易》 〈乾卦 文言傳〉에 따르면, '元'은 "善 가운데 으뜸〔善之長〕"으로 생물의 시작이니 사계절로는 봄이 되고 사람에게는 仁이 되며, '貞'은 "사물의 근간〔事之幹〕"으로 생물의 완성이니 사계절로는 겨울이 되고 사람에게는 智가 된다. 朱熹의 本義에 따르면, 貞은 "모든 사물의 근간이 되니 근간은 나무의 몸체로 가지와 잎이 의지하여 서는 것이다.〔爲衆事之幹 幹 木之身而枝葉所依以立者也〕"라고 하였다.

141) 艮所……始終 : 《周易》 〈說卦傳〉 제5장에 보인다. 이에 따르면 "帝가 震에서 나와서……艮에서 이룬다.〔帝出乎震……成言乎艮〕"라고 하고, "간괘(☶)는 동북의 괘이니 만물이 끝을 이루고 시작을 이루는 것이므로 '艮에서 이룬다'라고 한 것이다.〔艮 東北之卦也 萬物之所成終而所成始也 故曰成言乎艮〕"라고 하였다. 간은 멈춤을 의미하며, 절후로 볼 때 丑月(음력 12월) 大寒과 寅月(음력 1월) 立春의 중간으로 겨울과 봄이 교차하는 시기에 해당하여, 한 해가 시작하여 끝나고 끝나서 다시 시작하는 것이 끊임없이 순환하므로 만물이 끝을 이루고 시작을 이루는 곳이라고 한 것이다.

142) 嚮晦宴息 : 《周易》 〈隨卦 象傳〉에 보인다. 이에 따르면 "못 가운데 우레가 있는 것이 隨이니, 君子가 이것을 보고서 날이 어둡으로 향하거든 방 안에 들어가 편안히 쉰다.〔澤中有雷隨 君子以 嚮晦入宴息〕"라고 하였다.

143) 戒愼 : 대전본・사고본에는 '愼'이 '謹'으로 되어 있다. 대전본의 경우, 南宋 孝宗 趙昚의 피

爲朝聽書訪之地而夜氣가 深厚則仁義之心이 亦浩乎其不窮이니 本旣立矣而又致察於事物周旋之頃하여 敬義夾持하여 動靜交養則人欲이 無隙之可入이요 天理가 皦乎其昭融이라 臣은 謂物欲之害가 夜爲最甚이라 故其說이 以夜爲本하니 若異於孟子・朱熹者나 然亦未嘗不互相發也니 愚者一得[144]을 惟聖明은 擇[145]焉하소서

① 闔者闢之基 : 自冬至以後爲闢, 自夏至以後爲闔.
冬至 이후부터는 '闢'이 되고, 夏至 이후부터는 '闔'이 된다.

② 貞者元之本 : 元於時爲春. 貞[146]於時爲冬.
元은 사계절에서는 봄이 된다. 貞은 사계절에서는 겨울이 된다.

③ 艮所……始終 : 艮, 東北之卦.
'艮'은 동북의 卦이다.

【臣按】 孟子의 말은 아침과 낮을 위주로 하였지만 朱熹가 그 뜻을 추론하고 부연하여 '마땅히 어느 때이든지 힘을 쓰지 않는 것이 없다면 아침이든 낮이든 밤이든 모두 삼가고 두려워하여 스스로 지켜야 하는 때이다.'라고 하였으니 그 공부가 더욱 정밀합니다. 재주 없는 신이 또 일찍이 주희의 설을 추론하고 부연하여 〈夜氣箴〉을 지었는데 그 내용은 다음과 같습니다.

"어찌하여 겨울의 기운을 살펴보지 않는가. 나무는 그 뿌리에 진액을 모으고 겨울잠 자는 벌레는 드나드는 구멍을 흙으로 막아서 잠잠하고 고요하여 조짐을 나타내지 않지만 조화가 발육하는 오묘함이 진실로 그 안에서 배태된다. '闔'은 '闢'의 바탕이고 '貞'은 '元'의 근본이어서 艮卦가 사물의 시작이자 끝이 되는 것이다. 한 번 낮이 되고 한 번 밤이 되는 것은 360일이 쌓인 것이니, 그러므로 겨울은 사계절의 밤이 되고 밤은 바로 하루의 겨울이 된다. 천지 사이에 만물이 모두 고요하여 천지가 나누어지기 전의 혼돈처럼 고요하다. 오직 사람의 몸이 날이 어두

휘이다. 《西山文集》 〈夜氣箴〉에는 '謹戒'로 되어 있다.

144) 愚者一得 : 아무리 우둔한 자의 생각이라도 많은 생각 중에 하나쯤은 취할 만한 좋은 생각이 있을 수 있다는 뜻으로, 자신의 견해에 대한 겸사이다. 《史記》 권92 〈淮陰侯列傳〉의 "지혜로운 자도 천 가지 생각 중에 반드시 한 가지 잘못된 생각이 있고, 우둔한 자도 천 가지 생각 중에 반드시 한 가지 옳은 생각이 있다. 이 때문에 무지하고 망령된 사람의 말이라도 성인은 채택한다고 하는 것이다.〔智者千慮 必有一失 愚者千慮 必有一得 故曰狂夫之言 聖人擇焉〕"라고 한 데에서 나온 말이다.

145) 擇 : 사고본에는 이 앞에 '幸覽' 2자가 있다.

146) 貞 : 대전본에는 '正'으로 되어 있으나, 北宋 仁宗 趙禎의 피휘이다.

워지거든 쉴 적에 또한 마땅히 造物을 으뜸으로 삼아서 반드시 그 마음을 재계하고 반드시 그 몸을 엄숙히 한다. 그리하여 감히 마음 놓고 침상 위에서 제멋대로 굴어서 태만함과 안이함, 그릇됨과 편벽함이 나의 진실한 마음을 해칠 수 있게 하지 않는다. 비록 종일토록 부지런히 힘써서 한순간의 끊어짐도 용납하지 않았더라도 어두워져 소홀해지기 쉬운 때에 더욱 마땅히 경계하고 삼가는 공부를 지극히 해야 한다. 그 몸을 편안히 하는 것은 아침에 정무를 보고 낮에는 가르침을 청하는 바탕이 되는데 밤에 자라난 기운이 심후해지면 仁義의 마음이 또한 끝없이 넓어진다. 근본이 이미 확립되었으면 또 사물이 주선하는 때를 정밀하게 살펴 공경과 義가 같이 지탱하여 동하고 정하는 것이 모두 함양되면 人欲이 파고들 수 있는 틈이 없고 天理가 환히 밝아진다."

신은 물욕이 해치는 것이 밤에 가장 심하다고 여기기 때문에 〈야기잠〉의 내용은 밤을 근본으로 삼았습니다. 맹자나 주희와는 다른 것 같지만 또한 상호간에 의미를 드러내지 않은 적이 없습니다. 우둔한 자가 터득한 한 가지 생각을, 바라건대 聖明한 황상께서는 채택해주소서.

29-21-가[147]

孟子가 **曰 仁**은 **人心也**요 **義**는 **人路也**니라 **舍其路而弗由**하며 **放其心而不知求**하나니 **哀哉**라 **人**이 **有雞犬**이 **放則知求之**호대 **有放心而不知求**하나니 **學問之道**는 **無他**[148]라 **求其放心而已矣**니라

孟子가 말하였다.

"仁은 사람의 마음이고, 義는 사람의 길이다. 그 길을 버려두고 따르지 않으며 그 마음을 잃어버리고 찾을 줄을 모르니, 안타깝다. 사람이 닭과 개를 잃어버리면 찾을 줄을 알지만 마음을 잃어버리고는 찾을 줄을 모르니, 학문하는 길은 다

147) 《孟子》 〈告子 上〉 제11장에 보인다. 《孟子》 〈離婁 上〉 제10장에 "내 자신은 仁에 거할 수 없고 義를 따를 수 없다고 말하는 사람을 '스스로 버리는 자'라고 이른다. 인은 사람의 편안한 집이고 의는 사람의 바른길이다. 편안한 집을 비워두고 거처하지 않으며 바른길을 버려두고 다니지 않으니, 안타깝다.〔吾身不能居仁由義 謂之自棄也 仁 人之安宅也 義 人之正路也 曠安宅而弗居 舍正路而不由 哀哉〕"라고 한 것도 이와 비슷하다.

148) 他 : 대전본에는 '它'로 되어 있다.

른 것이 없다. 그 잃어버린 마음을 찾을 뿐이다.”

29-21-나(按)

臣은 按 仁者는 心之德也而孟子가 直以爲人心者는 蓋有此心이면 卽有此仁心而不仁則非人矣니라 孔門之言仁이 多矣라 皆指其用功處而言하고 此則徑擧全體하여 使人으로 知心卽仁·仁卽[149]心而不可以二視之也라 義者는 人所當行之路니 跬步而不由乎此則陷於邪僻之徑矣라 世之人이 乃有舍其路而弗由하며 放其心而不知求者는 正猶病風喪心之人이 猖狂妄行而不知反也라 豈不可哀也哉아

【臣按】‘仁’은 마음의 덕인데 孟子가 다만 사람의 마음이라고 한 것은, 아마도 이 마음을 가지면 곧 이 仁心을 가져서 仁하지 않으면 사람이 아니기 때문일 것입니다. 孔子의 문하에서 인에 대해 말한 것이 많은데 모두 그 힘을 쓸 부분을 가리켜 말하였고, 여기에서는 곧바로 전체를 들어서 사람으로 하여금 마음이 곧 인이고 인이 곧 마음이라서 두 가지로 보아서는 안 된다는 것을 알게 하였습니다. ‘義’는 사람이 가야 할 길이니 반걸음만 가더라도 이를 따라가지 않으면 그릇된 길에 빠지게 됩니다. 세상 사람들이 마침내 이 길을 버려두고 따르지 않으며 그 마음을 잃어버리고 찾을 줄 모르는 것은 바로 풍을 앓아 실성한 사람이 발광하여 제멋대로 걸어서 돌아올 줄 알지 못하는 것과 같습니다. 어찌 안타깝지 않을 수 있겠습니까.

雞犬이 至輕也어늘 放則知求之호대 人心이 至重也어늘 放而不知求하나니 借至輕而喩至重은 所以使人知警也라 然則人心之放은 何也오 欲이 汩之則放하고 利가 誘之則放이니 心旣放則其行必差라 故孟子가 始以人心人路로 竝言而終獨諄諄於放心之知求하시니 能求放心則中有主而行不失矣라 故曰學問之道는 無它라 求其放心而已矣라하시니 自天子以至庶人히 其道가 皆然而人君이 以一心而受衆攻이라 尤易以放이니 然則其可以不知求乎아 求之匪它라 以敬自持而一念을 不敢肆而已니 心本非外라 縱之則放이요 求之則存이 猶反覆手也라 心存則仁存하고 仁存則動無非理니 卽所謂由義路也라 聖學之要가 孰先乎此리잇고

---

149) 卽 : 대전본에는 ‘則’으로 되어 있다.

닭과 개는 지극히 하찮은 것인데 잃어버리면 그것을 찾을 줄 압니다. 그런데 사람의 마음은 지극히 귀중한 것인데 잃어버려도 찾을 줄 모릅니다. 지극히 하찮은 것을 차용하여 지극히 귀중한 것을 비유한 것은 사람들이 경계할 줄 알도록 한 것입니다. 그렇다면 사람의 마음을 잃어버리는 것은 어째서이겠습니까? 욕망이 빠뜨리면 잃어버리고 이익이 유혹하면 잃어버립니다. 마음을 이미 잃어버렸다면 그 길은 반드시 어그러집니다. 그러므로 맹자가 처음에는 사람의 마음과 사람이 가야 할 길로 함께 말하고 끝에는 유독 잃어버린 마음을 찾을 줄 아는 것에 대해 거듭 타이른 것입니다.

잃어버린 마음을 찾을 수 있다면 마음에 주인이 있어서 가는 길이 잘못되지 않습니다. 그러므로 "학문하는 길은 다른 것이 없다. 그 잃어버린 마음을 찾을 뿐이다."라고 한 것입니다. 天子로부터 庶民에 이르기까지 그 길이 모두 그러하지만, 군주는 한 마음을 가지고 많은 外物의 공격을 받기에 더욱 잃어버리기 쉽습니다. 그렇다면 찾을 줄 몰라서야 되겠습니까. 잃어버린 마음을 찾는 것은 다른 방법이 없습니다. 공경으로 스스로 지켜서 한 생각이라도 감히 함부로 하지 않을 뿐입니다. 마음은 본래 외물이 아닙니다. 그래서 풀어놓으면 잃어버리고 찾으면 보존되는 것이 손바닥 뒤집는 것과 같습니다. 마음이 보존되면 仁이 보존되고 인이 보존되면 동할 때 이치가 아닌 것이 없으니 바로 이른바 '義의 길을 따른다.'라는 것입니다. 聖學의 핵심이 무엇이 이보다 우선이겠습니까.

29-22-가[150)]

孟子가 **曰 無或乎王之不智也**①로다 **雖有天下易生之物也**나 **一日暴之**요 **十日寒之**면 **未有能生者也**니 **吾見**이 **亦罕矣**요 **吾退而寒之者**가 **至矣**니 **吾如有萌焉**에 **何哉**②리오 **今夫奕之爲數**가 **小數也**③나 **不專心致志則不得也**니 **奕**(혁)**秋**는 **通國之善奕者也**④라 **使奕秋**로 **誨二人奕**이어든 **其一人**은 **專心致志**하여 **惟奕秋之爲聽**하고 **一人**은 **雖聽之**나 **一心**에 **以爲有鴻鵠**이 **將至**어든 **思援弓繳**(작)**而射**(석)**之**⑤하면 **雖與之俱學**이라도 **弗若之矣**나니 **爲是其智**가 **弗若與**아 **曰 非然也**니라

---

150) 《孟子》〈告子 上〉 제9장에 보인다.

① 無或……智也 : 或, 與惑同.
'或'은 '惑(의혹하다)'과 같다.
② 吾如有萌焉何哉 : 萌, 謂萌蘖.
'萌'은 싹과 움돋이를 이른다.
③ 今夫……數也 : 奕, 圍棊也.
'奕'은 바둑이다.
④ 奕秋……者也 : 秋, 奕者名.
'秋'는 바둑 두는 사람의 이름이다.
⑤ 思援弓繳而射之 : 繳, 以繩繫箭而射也.
'繳'은 노끈을 화살에 매어서 쏘는 것이다.

孟子가 말하였다.

"왕이 지혜롭지 못한 것을 이상하게 여길 것이 없구나. 비록 천하에서 가장 쉽게 생장하는 물건이 있더라도 하루 동안 햇볕을 쪼이고 열흘 동안 차갑게 한다면 생장할 수 있는 물건이 있지 않다. 내가 왕을 뵙는 것이 또한 드물고 내가 물러나오면 왕의 마음을 차갑게 하는 자가 이르니, 왕에게 싹을 틔워주는 것이 있다고 한들 내가 어떻게 할 수 있겠는가.

지금 바둑이라는 기예는 하찮은 기예지만, 마음을 오로지 하고 뜻을 지극히 하지 않으면 터득하지 못한다. 奕秋는 온 나라에서 바둑을 잘 두는 자이다. 혁추로 하여금 두 사람에게 바둑을 가르치게 할 경우에, 그중 한 사람은 마음을 오로지 하고 뜻을 지극히 하여 오직 혁추의 가르침만 듣고, 다른 한 사람은 비록 혁추의 가르침을 듣기는 하지만 마음 한편에는 기러기와 고니가 장차 날아오거든 활과 주살을 당겨서 쏘아 맞힐 생각을 한다면 비록 그와 함께 배운다 하더라도 그만 못할 것이다. 이것은 그 지혜가 그만 못하기 때문인가? 그렇지 않다."

29-22-나(按)

臣은 按 孟子之告齊王也가 可謂至矣로소이다 蓋人主之心이 養之以理義則明하고 蔽之以物欲則昏하여 猶草木然이라 煗(난)之以陽則生하고 寒之以陰則悴(췌)하나니 正人賢士進見之時가 常少면 理義灌漑[151]之益이 其能幾何리오 退而以邪說進者가 至矣라 猶

151) 灌漑 : 사고본에는 '漑灌'으로 되어 있다.

煥之日이 寡而寒之日이 多하니 雖有萌芽나 旋復摧折이니 其如之何哉리오 又以奕比之하니 奕雖小技나 非專心致志則不能精이라 故其一은 以專壹而得之하고 其一은 雜以它念而失之하니 非誨者가 有勤惰며 學者가 有工拙이라 由一與不一而已라 故程頤[152)]가 爲講官에 嘗言於上曰 人主가 一日之間에 接賢士大夫之時가 多하고 親宦官・宮妾之時가 少則可以涵養氣質하며 薰陶德性[153)]이라하니 嗚呼라 人主가 欲以理義養其心인대 必如頤之言而後에 可니이다

【臣按】孟子가 齊나라 왕에게 일러준 말이 지극하다고 이를 만합니다. 군주의 마음은 義理로써 함양하면 밝아지고 物慾으로써 가리면 어두워져서 마치 草木이 그러한 것과 같습니다. 陽으로써 따뜻하게 하면 생장하고 陰으로써 차갑게 하면 시듭니다. 바르고 어진 인사가 나아가 뵙는 때가 항상 적으면 의리로써 적셔주는 보탬이 얼마나 될 수 있겠습니까. 물러나면 부정한 이야기로 나아가는 자가 이르니, 이는 마치 따뜻하게 하는 날은 적고 차갑게 하는 날은 많은 것과 같습니다. 비록 싹이 있다고 하더라도 도로 다시 꺾어버리니 어떻게 하겠습니까.

맹자는 또 바둑을 가지고 비유하였습니다. 바둑이 비록 하찮은 기예이지만 마음을 오로지 하고 뜻을 지극히 하는 것이 아니면 뛰어날 수 없습니다. 그러므로 그중 한 사람은 專一하게 함으로써 잘하게 되고 다른 한 사람은 딴생각을 뒤섞어

152) 程頤 : 1033~1107. 북송의 관료이자 理學家이다. 자는 正叔으로, 洛陽 伊川 사람이다. 明道 程顥의 동생이다. 관직은 汝州團練推官・西京國子監敎授・秘書省校書郞・崇政殿說書 등을 역임하였다. 程顥와 함께 周敦頤를 사사하였다. 이학의 기초를 다져 洛學을 창시하여 정호와 함께 '二程'으로 불린다. 저술로는 《河南程氏遺書》・《周易程氏傳》 등이 있다.

153) 人主……德性 : 《二程遺書》 卷18 〈伊川先生語 39條〉에 보인다. 제자가 "사람이 말을 빨리 하는 것은 기가 안정되지 않아서 그런 것이 아닙니까?〔人語言緊急莫是氣不定否〕"라고 물은 데 대해, 程頤가 대답한 내용 중에 "내가 예전에 주상과 太母께 이렇게 아뢴 적이 있다. '주상께서 하루 중에 어진 사대부들과 친하게 지내는 시간이 많게 하고 환관이나 궁인들과 친하게 지내는 시간이 적게 하고자 하니, 이것이 바로 기질을 함양하고 덕성을 훈도하는 방법입니다.〔某舊嘗進說於主上及太母 欲令上於一日之中 親賢士大夫之時多 親宦官宮人之時少 所以涵養氣質 薰陶德性〕'라고 하였다."라고 한 말이 보인다. 아울러 《續資治通鑑長篇》 권373 〈哲宗〉 元祐 원년(1086) 3월 辛巳조에도 이와 유사한 내용이 보인다. 宣德郞 程頤를 通直郞・崇政殿 說書에 제수하고 경연을 맡도록 하자, 정이가 사직을 청하고 물러나 올린 첫 번째 차자에 "대체로 하루 중에 어진 사대부를 만나는 시간이 많게 되고 내시나 궁녀를 가까이하는 시간이 적게 되면 자연히 기질이 변화하여 덕의 그릇이 이루어집니다.〔大率一日之中 接賢士大夫時多 親寺人宮女之時少 則自然氣質變化 德器成就〕"라고 한 내용이 보인다.

잘못하게 되었으니, 가르치는 사람이 한 사람은 근면하게 가르치고 한 사람은 태만하게 가르치며 배우는 사람이 한 사람은 뛰어나고 한 사람은 졸렬해서가 아닙니다. 전일했느냐 전일하지 못했느냐에서 말미암았을 뿐입니다.

그러므로 程頤가 講官으로 재임할 때 일찍이 황상에게 말하기를 "군주가 하루 중에 어진 사대부를 접견하는 때가 많고 宦官과 宮妾을 가까이하는 때가 적으면 기질을 함양하며 덕성을 도야할 수 있습니다."라고 하였습니다. 아! 군주가 의리를 가지고 그 마음을 함양하고자 한다면 반드시 정이의 말과 같이 한 뒤에야 할 수 있을 것입니다.

29-23-가[154]

孟子가 **曰 養心**이 **莫善於寡欲**하니 **其爲人也**가 **多**[155]**欲**이면 **雖有存**[156]**焉者**라도 **寡矣**요 **其爲人也**가 **寡**[157]**欲**이면 **雖有不**[158]**存焉者**라도 **寡矣**니라

孟子가 말하였다.

"마음을 함양하는 것은 욕심을 적게 하는 것보다 좋은 것이 없다. 그 사람됨이 욕심이 많으면 비록 本心이 보존된 것이 있다 하더라도 적을 것이고, 사람됨이 욕심이 적으면 비록 본심이 보존되지 못한 것이 있다 하더라도 적을 것이다."

29-23-나1(呂)[159]

呂大臨[160]이 曰 欲者는 感物而動也라 治心之道가 莫善於少欲이니 少欲[161]則耳目之官이 不蔽於物而心常寧矣라 心常寧則定而不亂하며 明而不暗이니 道之所由生이며 德之所自成也라 不存者는 梏亡之謂也니 寡欲之人則無梏亡之患矣라 其爲人也가 多欲

154)《孟子》〈盡心 下〉 제35장에 보이나, 현행본 《孟子》와는 자구상 차이가 있다.
155) 多 : 사고본에는 '寡'로 되어 있다.
156) 存 : 사고본에는 이 앞에 '不' 1자가 있다.
157) 寡 : 사고본에는 '多'로 되어 있다.
158) 不 : 사고본에는 없다.
159)《孟子精義》〈盡心 下〉 제35장에 보인다.
160) 呂大臨 : 28-2-나1(呂) 주석 참조.
161) 少欲 : 사고본에는 없다.

則好動而無節하며 妄作而失常하여 善端所由喪而天理虧焉이라 故雖有存焉者라도 寡矣니라

呂大臨이 말하였습니다.

"욕심은 外物에 감촉하여 동하는 것이다. 마음을 다스리는 방도는 욕심을 적게 하는 것보다 좋은 것이 없으니, 욕심을 적게 하면 귀와 눈의 기능이 외물에 가려지지 않아서 마음이 항상 편안하게 된다. 마음이 항상 편안하면 안정되어 어지럽지 않고 밝아서 어둡지 않으니, 도가 이로 말미암아 생겨나고 덕이 이로부터 이루어진다. '보존되지 못한 것'은 속박되어 없어짐을 이르니, 욕심이 적은 사람은 속박되어 없어지는 근심이 없다. 그 사람됨이 욕심이 많으면 동하기를 좋아하여 절도가 없으며 함부로 행동하여 떳떳함을 잃어서 선한 단서가 이로 말미암아 상실되고 天理가 이지러진다. 그러므로 비록 보존되는 것이 있다고 하더라도 적은 것이다."

29-23-나2(朱)[162]

朱熹가 曰 欲은 如耳目口鼻四肢之欲이니 雖人所不能無나 然多而不節이면 未有不失其本心者니라 程子가 曰 所欲은 不必沈溺이라 只有所向이 便是欲이니라

朱熹가 말하였습니다.

"욕망은 耳目口鼻와 四肢의 욕심과 같으니, 비록 사람에게 없을 수 없는 것이기는 하지만 욕심이 많은데도 절제하지 않으면 그 본심을 잃지 않을 자가 있지 않다. 程子가 말하기를 '욕심을 내는 것은 깊이 빠질 필요는 없다. 다만 지향하는 대상이 있는 것이 바로 욕심이다.'"

29-23-나3(按)

臣은 按 養心은 謂涵育其心也라 存은 謂不失其本心也라 多欲則戕伐其心矣니 烏乎養이며 以欲戕伐則喪失其心矣니 烏乎存이리오 昔에 漢武帝가 謂群臣曰吾欲云云하노라 汲黯(급암)[163]이 曰 陛下가 內多欲而外施仁義하시니 奈何欲效唐虞之治乎[164]리잇고하니

162) '朱熹曰' 이하는 《孟子集註》〈盡心 下〉 朱熹註에, '程子曰' 이하는 《河南程氏遺書》 권15 〈入關語錄〉에 보인다. 《河南程氏遺書》에 따르면, '程子'는 伊川 程頤이지만 일설에는 明道 程顥라고도 한다.

夫堯舜은 無欲者也요 武帝는 好聲色・好征伐・好刑名・好財利・好神仙하니 多欲者也라 多欲則邪念이 紛紜하여 本心이 流蕩而欲效堯舜而施仁義나 得乎잇가

【臣按】'養心'은 그 마음을 함양하는 것을 이릅니다. '存'은 그 本心을 잃지 않는 것을 이른다. 욕심이 많으면 그 마음을 해치니 어떻게 함양하겠으며, 욕심으로써 해치면 그 마음을 상실하게 되니 어떻게 보존하겠습니까.

옛날에 漢 武帝가 신하들에게 말하기를 "나는 이리이리 하고자 하노라."라고 하자, 汲黯이 아뢰기를 "폐하께서는 속으로는 욕심이 많으면서 겉으로만 仁義를 베푸시니, 어떻게 堯舜의 정치를 본받고자 하십니까?"라고 하였습니다. 저 堯임금과 舜임금은 욕심이 없는 사람이고, 무제는 아름다운 소리와 女色, 征伐, 刑名, 재화와 이익, 신선을 좋아하였으니 욕심이 많은 사람이었습니다. 욕심이 많으면 부정한 생각이 어지럽게 일어나 본심이 흔들리게 되는데 요임금과 순임금을 본받아서 인의를 베풀고자 하더라도 될 수 있겠습니까.

周敦[165]頤[166]가 曰 聖可學乎아 曰 可라 有要乎아 曰 一爲要니 一者는 無欲也라 無欲

163) 汲黯 : 기원전 ?~기원전 112?. 西漢의 諫臣이다. 자는 長孺이다. 西漢 濮陽 사람이다. 景帝 연간에 蔭補로 太子洗馬가 되었다. 武帝 때 謁者, 東海太守, 主爵都尉 등을 역임하였다. 直諫을 좋아하고 주저 없이 犯顔을 하여 무제에게 '社稷之臣'이라는 평가를 받았다. 또 匈奴와의 화친을 주장하고 전쟁은 반대했다. 승상 張湯과 御史大夫 公孫弘 등을 법에 의존하고 천자에게 아첨하는 무리라고 비난하였다. 또 黃老之道와 無爲之治를 주장하며 武帝에게 간했으나 받아들여지지 않았다. 일에 연루되어 면직되었다가 다시 淮陽太守에 제수되어 재직하던 중에 죽었다.

164) 昔漢……治乎 : 《史記》 권120 〈汲鄭列傳 汲黯〉과 《漢書》 권50 〈張馮汲鄭傳 汲黯〉, 《資治通鑑》 권17 〈漢紀9 武帝上之上〉 建元 6년(기원전 135)에 보인다. 漢 武帝가 文學하는 儒者들을 초빙한 자리에서 무제가 한 말에 대해 급암이 직간한 것이다. 무제가 말한 '云云'의 내용에 대해 裴駰의 《史記集解》에는 張晏의 설을 인용하여 인의를 베풀고자 한다는 내용이었다고만 하였는데, 荀悅의 《漢記》 권10 〈孝武1〉 건원 6년에는 무제가 "내 정치를 흥기시켜 요임금과 순임금을 본받고자 하니 어떠한가?〔吾欲興政治法堯舜 何如〕"라고 말하였다고 하였다.

165) 敦 : 대전본에는 '端'으로 되어 있으나, 南宋 光宗 趙惇의 피휘이다.

166) 周敦頤 : 1017~1073. 북송 때 관료, 철학가, 사상가. 程顥・程頤・邵雍・張載와 함께 '北宋五子'로 일컬어진다. 본명은 敦實인데 宋 英宗 趙宗實을 피휘하여 개명하였다. 자는 茂叔이고, 호는 濂溪이다. 道州 營道 사람이다. 관직은 大理寺丞, 太子中舍, 國子博士, 建州通判,

則靜虛動直이니 靜虛則明이요 明則通하고 動直則公이요 公則溥니 明通公溥면 庶矣乎[167)]인저하니 然則有志於學聖人者는 必由寡欲充之하여 以至於無欲而後에 可니 若夫多欲而不知所以克之면 方將與漢武로 同科而欲遠輩堯·舜은 非臣之所敢知也니 惟聖主는 致思焉하소서

周敦頤가 말하기를 "聖人을 배워서 될 수 있는가? 배워서 될 수 있다. 핵심적인 방법이 있는가? 純一함이 핵심적인 방법이 되니, 순일함은 욕심이 없는 것이다. 욕심이 없으면 고요할 때에는 마음이 비고 동할 때에는 정직하다. 고요할 때 마음이 비면 밝아지고 밝아지면 통달하며, 동할 때에 정직하면 공정해지고 공정하면 넓어진다. 밝고 통달하고 공정하고 넓으면 거의 성인일 것이다."라고 하였습니다. 그렇다면 성인을 배우는 데 뜻을 둔 자는 반드시 욕심을 적게 하는 데로부터 이를 확충하여 욕심이 없는 데 이른 뒤에 될 수 있습니다. 만약 욕심이 많은데도 이를 극복할 방법을 모른다면, 이제 곧 漢 武帝와 같은 부류인데, 멀리 堯임금과 舜임금과 동렬이 되고자 하는 것은 신이 감히 아는 바가 아닙니다. 바라건대 성상께서는 이 점을 지극히 생각하소서.

以上은 論操存省察之功하니라

이상은 마음을 간직하고 보존하며 반성하고 살폈을 때의 功效를 논한 것이다.

廣東轉運判官 등을 역임하였다. 《周易》에 정통하고 도가와 불가의 주요 인식과 개념을 수용하여 우주의 원리와 인성에 관한 형이상학적인 성리학 이론을 개척하여 北宋 理學의 개창자로 일컬어진다. 濂學의 창시자로, 程顥·程頤의 이학 연구에 큰 영향을 끼쳤다. 저술로는 《太極圖說》·《通書》 등이 있으며 문집으로 《周元公集》이 있다. 시호는 元이다.

167) 聖可……矣乎 : 周敦頤의 《通書》 〈聖學〉에 보인다.

誠意正心之要(二) 생각을 성실하게 하고 마음을 바르게 하는 요체 (2)

崇敬畏 공경함과 두려워함을 尊崇함

規警箴誡之助 조심하고 경계했을 때의 유익함

30-1-가[1)]

大學에 **曰 湯之盤銘**①에 **曰 苟日新**②이어든 **日日新**하며 **又日新**이라하더시다

① 盤銘 : 盤, 沐浴之盤也. 銘者, 名其器以自警之辭.
'盤'은 沐浴에 사용하는 盤이다. '銘'은 해당 기물에 글자를 넣어 스스로를 경계하는 말이다.

② 苟日新 : 苟, 誠也.
'苟'는 '진실로'라는 뜻이다.

《大學》에 다음과 같은 내용이 있다.

"湯王의 盤에 새긴 銘에 이르기를 '진실로 어느 날에 새로워졌거든 날로 새롭게 하고, 또 날

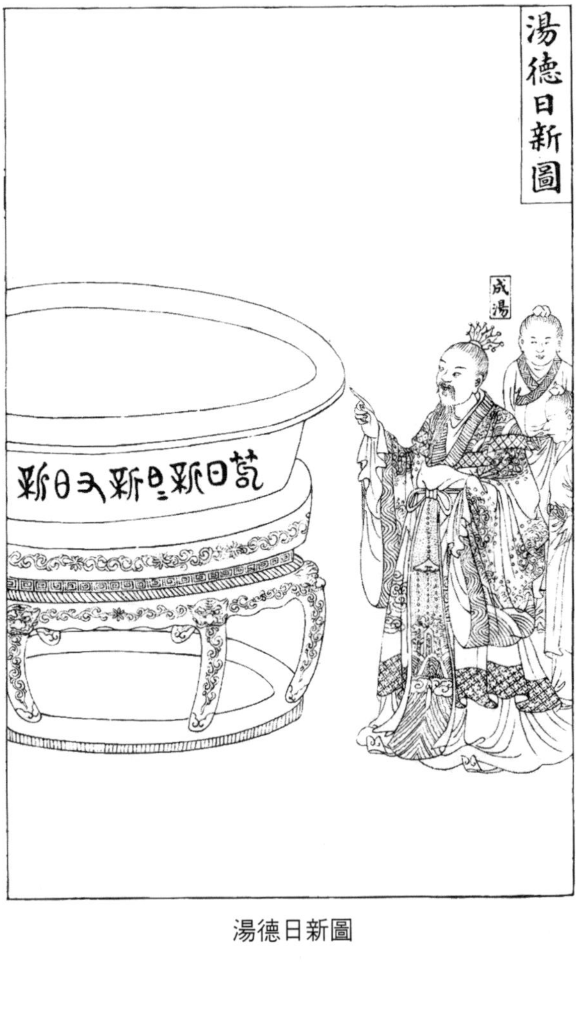

湯德日新圖

1) 《大學》 傳2章에 보인다.

로 새롭게 하라.'라고 하였다."

30-1-나(按)

朱熹說이 已見大學或問[2)]하니이다

2) 朱熹……或問:《四書或問》卷2 〈大學 傳2章〉에 보이는데, 그 내용은 다음과 같다. "어떤 사람이 질문하였다. '盤에 銘을 새긴 것은 어째서입니까?' 다음과 같이 대답하였다. '盤은 항상 사용하는 기물이며, 銘은 스스로를 경계하는 말이다. 옛 성현들은 삼가고 두려워하여 진실로 언제든 경계하고 삼가며 두려워하지 않은 적이 없었다. 그러나 그럼에도 태만하고 소홀한 데가 있어 혹시라도 그것을 잊을까 두려워하였다. 이 때문에 자신이 항상 사용하는 기물에 각각 그 일로 인하여 銘을 새겨 경계를 하기에 이르렀으니, 늘 눈으로 접하고 매번 마음속에 경계해서 소홀히 하고 잊어버리는 지경에 이르지 않으려고 한 것이다.' 다음과 같이 질문하였다. '그렇다면 목욕에 사용하는 반인데도 반에 새긴 내용이 이와 같은 것은 어째서입니까?' 다음과 같이 대답하였다. '사람이 이 덕을 가진 것은 사람이 이 몸을 가진 것과 같으며, 덕이 본래 밝은 것은 그 몸이 본래 깨끗한 것과 같다. 덕이 밝은데도 利欲이 어둡게 만드는 것은 몸이 깨끗한데도 먼지와 때가 더럽히는 것과 같다. 하루아침에 存養省察의 공부가 전날 이욕으로 어두워졌던 것을 진실로 제거하여 어느 날 새로워졌다면, 이는 또한 목욕하고 씻어내 전날 먼지와 때에 더럽혀진 것을 제거함과 같다. 그러나 새로워지고 나서 새롭게 만드는 공부가 계속되지 않으면, 이욕이 접하여 전날처럼 어두워지는 일이 앞으로 다시 생길 것이다. 이는 깨끗해지고 나서 깨끗하게 만드는 공부가 계속되지 않으면 먼지와 때가 껴서 전날처럼 더러워지는 일이 앞으로 다시 생기는 것과 같다. 그러므로 반드시 이미 새로워진 것으로 인하여 날마다 새롭게 하고 또 날마다 새롭게 하여 존양성찰의 공부로 하여금 조금도 끊어짐이 없게 한다면, 明德이 항상 밝아서 다시는 이욕으로 어두워지는 상태가 되지 않을 것이다. 이것은 또한 사람이 하루 목욕하고서 날마다 목욕하고 또 목욕하지 않는 날이 없어 목욕하고 씻어낸 공부를 조금도 끊어짐이 없게 한다면, 몸이 항상 청결하여 다시는 예전에 물들었던 더러운 상태가 되지 않는 것과 같다.……'〔或問 盤之有銘 何也 曰 盤者 常用之器 銘者 自警之辭也 古之聖賢 兢兢業業 固無時而不戒謹恐懼 然猶恐其有所怠忽而或忘之也 是以於其常用之器 各因其事而刻銘以致戒焉 欲其常接乎目 每警乎心 而不至於忽忘也 曰 然則沐浴之盤而其所刻之辭如此 何也 曰 人之有是德 猶其有是身也 德之本明 猶其身之本潔也 德之明而利欲昏之 猶身之潔而塵垢汚之也 一旦存養省察之功 眞有以去其前日利欲之昏而日新焉 則亦猶其疏瀹澡雪 而有以去其前日塵垢之汚也 然旣新矣 而所以新之之功不繼 則利欲之交 將復有如前日之昏 猶旣潔矣 而所以潔之之功不繼 則塵垢之集 將復有如前日之汚也 故必因其已新 而日日新之 又日新之 使其存養省察之功 無少間斷 則明德常明 而不復爲利欲之昏 亦如人之一日沐浴 而日日沐浴 又無日而不沐浴 使其疏瀹澡雪之功 無少間斷 則身常潔淸而不復爲舊染之汚也……〕"

【臣按】朱熹의 설명이 이미 《大學或問》에 보입니다.

30-2-가1[3)]

踐阼(천조)**篇**[①4)]에 **武王**이 **踐阼三日**에 **受丹書於太公**[5)]하사 **惕若**(척약)**戒**[6)]**懼而爲戒**[7)]**書**하사 **於席之四端**에 **爲銘焉**[②8)]하시다

① 踐阼篇 : 大戴禮篇名.
〈踐阼〉편은 《大戴禮記》의 편명이다.

② 武王……銘焉 : 云云全文, 見第二卷.[9)]
이상과 같이 운운한 말의 全文은 제2권에 보인다.

《大戴禮記》〈武王踐阼〉편에 다음과 같은 내용이 있다.

"周 武王이 즉위한 지 사흘이 되었을 때 太公에게 丹書의 내용을 전수받아 조심하는 마음으로 경계하고 두려워하면서 경계하는 글을 지어 자리의 네 귀퉁이에 銘을 새겨 넣었다."

---

3) 30-2-가1부터 30-2-가9까지 《大戴禮記》〈武王踐阼〉에 보인다.

4) 踐阼篇 : 《大戴禮記》〈武王踐阼〉편이다. 청나라 때 汪照가 지은 《大戴禮記注補》에 인용된 諸家의 설들을 종합하면, '阼'는 본래 '동쪽 계단'이라는 뜻으로 임금이 다니는 계단이다. '踐阼'는 임금이 즉위하는 것을 가리키는데, 여기에서는 武王이 商나라를 이기고 천자의 자리에 오른 것을 말한다. 宋나라 때 劉恕의 《資治通鑑外紀》에 따르면, 이때가 무왕 1년(기원전 1122)이다. 《大戴禮記注補 卷6 武王踐阼》《資治通鑑外紀 卷3 周紀1》

5) 武王……太公 : 무왕은 이때 端冕, 즉 袞冕(곤면) 차림으로 姜太公으로부터 丹書에 담긴 내용을 전해 들었다. 《大戴禮記注補 卷6 武王踐阼》 자세한 내용은 2-7-가 참조. 張守節의 《史記正義》〈周本紀〉에 인용된 《尙書帝命驗》이라는 緯書에 따르면, 붉은 참새〔赤爵〕가 '단서'를 물고 酆(풍) 땅에 있던 周 文王의 집 창문으로 날아들었다고 한다. 이 설과는 달리 청나라 때 孔廣森이 지은 《大戴禮記補注》에 따르면, '단서'는 옛날 제왕들이 책을 보관하던 곳인 策府에 전해 내려져 오던 典籍을 가리킨다. 《大戴禮記補注 卷6 武王踐阼》

6) 戒 : 사고본에는 '恐'으로 되어 있다.

7) 戒 : 대전본에는 '成'으로 되어 있다.

8) 焉 : 대전본에는 '曰'로 되어 있다.

9) 云云……二卷 : 2-7-가에 보인다.

30-2-가2

席四端銘에 **曰 安樂必敬**[10)]하여 **無行可悔**어다 **一反一側**에 **亦不可不志**[11)]니라 **殷監不遠**하니 **視爾所代**[①12)]어다

① 視爾所代 : 爾, 武王自謂也. 代, 謂周代商.
'爾'는 周 武王이 스스로를 이른 것이다. '代'는 周나라가 商나라를 대신하여 天子國이 된 것을 이른다.

자리의 네 귀퉁이에 새긴 銘은 다음과 같다.
"안락할 때에도 반드시 공경하여 후회할 만할 일을 행하지 말지어다. 한 번 돌아보고 한 번 옆으로 볼 때에도 기억하지 않아서는 안 된다. 殷나라의 鑑戒가 멀리 있지 않으니 네가 은나라를 대신한 일을 볼지어다."

30-2-나1(按)

臣은 **按 安樂則易怠**요 **怠則必有悔**니 **故孟子**가 **曰 生於憂患而死於安樂**[13)]이라하시니 **當寢而安**에 **逸欲**이 **易**(이)**作**하나니 **一反一側**에 **敬不可忘**이라 **淫戲自絶**을 **視彼殷商**이니 **銘席四端**하여 **爲心之防**하니이다

【臣按】 안락하면 쉽게 게을러지고 게을러지면 반드시 후회가 있게 됩니다. 그러므로 孟子가 말하기를 "憂患에서 살고 안락에서 죽는다."라고 하였습니다. 잠자리에 들어 편안할 때 逸欲이 쉽게 생기는 법이니, 한 번 돌아보고 한 번 옆으로 볼 때에도 공경을 잊어서는 안 됩니다. 음탕하게 즐겨 스스로 天命을 단절했던 것을 저 殷商(은나라)에서 보아야 하니, 자리의 네 귀퉁이에 銘을 새겨 넣어 마음의 방비로 삼은 것입니다.

---

10) 敬 : 사고본에는 '戒'로 되어 있다.
11) 不志 : 사고본에는 '以忘'으로 되어 있다.
12) 安樂……所代 : '安樂必敬'은 자리 앞의 왼쪽에, '無行可悔'는 자리 앞의 오른쪽에, '一反一側 亦不可不志'는 자리 뒤의 왼쪽에, '殷監不遠 視爾所代'는 자리 뒤의 오른쪽에 새긴 銘이다. 《大戴禮記 武王踐阼》
13) 生於……安樂 : 《孟子》〈告子 下〉 제15장에 보인다.

30-2-가3

鑑銘에 **曰 見爾前**하고 **慮爾後**어다

거울에 새긴 銘은 다음과 같다.
"네 앞을 보고 네 뒤를 생각할지어다."

30-2-나2(按)

臣은 按 鑑雖甚明이나 見面而不見背하나니 猶吾一心이 有所明하며 亦有所蔽라 患常伏於照察所不及이요 過常生於意慮所不周니 故雖聖人이나 懍乎隱憂하시니이다

【臣按】 거울이 비록 매우 밝지만 얼굴은 보이고 등은 보이지 않는 법이니, 이는 나의 한 마음에 밝은 곳도 있고 가려진 곳도 있는 것과 같습니다. 우환은 밝게 살피는 것이 미치지 못한 데에 늘 잠복해 있으며 過失은 생각이 주밀하지 못한 데에서 늘 생겨나기 때문에, 비록 성인이지만 두려워하면서 깊이 우려했던 것입니다.

30-2-가4

盤銘에 **曰 與其溺於人也**론 **寧溺於淵**이니 **溺於淵**엔 **猶可游**[14)]어니와 **溺於人**이면 **不可救也**니라

盤에 새긴 銘은 다음과 같다.
"사람에게 빠지기보다는 차라리 연못에 빠지는 것이 낫다. 연못에 빠졌을 때에는 그래도 헤엄쳐 빠져나올 수 있지만, 사람에게 빠지면 구할 수 없다."

30-2-나3(按)

臣은 按 盥沐(관목)之盤이 朝夕自潔이라 因而爲銘하니 與湯一轍이라 溺人·溺淵은 因水生戒하니 蓋溺於淵者는 猶可浮游而出이어니와 憸夫壬人이 所以陷溺其君者가 千智百態라 使吾로 沈迷於旨酒厚味하며 顚倒於艷色淫聲하여 方恬安而莫覺에 倏(숙)禍敗之遄(천)興하나니 斯其爲患이 詎止於溺淵而已乎리잇고

14) 游 : 사고본에는 이 뒤에 '也' 1자가 있다.

【臣按】 손을 씻고 머리를 감는 데 쓰는 盤이 아침저녁으로 스스로를 청결하게 만듭니다. 이로 인하여 銘을 지었으니 湯王과 그 궤를 같이합니다.

'사람에게 빠지는 것'과 '연못에 빠지는 것'은 물로 인하여 경계를 한 것입니다. 대체로 연못에 빠진 사람은 그래도 헤엄쳐 빠져나올 수 있지만, 음험한 자와 간사한 사람이 제 임금을 빠뜨리는 방법은 꾀가 다양하고 모습이 가지각색입니다. 나(임금 자신)로 하여금 맛있는 술과 珍味에 깊이 미혹되게 하며 농염한 美色과 음란한 소리에 빠져들게 만들어, 바야흐로 편안하여 깨닫지 못할 때 어느새 재앙과 패망이 빠르게 일어나는 것이니, 그 우환이 되는 것이 어찌 연못에 빠지는 정도에 그칠 뿐이겠습니까.

30-2-가5

楹銘에 **曰 毋曰胡殘**[①]하라 **其禍**가 **將然**이리라 **毋曰胡害**하라 **其禍**가 **將大**리라 **毋曰胡傷**하라 **其禍**가 **將長**이리라

① 胡殘 : 殘, 害也.
'殘'은 '해치다'라는 뜻이다.

기둥에 새긴 銘은 다음과 같다.

"마구 해치지 말라. 그 재앙이 장차 이루어지리라. 마구 해치지 말라. 그 재앙이 장차 커지리라. 마구 손상시키지 말라. 그 재앙이 장차 자라나리라."

30-2-나4(按)

臣은 按 斯銘이 凡三反復하니 蓋人情이 每忽於窈微而禍亂이 常生於隱伏하나니 銘之於楹하여 朝夕見之하여 以敬以戒하여 保於未危니이다

【臣按】 이 銘은 총 세 번 내용이 반복되었습니다. 대개 人情은 은미한 데에서 매번 소홀해지고 禍亂은 잠복해 있던 데에서 늘 생겨나는 법이니, 이를 기둥에 새겨 아침저녁으로 보면서 공경하고 경계하여 위태로워지기 전에 보전한 것입니다.

30-2-가6

杖銘에 **曰 於乎**(오호)**危**①오 **於忿疐**(분치)②니라 **於乎失道**오 **於嗜欲**이니라 **於乎相忘**고 **於富貴**니라

① 於乎危 : 於, 音烏. 一本作惡, 音同.
'於'는 음이 '烏(오)'이다. 어떤 판본에는 '惡(오)'로 되어 있는데, 음이 똑같다.

② 於忿疐 : 於, 如字[15]. 忿疐, 怒也.
'於'는 如字이다. '忿疐'는 '노하다'라는 뜻이다.

지팡이에 새긴 銘은 다음과 같다.

"어디에서 위태로워지는가? 분노에서 위태로워진다. 어디에서 도리를 잃는가? 嗜欲에서 도리를 잃는다. 어디에서 잊게 되는가? 富貴에서 잊게 된다."

30-2-나5(按)

臣은 **按 大易所謂懲忿窒欲**[16]이니 **逞忿者**는 **有危身之憂**[17]하고 **縱欲者**는 **有失道之辱**이니 **杖之爲物**이 **于以自扶**라 **操之則安全有賴**하고 **舍之則顚踣**(전부)**可虞**니 **富貴奢淫**에 **易**(이)**忘兢畏**하나니 **於杖爲銘**이 **是或此義**니이다

【臣按】《大易》(《周易》)에 이른바 "분노를 징계하고 욕심을 막는다."라는 것이니, 분노를 있는 대로 부리는 사람은 자신을 위태롭게 할 우려가 있고 사욕을 부리는 사람은 도리를 잃는 치욕이 있습니다. 지팡이라는 물건은 스스로를 지탱하기 위한 것이어서 잡으면 안전하여 의지할 데가 있고 놓으면 쓰러져서 우려스럽습니다. 부유함과 존귀함, 사치와 淫行에 삼가고 두려워하는 것을 잊기 쉽게 되니, 지팡이에 명을 새긴 것은 아마도 이러한 의미일 것입니다.

---

15) 於如字 : 如字는 한 글자에 두 가지 이상의 音이 있을 때 본래의 음으로 읽는 것을 가리킨다. 예컨대 '於'가 어조사의 의미일 때에는 '어', 감탄사의 의미일 때는 '오'로 읽히는데, 여기서는 본래의 음인 '어'로 읽으라는 것이다.

16) 懲忿窒欲 : 《周易》〈損卦 象傳〉에 보인다.

17) 憂 : 사고본에는 '愛'로 되어 있으나, 오자이다.

30-2-가7

牖銘(유명)에 曰 隨天之時하며 以地之財하여 敬祀皇天하여 敬以先時[18]어다

창문에 새긴 銘은 다음과 같다.
“하늘의 때를 따르고 땅의 재화를 이용하여 하늘에 경건하게 제사를 올려서 제사를 지낼 때에 앞서 공경할지어다.”

30-2-나6(按)

臣은 按 天實生時하고 地實生財어늘 而君用之라 敢昧自來아 祀以報本이라 亦必先時니 匪物是貴라 敬以將之하여 齋[19]明盛服하여 對越上帝니 於牖爲銘하여 朝夕是戒니이다

【臣按】 하늘이 실로 때를 낳고 땅이 실로 재화를 낳는데, 임금이 이를 이용하니 감히 그 유래를 몰라서야 되겠습니까. 제사는 그것으로 근본에 보답하는 것이기에 또한 반드시 제사를 지낼 때에 앞서 공경해야 하는 것이니, 물건이 귀한 것이 아니라 공경함으로써 받들어 齋戒하고 정갈하게 하며 의복을 성대하게 갖추어 입고 上帝를 대해야 합니다. 그러니 창문에 명을 새겨 아침저녁으로 경계했던 것입니다.

30-2-가8

劍銘에 曰 帶之以爲服하여 動必行德이니 行德則興하고 倍德則崩①이니라

① 倍德則崩 : 倍, 與背同. 崩, 傾壞也.
'倍'는 '背(위배하다)'와 같다. '崩'은 '무너지다'라는 뜻이다.

劍에 새긴 銘은 다음과 같다.
“검을 차고서 服裝을 갖추어 움직일 때 반드시 덕을 행해야 하니, 덕을 행하면 흥성하고 덕을 위배하면 무너진다.”

---

18) 牖銘……先時 : 孔廣森의 《大戴禮記補注》에 인용된 朱熹의 말에 따르면, '창문 아래〔牖下〕'는 재계를 하고 제사를 지내는 장소이다. 《大戴禮記補注 卷6 武王踐阼》 또 주희에 따르면, '창문 아래'는 방의 서남쪽 구석으로 이른바 '奧'이다. 《詩集傳 召南 采蘋》

19) 齋 : 사고본에는 '齊'로 되어 있다.

30-2-나7(按)

臣은 按 劍之爲服이 以示威武니 然德寔威本이요 威迺[20]德輔라 惟德是行이면 無思不服이요 一於用威면 祇取顚覆이니 頟頟(액액)獨夫는 所寶者가 劍이라 終以自燔(번)하니 千古之鑑이니이다

【臣按】 검을 차는 것은 威武를 보이기 위한 것입니다. 그러나 덕은 진실로 위엄의 근본이요 위엄은 바로 덕의 보조이니, 오로지 덕을 행하면 복종하지 않을 것을 생각하는 자가 없게 되고 한결같이 위엄만 부리면 그저 패망을 얻을 뿐입니다. 오만한 폭군은 보배로 삼는 것이 검이기에 끝내 검으로 스스로를 파멸시키니, 이것이 천고의 鑑戒입니다.

30-2-가9

矛銘에 曰 造矛造矛여 少間弗忍①이면 終身之羞라 余一人[21]所聞이니 以戒後世子孫하노라

① 少間弗忍 : 少間, 謂須臾也.
'少間'은 잠깐을 이른다.

矛에 새긴 銘은 다음과 같다.
"모를 만듦이여! 모를 만듦이여! 잠깐 참지 못하면 평생의 수치가 된다."
나 한 사람이 들은 것이니 이로써 후세의 자손들에게 경계하노라.

30-2-나8(按)

臣은 按 兵者는 凶器라 聖人所重이니 苟非拯民인대 其忍輕用가 一矛之造를 謹之戒之니 況於兵端一啓에 伏尸百萬하여 流血千里하여[22] 戕(장)[23]生靈之命하며 奸天地之

20) 迺 : 사고본에는 '乃'로 되어 있다.
21) 余一人 : '予一人'과 같다. 《禮記》 〈玉藻〉에 따르면, '予一人'은 天子가 스스로를 일컫는 말이다.
22) 況於……하여 : 509본에는 '況於兵端一에 啓伏尸百萬流하여 血千里'로 되어 있으나, 오류이다.
23) 戕 : 사고본에는 '殘'으로 되어 있다.

和者가 皆斯須不忍이 實爲之니 寧王[24)]이 以此로 戒其子孫하시니 萬世人主가 可違斯言[①]이니잇가

① 兵者……斯言：銘, 凡十有四, 今摘其詞義易知者如右.[25)]
銘은 모두 14편인데, 여기에서는 그 말뜻을 알기 쉬운 것을 이상과 같이 뽑아 기록하였다.

【臣按】兵器는 흉한 기물이라 聖人이 신중히 여긴 것이니, 만약 백성들을 구제하는 것이 아니라면 차마 가볍게 사용하겠습니까. 矛 하나 만드는 것을 삼가고 경계했는데, 하물며 전쟁의 발단이 한번 열리면 무수한 사망자가 발생하여 그 피가 千里를 흘러 백성들의 목숨을 해치고 天地의 조화를 범하게 됩니다. 이는 모두 잠깐 참지 못하는 것이 실로 그렇게 만든 것입니다. 寧王(武王)이 이것으로 자신의 자손들을 경계하였으니, 萬世의 군주들이 이 말을 어겨서야 되겠습니까.

30-3-가[26)]

禮運[①]에 三公[27)]이 在朝하며 三老[28)]가 在學[②29)]하며 王이 前巫而後史[30)]하시며 卜

---

24) 寧王：周 武王을 가리킨다. 蔡沈의 《書集傳》에 인용된 蘇氏의 설에 따르면, 무왕이 殷나라를 이기고 천하를 안정시켰기 때문에 무왕을 '寧王'으로 일컫는 것이다. 《書集傳 周書 大誥》

25) 銘凡……如右：《大戴禮記》〈武王踐阼〉에는 무왕이 ①자리의 네 귀퉁이〔席之四端〕, ②안석〔几〕, ③거울〔鑑〕, ④손을 씻을 때 쓰는 반〔盥盤〕, ⑤기둥〔楹〕, ⑥지팡이〔杖〕, ⑦허리띠〔帶〕, ⑧신발〔履屨〕, ⑨술잔과 안주 그릇〔觴豆〕, ⑩방문〔戶〕, ⑪창문〔牖〕, ⑫劍, ⑬활〔弓〕, ⑭矛(창의 일종)에 새긴 명이 수록되어 있다. 眞德秀는 이 가운데 8가지 銘을 골라 《大學衍義》 권30에 수록한 것이다.

26) 《禮記》〈禮運〉에 보인다. 元나라 陳澔는 "이 편은 역대 성왕들이 제정한 예악의 연혁 및 음양이 생성, 변화하고 끊임없이 유행하는 이치를 기록하였다.〔此篇記帝王禮樂之因革及陰陽造化流通之理〕"라고 설명하였다. 《禮記集說 禮運》

27) 三公：太師, 太傅, 太保를 가리킨다. 《書經 周書 周官》

28) 三老：鄭玄에 따르면, '三老' 자체가 직책의 명칭으로, 정원이 1명이다. 일반적으로 太學에 삼로 1명과 五更(오경) 1명을 함께 두었다. 《禮記注疏 文王世子 鄭玄注》

29) 學：대전본에는 '廟'로 되어 있으나, 오자이다.

30) 王前巫而後史：孔穎達에 따르면, 왕이 弔哭할 일이 생길 경우 巫에게 맡긴다. 그리고 史에는 左史와 右史가 있는데, 좌사가 왕의 거동을, 우사가 왕의 말을 기록한다. 《禮記注疏 禮運 孔穎達疏》

筮(복서)・瞽[31]・侑[32]가 皆在左右[③33]어든 王은 中心無爲也하여[34] 以守至正이니라

① 禮運 : 禮記篇名.
〈禮運〉은 《禮記》의 篇名이다.

② 三老在學 : 卽三公之致仕者.
'三老'는 바로 三公에 재직했다가 致仕한 사람이다.

③ 卜筮……左右 : 卜筮, 掌卜筮之官. 瞽, 無目者, 誦詩以侑也.[35]
'卜筮'는 거북점〔卜〕과 蓍草占〔筮〕을 담당하는 관원이다. '瞽'는 시력이 없는 사람이니, 詩를 외워서 권유한다.

《禮記》〈禮運〉에 다음과 같은 내용이 있다.

"三公이 조정에 있고 三老가 太學에 있으며, 王이 앞에는 巫를 두고 뒤에는 史官을 두며 卜筮・瞽・侑가 모두 왕의 좌우에 있으면, 왕은 마음속에 作爲가 없어 지극히 中正한 도리를 지킨다."

30-3-나(按)

臣은 按 古之所以衆建忠賢하여 森列左右者는 皆以正人君之心也라 在朝則有三公焉하니 所謂道之敎訓하며 傅之德義하며 保其身體[36]者也요 在學[37]則有三老焉하니 所

31) 瞽 : 鄭玄에 따르면, 樂人이다. 《禮記注疏 禮運 鄭玄注》 陳澔도 이와 비슷하게 '樂師'로 풀이하였다. 《禮記集說 禮運》

32) 侑 : 鄭玄에 따르면, 四輔를 가리킨다. 《禮記注疏 禮運 鄭玄注》 孔穎達에 따르면, '사보'는 規諫하는 일을 담당하였다. 《禮記正義》에 인용된 《尙書大傳》에 따르면, 사보는 천자의 앞에 두었던 疑, 뒤에 두었던 丞, 왼쪽에 두었던 輔, 오른쪽에 두었던 弼을 가리킨다. 《禮記注疏 文王世子 孔穎達疏》

33) 皆在左右 : 대전본에는 없다.

34) 王은 中心無爲也하여 : 陳澔의 《禮記集說》을 바탕으로 조선 世宗 때 成三問 등을 시켜 현토를 단 《禮記大文諺讀(예기대문언두)》에 따르면, '王이 中하샤 心無爲也ᄒᆞ야'로 되어 있으며, 앞서 19-11-나(按)에 인용된 이 문장에도 동일한 현토가 달려 있다. 이 현토에 따르면 '왕이 그 중앙에 있어 마음에 作爲하는 바가 없어'라는 뜻이 된다.

35) 卜筮……侑也 : 사고본에는 大文의 '卜筮瞽侑' 뒤에 있다.

36) 道之……身體 : 《漢書》 卷48 〈賈誼傳〉에 따르면, 賈誼가 漢 文帝에게 올렸던 상소에 "옛날에 周 成王이 강보에 싸인 어린아이였을 때 召公이 太保가 되고 周公이 太傅가 되고 太公이 太師가 되었습니다. 保는 그 신체를 보전시킨다는 뜻이고, 傅는 덕과 의리로 교도한다는 뜻이

謂憲德乞言[38]者也라 巫는 掌祀하니 以鬼神之事로 告王하고 史는 掌書[39]하니 以三皇五帝之事로 告王하고 掌卜筮者는 以吉凶諫王하고 瞽矇(고몽)之叟는 以歌詩諫王하여 一人之身而左右前後가 挾而維之하여 以引以翼하며 有孝有德이라 雖欲斯須自放이나 得乎아 故王이 中心에 它無所爲하여 惟守至正而已러니 後世人主가 所親者가 褻御(설어)近習이요 所說(열)者가 淫聲美色이라 狐媚蠱惑者가 千態萬貌니 雖欲無邪其思나 得乎아 此가 君德之所以不如古也니이다

【臣按】 옛날에 충성스럽고 어진 사람들을 많이 두어 임금의 곁에 늘어세웠던 것은 모두 임금의 마음을 바르게 하기 위한 것입니다. 조정에 있을 때에는 三公이 있었으니, 이른바 "교훈으로 인도하고 덕과 의리로 教導하며 그 신체를 보전시킨다."라는 것입니다. 그리고 太學에 있을 때에는 三老가 있었으니, 이른바 "덕을 본받고 좋은 말을 구했다."라는 것입니다.

巫는 제사를 담당하니 귀신에 관한 일을 가지고 왕에게 고하고, 史(史官)는 문서를 담당하니 三皇五帝에 관한 일을 가지고 왕에게 고했습니다. 그리고 거북점과 시초점을 담당하는 사람은 길흉을 가지고 왕에게 간언했으며, 눈이 먼 노인은 노래와 시를 가지고 왕에게 간언했습니다. 그리하여 왕 한 사람을 전후좌우에 있는 사람들이 보좌하고 유지하여 이끌어주고 보필하면서 孝心과 덕을 갖추도록 하였습니다. 왕이 비록 잠시나마 스스로 방종하고 싶어도 그렇게 할 수 있었겠습니까. 그러므로 왕이 마음속에 달리 作爲하는 바가 없어 오로지 지극히 中正한 도리를 지킬 뿐이었습니다.

그런데 후대의 군주들은 가까이하는 것이 近侍와 寵臣이며 기뻐하는 것이 음란한 소리와 아름다운 女色이기에, 여우처럼 홀리고 미혹시키는 것이 천태만상입니

며, 師는 교훈으로 인도한다는 뜻이니, 이것이 三公의 직책이었습니다.〔昔者成王幼在繈抱之中 召公爲太保 周公爲太傅 太公爲太師 保 保其身體 傅 傅之德義 師 道之教訓 此三公之職也〕"라는 내용이 보인다.

37) 學 : 대전본・사고본에는 '廟'로 되어 있으나, 오자이다.

38) 憲德乞言 : 《禮記》 〈內則〉에 "무릇 노인을 봉양함에 五帝는 본받았고 三王은 또 좋은 말을 구했다.〔凡養老 五帝憲 三王有乞言〕"라는 내용이 보인다. 鄭玄은 '五帝憲'의 '憲'을 '法'과 같은 뜻으로 보고 "노인을 봉양하는 것은 그 덕행을 본받기 위한 것이다.〔養之爲法其德行〕"라고 설명하였다. 또 '有乞言'의 '有'를 '又'와 같은 뜻으로 보고 "또 그에 따라 시행할 만한 좋은 말을 구하는 것이다.〔又從之求善言可施行也〕"라고 설명하였다. 《禮記注疏 內則 鄭玄注》

39) 書 : 대전본에는 '者'로 되어 있으나, 오자이다.

다. 비록 임금의 생각에 사악함이 없고자 해도 그렇게 할 수 있겠습니까. 이것이 임금의 덕이 옛날보다 못한 이유입니다.

30-4-가[40)]

古之君子[41)]가 **必佩玉**[42)]하여 **右徵**(치) **· 角**이요 **左宮 · 羽**①요 **趨以采齊**(채자)②하고 **行以肆夏**③하며 **周旋中規**④하고 **折旋中矩**⑤[43)]하며 **進則揖**(읍)**之**하고 **退則揚之**하나니 **然後**에 **玉鏘**(장)**鳴也**⑥니라 **君子**가 **在車則聞鸞**[44)] **· 和**[45)]**之聲**⑦하고 **行**

---

40)《禮記》〈玉藻〉에 보인다. 陳澔는 "이 편은 천자와 제후의 복식, 면류관, 笏, 패용하는 것들에 대한 여러 가지 제도 및 예를 행하는 거동과 예절을 기록하였다.〔此篇記天子諸侯服冕笏佩諸制及行禮之容節〕"라고 설명하였다.《禮記集說 玉藻》鄭玄에 따르면, '옥조'라는 편 이름은 면류관의 앞뒤에 각각 12줄이나 9줄씩 늘어뜨리는 '旒(류)'라는 것이 무늬가 있는 끈인 藻紃(조순)에 옥구슬들을 꿰어 장식한 것이라는 데에서 유래되었다.《禮記注疏 玉藻 陸德明音義, 孔穎達疏》

41) 君子 : 鄭玄에 따르면, 여기에서 '군자'는 士 이상을 가리킨다.《禮記注疏 玉藻 鄭玄注》

42) 古之君子必佩玉 : 鄭玄에 따르면, 군자가 옥을 차는 것은 덕에 견주기 위함이다.《禮記注疏 玉藻 鄭玄注》이때 군자가 商音을 내는 옥은 차지 않는다. 南宋 때의 文人인 梅溪 王十朋은 그 이유를 다음과 같이 설명하였다. '商'은 서쪽에 해당하는 음으로, '剛果(굳세고 과단성이 있음)'와 '肅殺'을 상징한다. 따라서 '상'은 위엄은 될 수 있어도 덕은 될 수 없기 때문에 군자가 상음을 내는 옥을 차지 않는 것이다.《梅溪集 卷12 君子能爲可用論 上舍試策三道 第三道》

43) 周旋……中矩 : 朱熹는 "'周旋'은 곧장 가다가 되돌아오되 도는 데에서 둥글게 하려고 하는 모습이 마치 그림쇠에 맞춘 듯한 것이다. '折旋'은 곧장 가다가 다시 가로 방향으로 가는 것을 마치 곱자처럼 하되 가로 방향으로 도는 데에서 모나게 하려고 하는 모습이 마치 곱자에 맞춘 듯한 것이다.〔周旋 是直去卻回來 其回轉處欲其圓 如中規也 折旋 是直去了 復橫去如曲尺相似 其橫轉處欲其方 如中矩也〕"라고 설명하였다.《朱子語類 卷105 朱子2 論自注書敬齋箴》

44) 鸞 : 사고본에는 '鑾'으로 되어 있다.

45) 鸞和 : 鄭玄에 따르면, '난'은 수레의 衡에 다는 방울이며, '화'는 式에 다는 방울이다.《禮記注疏 玉藻 鄭玄注》'형'은 수레 끌채 앞에 가로 댄 나무이며, '식'은 손잡이 기능을 할 수 있도록 수레 앞에 가로 댄 나무이다. 陳澔에 따르면, 위와 같이 '형'에 '난'을 달고 '식'에 '화'를 다는 것은 평상시에 타는 수레인 경우이며, 사냥을 할 때 타는 수레의 경우에는 '난'을 말의 재갈〔鑣〕에 단다.《禮記集說 玉藻》

則鳴佩玉하니 **是以**로 **非辟**(비벽)**之心**이 **無自入也**니라

① 右徵角左宮羽 : 宮・商・角・徵[46]・羽, 五音也. 佩在右[47]者, 其音中徵[48]・角, 在左者, 其音中宮・羽.
'宮'・'商'・'角'・'徵'・'羽'는 五音이다. 오른쪽에 찬 佩玉은 그 음이 徵音과 角音에 맞고, 왼쪽에 찬 패옥은 그 음이 宮音과 羽音에 맞는다.

② 趨以采齊 : 路門[49]外之樂節也. 門外謂之趨.[50] 齊, 音茨. 采齊, 卽今楚茨(초자)[51]之詩.
路門 바깥의 樂節이다. 문 바깥에서 걷는 방식을 '趨(종종걸음)'라고 한다. '齊'는 음이 茨(자)이다. '采齊'는 바로 지금의 〈楚茨〉 시이다.

③ 行以肆夏 : 登降之樂節也.[52] 肆夏, 卽今時邁[53]之詩.
'行以肆夏'는 올라갈 때와 내려갈 때의 樂節이다. '肆夏'는 바로 지금의 〈時邁〉 시이다.

④ 周旋中規 : 周旋, 反行也, 宜圓.
'周旋'은 돌아서 가는 것이니, 둥글게 해야 한다.

---

46) 徵 : 대전본에는 '祉'로 되어 있으나, 北宋 仁宗 趙禎을 피휘한 것이다.

47) 右 : 대전본에는 '古'로 되어 있으나, 오자이다.

48) 徵 : 대전본에는 '祉'로 되어 있으나, 北宋 仁宗 趙禎을 피휘한 것이다.

49) 路門 : 鄭玄에 따르면, '노문'은 路寢의 대문이다. 《禮記注疏 玉藻 鄭玄注》 〈毛傳〉에 따르면, '노침'은 천자나 제후의 正寢이다. 《毛詩注疏 魯頌 閟宮 毛亨傳》

50) 門外謂之趨 : 鄭玄의 《禮記》 주석에, "路寢의 문밖에서 應門에 이르기까지 걷는 방식을 '趨'라고 한다.〔路寢門外至應門 謂之趨〕"라는 내용이 보인다. 《禮記注疏 玉藻 鄭玄注》 孔穎達이 인용한 李巡의 설에 따르면 '응문'은 '궁중의 남쪽 방향으로 난 대문〔宮中南嚮大門〕'인데, 이는 궁궐의 남쪽 정문을 가리킨다. 즉, '응문'으로 들어가면 그 안에 '노문'이 있고, '노문'으로 들어가면 그 안에 '노침'이 있다. 노침 문밖에서부터 응문에 이르는 공간에서 종종걸음을 할 때에는 〈楚茨〉 시를 노래하면서 그 가락에 맞춘다. 《禮記注疏 明堂位 孔穎達疏》

51) 楚茨 : 《詩經》 〈小雅 楚茨〉를 가리킨다. 朱熹의 《詩集傳》에서는 采地나 公田에서 녹을 받는 公卿이 농사에 힘써 자신의 宗廟에 제사를 받드는 내용이라고 설명하였다.

52) 登降之樂節也 : 鄭玄의 《禮記注》에는 '登降'의 '降'이 '堂'으로 되어 있다. 孔穎達과 陳澔에 따르면, 路寢의 문 안쪽부터 堂에 이르기까지의 공간에서 걷는 방식이 '行'이다. 이때 〈肆夏〉(〈時邁〉) 시를 노래하면서 그 가락에 맞춘다. 《禮記注疏 玉藻 鄭玄注, 孔穎達疏》 《禮記集說 玉藻》

53) 時邁 : 《詩經》 〈周頌 時邁〉를 가리킨다. 朱熹의 《詩集傳》에서는 천자가 巡守를 하고서 朝會를 받고 제사를 지내며 告諭를 할 때의 樂歌라고 설명하였다.

⑤ 折旋中矩 : 折旋, 曲行也, 宜方.
'折旋'은 꺾어서 가는 것이니, 모나게 해야 한다.

⑥ 進則……鳴也 : 揖之, 謂小俛(부)佩見於前. 揚之, 謂小仰佩見於後. 鏘, 玉聲.
'揖之'는 몸을 약간 숙여 패옥이 앞에 보이는 것을 이른다. '揚之'는 몸을 약간 쳐들어 패옥이 뒤에 보이는 것을 이른다. '鏘'은 옥 소리이다.

⑦ 鸞和之聲 : 鸞・和, 皆鈴聲.
'鸞'과 '和'는 모두 방울 소리이다.

옛날 군자는 반드시 옥을 차서 오른쪽에는 徵音이 나는 옥과 角音이 나는 옥을 찼고 왼쪽에는 宮音이 나는 옥과 羽音이 나는 옥을 찼다. 그리고 〈采齊〉 곡에 맞추어 종종걸음을 하고 〈肆夏〉 곡에 맞추어 걸어갔으며, 돌아서 갈 때에는 그림쇠에 맞춘 듯이 하고 꺾어서 갈 때에는 곱자에 맞춘 듯이 하였으며, 나아갈 때에는 몸을 약간 숙이고 물러갈 때에는 몸을 약간 쳐들었으니, 그러한 뒤에 옥이 쟁그랑 하고 울린다. 군자가 수레에 있으면 鸞과 和가 울리는 소리가 들리고 걸어가면 佩玉 소리가 울렸으니, 이 때문에 그릇되고 邪辟한 마음이 들어올 경로가 없었던 것이다.

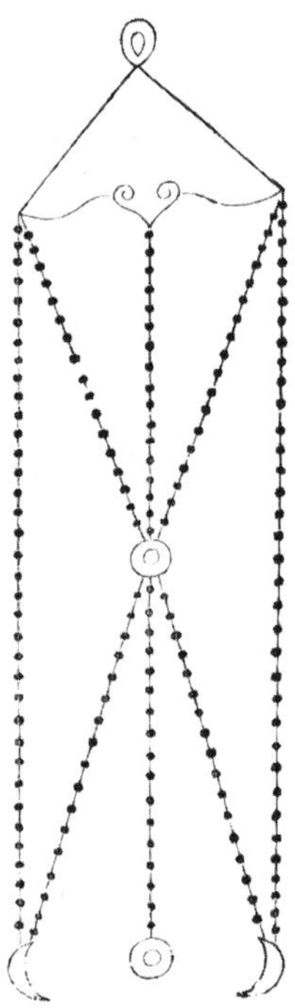

佩玉

그림쇠(規)

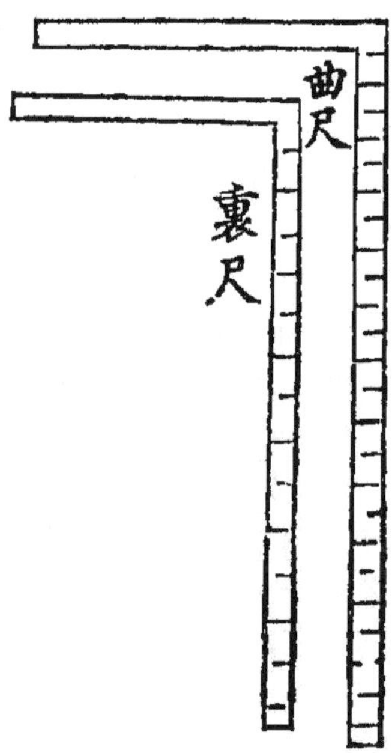

곱자(矩)

30-4-나(按)

臣은 按 古之君子가 於所以養其心者에 無不至也라 佩玉에 中宮・徵[54]之音하고 步趨에 有詩樂之節하고 行必中規・矩하고 在車則聞鸞[55]・和하니 進退俯仰之間과 出入動靜之際에 莫不節之以禮하며 和之以樂이라 故於是時에 防邪僻而導中正이 其爲功也가 易러니 後世에 一切無之而所以熒[56]惑斲喪(형혹착상)者則不可勝數라 故於是時에 防邪僻而導中正이 其爲力也가 難이라 夫惟知其難而益勉持敬之功이라사 庶乎非僻이 無自而入이니 不然이면 非臣之所敢知也니이다

【臣按】 옛날 군자가 자신의 마음을 함양하는 방법에 있어 하지 않는 것이 없었습니다. 옥을 찰 때 그 옥 소리가 宮音과 徵音에 맞게 하고 걸어가거나 종종걸음을 할 때 詩樂의 절도가 있었으며, 걸어갈 때에는 반드시 그림쇠나 곱자에 맞춘 듯이 하고, 수레에 있을 때에는 鸞과 和의 소리를 들었으니, 나아가고 물러가며 몸을 굽히고 쳐드는 사이와 나가고 들어오며 움직이고 가만히 있을 때에 禮로써 절제하고 樂으로써 조화를 이루지 않음이 없었습니다. 그러므로 이러한 때에 邪僻한 것을 막고 中正함으로 인도하는 것은 그 공력을 들이기 쉬웠습니다.

그런데 후세에는 이러한 것들이 모두 없어졌으며, 현혹시키고 훼손시키는 것은 이루 다 헤아릴 수 없게 되었습니다. 그러므로 이러한 때에 사벽한 것을 막고 중정함으로 인도하는 것은 그 공력을 들이기 어렵습니다. 오직 그 어려움을 알고 敬을 지키는 공부에 더욱 힘써야 사벽함이 들어올 경로가 거의 없을 것이니, 그렇지 않으면 신이 감히 아는 바가 아닙니다.

30-5-가[57]

國語에 衛武公[58]이 年數가 九十有五矣로되 猶箴儆於國曰 自卿以下[59]로 至

54) 徵 : 대전본에는 '祉'로 되어 있으나, 北宋 仁宗 趙禎을 피휘한 것이다.

55) 鸞 : 사고본에는 '鑾'으로 되어 있다.

56) 熒 : 대전본에는 '營'으로 되어 있다.

57) 《國語》 〈楚語 上〉에 보인다. 楚나라의 史官인 左史 倚相이 원로인 申公 子亹(자미)에게 접견하기를 청했으나 자미가 나와서 만나주지 않았다. 이에 의상이 화가 나서 자미를 비방하자, 이 사실을 알게 된 자미가 문밖으로 나오면서 자신이 원로임에도 예우하지 않고 험담을 한다며 의상에게 항의하였다. 여기에 인용된 내용은 의상이 이때 자미에게 주의를 주면서 했던 말의 일부이다. 그중 '衛武公'부터 '以訓道我'까지는 위 무공이 경계를 내렸던 내용

于師長[60] **·** **士**①히 **苟在朝者**가 **無謂我耄**(모)**而舍我**[61]하여 **必恭恪**(공각)**於朝**하여 **朝夕**에 **以交戒我**하며 **聞一二之言**[62]에 **必誦志而納之**하여 **以訓道我**②하라 **在輿**에 **有旅賁之規**③하고 **位宁**[63]에 **有官師之典**④하고 **倚几**에 **有誦訓之諫**⑤[64]하고 **居寢**에 **有褻御**(설어)**之箴**⑥하고 **臨事**에 **有瞽 · 史之道**⑦[65]하고 **宴居**에 **有師工之誦**⑧하고 **史不失書**⑨하며 **矇不失誦**⑩하여 **以訓御**[66]**之**하라하고 **於是乎**에 **作懿戒**하여 **以自儆己**⑪러니 **及其沒也**에 **謂之睿**[67]**聖武公**[68]이라하니라

이고, '在輿' 이후는 무공이 어떤 방식으로 훈계를 들었는지 설명한 말이다.

58) 衛武公 : ?~기원전 758(재위 기원전 812~기원전 758). 춘추시대 衛나라의 임금인 姬和로, 釐侯(僖公)의 아들이자 共伯의 아우이다. 공백의 뒤를 이어 즉위한 뒤 위나라의 선조인 康叔이 베풀었던 정사를 시행하여 백성들의 화합을 이루어냈다. 또한 犬戎이 周 幽王을 죽이자, 군대를 이끌고 周나라를 도와 견융을 물리친 공으로 平王에게 公의 작위를 받았다. 《史記 卷37 衛康叔世家》《史記辭典 衛武公》

59) 以下 : 사고본에는 없다.

60) 師長 : 삼국시대 吳나라의 韋昭에 따르면, '사장'은 大夫이다. 《國語韋氏解 卷17 楚語 上》

61) 舍我 : 韋昭에 따르면, '舍'는 간언하거나 경계하지 않는 것을 말한다. 《國語韋氏解 卷17 楚語 上》

62) 聞一二之言 : 韋昭에 따르면, 여기에서 '言'은 '비방하거나 칭찬하는 말〔謗譽之言〕'을 가리킨다. 《國語韋氏解 卷17 楚語 上》 즉, 위 무공은 자신을 비방하거나 칭찬하는 말을 신하들에게 전해 듣고서 스스로 무엇을 잘못하고 잘하는지 성찰하고자 했던 것으로 보인다.

63) 位宁 : 韋昭는 眞德秀와 달리, '位'를 '中庭의 좌우〔中庭之左右〕'로, '宁'를 '문과 門屛의 사이〔門屛之間〕'라고 설명하였다. 《國語韋氏解 卷17 楚語 上》 그러나 淸나라 王引之는 진덕수와 비슷하게 "位는 임금이 조회를 보는 자리이며, 宁는 《禮記》〈曲禮〉의 '천자가 宁(문과 문병의 사이)에 위치하여 선다.'라는 것이 이것이다.〔位者 君視朝之位也 宁者 曲禮天子當宁而立是也〕"라고 주장하면서 위소와는 다른 의견을 제시하였다. 《經義述聞 第20 大夫士日恪位著位宁有官師之典》

64) 倚几有誦訓之諫 : 韋昭에 따르면, 이때 誦訓의 간언을 안석에 써넣는다고 한다. 《國語韋氏解 卷17 楚語 上》

65) 臨事有瞽史之道 : 韋昭에 따르면, '事'는 전쟁과 제사를, '瞽'는 樂太師를, '史'는 '太史'를 가리킨다. 또 '道'가 통행본 《國語》에는 '導'로 되어 있다. 《國語韋氏解 卷17 楚語 上》 통행본 《국어》에 따르면 '인도하다', '교도하다'라는 의미로 보인다.

66) 御 : 韋昭에 따르면, '進達하다〔進〕'라는 뜻이다. 《國語韋氏解 卷17 楚語 上》 청나라 때 兪樾(유월)도 이와 비슷하게 '御'의 의미를 '말하다〔語〕'로 보았다. 《群經平議 卷29 春秋外傳國語2》

① 自卿……長士：卿者，執政之官．師長，官師[69]之長．士，謂上・中・下士．
'卿'은 執政官이다. '師長'은 官師의 우두머리이다. '士'는 上士・中士・下士를 이른다.

② 聞一……道我：謂聞人之言，必誦念記憶而納之也．志，猶記也．
'聞一二之言 必誦志而納之'는 남의 말을 들으면 반드시 외우고 기억해 바치는 것을 이른다. '志'는 '記(기억하다)'와 같다.

③ 在輿有旅賁之規：輿，車也．旅賁，虎賁也．[70]
'輿'는 '수레'라는 뜻이다. '旅賁'은 虎賁이다.

④ 位宁有官師之典：宁者，人君之位．
'宁'는 임금의 자리이다.

⑤ 倚几有誦訓之諫：倚几，閒居之時．誦訓，主誦書之官．
'倚几'는 한가롭게 있을 때이다. '誦訓'은 글 외우는 것을 주관하는 벼슬이다.

⑥ 居寢有褻御之箴：居寢，燕息之時．褻御，謂近習也．
'居寢'은 편히 쉴 때이다. '褻御'는 近侍를 이른다.

⑦ 臨事有瞽史之道：瞽・史，知天道者．
'瞽'와 '史'는 天道를 아는 사람들이다.

⑧ 宴居有師工之誦：師工，樂官．[71]
'師工'은 樂官이다.

---

67) 睿：대전본・사고본에는 '叡'로 되어 있다.

68) 睿聖武公：韋昭에 따르면, '睿'는 '명철하다〔明〕'라는 뜻이며,《書經》〈周書 洪範〉에 "명철함은 성스러움을 만든다.〔睿作聖〕"라는 내용이 보인다. 또 諡法에 '위엄 있고 굳세며 명철하고 덕스러운 것〔威彊睿德〕'을 '武'라고 한다.《國語韋氏解 卷17 楚語 上》

69) 官師：鄭玄에 따르면, 中士・下士・庶士・府史와 같은 부류를 가리킨다.《禮記注疏 祭法 鄭玄注》孔穎達에 따르면, '서사'는 '부사'와 같은 부류이다.《禮記注疏 祭法 孔穎達疏》《周禮》에 따르면, '부사'는 府와 史를 총칭하는 말로 보이는데, '부'는 창고의 재물을 관리하던 사람이며, '사'는 기록을 관장하던 사람이다.《周禮 天官冢宰 序官》

70) 旅賁虎賁也：韋昭에 따르면, '여분'은 '용력이 있는 士〔勇力之士〕'이다.《國語韋氏解 卷17 楚語 上》《周禮》에 따르면, '여분'은 '旅賁氏'라고도 하는데 창의 일종인 戈와 방패를 가지고 王이 탄 수레 옆에 있다가 따라가는 임무를 수행했다. 여분씨는 총 16명으로 모두 下士이며 수레 왼쪽과 오른쪽에 각각 8명을 두었다.《周禮 夏官司馬 旅賁氏》孔安國에 따르면, '호분' 역시 勇士를 뜻하는 명칭으로 호랑이가 뛰어가면서 짐승을 쫓듯이 용맹하다는 데서 유래되었다.《尙書注疏 周書 牧誓 孔安國傳》

71) 師工樂官：韋昭는 '師'를 樂師로, '工'을 '瞽矇(고몽)'으로 나누어 설명하였다.《國語韋氏解 卷17 楚語 上》

⑨ 史不失書 : 史, 掌書史者.
'史'는 역사서를 기록하는 일을 담당하는 사람이다.
⑩ 矇不失誦 : 矇, 謂瞽矇.
'矇'은 瞽矇을 이른다.
⑪ 作懿戒以自儆己 : 懿戒, 卽今抑詩[72]也.
'懿戒'는 바로 지금의 〈抑〉 詩이다.

《國語》에 다음과 같은 내용이 있다.

"衛 武公은 나이가 95세였음에도 오히려 國中에 경계를 내려 다음과 같이 말하였습니다.

'卿 이하로 師長과 士에 이르기까지 진실로 조정에 몸담고 있는 사람들은 내가 늙었다고 하여 나를 버리지 말아서, 반드시 조정에서 공경하고 신중하여 아침저녁으로 나에게 서로 경계하며, 한두 가지 말을 들으면 반드시 외우고 기억해 이를 바쳐서 나를 훈도하라. 내가 수레에 있을 때에는 旅賁의 規諫이 있고 임금의 자리에 있을 때에는 官師의 典例가 있으며, 안석에 기대어 한가롭게 있을 때에는 誦訓의 간언이 있고 寢殿에 있으면서 편히 쉴 때에는 近侍의 箴言이 있으며, 정무에 임해서는 瞽矇과 史(史官)의 引導가 있고 편히 있을 때에는 師工의 암송이 있도록 하라. 그리고 史는 기록을 빠뜨리지 않고 장님 악관은 외우는 것을 빠뜨리지 않음으로써 가르치고 진달하라.'

그리고 이에 〈懿〉 戒를 지어 스스로를 경계하였는데, 무공이 죽자 그의 시호를 '睿聖武公'이라고 하였습니다."

30-5-나(按)

臣은 按 衛武公之所以約敕其身者가 可謂至矣라 自卿以下에 無一人不使任箴規之職하며 自在輿以下에 無一處不欲聞箴規之言하고 猶且作抑詩하여 使人誦之하여 不離其側하니 如是而意不誠・心不正者가 未之有也라 惟能如此라 故生有令名하고 歿有美諡하니 後之人主는 尙其法諸인저

【臣按】 衛 武公이 자신을 검속했던 방법이 지극했다고 할 수 있습니다. '卿' 이하로 어느 한 사람도 경계하고 간하는 직무를 맡게 하지 않은 이가 없었으며, '수

72) 抑詩 : 《詩經》 〈大雅 抑〉을 가리킨다.

레에 있을 때' 이하로 어느 한 곳도 경계하고 간하는 말을 듣고 싶어 하지 않는 데가 없었습니다. 그러고도 〈抑〉 시를 지어 사람을 시켜 암송하게 하여 그 곁을 떠나지 않게 하였으니, 이러고서도 뜻이 성실해지지 않고 마음이 바르게 되지 않은 사람은 있지 않았습니다. 오로지 이렇게 할 수 있었기 때문에 살아서는 훌륭한 명성이 있었고 죽어서는 좋은 諡號가 있었으니, 후대의 임금은 부디 본받아야 할 것입니다.

30-6-가[73]

孔子가 **觀於魯廟**[74]러시니 **有**欹**器**(의기)**焉**이어늘 **孔子**가 **曰 吾聞古之**欹**器者**가 **虛則**欹요 **中則正**이요 **滿則覆**이라하시고 **顧謂弟子**[75]하사 挹**水而注之**하시니 **中而正**하고 **滿而覆**하고 **虛而**欹어늘 **孔子**가 喟**然歎曰** 吁라 **惡**(오)**有滿而不覆者哉**리오 **子路**가 **曰 敢問持滿**이 **有道乎**잇가 **孔子**가 **曰 聰明聖知**에 **守之以愚**하며 **功被天下**에 **守之以讓**하며 **勇力撫**[76]**世**에 **守之以怯**하며 **富有四海**에 **守之以謙**이니 **此**가 **所謂**挹**而損之**[77]**之道也**니라

孔子가 魯나라 廟를 구경했는데 그곳에 欹器가 있었다. 공자가 말하였다.

"내가 듣기로, 옛날의 의기는 안이 비어 있으면 기울고 중간 정도 차면 바르게 되고 가득 차면 뒤집어진다고 하였다."

그리고는 제자를 돌아보고 그에게 일러 물을 떠다 의기에 붓게 하였는데, 중간

73) 《荀子》〈宥坐〉에 보인다. 같은 이야기가 《韓詩外傳》 卷3, 《說苑》〈敬愼〉, 《淮南子》〈道應訓〉, 《孔子家語》〈三恕〉에도 보인다. 宋나라 胡仔가 편찬한 《孔子編年》에 따르면, 魯 定公 4년(기원전 506, 周 敬王 14)의 일로 이때 공자의 나이 46세였다. 《孔子編年 卷2》

74) 魯廟 : 《荀子》와 《孔子家語》에 따르면, 여기에서는 魯 桓公의 廟를 가리킨다. 《韓詩外傳》과 《說苑》에는 '周廟'로 되어 있다. 南宋 때 王應麟은, 이 두 책에 '周廟'라고 되어 있는 데다 《晉書》〈杜預傳〉에 "주나라 廟의 의기가 漢나라 東京(洛陽)에 이르러서 아직까지 어좌에 남아 있다.〔周廟欹器 至漢東京 猶在御坐〕"라는 말에 근거하여 '周廟'가 옳다고 주장하였다. 《困學紀聞 卷10 諸子》

75) 弟子 : 《韓詩外傳》과 《說苑》에 따르면, '제자'는 子路를 가리킨다.

76) 撫 : 사고본에는 '振'으로 되어 있다.

77) 挹而損之 : 唐나라 때 楊倞에 따르면, '挹'은 '退'의 뜻으로, '挹而損之'는 "덜어내고 또 덜어낸다.〔損之又損〕"라고 말하는 것과 같다. 《荀子 卷20 宥坐 楊倞注》

정도 차자 의기가 바르게 되고 가득 차자 뒤집어졌으며 안이 비자 기울어졌다. 그러자 공자가 한숨을 쉬고 탄식하며 말하였다.

"아! 가득 차고도 뒤집어지지 않는 것이 어디에 있겠는가."

子路가 말하였다.

"감히 여쭙겠습니다. 가득 찬 상태를 유지하는 데 방법이 있습니까?"

공자가 말하였다.

"총명하면서 사리에 통달하고 지혜로우면 이를 우직함으로 지키며, 공이 천하를 뒤덮으면 이를 사양함으로 지키며, 勇力이 세상을 뒤덮을 정도이면 이를 겁내는 것으로 지키며, 부유함이 천하를 소유할 정도이면 이를 겸손함으로 지키는 것이니, 이것이 이른바 물러서고 덜어내는 방도이다."

觀周欹器圖

30-6-나(按)

臣은 按 欹器는 古之遺法이니 自三皇五帝有之[78)]하니 所謂宥坐之器[79)]也라 天下之理가 至于中而止라 故列聖이 相傳하사 以中爲大法而制器가 亦象焉하니 虛而欹는 不及也요 滿而覆은 過也니 過與不及이 均爲非中라 惟中則正矣니 斯器가 日陳于前이 是亦几・杖有銘之意[80)]也라 孔子가 因之하사 以陳持滿之戒하사 使人知挹損之道하시니 富哉라 言乎여

【臣按】欹器는 옛날부터 전해내려 온 법으로 三皇五帝 때부터 있었으니, 이른바 宥坐의 그릇입니다. 천하의 이치가 '中'에 이르러 그치는 것이기 때문에 여러 성인들이 서로 전하여 '중'을 대원칙으로 삼았으며 만든 기물 또한 이것을 본떴습니다. 안이 비어 기우는 것은 '미치지 못한 것〔不及〕'이고 가득 차 엎어지는 것은 '지나친 것〔過〕'이니, 지나친 것과 미치지 못한 것은 똑같이 '중'이 아닌 것이기에 오로지 '중'이어야 바른 것입니다.

이 그릇이 날마다 앞에 진열되어 있었던 것은, 이 또한 안석과 지팡이에 銘을 새긴 의미입니다. 孔子가 이로 인하여 가득 찬 상태를 유지하는 것에 대한 경계를 진술하여 사람들로 하여금 물러서고 덜어내는 방도를 알게 하였으니, 그 말이 의미가 매우 풍부합니다.

30-7-가[81)]

孔子가 觀周하실새 入后稷之廟하시니 右階之前에 有金人焉하니 三緘其口而銘

78) 欹器……有之 : 《文子》〈守弱〉에 "삼황오제에게는 경계로 삼았던 그릇이 있었으니, 그 이름이 '侑巵(유치)'이다.〔三皇五帝有戒之器 命曰侑巵〕"라는 내용이 보인다. 《淮南子》〈道應訓〉에도 이때 공자가 보았던 그릇의 명칭을 '侑巵'라고 하였다.

79) 宥坐之器 : 楊倞에 따르면, '宥'는 '右'와 같은 뜻으로, 임금이 자리 오른편에 비치해두고서 경계로 삼을 만한 것이라고 하였다. 《荀子 卷20 宥坐 楊倞注》 '宥坐之器'가 《說苑》〈敬愼〉에는 '右坐之器'로 되어 있다.

80) 几杖有銘之意 : 周 武王이 경계로 삼을 만한 내용을 안석과 지팡이 등에 銘으로 새긴 것을 말하는데, 자세한 내용은 《大戴禮記》〈武王踐阼〉에 보인다. 지팡이에 새긴 명의 내용은 30-2-가6 참조.

81) 《孔子家語》〈觀周〉에 보인다. 같은 이야기가 《說苑》〈敬愼〉에도 보인다. 胡仔의 《孔子編年》에 따르면, 魯 昭公 24년(기원전 518, 周 敬王 2)의 일로 이때 공자의 나이 34세였다. 《孔

其背曰 古之愼言人也라 **戒之哉**어다 **無多言**하며 **無多事**하라 **多言**이면 **多敗**요 **多事**면 **多害**라 **安樂必誡**하여 **無行所悔**하라 **勿謂何傷**하라 **其禍**가 **將長**이리라 **勿謂何害**하라 **其禍**가 **將大**리라 **勿謂不聞**하라 **神將伺人**이리라 **焰焰弗滅**이면 **炎炎若何**오 **涓涓不壅**이면 **終爲江河**요 **綿綿不絕**이면 **或成網羅**요 **毫末不扎**(찰)이면 **將尋斧柯**리라 **誠能愼之**면 **福之根也**요 **曰**[82]**是何傷**은 **禍之門也**라 **强梁者**가 **不得其死**하고 **好勝者**가 **必遇其敵**이라 **盜憎**[83]**主人**이요 **民怨其上**이니 **君子**가 **知天下之不可上也故**로 **下之**하고 **知衆人之不可先也故**로 **後之**하니 **江海**가 **雖左**[84]나 **長於百川**은 **以其卑也**라 **天道**가 **無親**하여 **常與善人**하나니 **戒**[85]**之哉·戒之哉**어다

孔子가 周나라를 구경할 때 后稷의 廟에 들어갔는데 오른쪽 계단 앞에 金人이 있었다. 그 입은 3중으로 꿰매져 있었으며 그 등에는 다음과 같은 銘文이 있었다.

"옛날에 말을 신중히 했던 사람이니, 경계로 삼아야 할 것이다. 말을 많이 하지 말며 일을 많이 벌이지 말라. 말을 많이 하면 실패가 많고 일을 많이 벌이면 해로움이 많다. 안락해도 반드시 경계하여 후회할 일을 행하지 말라. 무엇이 문제가 되느냐고 말하지 말라. 그 재앙이 장차 자라날 것이다. 무엇이 해가 되느냐고 말하지 말라. 그 재앙이 장차 커질 것이다. 듣지 못한다고 말하지 말라. 神이 장차 사람을 지켜보리라.

처음 타올랐을 때 끄지 않으면 거세게 타오를 때 어찌할 것인가. 졸졸 흐를 때 막지 않으면 마침내 長江과 黃河 같은 거대한 물이 될 것이다. 면면히 이어져 있을 때 끊지 않으면 그물이 될 수도 있으며, 작을 때 뽑아내지 않으면 장차 도끼자

子編年 卷1》

82) 曰 : 509본에는 '口'로 되어 있다.

83) 憎 : 대전본에는 '增'으로 되어 있으나, 오자이다.

84) 江海雖左 : 元나라 때 王廣謀는 《句解孔子家語》에서 "물은 오른쪽을 높을 것으로 치는데, 강과 바다가 비록 왼쪽에 있으나 또한 모든 하천의 우두머리가 되는 것은 그것이 낮은 데에 있을 수 있기 때문이다.〔水以右爲尊 江海雖在於左 亦能爲百川長 以其能下也〕"라고 설명하였다. 《句解孔子家語 卷上 觀周》

85) 戒 : 대전본에는 '誡'로 되어 있다.

루를 찾게 될 것이다.

진실로 삼갈 수 있으면 복의 근원이요, 이것이 무슨 문제가 되느냐고 말하는 것은 재앙을 부르는 문이다. 용력이 뛰어난 자가 제명에 죽지 못하고 이기기를 좋아하는 자가 반드시 적수를 만난다. 도적은 주인을 미워하고 백성은 제 윗사람을 원망하는 것이니, 군자는 천하의 위에 올라서면 안 된다는 것을 알기 때문에 아래에 있는 것이며, 뭇사람들을 앞지르면 안 된다는 것을 알기 때문에 뒤에 있는 것이다. 강과 바다가 비록 왼쪽에 있으나 모든 하천의 우두머리가 되는 것은 그것이 낮은 데에 있기 때문이다. 天道는 친한 이가 없어 늘 선한 사람을 편드는 법이니, 경계하고 경계해야 할 것이다."

金人示愼圖

孔子가 旣讀斯文也하시고 顧謂弟子曰 小子아 志之하라 此言이 實而中이요 情而信이로다 詩云 戰戰兢兢하여 如臨深淵하며 如履薄冰[86]이라하니 行身이 如此면 豈口過를 患哉①리오

① 豈口過患哉 : 言無口過之可憂也.
우려스러울 정도로 잘못된 말을 하는 허물이 없음을 말한 것이다.

孔子가 이 銘文을 읽고 나서 제자를 돌아보고 말하였다.
"얘야. 기억해두어라. 이 말이 진실하고 사리에 맞으며 情理에 가깝고 믿을 만하다. 《詩經》에 이르기를 '戰戰兢兢하여 깊은 연못에 임한 듯이 하며 살얼음을 밟듯이 한다.'라고 하였으니, 처신이 이러하다면 어찌 잘못된 말을 하는 허물을 근심하겠는가."

30-7-나(按)

臣은 按 斯文이 大略與武王諸銘[87]으로 相出入하니 必古之遺言也라 孔子가 因是而發臨深履薄之言하시니 人主가 誠能誦之於口하시며 志之於心而書之宥坐[88]하여 以自敬[89]하시면 亦進德之一助云이니이다

【臣按】 이 銘文이 대체로 周 武王의 여러 銘과 서로 내용상의 차이가 있으니, 틀림없이 예로부터 전해오는 말일 것입니다. 공자가 이로 인하여 "깊은 연못에 임한 듯이 하며 살얼음을 밟듯이 한다."라는 말을 하였습니다. 임금이 진실로 이 말을 입으로 외우고 마음속에 기억하여 宥坐에 써서 스스로 공경할 수 있다면, 이 또한 덕을 진전시키는 데 일조하는 것이라 하겠습니다.

30-8-가[90]

唐穆宗[91]이 問 開元治道가 最盛하니 何致而然고 宰相崔植[92]이 對曰 玄宗[93]이

86) 戰戰……薄冰 : 《詩經》 〈小雅 小旻〉에 보인다.
87) 武王諸銘 : 30-2-가2~30-2-가9 참조.
88) 宥坐 : 30-6-가 주석 '宥坐之器' 참조.
89) 敬 : 대전본·사고본에는 '警'으로 되어 있다.

卽位하사 **得姚崇**[94] · **宋璟**(송경)[95]하시니 **此二人**이 **蚤夜**에 **孜孜**(자자)하여 **納君於**

90)《新唐書》卷142〈崔祐甫列傳 崔植〉에 보인다. 여기에서 인용된 내용은, 長慶(821~824) 연간 초에 崔植이 中書侍郎·同中書門下平章事에 임명되었을 때 穆宗과 나눈 대화이다.《舊唐書》에는 목종이 侍臣에게 질문했을 때 최식이 대답한 것으로 되어 있으며, 淸나라 때 편찬된《全唐文》에는 최식이 답변한 내용이〈對穆宗疏〉라는 제목의 글로도 수록되어 있다.《舊唐書 卷119 崔祐甫列傳 崔植》《全唐文 卷695 崔植 對穆宗疏》

91) 唐穆宗 : 795~824(재위 820~824). 唐나라 제12대 황제인 李恒으로, 초명은 宥(유)이며, 시호는 睿聖文惠孝皇帝이다. 憲宗(778~820)의 셋째 아들로, 처음에 建安郡王으로 봉해졌다가 헌종 元和 1년(806)에 遂王으로 進封되었다. 원화 7년(812)에 惠昭太子 李寧이 죽자 황태자가 되면서 이름이 恒으로 바뀌었으며, 원화 15년(820)에는 환관들에 의해 제위에 올랐다. 향락과 사치에 빠져 국정을 돌보지 않아 환관이 전횡을 일삼고 牛李黨爭이 벌어졌으며, 백성들의 조세 부담이 더욱 커지고 盧龍·成德·魏博 등 3개 藩鎭이 兵變을 일으키기도 하였다. 長慶 4년(824)에 金石으로 만든 약을 복용하고 나서 얼마 후에 죽었다.

92) 崔植 : 772~829. 字는 公修로, 中書侍郎 崔祐甫의 조카이자, 廬江縣令 崔嬰甫의 아들이다. 唐 穆宗이 즉위하자 中書侍郎·同中書門下平章事에 제수되었다. 재상으로 있으면서 목종에게《尙書》〈無逸〉편을 지침으로 삼을 것과 漢 文帝를 본받을 것을 간한 적이 있었다. 이후 목종 長慶 2년(822)에 재상에서 파직되어 刑部尙書가 되었다. 文宗 大和 1년(827)에는 戶部尙書를 지냈으며, 이듬해에는 華州刺史가 되었다가 재직 중에 사망하였다.

93) 玄宗 : 685~762(재위 712~756). 唐나라 제12대 황제인 李隆基로, 睿宗의 셋째 아들이다. 中宗 景龍 4년(710)에 중종을 시해한 韋皇后 세력을 제거한 뒤 부친인 李旦을 황제로 옹립하고 자신은 태자가 되었다. 景雲 3년(712)에 예종의 양위로 즉위한 뒤 姚崇, 宋璟, 張九齡 등 충직하고 유능한 사람들을 재상으로 임명했으며, 때로는 청렴의 기풍을 위해 盧懷愼과 같이 무능해도 깨끗한 관리를 재상에 기용하기도 했다. 또 태수·현령 등과 같은 지방관도 직접 선발하여 훌륭한 인재들을 州縣으로 내려보내 민생을 안정시켰다. 이러한 노력을 통해 則天武后 이후로 이어졌던 혼란을 안정시켜 開元之治를 이룩하였다. 그러나 天寶 연간(742~756)으로 접어들면서 李林甫·楊國忠 등과 같은 간신들을 중용하고 失政을 거듭한 끝에 천보 14년(755)에 安祿山의 난이 발생하기에 이르렀다. 그 후 蜀 땅으로 播遷하였으며, 아들인 肅宗 李亨이 즉위한 뒤 上皇으로 높여졌으나 쓸쓸한 여생을 보냈다.

94) 姚崇 : 650~721. 초명은 元崇, 자는 元之로, 陝州(섬주) 硤石(협석) 사람이다. 일찍이 則天武后 때부터 재상을 지냈으며 中宗, 睿宗 때에도 두루 관직을 지내다가 玄宗 開元 1년(713)에 同中書門下三品이 되면서 다시 재상이 되었다. 이 무렵 盧懷愼 등 다른 재상들은 현종의 위엄에 눌려 겸양하고 꺼리는 자세를 취했으나, 요숭만은 독자적으로 정무를 처결하였으며 현종도 요숭에게 많은 자문을 구했다. 평소 알고 지내던 趙誨라는 사람이 뇌물을 받았음에도 현종에게 그의 죄를 감해달라고 상주했으나 현종이 조회를 용서하지 않자, 황송하고 두려워하던 나머지 재상 직에서 물러나면서 宋璟을 후임 재상으로 추천하였다. 시

道하더니 **璟**이 **嘗手寫尙書無逸**하여 **爲圖以獻**하여 **勸帝出入觀省**하여 **以自戒**러니 **其後汚**[96]**暗**이어늘 **乃代以山水圖**하시고 **稍怠于勤**이어시늘 **左右**가 **不復箴規**하고 **姦臣**이 **日用事**하여 **以至于敗**하시니 **今願陛下**가 **以爲元龜則天下**가 **幸甚**하리이다

唐 穆宗이 질문하였다.

"開元(713~741) 때 治世의 道가 가장 융성했으니, 무엇 때문에 그러했는가?"

재상 崔植이 대답하였다.

"玄宗께서 즉위하여 姚崇과 宋璟을 얻으니, 이 두 사람이 이른 아침부터 밤까지 부지런히 애써서 군주를 도리로 이끌었습니다. 송경이 한번은 《尙書》〈無逸〉을 손수 베껴 쓰고 그림으로 그려서 현종께 바친 적이 있습니다. 그리하여 현종께서 출입할 때마다 보고 살펴서 스스로를 경계하라고 권했습니다. 그런데 그 후 〈무일〉 그림이 더럽고 칙칙해지자 마침내 山水圖로 교체하였으며, 玄宗께서 정무에 근면했던 데에서 차츰 나태해지자 近臣이 더 이상 경계하고 간하지 않고서 姦臣들이 날마다 권력을 휘둘러 실패에 이르렀습니다. 이제 바라건대 폐하께서는 이를 鑑戒로 삼으소서. 그렇게 하시면 천하가 매우 다행일 것입니다."

唐 玄宗　　　　姚崇　　　　宋璟

호는 文獻이다.

95) 宋璟 : 663~737. 邢州 南和 사람이다. 高宗 때 進士가 된 후 여러 관직을 거쳐 睿宗 景雲 1년(710)에 吏部尙書·同中書門下三品이 됨으로써 재상이 되었다. 玄宗이 즉위하고 나서 御史大夫, 刑部尙書를 역임하다가 開元 4년(716)에 吏部尙書 兼 侍中이 되어 다시 재상이 되었다. 현종에게 여러 차례 직언을 올려 현종의 존중을 받았으며, 요숭과 함께 명재상으로 일컬어졌다. 개원 20년(732)에 致仕하였으며, 시호는 文貞이다.

96) 汚 : 대전본·사고본에는 '朽'로 되어 있다.

30-8-나(按)

臣은 按 無逸一書는 萬世之蓍龜也라 宋璟이 手寫爲圖以獻하니 可謂有志於正君矣로소이다 今經筵所在에 每設此圖하시니 庶幾開元故事이나 然必玩而繹之를 如姬公[97]之在前하며 宋璟之在後하여 惕然自省하여 不敢暇逸然後에 此圖가 能爲進德之助어니와 不然則視山水之繪로 其與幾何리오 惟聖明은 其深念之하소서

【臣按】〈無逸〉이라는 한 편의 글은 만대의 귀감입니다. 宋璟이 손수 베껴 쓰고 그림으로 그려서 玄宗에게 바쳤으니, 임금을 바로잡는 데 뜻을 두었다고 할 수 있습니다. 지금 經筵을 행하는 곳에 매번 이 그림을 설치해두니, 開元 때의 고사에 거의 가깝습니다. 그러나 반드시 이 그림을 완미하고 탐구하기를 마치 姬公(周公)이 앞에 있고 송경이 뒤에 있는 것처럼 하여 두려운 마음으로 스스로를 반성해 감히 안일할 겨를이 없고 난 뒤에야 이 그림이 덕을 진전시키는 데 도움이 될 수 있을 것입니다. 그렇게 하지 않으면 산수도를 보는 것과 얼마나 차이가 있겠습니까. 바라건대 聖明하신 황상께서는 깊이 유념하소서.

以上은 論規警箴誡之助하니라

이상은 조심하고 경계했을 때의 유익함을 논한 것이다.

臣은 聞 程頤有言 古之人이 耳之於樂과 目之於禮와 左右起居盤・盂[98]・几・杖에 有銘有戒하여 動息에 皆有所養이러니 今皆廢此하니 獨有理義之養心耳라 但存此涵養意하면 久將自熟이라 敬以直內가 是涵養意[99]라하니 頤之意가 蓋欲學者로 敬以自持而內自直이라 雖無禮樂・銘戒之助나 可也라

신은 듣건대, 程頤가 말하기를 "옛사람은 귀가 음악에 대하여, 눈이 禮에 대하여, 기거하는 주변에 있는 盤・盂・안석・지팡이에 銘을 새기고 경계를 두어, 움직일 때나 가만히 있을 때나 모두 涵養하는 바가 있었다. 그런데 이제는 모두 이러한 것들이 폐기되었으니, 유독 의리로 마음을 함양하는 것만 있을 뿐이다. 다만 이 함양의 뜻을 보존

97) 姬公 : 周公의 이칭으로, 주공의 姓이 '姬'인 데에서 비롯하였다.

98) 盂 : 음식이나 물을 담는 데 사용하던 그릇이다.《簡明中國文物辭典 夏商西周 銅器 銅盂》

99) 古之……養意 :《二程遺書》卷1〈端伯傳師說〉에 보인다. 여기에 인용된 내용은 李籲의 질문에 정이가 답한 것이다. '이약'은 자가 端伯으로, 程顥・程頤의 문인이다.

한다면 오랜 뒤에는 저절로 무르익게 될 것이다. 敬하여 안을 곧게 하는 것이 함양의 뜻이다."라고 하였습니다.

정이의 의도는, 대체로 학문하는 사람으로 하여금 敬하여 스스로를 지켜서 안이 저절로 곧게 되기를 바란 것이기에, 비록 禮樂의 도움과 銘을 새기고 경계로 삼는 도움이 없어도 되는 것입니다.

然以學者言之則今之所無를 固未易復이어니와 以人君言之則亦何所欲而不可耶아 誠能內主乎敬而凡古人所以自警之具가 如湯・武之銘을 筆之翰墨하며 設之屛幛(병장)이 可也며 使人諷誦하여 入耳着[100]心이 可也며 燕閒永日에 毋深居中禁而時御便朝하여 使儒臣環侍하여 迭陳規益을 如衛武公之自警[101]이 可也며 魯廟之器[102]를 倣而爲之하여 設于宥坐[103]하여 以致滿盈之誡가 可也요 不寧惟是라 宮庭宴樂에 以古者獻酬[104]之禮而易今之擧觴命釂(조)[105]하며 以古者房中之樂①而代今之樂府歌辭[106]하여 惟所欲

---

100) 着 : 대전본・사고본에는 '著'으로 되어 있다.

101) 衛武公之自警 : 30-5-가 참조.

102) 魯廟之器 : 欹器(의기)를 가리킨다. 자세한 내용은 30-6-가 참조.

103) 宥坐 : 30-6-가 주석 '宥坐之器' 참조.

104) 獻酬 : 鄭玄에 따르면, '獻'은 '처음에 주인이 손님에게 술을 따라주는 것〔始主人酌賓〕'이며, '酬'는 '손님이 주인에게 술을 따라준 뒤 주인이 또 스스로 술을 마시고 나서 손님에게 술을 따라주는 것〔賓旣酌主人 主人又自飮酌賓〕'이다. 《毛詩注疏 小雅 楚茨 鄭玄箋》

105) 擧觴命釂 : '釂'는 술잔의 술을 다 마시는 것을 말한다. 《禮記》 〈曲禮 上〉에 "연장자가 술잔을 들어 다 마시기 전에는 연소자가 감히 술을 마시지 않는다.〔長者擧未釂 少者不敢飮〕"라는 내용이 보인다. 宋나라 때 李攸가 지은 《宋朝事實》에 따르면, 송나라 때에는 봄가을의 仲月이나 나라에 경사가 있을 때 궁중에서 연향을 베풀었는데 황제가 술잔을 들 때마다 여러 신하들이 侍立한 가운데 황제 다음으로 재상이 술잔을 들었으며, 그 다음으로 百官이 술잔을 들었다. 이때 더러 황제가 傳旨를 내려 술잔의 술을 다 마실 것을 명하기도 하였다. 《宋朝事實 卷12 儀注2》 또 송나라 때 錢儼(전엄)이 지은 《吳越備史》에 따르면, 宋 太宗 太平興國 4년(979) 2월 1일에 태종이 吳越國王 錢俶에게 베풀었던 大宴에서도 이러한 명을 내린 적이 있었는데, 이는 태종이 전숙을 후대하는 마음에서 비롯되었다. 《吳越備史 卷4 今大元帥吳越國王》 이상으로 미루어 '술잔의 술을 다 마시라고 명하는 것'은, 연장자나 신분이 높은 사람이 들고 있는 술잔의 술을 먼저 다 마시는 것에 구애받지 않고 연소자나 신분이 낮은 사람이 술을 편하게 마시도록 배려하는 조처로 보인다.

106) 樂府歌辭 : '樂府詩의 가사'라는 뜻으로 보인다. 악부시의 가사를 모은 책으로는 宋나라 때 郭茂倩(곽무천)이 찬집한 《樂府詩集》이 대표적이다. 이 책에서는 고금의 악부시들을 郊廟歌

爲면 孰曰不可리요 內外交養하여 動靜弗違而意不誠心不正者를 未之聞也니 臣敢昧死以爲聖明之獻하노이다

① 古者房中之樂 : 如周南・召南是也.[107)]
예컨대 《詩經》의 〈周南〉과 〈召南〉이 그것이다.

그러나 학문하는 사람의 입장에서 말하면 지금 없는 것을 진실로 쉽게 회복시킬 수 없지만, 임금의 입장에서 말하면 또한 바라는 게 무엇인들 하지 못하겠습니까. 진실로 능히 안으로 敬을 주인으로 삼는다면 옛사람들이 스스로를 경계했던 도구, 예컨대 湯王의 銘이나 武王의 銘과 같은 것을 붓으로 베껴 쓰고 병풍으로 설치해야 하며, 사람을 시켜 외우게 하여 귀로 듣고 마음에 간직해야 합니다. 한가하게 소일하는 때에는 궁중에 깊이 있지 말고 때때로 便殿에 나와서 儒臣으로 하여금 임금 주위에 둘러서서 모시게 하면서 번갈아 規諫의 유익함을 아뢰기를, 마치 衛 武公이 스스로 경계했던 것처럼 하는 것이 옳습니다. 그리고 魯나라 廟의 그릇을 본떠 만들어서 宥坐에 비치하여 가득 차는 것에 대한 경계로 삼는 것이 옳습니다.

이뿐만 아니라 궁중에서 연회를 베풀어 즐길 때 옛날 獻酬하던 禮로 현재 술잔을 들었을 때 다 마시라고 명하는 것을 대체하고, 옛날 房中의 음악으로 지금의 樂府歌辭를

辭・燕射歌辭・鼓吹曲辭・橫吹曲辭・相和歌辭・淸商曲辭・舞曲歌辭・琴曲歌辭・雜曲歌辭・近代曲辭・雜歌謠辭・新樂府辭 등 12가지로 구분하였다. '교묘가사'는 天地・宗廟 등에 제사를 지낼 때 썼던 시의 가사이며, '연사가사'는 친족들에게 연향을 베풀거나 친구들과 활쏘기를 겨룰 때 썼던 시의 가사이다. '고취곡사'는 短簫와 鐃鼓(요고)를 사용하는 軍樂이며, '횡취곡사'는 鼓角을 사용하여 말 위에서 吹奏하는 군악이다. '상화가사'는 현악기 및 대나무로 만든 관악기를 함께 연주했던 것으로 漢나라 때 거리에서 불렸던 노래의 가사이며, '청상곡사'는 古調詩(古體詩의 일종)와 曹操・曹丕・曹植 등의 작품이다. '무곡가사'는 郊廟 제사 등에서 추었던 雅舞나 연회 때 추었던 雜舞에 맞추어 연주되었던 곡의 가사이며, '금곡가사'는 琴 연주에 맞추어 부르는 노래의 가사이다. '잡곡가사'는 노래하는 이의 심정을 서술하거나 참전할 때의 고단함 등 다양한 소재를 다룬 雜曲의 가사이며, '근대곡사'는 隋・唐代 잡곡의 가사이다. '잡가요사'는 반주 없는 노래나 謠, 讖(참), 諺語 등을 가리키며, '신악부사'는 唐나라 때 등장한 新樂府의 가사이다. 《中華書局編輯部, 出版說明, 樂府詩集, 北京: 中華書局, 1998, 1・2쪽》

107) 如周南召南是也 : 鄭玄에 따르면, 《詩經》의 〈周南〉이나 〈召南〉에 수록된 시를 琴이나 瑟로 연주하면서 노래하여 鍾이나 磬(경)의 節奏를 사용하지 않는 것이다. 그리고 이러한 음악을 '房中之樂'이라고 하는 것은, 后夫人이 이 시들을 외워 자신의 남편을 섬긴 데에서 유래하였다. 《儀禮注疏 燕禮 鄭玄注》

대체하고 나서, 하고 싶은 대로 한다면 누가 불가하다고 하겠습니까. 안팎으로 서로 함양하여 움직일 때나 가만히 있을 때나 어긋나지 않은데 생각이 성실해지지 않고 마음이 바르게 되지 않는 경우를 들어본 적이 없으니, 신이 감히 죽음을 무릅쓰고 이를 聖明하신 황상께 바치는 것으로 삼습니다.

大學衍義 卷31

誠意正心之要(二) 생각을 성실하게 하고 마음을 바르게 하는 요체 (2)

戒逸欲 安逸과 욕심을 경계함

摠論逸欲之戒 安逸과 욕심을 경계함에 대한 總論

31-1-가[1)]

書에 **益曰** 吁①라 **戒哉**하소서 **儆戒無虞**②하사 **罔失法度**하시며 **罔遊于逸**하시며 **罔淫于樂**하시며 **任賢勿貳**[2)]하시며 **去邪勿疑**하소서 **疑謀**를 **勿成**하시사 **百志惟熙**③하리이다 **罔違道**하여 **以干百姓之譽**④하시며 **罔**咈(불)**百姓**하여 **以從己之欲**⑤하소서 **無怠無荒**하면 **四夷**도 **來王**하리이다

① 吁 : 嘆[3)]辭.
'吁'는 감탄사이다.
② 儆戒無虞 : 虞, 度(탁)也.
'虞'는 '헤아리다'라는 뜻이다.
③ 百志惟熙 : 熙, 廣也, 明也.
'熙'는 '넓다', '밝다'라는 뜻이다.
④ 罔違……之譽 : 違, 背也. 干, 求也.

---

1) 《書經》〈虞書 大禹謨〉에 보인다. 〈대우모〉는 禹가 순임금에게 간언하면서 주고받은 대화와 우의 사적이 그 내용을 구성하고 있는데, 간간이 益과 皐陶(고요)가 진언한 내용도 함께 보인다.

2) 任賢勿貳 : 蔡沈은 '貳'를 '소인배로 이간질을 하게 만드는 것〔以小人間之〕'이라고 설명하였다. 《書集傳 虞書 大禹謨》 이 설명과 眞德秀의 안설을 참조했을 때, '任賢勿貳'는 현인을 임용해 놓고는 소인배의 이간질에 넘어가 그 신임이 흔들려서는 안 된다는 뜻으로 보인다.

3) 嘆 : 대전본・사고본에는 '歎'으로 되어 있다.

'違'는 '위배하다'라는 뜻이다. '干'은 '구하다'라는 뜻이다.

⑤ 罔咈……之欲 : 咈, 違也.

'咈'은 '거스르다'라는 뜻이다.

《書經》에 다음과 같은 내용이 있다.

"益이 말하였다. '아, 경계하소서. 헤아릴 만한 일이 없을 때 경계하여 법도를 잃지 말며, 안일함에 놀지 말며, 즐거움에 빠지지 말며, 賢人을 임용하되 두 마음을 갖지 말며, 간사한 자를 버리되 의심하지 마소서. 의심스러운 계획을 완성하지 말아야 온갖 생각이 밝아질 것입니다. 道를 위배하여 백성들의 칭송을 구하지 말며, 백성들을 거슬러 자신의 욕심을 따르지 마소서. 태만하지 않고 방종하지 않으면 四夷도 찾아와서 왕께 朝見할 것입니다.'"

31-1-나(按)

臣은 按 此는 益이 戒舜之辭也라 既吁而後戒하고 又申之以儆戒하여 深言治安無虞之世가 可畏而不可恃也라 夫治安之世에 易失者가 法度요 易縱者가 逸樂이라 故首言之하고 若任賢之不可不專과 去邪之不可不果와 謀事가 未合於理之不可成과 與夫違道以求名과 咈衆以徇欲을 皆枚數而告戒之而終之曰 無怠無荒하면 四夷도 來王이라하니 蓋治亂之源이 在人主之一心이라 能守法度하여 不縱逸樂則其心이 正矣리니 然後에 於人之賢否에 知所用舍하며 謀之是非에 知所決擇하여 心志洞然하여 無一蔽惑則於逆理逞欲之事에 自不肯爲요 又必[4]常憂勤·常兢畏而不以怠荒으로 間之然後에 中國이 尊而四夷가 服이니 其效가 有不可揜者리라

【臣按】 이는 益이 舜임금에게 경계했던 말입니다. 감탄을 하고 난 뒤에 경계하고 또 경계를 거듭해서, 태평하여 근심이 없는 세상은 말로 두려워서 믿을 수 없다는 것을 심도 있게 말했습니다.

무릇 태평하고 안정된 세상에서 잃기 쉬운 것이 법도이며, 멋대로 행하기 쉬운 것이 안일함과 즐거움이기 때문에 이를 맨 처음에 말하였습니다. 그리고 현인을 임용하는 것이 일관되지 않으면 안 되는 것, 간사한 자를 버리는 것이 과감하지 않으면 안 되는 것, 일을 도모한 것이 이치에 부합하지 않는 것은 이루어질 수 없는 것, 도를 위배하여 명예를 구하는 것과 뭇사람들을 거슬러 사욕에 따르

4) 必 : 사고본에는 '以'로 되어 있다.

는 것을 모두 하나하나 들어 일러주고 경계하였습니다. 그리고 그 끝을 맺으면서 태만하지 않고 방종하지 않으면 四夷도 찾아와서 왕에게 朝見할 것이라고 말하였습니다.

대체로 治世와 亂世의 근원이 임금의 한 마음에 달려 있으므로, 법도를 잘 지켜 안일함과 즐거움을 멋대로 행하지 않는다면 그 마음이 바르게 될 것입니다. 그러한 뒤에 사람들 가운데 현능한 사람과 그렇지 않은 사람에 대하여 누구를 등용할 것인지 말 것인지를 알게 되며, 계책 가운데 옳은 계책과 그른 계책에 대하여 어떤 것을 결정하고 선택해야 할지를 알게 되어 마음이 환하게 밝아져서 가려지고 미혹되는 것이 하나도 없게 됩니다. 그렇게 되면 이치를 거스르고 욕심을 있는 대로 다 부리는 일에 대하여 저절로 하려고 들지 않을 것입니다.

또 반드시 늘 우려하고 근면하며 늘 삼가고 두려워하여 태만함과 방종함이 끼어들지 못하게 한 뒤에야 中國이 존숭되고 四夷가 복종하게 되니, 그 효과가 가려질 수 없을 것입니다.

益之進戒가 始於君心而終於君心하니 此가 自古聖賢傳授之要法也라 晉武帝[5]가 混一天下하고 唐玄宗[6]이 身致太平호대 皆以逸樂怠荒으로 召戎狄之釁(흔)하여 其流禍가 至於數百年하니 然後에 知聖賢之言이 爲萬世之蓍策(시책)이라 其可忽諸잇가

益이 아뢴 경계가 임금의 마음에서 시작하고 임금의 마음으로 끝을 맺었으니, 이것이 예로부터 성현들이 전수한 要法입니다. 晉 武帝가 천하를 통일하고 唐 玄宗이 몸소 태평치세를 이룩하였으나, 두 임금 모두 안일함과 즐거움, 태만함과 방

5) 晉武帝 : 236~290(재위 265~290). 西晉의 초대 황제 司馬炎으로, 자는 安世이며, 河內 溫縣 사람이다. 宣帝로 추존된 司馬懿(179~251)의 손자이자 文帝로 추존된 司馬昭(211~265)의 적장자로, 사마소가 죽은 뒤 그 작위를 이어받아 晉王이 되었으며, 얼마 후 魏 元帝 曹奐에게 선양을 받아 265년에 서진을 건국하였다. 太康 1년(280)에는 吳나라를 멸망시킴으로서 천하 통일을 완수하였다. 그 후 司馬氏 宗室들을 대거 왕으로 봉해 지방에 할거하게 함으로써 훗날 이들에 의해 8王의 난이 일어나는 배경을 조성하였다. 또한 사치와 향락을 일삼았기에 귀족들이 이를 본받아 나라가 점차 부패하고 혼란에 접어들었다. 이로 말미암아 천하를 통일한 지 20여 년 만에 永嘉의 난으로 서진이 몰락하고 東晉이 수립되는 하나의 요인이 되기도 하였다.

6) 唐玄宗 : 대전본에는 '玄'이 '元'으로 되어 있으나, 宋 聖祖 趙玄郎의 피휘이다. 사고본에는 '玄宗'이 '明皇'으로 되어 있다. '唐玄宗'에 대해서는 30-8-가 주석 '玄宗' 참조.

종함으로 戎狄의 禍亂을 불러들여 그 파급된 재앙이 수백 년 동안 지속되었으니, 그러한 뒤에 성현의 말이 만대의 귀감이 된다는 것을 알게 됩니다. 그러니 소홀이 여겨서야 되겠습니까.

31-2-가[7]

皐陶(고요)曰 無教逸欲有邦하소서

皐陶가 말하였다.
"안일과 욕심으로 제후들을 가르치지 마소서."

31-2-나(按)

臣은 按 此는 皐陶가 戒舜之辭라 逸은 謂燕安怠惰之私요 欲은 謂奢靡荒淫[8]之好라 人主一身은 天下之表倡也라 故當以勤儉而率諸侯요 不可以逸欲으로 教有邦이니 夫所謂教者는 非昭然示人以意向[9]也라 逸欲之念이 少萌于中則天下가 從風而靡矣니 此가 皐陶所以惓惓也니이다

皐陶

【臣按】 이는 皐陶가 舜임금에게 경계했던 말입니다. '안일'은 편안함과 게으름의 사욕을 말하고, '욕심'은 사치스러움과 황음무도함의 嗜好를 말합니다. 임금의 一身은 천하의 모범이자 선도자이기 때문에 근면함과 검소함으로 제후들을 이끌어야 하며, 안일과 욕심으로 제후들을 가르쳐서는 안 됩니다. 이른바 '가르침'이라는 것은 다른 사람에게 의향을 분명하게 보이는 것이 아닙니다. 안일과 욕심의 생각

7) 《書經》〈虞書 皐陶謨〉에 보인다. 〈고요모〉는 皐陶가 舜임금에게 아뢴 말이 수록되어 있으며, 간간이 禹가 순임금에게 아뢰고 고요와 순임금 사이에 오간 말도 보인다.

8) 淫 : 대전본에는 '湮'으로 되어 있다.

9) 向 : 대전본·사고본에는 '嚮'으로 되어 있다.

이 조금이라도 마음속에 싹트면 천하 사람들이 바람이 부는 대로 쓰러지듯 추종하는 것이니, 이것이 고요가 간곡하게 경계했던 이유입니다.

31-3-가[10]

禹曰 無若丹朱傲①하소서 **惟慢遊**를 **是好**하며 **傲虐**을 **是作**하며 **罔晝夜**額額(액액)②하며 **罔水行舟**[11]하며 **朋淫于家**하여 **用殄厥世**③[12]하니이다 **予創若時**④하여 **娶于塗山**⑤하여 **辛・壬・癸・甲**⑥이며 **啓**가 **呱呱**(고고)**而泣**⑦이어늘 **予弗子**하고 **唯荒度**(탁)**土功**⑧[13]호이다

① 無若丹朱傲 : 丹朱, 堯子, 不肖.
'丹朱'는 堯임금의 아들로, 불초하였다.

② 傲虐……額額 : 傲, 虐貌.
'傲'는 포학한 모양이다.

③ 用殄厥世 : 殄, 絶也.
'殄'은 '끊다'라는 뜻이다.

④ 予創若時 : 創, 懲也.
'創'은 '징계하다'라는 뜻이다.

---

10)《書經》〈虞書 益稷〉에 보인다. 〈익직〉에 보이는 순임금의 말에서 益과 稷 두 신하들을 언급했기에 '익직'이라는 편명이 생겨났다. 그러나 이 편에는 대체로 禹, 皐陶, 夔(기)가 순임금과 주고받은 대화가 수록되어 있다.

11) 罔水行舟 : 孔安國에 따르면, 丹朱가 물이 없는 육지에서 배를 끌고 다니는 데 익숙했다고 한다. 《尙書注疏 虞書 益稷 孔安國傳》

12) 朋淫……厥世 : 孔安國과 孔穎達에 따르면, 丹朱가 처첩을 떼로 모아다 집안에서 마음껏 음란한 짓을 일삼자 남녀의 분별이 없어졌으며, 이러한 악행 때문에 집안의 대가 끊어진 것이다. 《尙書注疏 虞書 益稷 孔安國傳, 孔穎達疏》 한편, 蔡沈은 단주가 소인배와 패거리를 지어 집안을 음란하게 만들자 요임금이 천하를 순임금에게 물려주고 단주에게 물려주지 않아 '殄世(대가 끊어지다)'라는 표현을 쓴 것이라고 설명하였다. 《書集傳 虞書 益稷》

13) 土功 : 蔡沈에 따르면, '治水를 하고 평지를 확보하는 사업〔平治水土之功〕'이다. 《書集傳 虞書 益稷》《孟子》〈滕文公 下〉 제9장에 따르면, 당시에 禹가 땅을 파서 홍수에 잠겨 있던 지상의 물을 바다로 흘려보내 여러 하천의 물길을 바로잡고 사람들을 해치는 猛禽類와 猛獸들을 몰아낸 뒤에 사람들이 평지를 얻어 거주하게 되었다. 즉, 여기에서 '토공'은 민생을 안정시키기 위해 치수를 하고 평지를 확보하는 일련의 사업을 가리키는 것으로 보인다.

⑤ 塗山 : 國名.
'塗山'은 나라 이름이다.
⑥ 辛壬癸甲 : 辛日娶妻, 甲日復出治水.
辛日에 아내를 맞이하고, 甲日에 다시 나가서 治水를 하였다.
⑦ 啓呱呱而泣 : 啓, 禹子.
'啓'는 禹의 아들이다.
⑧ 唯荒度土功 : 荒, 大也.
'荒'은 '크다'라는 뜻이다.

仿唐人大禹治水圖

禹가 말하였다.
"丹朱와 같이 오만하지 마소서. 게으르게 놀기를 좋아하며, 오만하게 포학한 짓을 저지르며, 밤낮없이 계속 쉬지 않으면서 물이 없는 곳에서 배를 끌고 다니며, 무리를 지어 집안에서 음란한 짓을 일삼아, 이 때문에 그 대가 끊어졌습니다. 저는 이러한 것을 징계하여 塗山에서 아내를 맞이하고서 辛日, 壬日, 癸日, 甲日 4일 동안만 지냈으며, 啓가 응애응애 하고 우는데도 저는 자식으로 사랑해주지 못하고 평지를 확보하는 사업만 크게 생각하였습니다."

31-3-나(按)

臣은 按 此는 大禹가 戒舜之辭라 丹朱之不肖가 其惡이 多端이어늘 禹가 獨以傲之一辭로 斷之하시니 傲者는 驕怠之謂니 此가 衆慝之源也라 故所好者는 慢遊[14]요 所作者는

傲虐이라 不分晝夜而肆其頟頟之狀하며 無水而强行舟하며 群淫而亂家政하니 所以殄絶其世也니라 禹以敬戒之心으로 懲其若此하시니 是以有室而弗遑居하시며 有子而不暇愛하시고 獨於平土之功에 不敢後焉하시니라 朱惟驕怠라 是以騁欲하고 禹惟敬戒라 是以忘私하시니 其言之於舜은 亦以戒舜也라

【臣按】 이는 大禹가 舜임금에게 경계했던 말입니다. 불초한 丹朱는 그 악이 여러 가지였는데도 禹가 유독 '오만함'이라는 한마디로 잘라 말하였습니다. '오만함'은 교만하고 나태함을 말하니, 이것이 여러 사특함의 근원입니다. 그러므로 좋아하는 것은 게으르게 노는 것이었고, 저지르는 것은 오만하게 포학한 짓을 하는 것이었습니다. 밤낮을 가리지 않고 그 쉬지 않는 작태를 있는 대로 다 부리며, 물이 없는데도 억지로 배를 끌고 다니며, 무리를 지어 음란한 짓을 일삼아 집안일을 문란하게 만들었으니, 그 대가 끊어진 이유입니다.

우는 공경하고 경계하는 마음으로 단주의 이러한 것을 징계하였습니다. 이 때문에 아내가 있음에도 함께 살 겨를이 없었으며 아들이 있음에도 사랑해줄 겨를이 없었고, 유독 평지를 확보하는 사업에 있어서 감히 뒷전으로 하지 않았던 것입니다. 단주는 오로지 교만하고 나태했기 때문에 욕심을 있는 대로 다 부렸던 것이며 우는 오로지 공경하고 경계했기 때문에 私心을 잊은 것이니, 그 말을 순임금에게 한 것은 또한 이것으로 순임금을 경계한 것입니다.

夫舜이 以大聖之資[15]로 安有可戒之事而益이 以怠荒戒[16]하고 皐가 以逸欲戒[17]하고 禹가 又以傲虐戒하시니 豈憂其有是而豫防之邪며 抑知其無是而姑爲是言邪아 人心은 惟危라 自昔所畏니 雖聖主라도 不敢忘操存[18]之功이요 大臣이 事聖主에 不敢廢規儆之益하나니 後之君臣이 宜視以爲法이니이다

저 순임금은 위대한 성인의 자질로 어찌 경계할 만한 일이 있었겠습니까. 그런데도 益은 태만함과 방종함을 가지고 경계하였고, 고요는 안일과 욕심을 가지고 경계하였으며, 우는 또 오만하게 포학한 짓을 하는 것을 가지고 경계하였습니다.

14) 遊 : 대전본·사고본에는 '游'로 되어 있다.
15) 資 : 대전본에는 '姿'로 되어 있다.
16) 益以怠荒戒 : 31-1-가 참조.
17) 皐以逸欲戒 : 31-2-가 참조.
18) 操存 : 《孟子》 〈告子 上〉에 보인다. 29-20-가 참조.

어찌 이러한 일이 있을까 우려하여 미리 방비한 것이겠으며, 아니면 이러한 것이 없으리라는 것을 알고도 우선 이러한 말을 한 것이겠습니까.

人心은 위태롭기에 예로부터 두려워했던 것이니, 비록 성군이라도 마음을 간직하고 보존했을 때의 功效를 감히 잊어서는 안 되며, 大臣이 성군을 섬김에 있어 조심할 때의 유익함을 감히 폐해서는 안 됩니다. 후대의 군신들은 마땅히 살펴서 본보기로 삼아야 할 것입니다.

31-4-가[19)]

太康이 **失邦**①이어늘 **昆弟五人**이 **須于洛之汭**(예)하여 **作五子之歌**하니 **其二曰訓**[20)]에 **有之**하시니 **內作色荒**이어나 **外作禽荒**이어나 **酣**[21)]**酒嗜音**이어나 **峻宇雕牆**이어나 **有一于此**하면 **未或不亡**이니라

① 邦 : 夏后氏也.
'邦'은 夏后氏(夏나라)이다.

太康이 나라를 잃자 태강의 형제 다섯 사람이 洛水 가에서 태강을 기다리며 〈五子之歌〉를 지었다. 그 두 번째에 다음과 같은 내용이 있다.

훈계에 다음과 같은 내용이 있다.

안으로 女色에 미혹되거나	內作色荒
밖으로 사냥에 탐닉하거나	外作禽荒
술에 빠지거나 음악을 즐기거나	酣酒嗜音

19)《書經》〈夏書 五子之歌〉에 보인다. '五子'는 禹王의 손자이자 啓의 아들인 太康의 다섯 동생들을 가리킨다. 蔡沈에 따르면, 태강이 노는 것에 빠져 洛水 남쪽으로 사냥을 나가 100일이 되도록 돌아오지 않자, 有窮國의 后羿(후예)가 夏나라 백성들의 불만을 이용하여 河北에서 태강이 돌아올 길목을 막음으로써 태강이 폐위되도록 만들었다. 이에 태강의 다섯 동생들이 낙수 가에서 태강을 기다리며 한편으로는 나라를 잃게 된 태강을 원망하는 마음에서 우왕의 경계를 서술하여 다섯 편의 노래를 지은 것이 〈오자지가〉이다.《書集傳 夏書 五子之歌》

20) 訓 : 禹王의 訓戒를 가리킨다.《書集傳 夏書 五子之歌》

21) 酣 : 사고본에는 '甘'으로 되어 있다.

집을 높이 짓거나 담을 화려하게 아로새기거나 峻宇雕牆
이 가운데 하나라도 있으면 有一于此
혹시라도 망하지 않는 경우가 없느니라. 未或不亡

31-4-나(按)

臣은 按 大禹之訓이 凡六言二十有四字爾而古今亂亡之釁(흔)이 靡不由之하니 凜乎其不可犯也라 古詩之體가 實原乎此하니 意者大禹가 爲之하사 使子孫으로 誦而傳之乎인저 爲人主者가 以此大訓으로 揭之坐隅하며 銘之楹·席하여 若古聖人이 儼臨乎前則保國之金湯이며 全生之藥石也이니이다

【臣按】大禹의 훈계가 총 6마디, 24자뿐이지만 고금의 禍亂과 멸망의 조짐이 여기에서 말미암지 않는 것이 없으니, 두려워 범할 수 없는 것입니다. 古詩의 體가 실로 여기에 근원하니, 아마도 대우가 이것을 지어 자손들로 하여금 외워서 전하게 한 것인 듯합니다.

임금이 이 위대한 훈계를 앉는 자리의 양옆에 걸어두고 기둥과 자리에 銘으로 새겨서 옛 성인이 엄숙하게 앞에 다가와 있는 것처럼 대한다면, 나라를 보전하는 金城湯池이자 생명을 온전히 하는 藥石일 것입니다.

31-5-가[22)]

仲虺之誥(중훼지고)①에 惟王은 不邇聲色하시며 不殖貨利②하시며 德懋(무)懋官③하시며 功懋懋賞하시며 用人惟己하시며 改過不吝하시니이다

① 仲虺之誥 : 仲虺作此, 以告成湯.
仲虺가 이 〈仲虺之誥〉를 지어서 成湯에게 고하였다.
② 惟王……貨利 : 王, 謂成湯. 邇, 近也. 殖, 生也.
'王'은 成湯을 이른다. '邇'는 '가까이하다'라는 뜻이다. '殖'은 '만들어내다'라는 뜻이다.
③ 德懋懋官 : 懋, 勉也.

22) 《書經》〈商書 仲虺之誥〉에 보인다. '仲虺'는 殷나라 湯王의 左相이다. 〈중훼지고〉는 탕왕이 夏나라 桀王을 南巢로 내친 뒤 후세 사람들이 이를 구실로 삼을까 우려하자, 중훼가 탕왕에게 고한 말을 수록한 것이다.

'懋'는 '힘쓰다'라는 뜻이다.

《書經》〈仲虺之誥〉에 다음과 같은 내용이 있다.

"왕께서는 음란한 음악과 아름다운 女色을 가까이하지 않고 진귀한 재화와 많은 이익을 만들어내지 않으시며, 덕에 힘쓴 이는 벼슬로 勉勵하고 공에 힘쓴 이는 상으로 면려하며, 남의 善을 따르되 자신의 선과 같이 여기고 허물을 고치는 데 주저하지 않았습니다."

31-5-나(按)

臣은 按 淫聲美色者는 迷心之鴆毒(짐독)이라 故湯弗邇之하시고 珍貨厚利者는 害義之稂莠(낭유)라 故湯弗殖之하시니 人欲이 消亡하고 天理가 昭著라 是以로 勉於德者를 必勉之以官하시며 勉於功者를 必勉之以賞하시며 用人之善을 由己之善하시며 己有不善則改而從善하사 公平正大하시며 卓犖(탁락)明白하시니 其原이 皆自不邇·不殖始라 然則人主之心이 其可使有一毫物欲之累哉잇가

【臣按】 음란한 음악과 아름다운 여색은 마음을 미혹시키는 鴆毒이기 때문에 湯王이 가까이하지 않았으며, 진귀한 재화와 많은 이익은 의리를 해치는 잡초이기 때문에 탕왕이 만들어내지 않았으니, 人欲이 사라지고 天理가 밝게 드러난 것입니다. 이 때문에 덕에 힘쓴 이를 반드시 벼슬로 면려하였으며 공에 힘쓴 이를 반드시 상으로 면려하였습니다.

그리고 남의 善을 따르기를 자신의 선과 같이 여겼으며, 자신에게 不善이 있으면 고치고 선을 따라서 공명정대하였으며 매우 뛰어나게 밝았으니, 그 근원이 모두 음란한 음악과 아름다운 여색을 가까이하지 않고 진귀한 재화와 많은 이익을 만들어내지 않는 것에서부터 시작하였습니다. 그렇다면 임금의 마음에 아주 작은 物欲의 허물이라도 있게 해서야 되겠습니까.

31-6-가[23)]

伊尹이 作伊訓①曰 嗚呼라 先王이 肇修人紀②하사 從諫弗咈③하시며 先民을 時

23)《書經》〈商書 伊訓〉에 보인다. 蔡沈에 따르면, 太甲이 즉위한 원년에 伊尹이 〈이훈〉을 지어 태갑을 훈도하였다.《書集傳 商書 伊訓》

若④하시며 **居上克明**하시며 **爲下克忠**⑤24)하시며 **與人不求備**하시며 **檢身若不及**⑥하사 **以至于有萬邦**하시니 **玆惟艱哉**니이다

① 伊尹作伊訓 : 訓太甲也.
太甲을 훈계한 것이다.

② 先王肇修人紀 : 肇, 始也.
'肇'는 '비로소'라는 뜻이다.

③ 從諫弗咈 : 咈, 違.
'咈'은 '어기다'라는 뜻이다.

④ 先民時若 : 先民, 猶言古人. 時, 是也. 若, 順也.
'先民'은 '古人'이라고 말하는 것과 같다. '時'는 '이〔是〕'라는 뜻이다. '若'은 '따르다'라는 뜻이다.

⑤ 爲下克忠 : 爲, 去聲.[25]
'爲(위하다)'는 去聲이다.

⑥ 檢身若不及 : 檢, 爲約飭[26]也.
'檢'은 '단속하다'라는 뜻이다.

伊尹

伊尹이 〈伊訓〉을 지어 다음과 같이 말하였다.

"아! 先王이 비로소 人倫을 정비하여 諫言을 따라 어기지 않았으며 옛사람들을 이에 따랐으며, 위에 있으면서는 능히 자신의 덕을 밝혔으며 아래의 백성들을 위해서는 능히 마음을 다했으며, 남을 許與하되 완벽함을 요구하지 않았으며, 자신을 단속하되 미치지 못할 듯이 하여 萬邦을 소유하기에 이르렀으니, 이것이 어려운 일입니다.

敷求哲人①하사 **俾輔于爾後嗣**하시니이다 **制官刑**하사 **儆于有位**②하사 **曰 敢有恒**

---

24) 居上……克忠 : 蔡沈은 '居上克明'에 대하여 "아랫사람을 대하는 도리를 능히 다했다.〔能盡臨下之道〕", '爲下克忠'에 대하여 "윗사람을 섬기는 마음을 능히 다했다.〔能盡事上之心〕"라고 해석하였다.《書集傳 商書 伊訓》

25) 爲去聲 : 眞德秀의 原注와는 달리,《書傳諺解》〈伊訓〉에서는 '下ㅣ 되여샤는'이라고 하여 '爲'를 平聲으로 풀이하였다.

26) 飭 : 대전본에는 '飾'으로 되어 있으나, 오자이다.

舞于宮하며 酣歌于室하면 時謂巫風이며 敢有殉于貨色하며 恒于遊畋(전)하면 時謂淫風이며 敢有侮聖言하며 逆忠直하며 遠耆德하며 比頑童하면 時謂亂風이니 惟茲三風十愆에 卿士가 有一于身하면 家必喪하고 邦君이 有一于身하면 國必亡하나니 臣下不匡하면 其刑이 墨③이라하사 具訓于蒙士④[27]하시니이다

① 敷求哲人 : 敷, 廣也. 哲人, 賢哲之人.
'敷'는 '널리'라는 뜻이다. '哲人'은 어질고 명철한 사람이다.

② 儆于有位 : 儆, 戒也.
'儆'은 '경계하다'라는 뜻이다.

③ 臣下不匡其刑墨 : 匡, 正也. 墨者, 貪以敗官之刑.
'匡'은 '바로잡다'라는 뜻이다. '墨'은 탐욕을 저지름으로써 관리의 직무를 그르친 행위에 대한 형벌이다.

④ 蒙士 : 蒙, 童蒙.
'蒙'은 童蒙이다.

현철한 사람들을 널리 구하여 당신의 後嗣를 보필하게 하였습니다. 官府의 형벌을 제정하여 지위가 있는 사람들에게 경계하여 말하기를 '감히 궁에서 항상 춤을 추며 집에서 술에 취해 노래를 부르는 일이 있으면 이를 무당의 풍조라고 한다. 감히 재화와 여색에 빠지며 遊樂과 사냥에 늘 탐닉하는 일이 있으면 이를 음란한 풍조라고 한다. 감히 성인의 말을 업신여기며 충직한 이를 거스르며 耆老의 덕을 멀리하며 頑惡한 아이를 가까이하는 일이 있으면 이를 悖亂한 풍조라고 한다. 이 세 가지 풍조와 열 가지 잘못 가운데 卿士가 자신에게 한 가지라도 있게 하면 집안이 반드시 상실되고, 제후가 자신에게 한 가지라도 있게 하면 나라가 반드시 망하는 법이니, 신하가 바로잡지 않으면 그 형벌은 墨刑이다.'라고 하여, 童蒙의 선비들에게 자세히 가르쳤습니다.

27) 蒙士 : 蔡沈은 '童蒙으로서 학문을 시작하는 선비〔童蒙始學之士〕'로 해석하였다. 그리고 임금을 바로잡지 못한 이에게 墨刑을 가하는 것에 대해 이들에게 자세히 가르치는 것은, 훗날 이들이 官에 들어와 바르게 간언하는 방법을 알게 하려는 취지라고 설명하였다.《書集傳 商書 伊訓》한편, 孔安國은 '몽사'에 대하여 "대개 下士를 이른다.〔例謂下士〕"라고 하였다.《尙書注疏 商書 伊訓 孔安國傳》

嗚呼라 **嗣王**은 **祗厥身**하사 **念哉**하소서 **聖謨**가 **洋洋**하여 **嘉言**이 **孔彰**하시니 **惟上帝**는 **不常**하사 **作善**이어든 **降之百祥**하시고 **作不善**이어든 **降之百殃**하시나니 **爾惟德**이어든 **罔小**어다 **萬邦**의 **惟慶**이니이다 **爾惟不德**이어든 **罔大**어다 **墜厥宗**[28)]하리이다

아, 嗣王(太甲)께서는 자기 자신을 공경하여 유념하소서. 성인의 계획이 위대하여 훌륭한 말이 매우 분명합니다. 上帝는 고정불변하지 않아 善을 행하면 온갖 祥瑞를 내려주고 不善을 행하면 온갖 재앙을 내리는 법입니다. 당신께서는 덕이라고 하면 작게 여기지 마소서. 만방의 경사입니다. 당신께서는 덕이 아니라고 하면 크게 여기지 마소서. 그 祖宗을 실추시킬 것입니다."

31-6-나(按)

臣은 按 伊尹이 先言成湯所以治己者而後述其所以治人者하니 此는 身教之義也라 蓋自夏桀之亂으로 綱常이 掃地어늘 湯이 始修而正之하사 惟忠諫是從하시며 惟先民是順하시며 居上則能明其德하시며 爲民則能盡其心하시며 恕以及人이라 故不求其備하시며 嚴以律身이라 故如恐弗及하사 積行累善이 如此하여 以至于有天下하시니 其惟難哉인저 成湯이 念得之之難하시고 懼保之之不易(이)也하사 於是에 廣求賢哲하여 以輔後人하시고 又制官刑하여 以儆有位하시니 蓋將維持王業於無窮也라

【臣按】 伊尹이 먼저 成湯(湯王)이 자기 자신을 수양한 방법을 말하고 다른 사람을 다스린 방법을 나중에 서술하였으니, 이는 '몸으로 가르치는 것〔身敎〕'의 의미입니다. 대체로 夏나라 桀王의 亂으로부터 綱常이 자취를 감추어버리자, 탕왕이 비로소 정비하고 바로잡아 오로지 忠諫만 따르고 옛사람만 따랐으며, 윗자리에 있으면서는 능히 자신의 덕을 밝히고 백성을 위해서는 능히 그 마음을 다했습니다. 그리고 자신을 미루어 남에게 미쳤기 때문에 완벽함을 요구하지 않으며, 엄격함으로 자신을 단속했기 때문에 미치지 못하기라도 할까 두려워하는 듯이 하였습니다. 그리하여 좋은 행실과 善을 쌓는 것이 이와 같아서 천하를 소유하기에 이르렀으니, 아마도 어려운 일이었을 것입니다.

성탕이 천하를 얻는 것의 어려움을 생각하고 天命을 보전하는 것의 쉽지 않음을 두려워하여 이에 어질고 명철한 사람들을 널리 구하여 後人(後嗣)을 보필하게

28) 宗 : 孔安國은 宗廟로 해석하였다. 《尙書注疏 商書 伊訓 孔安國傳》

하고, 또 관부의 형벌을 제정하여 지위가 있는 사람들에게 경계하였습니다. 이는 장차 무궁한 후대에까지 왕업을 유지하려고 한 것이었습니다.

巫는 歌舞以樂神者也라 故常[29]舞于宮하며 酣歌于室이 是爲巫覡(무격)之風이요 殉[30]은 猶殉葬之殉이니 陷身于貨色之中하여 不知省悟하며 又常[31]于畋獵(전렵)하여 不知止息이 是爲淫泆之風이요 侮嫚聖人之言하며 逆[32]咈忠直之士하며 踈遠耆艾之德하며 親比頑嚚(완은)之童이 是爲悖亂之風이니 三風이 其綱而十愆이 其目也라

巫는 노래를 부르고 춤을 추어 神을 즐겁게 하는 사람입니다. 그러므로 궁에서 항상 춤을 추며 집에서 술에 취해 노래를 부르는 것이 무당의 풍조입니다. 殉은 '殉葬'의 殉과 같으니, 자신을 재화와 여색 속에 빠뜨려 반성하고 깨달을 줄 모르며 또 사냥에 늘 탐닉하여 그칠 줄 모르는 것이 음란한 풍조입니다. 성인의 말을 업신여기며 충직한 선비를 거스르며 耆老의 덕을 멀리하며 완악한 아이를 가까이 하는 것이 悖亂한 풍조입니다. 이 세 가지 풍조가 그 綱領이고 열 가지 허물이 그 條目입니다.

卿士가 有其一이면 家必喪하고 諸侯가 有其一이면 國必亡이니 臣下가 不能諫正者는 繩以敗官之罪하여 其刑이 墨이라하고 童蒙之士則以此訓之하시니 夫自卿士以至諸侯가 或蹈其一이라도 猶必取喪亡之禍어든 況天子乎아 故伊尹이 以此訓太甲하니 欲其敬厥身而念之不忘也라

卿士가 그중 한 가지라도 있으면 집안이 반드시 상실되고 제후가 그중 한 가지라도 가지고 있으면 나라가 반드시 망하는 것입니다. 그러니 신하로서 간하여 바로잡지 못하는 자는 관리의 직무를 그르친 죄로 다스려서 그 형벌이 墨刑이라고 하고, 童蒙의 선비에게는 이것으로 훈계하였습니다. 경사로부터 제후에 이르기까지 혹 그중 한 가지를 범하더라도 반드시 집안이 상실되고 나라가 망하는 재앙을 받는 것인데, 하물며 천자는 말할 나위가 있겠습니까. 그러므로 이윤이 이것으로 太甲에게 훈계하였으니, 태갑이 자기 자신을 공경하고 이러한 점을 생각하여 잊

29) 常 : 사고본에는 '恒'으로 되어 있다.
30) 殉 : 대전본에는 '徇'으로 되어 있으나, 오자이다.
31) 常 : 사고본에는 '恒'으로 되어 있다.
32) 逆 : 대전본 · 사고본에는 '違'로 되어 있다.

지 않기를 바란 것입니다.

愆雖有十이나 苟能敬則十者가 俱泯하고 一不敬則十者가 俱生이니 故敬之一辭는 乃治三風·砭(폄)十愆之藥石也라 篇將終에 又深歎聖言之[33]彰明과 與天命之難保하여 以警動太甲之心하여 冀其必聽하니 眞所謂社稷之臣與인저

허물이 비록 열 가지가 있으나, 만약 능히 공경하면 열 가지 허물이 모두 사라지고 하나라도 공경하지 않으면 열 가지 허물이 모두 생겨납니다. 그러므로 '敬'이라는 한마디 말이 바로 세 가지 풍조를 다스리고 열 가지 허물을 치료하는 藥石인 것입니다.

篇이 끝나가려 할 때에 또 성인의 말이 분명한 것과 天命을 보전하기 어려운 것에 깊이 탄식함으로써 태갑의 마음을 경계시키고 움직여 태갑이 반드시 들어주기를 바랐으니, 伊尹은 참으로 이른바 '社稷之臣'일 것입니다.

31-7-가[34]

武王이 克商하시니 遂通道于九夷八蠻[35]이어늘 西旅가 底(지)貢厥獒(오)①한대 太保가 乃作旅獒②하여 曰 嗚呼라 明王이 愼德[36]이어시든 四夷咸賓하여 無有遠邇가 畢獻方物하나니 惟服食器用이니이다

① 西旅底貢厥獒 : 西戎, 遠國. 底, 致也. 犬高四尺曰獒.
'西戎'은 먼 나라이다. '底'는 '바치다'라는 뜻이다. 키가 4자인 개를 '獒'라고 한다.
② 太保乃作旅獒 : 太保, 三公[37]之官, 召公奭(석)也.
'太保'는 三公의 벼슬이니, 여기에서는 召公 奭이다.

周 武王이 商나라를 이기니, 마침내 九夷와 八蠻에 길이 통하게 되었다. 그리

---

33) 之 : 사고본에는 없다.
34) 《書經》〈周書 旅獒〉에 보인다.
35) 九夷八蠻 : 孔安國과 蔡沈에 따르면, '九夷'와 '八蠻'의 '九'와 '八'은 여럿을 가리키는 말로서 특정한 아홉 오랑캐나 여덟 오랑캐를 가리키는 말이 아니다. 《尙書注疏 周書 旅獒 孔安國傳》《書集傳 周書 旅獒》
36) 愼德 : 蔡沈은 '신덕'이 〈旅獒〉편의 강령이라고 하였다. 《書集傳 周書 旅獒》
37) 三公 : 30-3-가 주석 '三公' 참조.

하여 西旅가 자국에서 나는 '獒'라는 개를 무왕에게 헌상하자, 太保가 이에 〈旅獒〉를 지어 다음과 같이 말하였다.

"아, 명철한 王이 덕을 삼가면 사방 오랑캐들이 모두 賓服하여 먼 곳, 가까운 곳 할 것 없이 모두가 토산물을 바치는 것이니, 그것은 오로지 의복, 음식, 그릇, 用具뿐입니다.

西旅貢獒圖

王이 **乃昭德之致于異姓之邦**[38)]하사 **無替厥服**하시며 **分寶玉于伯叔之國**하사 **時庸展親**[①39)]하시면 **人不易**(이)**物**[②]하여 **惟德其物**하리이다

① 時庸展親 : 庸, 用[40)]也. 展, 布也.
'庸'은 '로써'라는 뜻이다. '展'은 '베풀다'라는 뜻이다.

② 人不易物 : 易, 讀如輕易之易.
'易'는 '輕易'의 '易'처럼 읽는다.

왕께서 덕으로 이룩한 것을 異姓의 제후국에게 보여주어 그들이 맡은 직분을 변치 않게 하며, 同姓의 제후국에게 寶玉을 나누어주어 이로써 친함을 베푸시면 사람이 물건을 가벼이 여기지 않아 그 물건을 덕으로 여길 것입니다.

德盛은 **不狎侮**하나니 **狎侮君子**하면 **罔以盡人心**하고 **狎侮小人**하면 **罔以盡其力**하리이다 **不役耳目**하사 **百度**를 **惟貞**하소서 **玩人**하면 **喪德**[①]하고 **玩物**하면 **喪志**하리이다 **志以道寧**하시며 **言以道接**하소서

① 玩人喪德 : 玩者, 戲狎之謂.
'玩'은 희롱하고 親狎하는 것을 이른다.

덕이 성한 사람은 친압하고 업신여기지 않는 법이니, 군자를 친압하고 업신여기면 사람의 마음을 다하게 하지 못하고, 小人(百姓)을 친압하고 업신여기면 그 힘을 다하게 하지 못할 것입니다. 귀와 눈의 노예가 되지 말아서 온갖 법도를 바르게 하소서. 사람을 희롱하고 친압하면 덕을 잃게 되고 사물에 마음을 빼앗기면 뜻을 잃게 될 것입니다. 뜻을 道로써 편안하게 하며 말을 道로써 접하소서.

不作無益[41)]하여 **害有益**하면 **功乃成**하며 **不貴異物**하고 **賤用物**하면 **民乃足**하며

---

38) 異姓之邦 : 周나라 천자의 姓인 姬姓과는 다른 성을 가진 임금이 다스리는 제후국을 말한다. 예를 들면, 姜姓의 제후국인 齊나라나 子姓의 제후국인 宋나라가 있다.

39) 時庸展親 : 蔡沈은 "同姓의 제후들에게 寶玉을 나누어주어 그들로 하여금 그 친함을 더 두텁게 한다."라고 설명하였다. 《書集傳 周書 旅獒》 이에 따라 《書傳諺解》에서는 '時庸展親'을 '이히 뻐 親을 展케 ᄒᆞ시면'이라고 풀이하였다.

40) 用 : 저본·509본·512본에는 '命'으로 되어 있으나, 대전본·사고본에 근거하여 바로잡았다.

犬馬를 **非其土性**이어든 **不畜**(휵)하시며 **珍禽奇獸**를 **不育于國**하소서 **不寶遠物**하면 **則遠人**이 **格**하고 **所寶**가 **惟賢**이면 **則邇人**이 **安**하리이다

無益한 것을 하여 有益한 것을 해치지 않으면 공이 이에 이루어지며, 기이한 물건을 귀하게 여기지 않고 사용하는 물건을 하찮게 여기지 않으면 백성들이 이에 풍족하게 됩니다. 그리고 개와 말을 자기 지역에서 난 것이 아니면 기르지 말며, 진기한 날짐승과 길짐승을 나라에서 키우지 마소서. 먼 지역에 있는 물건을 보배로 여기지 않으면 먼 지역에 있는 사람이 찾아오고, 보배로 여기는 것이 어진 사람이면 가까이에 있는 사람들이 편안해질 것입니다.

嗚呼라 **夙夜**에 **罔或不勤**하소서 **不矜細行**①하시면 **終累大德**하여 **爲山九仞**②에 **功虧一簣**③하리이다 **允迪茲**하시면 **生民**이 **保厥居**하여 **惟乃世王**하시리이다

① 不矜細行 : 矜, 謹也.
'矜'은 '삼가다'라는 뜻이다.
② 爲山九仞 : 八尺曰仞.
8尺을 '仞'이라고 한다.
③ 功虧一簣 : 簣, 取土器.
'簣'는 흙을 담는 기물이다.

아. 이른 새벽부터 밤늦게까지 혹여 태만하지 마소서. 작은 행동을 삼가지 않으면 끝내 큰 덕에 累가 되어, 9仞 높이의 산을 만드는 데 그 공이 한 삼태기 흙에서 무너질 것입니다. 진실로 이것을 행하시면 백성들이 제 터전을 보전하여 대대로 왕업을 이어갈 것입니다."

31-7-나(按)

臣은 **按 西旅**가 **獻獒而未受也**에 **召公**이 **已作書戒王**하니 **古者大**[42]**臣之格君心**이 **皆於過失未形之際**요 **不待已形而後言也**라 **夫明王**이 **敬謹其德**이 **豈欲四夷之我賓哉而賓**

---

41) 不作無益 : 孔安國에 따르면, 여기서 '無益'은 '놀고 구경하는 것〔遊觀〕'을 말한다.《尙書注疏 周書 旅獒 孔安國傳》
42) 大 : 사고본에는 '人'으로 되어 있다.

貢이 乃有不求自至者하니 然其所獻이 不過服食器用而已요 無它玩好也라 王이 乃以其物로 錫異姓之諸侯하여 以示德之所致하여 俾無廢其所職하며 若寶玉則分于同姓之國하여 以布親親之恩하니 於是에 人不以物視物而以德視物하여 受其賜者가 無敢慢易而各思勉其德焉이니라

【臣按】 西旅가 '獒'라는 개를 헌상하자 武王이 그 개를 받기 전에 召公이 이미 글을 지어 무왕에게 경계하였으니, 옛날 大臣이 임금의 마음을 바로잡았던 것은 모두 잘못이 드러나기 전에 한 것이며 이미 드러나기를 기다린 후에 말하지 않았습니다. 저 명철한 王이 자신의 덕을 공경하고 삼가는 게 어찌 사방의 오랑캐들이 자신에게 賓服하기를 바라서이겠습니까. 그럼에도 빈복하여 貢上한 것은 바로 요구하지 않았는데도 스스로 온 것입니다. 그러나 헌상한 것이 의복, 음식, 그릇, 用具에 불과할 뿐이었으며 다른 玩好物은 없었습니다.

무왕이 이에 그 물건을 異姓의 제후에게 하사하여 덕으로 이룩한 것임을 보여서 그들이 맡은 직분을 폐하는 일이 없게 하고, 寶玉의 경우에는 同姓의 제후국에 나누어주어 친족을 친히 하는 은혜를 베풀었습니다. 이에 사람들이 물건으로 물건을 보지 않고 덕으로 물건을 보아서 그 하사품을 받은 사람은 감히 소홀히 여기고 가벼이 여기는 일이 없이 저마다 그 덕에 힘쓰기를 생각하게 되었습니다.

夫有德者가 必敬이라 敬則不狎侮하나니 若狎侮君子則君子가 去之[43]라 無以盡其心이요 狎侮小人則小人이 怨之라 無以盡其力이니 召公이 先言謹[44]德하고 至此하여 又以狎侮로 爲戒하니 蓋不敬이 乃敗德之源故也니라 物之誘人이 因視聽而入이라 目悅色하고 耳悅聲하나니 苟非心有所主면 未有不反爲耳目所役者라 故必使耳目으로 聽命於心而後에 可也라 心得其職則百度가 正이니 猶官得其人而庶事가 修也라

무릇 덕이 있는 사람은 반드시 공경하므로, 공경하면 친압하고 업신여기지 않는 법입니다. 만약 군자를 친압하고 업신여기면 군자는 그러한 사람을 떠나기 때문에 그 마음을 다할 수 없으며, 소인(백성)을 친압하고 업신여기면 소인은 그 사람을 원망하기 때문에 그 힘을 다할 수 없습니다. 召公이 덕을 삼가라고 먼저 말하고, 이 대목에 이르러 또 친압하고 업신여기는 것을 가지고 경계로 삼았으니,

43) 去之 : 대전본에는 이 뒤에 '則' 1자가 있다.
44) 謹 : 사고본에는 '愼'으로 되어 있다.

이는 공경하지 않는 것이 바로 덕을 망치는 근원이기 때문입니다.

사물이 사람을 유혹하는 것은 보고 듣는 것을 통해 들어오기에, 눈이 아름다운 여색을 좋아하고 귀가 음란한 음악을 좋아하는 법입니다. 만약 마음에 주관하는 바가 있지 않으면 도리어 귀와 눈의 노예가 되지 않는 경우가 없습니다. 그러므로 반드시 귀와 눈으로 하여금 마음에게 명령을 듣게 한 뒤에야 옳을 것입니다. 마음이 그 직분을 얻으면 모든 법도가 바르게 되니, 이는 官이 적임자를 얻어야 모든 일이 잘 수행되는 것과 같습니다.

玩人喪德은 卽上文所謂狎侮也요 玩物喪志는 卽上文所謂役耳目者[45]也라 玩人則以人爲戱하여 輕薄嫚易라 未有不喪其德者요 玩物則以物爲戱하여 荒縱淫泆이라 未有不喪其志者니 然則何以寧其志오 曰道而已라 道者는 人心之正理니 以道養心則物欲이 不作而恬愉安平하나니 是之謂寧이라 衆多之言이 交至吾前이어든 何以應之오 曰道爲權이라 是非當否를 折之以理면 雖[46]詖淫邪遁[47]이나 其能遷乎아

"사람을 희롱하고 친압하면 덕을 잃게 된다.〔玩人喪德〕"라는 것은 바로 앞에서 이른바 "친압하고 업신여긴다.〔狎侮〕"라는 것이고, "사물에 마음을 빼앗기면 뜻을 잃게 된다.〔玩物喪志〕"라는 것은 바로 앞에서 이른바 "눈과 귀의 노예가 된다.〔役耳目〕"라는 것입니다. 사람을 희롱하고 친압하면 사람을 희롱할 거리로 삼아 가볍고 하찮게 여겨 업신여기고 무시하게 되므로 그 덕을 잃지 않는 자가 없게 되고, 사물에 마음을 빼앗기면 사물을 희롱할 거리로 삼아 방종하고 음란하게 되므로 그 뜻을 잃지 않는 사람이 없게 됩니다. 그렇다면 무엇으로 그 뜻을 편안하게〔寧〕 하겠습니까? '道'일 뿐입니다.

'도'는 人心의 올바른 이치입니다. '도'로써 마음을 함양하면 물욕이 일지 않고 즐거우면서 평안한 법이니, 이것을 '寧'이라고 이릅니다. 허다한 말이 서로 내 앞에 이르면 어떻게 대응해야 하겠습니까? '도'가 저울추와 같은 구실을 하기에, 옳

---

45) 者 : 대전본 · 사고본에는 없다.

46) 雖 : 사고본에는 이 뒤에 '有' 1자가 있다.

47) 詖淫邪遁 : 《孟子》〈公孫丑 上〉 제2장에, "편벽된 말에서 그 가린 바를 알며, 방탕한 말에서 그 빠진 바를 알며, 간사한 말에서 그 괴리된 바를 알며, 도피하는 말에서 궁지에 몰린 바를 알게 된다.〔詖辭 知其所蔽 淫辭 知其所陷 邪辭 知其所離 遁辭 知其所窮〕"라고 한 맹자의 말이 보인다.

은지 그른지 마땅한지 아닌지를 이치로써 판단하면 비록 편벽하고 방탕하며 간사하고 도피하는 것일지라도 어찌 바꿀 수 있겠습니까.

舜이 以危微精一로 告禹하시고 繼之曰 無稽之言을 勿聽[48]하라하시니 此가 內外交養之方也니 召公之意가 其在於是라 世之人主가 於有益之事에 多不肯爲而惟無益者를 是爲라 故心志分而功不成하고 於有用之物에 多不知貴而惟無用者를 是貴라 故征求가 多而民不足하나니 惟知本務實者는 不然이라

舜임금이 "人心은 위태롭고 道心은 은미하니, 정밀하게 살피고 專一하게 지켜야 한다.〔人心惟危 道心惟微 惟精惟一〕"라는 말로 禹에게 일러주고, 이 말을 이어서 말하기를 "근거 없는 말을 듣지 말라."라고 하였습니다. 이것이 내면과 외면이 서로 함양되는 방법이니, 소공의 뜻이 여기에 있는 것입니다.

세상의 임금들이 유익한 일에 대해서는 대부분 하려 들지 않고 오로지 무익한 것을 하기 때문에 心志가 분산되어 공이 이루어지지 않는 것이며, 유용한 물건에 대해서는 대부분 귀하게 여길 줄 모르고 오로지 쓸모없는 것을 귀하게 여기기 때문에 징수하는 것이 많아져서 백성들이 풍족하지 못한 것입니다. 오직 근본을 알고 실지에 힘쓰는 사람은 그렇지 않습니다.

工商之巧가 不如農桑之朴이요 錦繡之奢가 不如布帛之溫이니 推類而言컨대 莫不然也하나니 小駟가 乘而晉師가 以敗는 非土[49]性也①요 白狼이 入而荒服이 不至는 好珍奇也②며 千里馬之却은 漢文所以有道③[50]요 鬪鴨之求는 魏氏所以不長④[51]이며 齊가 不寶徑寸珠而寶檀子하니 敵以畏[52]하고 楚가 不寶白珩(백형)而寶觀射父(관야보)[53]하니

48) 無稽之言勿聽 : 《書經》 〈虞書 大禹謨〉에 보인다.

49) 土 : 대전본에는 '士'로 되어 있으나, 오자이다.

50) 千里……有道 : 《資治通鑑》에 따르면, 漢 文帝 1년(기원전 179) 여름에 문제에게 천리마를 헌상한 사람이 있었으나, 문제는 자기 혼자서만 편안하게 천리마를 탈 수 없다는 이유로 돌려보냈다. 《資治通鑑 卷13 漢紀5 文帝上 1年》

51) 魏氏所以不長 : 魏나라는 文帝 黃初 1년(220)에 건국되어 元帝 咸熙 2년(265)까지 존속되었다.

52) 齊不……以畏 : 齊 威王이 平陸에서 梁 惠王과 만났을 때, 혜왕이 자기 나라의 보배로는 12대의 수레를 비추는 직경 1치의 구슬 10개가 있다고 자랑하자 위왕은 자신에게 檀子 등 네 사람의 賢臣이 있다고 말하였다. 《史記 卷46 田敬仲完世家》

國以强이라 凡此가 皆後世事而召公之言이 無一不驗者하니 此其所以爲聖賢與인저

① 小駟……性也 : 晉惠公與秦人戰, 乘小駟, 鄭出也, 故敗見獲於秦. 事見左傳.[54]
晉 惠公이 秦나라 사람과 전투를 벌이면서 小駟가 끄는 수레를 탔는데 그 소사는 鄭나라에서 난 것이었다. 이 때문에 혜공이 패배하여 秦나라에 사로잡혔다. 이 일이 《春秋左氏傳》에 보인다.

② 白狼……奇也 : 周穆王伐犬戎, 得白狼・白鹿以歸, 荒服遂不至. 事見國語.[55]
周 穆王이 犬戎을 정벌하여 흰 이리와 흰 사슴을 얻어 돌아오자, 荒服이 마침내 周나라로 찾아오지 않았다. 이 일이 《國語》에 보인다.

③ 千里……有道 : 事見後卷.[56]
이 일이 뒤 권에 보인다.

④ 鬪鴨……不長 : 魏文帝喪服未除, 遣使於孫權求鬪鴨. 事見三國志.[57]

---

53) 楚不……射父 : 楚나라 대부 王孫圉(왕손어)가 晉나라를 聘問하자 晉 定公이 그를 위해 연향을 베풀어주었다. 이때 진나라 대부인 趙簡子가 왕손어에게, 초나라의 보배인 白珩이 아직도 있느냐고 물었다. 왕손어가 그렇다고 답하자 조간자가 백형이 초나라에게 있어 보배로서의 가치가 얼마나 되느냐고 다시 물었다. 이에 왕손어가 초나라는 백형을 보배로 여긴 적이 없으며 '초나라의 어진 대부'인 觀射父를 보배로 여긴다고 답하였다. 《國語 楚語 下》

54) 晉惠……左傳 : 《春秋左氏傳》 僖公 15년(기원전 645) 기사에 보인다. '小駟'는 鄭나라가 晉나라에 바쳤던 말의 이름이다. 기원전 645년에 秦 穆公이 晉나라를 공격하여 그 경내로 깊숙이 진입하자, 晉 惠公이 이에 맞서 싸우기 위해 출전하면서 '소사'로 자신의 수레를 끌게 하였다. 이때 晉나라 대부 慶鄭이 혜공에게 나라에 전쟁과 같은 큰일이 있을 때에는 자기 나라에서 난 말로 수레를 끌어야 한다고 하면서 반대를 표명했으나, 혜공이 받아들이지 않고서 그대로 출정했다가 수레가 진흙 수렁에 빠지는 바람에 결국 진 목공에게 사로잡혔다. 《春秋左氏傳注疏 僖公 14年・15年 杜預注》

55) 周穆……國語 : 《國語》 〈周語 上〉에 보인다. 周 穆王이 犬戎을 정벌하려고 할 때 祭公(채공) 謀父(모보)가 반대했음에도 정벌을 감행했으나, 큰 성과를 거두지 못하고 흰 이리와 흰 사슴 4마리씩을 얻어 돌아왔다. 그러자 荒服에 사는 사람들은 목왕에게 오지 않았다. 이에 대해 韋昭는, 목왕이 견융을 禮로 대우하지 않고 갑자기 군사를 일으키더니 위엄을 손상시키고 신의를 저버려 오지 않은 것이라고 설명하였다. '황복'은 천자가 사는 王城에서 4,500리 떨어진 곳부터 5,000리 떨어진 곳까지의 지역을 말한다. 《國語韋氏解 卷1 周語 上》

56) 事見後卷 : 34-5-가에 보인다.

57) 魏文……國志 : 《三國志》 卷47 〈吳主傳〉 裴松之 注에서 인용한 〈江表傳〉에 보인다. 魏나라 黃初 2년(221)에 文帝 曹丕가 東吳의 孫權에게 鬪鴨에 쓸 오리 외에도 갖가지 진귀한 물품과 새들을 보내라고 요구하였다. 이에 동오의 신료들은 기존에 荊州와 揚州에서 정기적으로 바치던 공물이 있으며 조비의 요구가 禮에 맞지 않으니 들어주어서는 안 된다고 반대하

魏 文帝가 脫喪을 하기 전에, 孫權에게 사자를 보내 鬪鴨(오리끼리 붙이는 싸움)에 쓸 오리를 요구하였다. 이 일이 《三國志》에 보인다.

工業과 商業의 교묘함이 農事와 蠶桑의 질박함만 못하고 錦繡의 사치스러움이 布帛의 따뜻함만 못하니, 유추하여 말하면 그렇지 않은 것이 없습니다.

小駟가 끄는 수레를 타서 晉나라 군대가 그 때문에 패한 것은 자기 지역에서 난 것이 아니기 때문이요, 흰 이리가 周나라로 들어오고 나서 荒服이 찾아오지 않았던 것은 周 穆王이 진기한 것을 좋아했기 때문입니다. 천리마를 물리친 것은 漢 文帝에게 법도가 있었기 때문이며, 鬪鴨에 쓸 오리를 요구한 것은 魏나라가 오래가지 못했던 까닭입니다. 齊나라가 직경 1치 되는 구슬을 보배로 여기지 않고 檀子를 보배로 여기니 적이 이 때문에 두려워하였으며, 楚나라가 白珩을 보배로 여기지 않고 觀射父를 보배로 여기니 나라가 이 때문에 강성해졌습니다. 이러한 것들은 모두 후세의 일로 소공의 말이 어느 것 하나 징험되지 않은 것이 없으니, 이것이야말로 소공이 聖賢인 이유일 것입니다.

篇將終에 又歎息而言蚤夜에 無或不勤이라하니 前言謹[58]德은 欲其不嫚이요 此言勤은 欲其不怠니 謹[59]者는 嫚之反也요 勤者는 怠之反也라 人主가 能謹[60]而不嫚하며 能勤而不怠하면 其事가 畢矣라 行者는 德之積이요 微者는 鉅之積이니 一行不謹[61]이면 全德之累요 微者[62]少忽이면 鉅者가 不成이라 又以爲山譬之하니 九仞之功이 虧於一簣가 不可也니 萬年之業을 隳(휴)於一旦[63]이 其可乎아

篇이 끝나갈 때에 또 탄식하고서 "이른 새벽부터 밤늦게까지 혹여 태만하지 마소서."라고 말하였습니다. 앞에서 덕을 삼가라고 말한 것은 업신여기지 않기를 바

였다. 그러나 손권은 조비가 喪中에 있음에도 이처럼 무리한 요구를 하니 그와 함께 예를 운운할 수 있겠느냐고 반문하면서 조비가 요구했던 것들을 모두 보내주었다. 조비의 아버지인 曹操가 220년에 사망했으므로, 이때까지 조비가 상중에 있었다.

58) 謹 : 사고본에는 '愼'으로 되어 있다.

59) 謹 : 사고본에는 '愼'으로 되어 있다.

60) 謹 : 사고본에는 '愼'으로 되어 있다.

61) 謹 : 사고본에는 '愼'으로 되어 있다.

62) 者 : 대전본에는 '其'로 되어 있다.

63) 旦 : 저본 · 509본 · 512본에는 '朝'로 되어 있으나, 朝鮮 太祖 李旦의 피휘이므로 바로잡았다.

란 것이고, 여기서 근면함을 말한 것은 태만하지 않기를 바란 것이니, 삼가는 것은 업신여기는 것의 반대이고, 근면함은 태만함의 반대입니다. 임금이 능히 삼가서 업신여기지 않으며 능히 근면하여 태만하지 않으면 그 일이 다 끝을 맺을 것입니다.

행실은 덕을 쌓는 것이며 은미함은 거대한 것을 쌓는 것이니, 한 가지 행실을 삼가지 않으면 온전한 덕에 累가 되며 은미한 것을 조금이라도 소홀히 여기면 거대한 것이 이루어지지 않습니다. 또 산을 만드는 것으로 비유하였으니, 9仞 높이의 산을 만드는 공이 한 삼태기 흙에서 무너지게 해서는 안 될 것입니다. 만년의 왕업을 하루아침에 무너뜨려서야 되겠습니까.

苟能信蹈乎玆則民生[64)]이 安其居요 民生이 安則王業이 永矣라하니 夫以武王之聖而召公이 戒之를 勤勤懇懇[65)]이 至於如此하니 後世人主가 其可以己德으로 爲旣足而厭規戒[66)]之論乎잇가

만약 참으로 이를 실천에 옮길 수 있다면 民生이 그 터전을 편안하게 여기고, 민생이 편안하면 왕업이 길이 이어질 것이라고 하였습니다. 대저 무왕과 같은 성인으로도 소공이 경계시키기를 지극정성으로 간절하게 한 것이 이와 같은 지경에 이르렀으니, 후대의 임금이 자기의 덕을 이미 충분하다 여겨서 規諫하고 경계하는 논의를 싫어해서야 되겠습니까.

31-8-가[67)]

周公이 作無逸①曰 嗚呼라 君子는 所其無逸②이니라 先知稼穡之艱難③이오사 乃逸하면 則知小人之依④하리이다 相小人혼대 厥父母가 勤勞稼穡⑤이어든 厥子가 乃不知稼穡之艱難하고 乃逸하며 乃諺⑥하며 旣誕⑦하나니 否則侮厥父母曰 昔

---

64) 民生 : 사고본에는 '生民'으로 되어 있다.

65) 懇懇 : 대전본에는 '懇懇'로 되어 있다.

66) 戒 : 대전본에는 없고, 사고본에는 '切'로 되어 있다.

67) 《書經》〈周書 無逸〉에 보인다. 孔安國과 蔡沈에 따르면, 周 成王이 親政을 시작했을 때 성왕이 안일에 젖을까 우려했던 周公이 〈무일〉을 지어 성왕을 훈도했다고 한다. 《尙書注疏 周書 無逸 孔安國傳》《書集傳 周書 無逸》

之人이 無聞知⑧라하나니이다

① 周公作無逸：作此以戒成王.
周公이 이 〈無逸〉편을 지어 周 成王을 경계시켰다.

② 君子所其無逸：所，猶居也.
'所'는 '居(처소로 삼다)'와 같다.

③ 先知稼穡之艱難：種曰稼，成曰穡.
곡식을 파종하는 것을 '稼'라고 하고, 다 익은 곡식을 수확하는 것을 '穡'이라고 한다.

④ 小人之依：依，謂小人所恃以爲生也.
'依'는 백성들이 의지하여 살아가는 것을 이른다.

⑤ 相小……稼穡：相，視[68]也.
'相'은 '보다'라는 뜻이다.

⑥ 乃諺：諺，鄙語也.
'諺'은 비루한 말이다.

⑦ 旣誕：誕，妄言也.
'誕'은 망언이다.

⑧ 昔之人無聞知：昔之人，指父母也.
'昔之人(예전 사람)'은 부모를 가리킨다.

周公이 〈無逸〉을 지어 다음과 같이 말하였다.
"아, 군자는 '안일하지 않음〔無逸〕'을 처소로 삼습니다. 먼저 농사의 고생스러움을 알고 나서야 안일하면 백성들이 의지하는 것을 알게 될 것입니다. 백성들을 살펴보건대, 그들의 부모가 농사에 부지런히 애쓰면, 그 아들은 농사의 고생스러움을 알지 못하고 안일하며 비루한 말을 하며 망언을 하게 됩니다. 그렇지 않으면 제 부모를 업신여겨 '예전 사람들은 듣고 아는 것이 없다.'라고 말합니다."

周公曰 嗚呼라 我聞호니 曰 昔在殷王中宗①[69]하사 嚴恭寅畏②하사 天命自度(도)하시며 治民祗懼하사 不敢荒寧하시니 肆中宗之享國이 七十有五年이시니이다

68) 視：대전본에는 '親'으로 되어 있으나, 오자이다.
69) 中宗：생몰년과 재위 기간은 자세하지 않다. 은나라 제7대 임금 太戊로, 6대 임금인 雍己의 아우이다. 즉위한 후에 伊尹의 아들 伊陟을 相으로 삼았으며, 은나라를 중흥시켜 제후들이 귀의했기에 '중종'이라고 하였다.《史記 卷3 殷本紀》

其在高宗[70]時하산 舊勞于外하사 爰暨小人③이러시니 作其卽位④하사 乃或亮陰(양암)[71]三年을 不言⑤하시니 其惟不言하시나 言乃雍⑥하시며 不敢荒寧하사 嘉靖殷邦하사 至于小大히 無時或怨하니 肆高宗之享國이 五十有九年이시니이다 其在祖甲[72]하산 不義惟王이라하사 舊爲小人이러시니 作其卽位하사 爰知小人之依하사 能保惠于庶民⑦하시며 不敢侮鰥寡(환과)하시니 肆祖甲之享國이 三十有三年이시니이다

① 殷王中宗：卽殷[73]太戊也.
'殷王 中宗'은 곧 殷나라 太戊이다.

② 嚴恭寅畏：四者, 皆敬也.
'嚴', '恭', '寅', '畏' 네 가지는 모두 敬이다.

③ 爰暨小人：暨, 及也. 高宗爲太子時, 父祖[74]乙令居民間習民事.
'暨'는 '및'이라는 뜻이다. 高宗이 태자로 있을 때, 부친 祖乙이 고종을 민간에 살게 하면서 백성의 일을 익히게 하였다.

④ 作其卽位：作, 起也.
'作'은 '일어나다'라는 뜻이다.

⑤ 乃或……不言：亮, 信也. 陰, 默也.
'亮'은 '믿다'라는 뜻이다. '陰'은 '침묵하다'라는 뜻이다.

⑥ 言乃雍：雍, 和也.

---

70) 高宗：생몰년과 재위 기간은 자세하지 않다. 은나라 제22대 임금 武丁으로, 21대 임금인 小乙의 아들이며, '고종'은 死後에 廟가 세워지고 붙여진 칭호이다. 즉위 직후에는 자신을 보좌할 적임자를 찾지 못하여 3년 동안 특별한 발언을 하지 않고 정사를 冢宰(총재)가 처결하게 하다가 현인 傅說(부열)을 등용하여 相으로 삼았으며, 정사를 일신하고 덕을 베풀어 쇠퇴해가던 은나라를 다시 부흥시켰다. 《史記 卷3 殷本紀》

71) 亮陰：孔穎達에 따르면, '양암'은 王이 부친상을 당했을 때 居喪하는 3년 동안 冢宰를 믿고 침묵을 지켜서 발언을 하지 않는 것이다. 《尙書注疏 商書 說命 上 孔穎達疏》

72) 祖甲：생몰년과 재위 기간은 자세하지 않다. 殷나라 제24대 임금으로, '帝甲'이라고도 하며, 23대 임금 祖庚의 아우이다. 《書經》에서는 현군으로 묘사되었으나, 《國語》와 《史記》에 따르면 그가 음란하여 은나라가 다시 쇠퇴해졌다고 하였다. 《國語 周語 下》《史記 卷3 殷本紀》

73) 殷：대전본에는 '商'으로 되어 있으나, 宋 宣祖 趙弘殷을 피휘한 것이다. 사고본에는 '商'으로 되어 있다.

74) 祖：사고본에는 '小'로 되어 있다.

'雍'은 '온화하다'라는 뜻이다.

⑦ 能保惠于庶民 : 保, 安也. 惠, 愛也.

'保'는 '안정시키다'라는 뜻이다. '惠'는 '사랑하다'라는 뜻이다.

周公이 말하였다.

"아. 제가 들으니, 옛날 殷나라 왕 中宗 때 장엄하고 공손하며 공경하고 두려워하여 天命으로 스스로를 檢束하며 백성을 다스림에 공경하고 두려워하여 감히 방탕하고 안일하지 않았습니다. 이 때문에 중종의 재위 기간이 75년이었습니다.

高宗 때에는 오랫동안 바깥에서 수고하여 이에 백성들과 함께하였는데, 떨쳐 일어나 왕위에 올라서는 居喪하는 3년 동안 말을 하지 않았습니다. 말을 하지는 않았으나 말을 하면 온화하였으며, 감히 방탕하고 안일하지 않아서 은나라를 훌륭하고 안정되게 만들어 낮은 사람과 높은 사람에 이르기까지 혹시라도 원망하는 사람이 없었습니다. 이 때문에 고종의 재위 기간이 59년이었습니다.

祖甲 때에는 왕이 되는 것이 의롭지 않다 하여 오랫동안 백성의 신분으로 있었는데, 떨쳐 일어나 왕위에 올라서는 이에 백성들이 의지하는 것을 알아서 서민들을 능히 안정시키고 사랑하였으며, 홀아비와 과부들을 감히 업신여기지 않았습니다. 이 때문에 조갑의 재위 기간이 33년이었습니다.

自時厥後로 **立王**이 **生則逸**①하니 **生則逸**이라 **不知稼穡之艱難**하며 **不聞小人之勞**하고 **惟耽樂之從**하니 **自時厥後**로 **亦罔或克壽**하여 **或十年**하며 **或七八年**하며 **或五六年**하며 **或四三年**하니이다

① 自時……則逸 : 謂商之後王也.

'自時厥後 立王生則逸'은 商나라 후대 왕들을 두고 한 말이다.

이로부터 그 뒤로 즉위하는 왕들은 태어나면 곧 안일하였으니, 태어나면 곧 안일하였기에 농사의 고생스러움을 알지 못했으며 백성들의 노고를 듣지 못하고 오로지 향락에 빠지는 것을 좇았습니다. 이로부터 그 뒤로 또한 혹 능히 장수했던 사람이 없어서 혹은 10년 동안 재위하였으며, 혹은 7년에서 8년 동안 재위하였으며, 혹은 5년에서 6년 동안 재위하였으며, 혹은 3년에서 4년 동안 재위하였습니다."

周公曰 嗚呼라 厥亦惟我周엣 太[75]王[76]・王季[77]가 克自抑[78]畏①하시니이다 文王[79]이 卑服[80]으로 卽康功・田功하시니이다 徽柔懿恭②하사 懷保小民하시며 惠鮮鰥寡하사 自朝로 至于日中昃히 不遑暇食하사 用咸和萬民하시니이다 文王이 不敢盤于遊田③하사 以庶邦惟正之供④하시니 文王受命이 惟中身이러시니 厥享國이 五十年이시니이다

① 克自抑畏 : 抑, 損[81]也.
'抑'은 '억누르다'라는 뜻이다.

② 徽柔懿恭 : 徽, 美也. 懿, 亦美也.
'徽'는 '아름답다'라는 뜻이다. '懿' 또한 '아름답다'라는 뜻이다.

---

75) 太 : 사고본에는 '大'로 되어 있다.

76) 太王 : 생몰년은 자세하지 않다. 古公亶父(고공단보)를 가리킨다. 后稷의 12대손으로 公叔祖類의 아들이며, 周 文王의 조부이다. 덕을 쌓고 의를 실천하여 나라 사람들이 모두 떠받들었다. 薰育의 戎狄이 핍박해 오자, 豳(빈) 땅을 떠나 岐山 아래로 근거지를 옮겼는데, 그의 인덕을 알고 있던 많은 사람들이 그에게 귀의하였다. 太伯, 虞仲, 季歷 등의 아들을 두었는데, 계력의 아들 昌(文王)에게 상서로움이 있음을 알고 기대를 걸었다. 이에 태백과 우중이 스스로 荊蠻 지역으로 달아나자, 마침내 계력을 후계자로 삼았다.《史記 卷4 周本紀》

77) 王季 : 생몰년은 자세하지 않다. '季歷', '公季'라고도 한다. 古公亶父의 아들이자 文王의 부친이다. 太任이라는 어진 부인을 아내로 맞아 昌을 낳았으며, 의리를 실천하는 데 돈독하여 제후들이 순종하였다.《史記 卷4 周本紀》

78) 抑 : 대전본에는 '仰'으로 되어 있으나, 오자이다.

79) 文王 : 생몰년은 자세하지 않다. 성은 姬, 이름은 昌으로, 古公亶父의 손자이자 王季의 아들로, 武王의 부친이다. 조부와 부친의 법을 본받아 어진 정사를 베풀자 여러 인재들이 귀의하였다. 崇侯 虎의 참소로 인하여 殷나라 紂王의 명으로 羑里(유리)에 수감된 적이 있으며, 풀려난 후에는 주왕에게 청을 올려 炮格(기름칠을 한 구리 기둥 밑에 숯불을 깔고 죄인에게 기둥 위를 걸어가게 했던 형벌)을 없애게 하였다. 西伯으로서 나라를 잘 다스려, 서백에게 獄訟의 판결을 부탁하러 온 虞나라 사람과 芮나라 사람이 주나라 경내로 와서 농부들이 밭두둑을 양보하는 모습을 보고는 부끄러움을 느껴 돌아갔다는 이야기가 유명하다. 또한 제후들이 이 이야기를 듣고 문왕이야말로 천명을 받을 군주라며 칭송하였다. 말년에는 豐邑을 건설했으며, 풍읍으로 천도한 이듬해에 사망하였다.《史記 卷4 周本紀》

80) 卑服 : 孔安國과 蔡沈에 따르면, '卑服'은 文王이 검소했음을 가리킨다. 채침은 더 나아가 문왕이 궁실이나 음식 등과 같이 스스로를 봉양하는 수단들도 모두 검박하게 했음을 미루어 알 수 있다고 하였다.《尙書注疏 周書 無逸 孔安國傳》《書集傳 周書 無逸》

81) 損 : 사고본에는 '謙'으로 되어 있다.

③ 文王……遊田 : 盤, 樂也.
'盤'은 '즐거워하다'라는 뜻이다.
④ 以庶邦惟正之供 : 供, 貢也.
'供'은 '貢物'이라는 뜻이다.

周公이 말하였다.
"아! 그 또한 우리 周나라의 太王과 王季께서는 능히 스스로 억누르고 두려워하였습니다. 文王께서 변변치 않은 의복으로 백성들을 편안하게 만드는 사업과 농사일에 뛰어들었습니다. 아름답게 유연하고 아름답게 공손하여 힘없는 백성들을 품어서 보전하였으며, 홀아비와 과부에게 은혜를 베풀어 살게 하여, 아침부터 해가 중천에 떠서 기울 때까지 먹을 겨를도 없이 분주하여 만백성을 모두 화합하게 하였습니다. 문왕께서 감히 遊樂과 사냥을 즐기지 않고서 여러 나라에서 정당하게 바치는 貢物만 받았습니다. 문왕께서 천명을 받으신 것이 중년이었는데, 그 재위 기간이 50년이었습니다."

周公曰 嗚呼라 繼自今으로 嗣王은 則(칙)其無淫于觀·于逸·于遊·于田①하사 以萬民惟正之供하소서 無皇曰 今日에 耽樂이라하소서 乃非民의 攸訓이며 非天의 攸若이라 時人이 丕則(칙)有愆(건)하리니 無若殷王受之迷亂하사 酗(후)于酒德哉하소서

① 其無……于田 : 淫, 過也.
'淫'은 '지나치다'라는 뜻이다.

周公이 말하였다.
"아! 지금부터 계속하여 嗣王께서는 구경, 安逸함, 遊樂, 사냥에 지나침이 없는 것을 본받아 만백성이 정당하게 바치는 貢物만 받으소서. 겨를이 있다고 여겨 오늘만 향락에 빠지겠다고 말하지 마소서. 백성들이 본받을 바가 아니며 하늘이 순하게 여기는 바가 아니어서 동시대 사람들이 그 잘못을 크게 본받을 것이니, 殷나라 왕 受(紂王)가 미혹되었던 것처럼 하여 酒德에 탐닉하지 마소서."

31-8-나1(按)

臣은 按 呂祖謙[82]이 曰 天行이 健하니 君子가 以하여 自强不息[83]하나니 無逸者는 天德也요 亦君德也라 君子所其無逸者는 凡人이 乍(사)勤乍惰라 蓋亦有無逸之時나 然能暫而不能居하나니 非所其無逸者也라 惟君子가 以無逸爲所하여 如魚之於水와 獸之於林에 有不可得[84]離者焉하나니 或慕而爲之하며 或勉而行之면 皆非所其無逸이니 其視乾健不息之體에 猶二物也라

【臣按】 呂祖謙이 다음과 같이 말하였습니다.

"하늘의 운행이 굳건하니 군자가 본받아 스스로 힘쓰고 쉬지 않는 법이다. 「안일하지 않음」은 하늘의 덕이요 또한 임금의 덕이다. 「군자가 안일하지 않음을 처소로 삼는 것」에 대하여 말하자면 다음과 같다. 일반적으로 사람은 잠깐 근면했다가 금세 게을러진다. 이는 안일하지 않은 때도 있기는 하나 잠깐은 그렇게 할 수 있어도 그 상태로 계속 머물러 있지 못한 것이니, 「안일하지 않음을 처소로 삼는 것」이 아니다. 오로지 군자만이 안일하지 않음을 처소로 삼아서, 마치 물고기가 물에서 벗어날 수 없고 길짐승이 숲에서 벗어날 수 없는 것과 같이 한다. 羨望해서 하기도 하고 힘써서 행하기도 하면 모두 「안일하지 않음을 처소로 삼는 것」이 아니니, '乾이 굳건하여 쉬지 않는' 본체와 비교했을 때 별개인 것과 같다.

先知稼穡之艱難이오사 乃逸하면 則知小人之依라하니 此非始於憂勤・終於逸樂之論也라 蓋言備嘗稼穡之艱難이오사 乃處於安逸則深知小人之所依니 依者는 小民所恃以爲生者也라 未嘗知稼穡之艱難而遂處安逸이면 興一宮室하며 起一力役에 視之若易然而民有不得其死者矣라

'먼저 농사의 고생스러움을 알고 나서야 안일하면 백성들이 의지하는 것을 알게 될 것입니다.'라고 하였으니, 이는 우려하고 근면한 것으로 시작하여 안일하고 즐거운 것으로 끝내자는 논의가 아니다. 이는 농사의 고생스러움을 자세히 겪고 나서야 안일함에 처하면 백성들이 의지하는 것을 깊이 알게 됨을 말한 것이니, 「의

---

82) 呂祖謙 : 1137~1181. 자는 伯恭, 호는 東萊이다. 朱熹・張栻과 더불어 '東南三賢'으로 불렸다. 저서에 《東萊集》, 《呂氏家塾讀詩記》, 《東萊左傳博議》 등이 있다.

83) 天行……不息 : 《周易》 〈乾卦 象傳〉에 보인다.

84) 得 : 사고본에는 없다.

지하는 것」은 백성들이 의지하여 살아가는 것이다. 일찍이 농사의 고생스러움을 알지 못하고서 마침내 안일함에 처하게 되면, 궁실 하나를 지으며 役事 하나를 일으킬 때 그것을 쉬운 것처럼 보아 백성들 가운데 제명에 죽지 못하는 이들이 생길 것이다.

成王이 生於深宮而遽處人上이라 周公이 深爲之懼하사 故以此言警之하시니 若以始勤終逸로 釋之면 是乾健之體가 有時而息矣니 後世에 漸不克終之患이 未必非此論이 啓之也라 相厥小人以下는 蓋引閭里近事明之也라 乃逸者는 縱逸自恣也요 乃諺者는 縱逸則所習者가 下라 委巷謠諺을 常誦於口也요 旣誕者는 長惡不悛(전)하여 遂至於誕妄也라 若非誕妄則必訕侮(산모)其父母曰 昔之人이 無聞知라하여 自以爲黠(힐)而反以老成爲愚也하나니

成王이 깊은 궁중에서 태어나 대번에 만인의 윗자리에 처하게 되었으므로, 周公이 그를 위하여 두려워했기 때문에 이러한 말로 성왕을 경계시킨 것이다. 만약 처음에는 근면했다가 결국에는 안일하다는 것으로 해석하면 이는 乾의 굳건한 본체가 때에 따라 그치는 것이니, 후세에 점차 제대로 끝을 마치지 못하는 근심은 이러한 논의가 열어준 것이 아니라고 기필할 수 없다.

「그 백성들을 살펴보건대〔相厥小人〕」 이하는 대체로 민간의 卑近한 일을 끌어와서 밝힌 것이다. 「안일한 것〔乃逸〕」은 방종하고 안일하여 제멋대로 구는 것이고, 「비루한 말을 하는 것〔乃諺〕」은 방종하고 안일하면 익히는 것이 하찮기에 민간의 노래와 비루한 말을 항상 입으로 외우는 것이며, 「망언을 하는 것〔旣誕〕」은 惡을 키우고 고치지 않아 마침내 망언을 하기에 이른 것이다. 만약 망언을 하는 것이 아니면, 반드시 제 부모를 비웃고 업신여겨 말하기를 '예전 사람들은 듣고 아는 것이 없다.'라고 하여 스스로 영리하다고 여겨서 도리어 老成한 것을 어리석다고 여기게 된다.

劉裕[85)]가 奮農畝而取江左러니 一再傳之後에 子孫이 見其服用하고 反笑曰 田舍翁이

85) 劉裕 : 363~422(재위 420~422). 南朝 宋나라의 초대 황제로, 자는 德輿, 小名은 寄奴, 시호는 武帝, 묘호는 高祖이다. 彭城縣 綏輿里 사람으로, 漢 高祖의 아우인 楚元王 劉交의 후손이자, 劉翹(유교)의 아들이다. 집안이 가난했음에도 포부가 커서 자잘한 예의범절을 차리지 않았으나 계모를 효성으로 섬겨 칭찬을 받았다. 東晉 때 安帝의 제위를 찬탈한 桓玄

得此가 亦過矣[86)87)]라하니 此所謂昔之人無聞知者也라 以成王之中材로 向使管・蔡得志하여 日夜에 扇惑戕賊(장적)之면 安知其不以后稷[88)]・公劉[89)]로 爲田舍翁乎[90)]리오하니 臣은 謂 厥子가 乃不知稼穡之艱難而遽處安逸이라 所以誕妄侮厥父母니 餘則祖謙이 盡之하니이다

劉裕가 농사꾼 집안 출신으로 떨쳐 일어나 江東을 차지했는데, 한두 대 帝位가 전해진 뒤에 그의 자손이 유유의 의복과 기물을 보고 도리어 비웃으며 말하기를 '농사꾼 영감이 이렇게까지 하다니 또한 지나친 것이다.'라고 하였으니, 이것이 이른바 '예전 사람들은 듣고 아는 것이 없다.'라는 것이다. 중등의 자질을 갖추었던 성왕의 입장에서, 만약 管叔과 蔡叔이 득세하여 낮이나 밤이나 성왕을 선동하고 미혹시켜 해쳤더라면, 성왕이 后稷과 公劉를 「농사꾼 영감」으로 여기지 않았으리라고 어떻게 장담하겠는가."

신은 생각건대, 그 아들이 농사의 고생스러움을 모르고 대번에 안일함에 처했으므로 망언을 하여 제 부모를 업신여긴 것이니, 나머지는 여조겸이 남김없이 설명하였습니다.

세력을 무찌르고 안제를 복위시킨 공으로 義熙 1년(405)에 豫章郡公으로 봉해졌다. 이후 거듭 전공을 세우면서 지위가 높아져 의희 14년(418)에는 九錫을 받고 恭帝 元熙 1년(419)에는 宋王의 작위를 받았으며, 이듬해 공제에게 선양을 받아 송나라를 건국했다. 재위 기간 동안 중앙집권을 강화하였으며, 개인적으로는 검소한 생활을 하였다. 후대의 제왕에게 농사의 어려움을 알게 하고자 젊었을 때 사용했던 농기구를 보관해 물려주기도 하였다. 《宋書 卷1～卷3 武帝本紀》

86) 矣 : 사고본에는 없다.

87) 劉裕……過矣 : 《宋書》 卷3 〈武帝本紀〉에 보인다. 이때 비웃은 사람이 南朝 宋나라의 제4대 황제인 孝武帝 劉駿(430～465, 재위 454～465)으로, 武帝 劉裕의 손자이다.

88) 后稷 : 생몰년은 자세하지 않다. 周나라의 시조로, 이름은 弃(기)이다. 농사를 좋아하여 토질에 적합한 곡식을 잘 알았기에 백성들이 그를 본받았으며, 이를 안 堯임금에게 등용되어 農師가 되었다. 舜임금 때 邰(태)에 봉해져 '후직'으로 일컬어졌으며 이때 姬姓을 받았다. 이후 夏나라 초기까지 활약하였다. 《史記 卷4 周本紀》

89) 公劉 : 생몰년은 자세하지 않다. 后稷의 증손이자 鞠의 아들이다. 戎狄 사이에 있으면서도 후직이 했던 사업을 다시 정비하여 농사와 善政에 힘써 백성들이 그에게 많이 귀의하였다. 이로부터 주나라가 다시 흥성해지기 시작했다. 《史記 卷4 周本紀》

90) 天行……翁乎 : 《東萊書說》 〈無逸〉에 보인다.

祖謙이 又曰 此는 擧無逸之君하여 以告成王할새 歎息而謂之我聞이라하니 蓋其語가 有所自來라 欲成王敬聽之也라 嚴則謹重이요 恭則降下요 寅則肅莊이요 畏則兢業이니 合而言之則敬而已矣라 天命自度는 言中宗이 常以天命自律也라 維天之命이 存於心하여 流行於天下하며 著見於祲象(침상)[91]하나니 內體道心之微하며 外觀天下之公하며 仰因祲象之示하여 參驗省察하여 不違其則이 所謂以天命自律也라 因桑穀之變[92]而修省[93]하니 此則天命自度之一端耳라 治民祗懼하여 不敢荒寧하니 天人一理라 旣畏天命이면 必不敢輕下民이니 中宗之敬則然矣라

여조겸이 또 다음과 같이 말하였습니다.

"이는 周公이 안일하지 않았던 임금을 들어서 成王에게 고할 때 탄식하고 나서 「제가 들으니」라고 말하였으니, 이는 그 말이 유래한 바가 있기에 성왕이 경청하

---

91) 祲象 : 《周禮》 〈春官宗伯 保章氏〉에 "다섯 가지 구름의 색깔로 길흉, 홍수와 가뭄이 내릴 나라, 풍년과 흉년을 좌우하는 祲象을 분변한다.〔以五雲之物 辨吉凶・水旱降・豐荒之祲象〕"라는 내용이 보이는데, 賈公彦에 따르면, '祲'은 태양 옆에 있는 雲氣에 다섯 가지 색의 구름이 나타나는 것을 보고 길흉을 판단하는 것이라고 하였다. 《周禮注疏 春官宗伯 保章氏 賈公彦疏》 또 鄭衆에 따르면, '침'은 음기와 양기가 서로 침범하는 것이다. 鄭玄에 따르면, '象'은 赤鳥와 같은 것이다. 《周禮注疏 春官宗伯 眡祲 鄭玄注》 가공언과 杜預에 따르면, '적조'는 붉은 새떼 같은 구름이 태양 옆에 있는 것인데, 예로부터 불길하게 여겨졌다. 《周禮注疏 春官宗伯 眡祲 賈公彦疏》 《春秋左氏傳注疏 哀公 6年 杜預注》

92) 桑穀之變 : 《尙書》 〈咸乂〉의 序에 "伊陟이 太戊(中宗)의 相이 되자 亳(박) 땅에 괴변이 생겨 뽕나무와 닥나무가 조정에서 함께 자라났다. 그러자 이척이 巫咸에게 일러 〈함예〉 4편을 지었다.〔伊陟相大戊 亳有祥 桑穀共生于朝 伊陟贊于巫咸 作咸乂四篇〕"라는 내용이 보인다. 孔安國은, 두 나무가 함께 자라면서 7일 만에 그 크기가 한 아름에 달했는데, 이는 공손하지 못한 것에 대한 벌이라고 설명하였다. 《尙書注疏 商書 咸有一德 孔安國傳》 孔穎達에 따르면, 조정은 본래 나무가 자라는 장소가 아니므로 두 나무가 함께 자란 것은 좋지 않은 징조라고 하였다. 《尙書注疏 商書 咸有一德 孔穎達疏》 〈함예〉는 《상서》의 일실된 편 가운데 하나로, 해당 序의 내용은 통행본 《상서》의 〈咸有一德〉 뒷부분에 부기되어 있다. 29-2-가 참조.

93) 因桑……修省 : 《尙書》 〈伊陟〉과 〈原命〉의 序에 "太戊(中宗)가 伊陟에게 일러 〈이척〉과 〈원명〉을 지었다.〔大戊贊于伊陟 作伊陟・原命〕"라는 내용이 보인다. 孔安國에 따르면, 이때 중종이 이척에게 고한 것은 허물을 고쳐 스스로를 새롭게 하는 내용이었다고 한다. 《尙書注疏 商書 咸有一德 孔安國傳》 〈이척〉과 〈원명〉 역시 《상서》의 일실된 편들로, 이들 序의 내용은 통행본 《尙書》 〈咸有一德〉 뒷부분에 있는 〈咸乂〉의 序 다음에 부기되어 있다. 〈함예〉에 대해서는 앞의 주석 '桑穀之變' 참조.

기를 바란 것이다. 장엄하면 신중하게 되고 공손하면 자신을 낮추게 되며, 공경하면 엄숙하고 장중하게 되고 두려워하면 삼가고 두려워하게 되니, 이를 통합하여 말하면 「敬」일 다름이다.

「천명으로 스스로를 검속하는 것〔天命自度〕」은 中宗이 항상 천명으로 스스로를 단속했음을 말한 것이다. 하늘의 명이 마음에 보존되어 천하에 유행하며 祲과 象에 나타나는 법이니, 안으로 道心의 은미함을 체득하고 밖으로 천하의 공변됨을 보며, 우러러 침과 상이 보여주는 것을 통해 비교, 검증하고 성찰하여 그 법칙을 어기지 않는 것이 이른바 「천명으로 스스로를 단속하는 것」이다. 뽕나무와 닥나무가 함께 자라난 변괴로 인하여 중종이 수양하고 반성하였으니, 이는 천명으로 스스로를 검속하는 하나의 단서일 뿐이다.

백성을 다스림에 공경하고 두려워하여 감히 방탕하고 안일하지 않아야 하니, 하늘과 사람은 하나의 이치이다. 이미 천명을 두려워하면 틀림없이 백성들을 감히 가벼이 여기지 못할 것이니, 중종의 「경」은 그러하였다.

所以享國七十有五年은 何也오 惟敬故壽也라 主靜則悠遠博厚하고 自强則堅實精明하고 操存則血氣가 循軌而不亂하고 收斂則精神이 內守而不浮[94]하나니 至於檢約克治하여 去戕賊之累는 又不在言하니 凡此가 皆敬之方而壽之理也라 自此而下至于文王히 皆眉壽無有害者는 莫非此理也라 孔子가 言 仁者는 壽[95]라하시니 仁은 其體요 敬은 其功이니 與無逸로 互相發也라 無時或怨則非特不怨이라 蓋無怨之根矣라 高宗之所以壽[96]가 固無異於中宗이나 然言享國五十九年於小大無時或怨之後하니 蓋民氣大和하여 導迎善氣가 是亦壽考之理니 又發此意하여 以深勸成王하니 下章에 論文王之咸和萬民이 亦此意也[97]라

중종의 재위 기간이 75년이었던 까닭은 어째서인가? 오로지 공경했기에 장수한 것이다. 고요함을 위주로 하면 장구하면서 넓고 두터워지며, 스스로 힘쓰면 堅實하고 精通해지며, 마음을 간직하고 보존하면 血氣가 궤도를 따라서 어지러워지지 않고, 심신을 단속하면 정신이 내적으로 지켜져서 들뜨지 않게 된다. 검속하고

94) 浮 : 대전본에는 '孚'로 되어 있다.
95) 仁者壽 : 《論語》 〈雍也〉 제21장에 보인다. '壽'가 대전본에는 '素'로 되어 있으나, 오자이다.
96) 壽 : 대전본에는 '素'로 되어 있으나, 오자이다.
97) 此擧……意也 : 《東萊書說》 〈無逸〉에 보인다.

잘 다스려서, 해치는 허물을 제거하는 것은 또 말에 달린 것이 아니니, 이것들이 모두 敬의 방법이자 장수의 이치이다. 이로부터 아래로 문왕에 이르기까지 모두 장수를 누리고 해가 된 게 없었던 것은 이러한 이치가 아님이 없다.

孔子가 말하기를 '仁한 사람은 장수한다.'라고 하였다. 「인」은 그 본체이고 「경」은 그 공효이니, 「안일하지 않음」과 더불어 서로가 서로의 의미를 밝히는 것이다. 혹시라도 원망하는 때가 없으면, 원망하지 않을 뿐만 아니라 원망의 근원이 없게 될 것이다.

高宗이 장수했던 이유는 진실로 中宗과 다를 것이 없었다. 그러나 재위 기간이 59년이었음을 '낮은 사람과 높은 사람에 이르기까지 혹시라도 원망하는 사람이 없었습니다.'라는 구절 다음에 언급하였다. 이는 백성들의 기운이 크게 조화로워 선한 기운을 불러들이는 것이 또한 장수하는 이치이니, 또 이 뜻을 밝힘으로써 성왕을 깊이 권면한 것이다. 그 다음 章에서 문왕이 만백성을 모두 화합하게 했음을 논한 것이 또한 이 뜻이다."

31-8-나2(按)

臣은 按 舊說에 以祖甲으로 爲太甲[98]이라하니 考諸史記호니 祖甲者는 高宗之子요 祖庚之弟也[99]라 鄭玄이 曰 高宗이 欲廢祖庚・立祖甲이어늘 祖甲이 以爲不義라하여 逃於民間[100]이라하니 與不義惟王之說로 叶而以邵雍書參之[101]컨대 祖甲享國이 三十有三年이요 世次가 又正在高宗之後하니 故知非太甲也이로소이다

【臣按】 舊說에는 「祖甲」을 「太甲」이라고 하였는데, 《史記》를 상고해보니 조갑은 高宗(武丁)의 아들이자 祖庚의 아우입니다. 鄭玄이 말하기를 "고종이 조경을 폐

---

98) 舊說……太甲 : '舊說'은 孔安國의 주석을 가리킨다. 공안국은 《書經》 〈周書 無逸〉에 나오는 祖甲에 대하여 "湯王의 손자 太甲이 임금 노릇 하는 것이 의롭지 못해 오래도록 소인배의 행동을 저지르자, 伊尹이 桐 땅으로 추방하였다.〔湯孫太甲 爲王不義 久爲小人之行 伊尹放之桐〕"라고 설명하였다. 《尙書注疏 周書 無逸 孔安國傳》

99) 考諸……弟也 : 《史記》 卷3 〈殷本紀〉에 보인다.

100) 鄭玄……民間 : 蔡沈의 《書集傳》 卷5 〈周書 無逸〉에 보인다.

101) 以邵雍書參之 : '소옹의 책〔邵雍書〕'은 《皇極經世書》로 보인다. 이 책에 따르면, 祖甲은 壬戌年(기원전 1199)에 즉위하여 乙未年(기원전 1166)에 사망하였다. 《皇極經世書 卷5上 觀物篇25》

하고 조갑을 세우려고 하자, 조갑이 의롭지 않다고 여겨 민간으로 도망쳤다."라고 하였습니다. '왕이 되는 것이 의롭지 않다고 하다.〔不義惟王〕'라는 말과 함께 맞추어보고 邵雍의 책으로 참조해보면, 조갑의 재위 기간이 33년이고 代數의 차례가 또 바로 고종 다음에 있습니다. 그러므로 조갑은 태갑이 아님을 알 수 있습니다.

31-8-나3(蘇)

蘇軾이 曰 人이 莫不好逸欲而所甚好者가 生也라 以其所甚好而禁其所好면 庶幾必信이니 此가 無逸之所爲作也라 然猶有不信者는 以逸欲이 爲未必害生也라 漢武帝·唐明皇이 豈無欲者哉而壽乃如彼[102]라하니 夫多欲而[103]不享國者는 皆是也요 漢武·明皇은 千一而已라 飮酖(짐)食野葛者가 必死而曹操가 獨不死[104]하니 亦可效乎[105]아

蘇軾이 다음과 같이 말하였습니다.

"사람치고 안일과 욕심을 좋아하지 않는 이가 없지만 매우 좋아하는 것은 삶이다. 매우 좋아하는 삶을 가지고 좋아하는 안일과 욕심을 금한다면 거의 틀림없이 믿게 될 것이니, 이것이 〈無逸〉편을 지은 까닭이다. 그런데도 여전히 믿지 않는 사람이 있는 것은, 안일과 욕심이 꼭 삶을 해치지는 않는다고 여기기 때문이다. 漢 武帝와 唐 明皇(玄宗)이 어찌 욕심이 없는 사람이겠는가. 그런데도 저토록 장수했다고 한다. 무릇 욕심이 많아 재위 기간을 제대로 누리지 못하는 것은 모두가 그러한 것이며, 한 무제와 당 명황은 千에 하나일 뿐이다. 酖毒을 마시고 野葛을 먹은 사람은 반드시 죽는 법인데 曹操가 유독 죽지 않았으니, 또한 본받을 수 있겠는가."

---

102) 漢武……如彼 : 漢 武帝는 70세, 唐 玄宗은 78세까지 살았다.

103) 而 : 대전본·사고본에는 없다.

104) 飮酖……不死 : 晉나라 張華의 《博物志》 卷7에 따르면, 曹操가 "습관적으로 1자에 달하는 野葛을 먹었으며, 또한 적든 많든 얻는 대로 鴆毒이 들어간 술을 마셨다.〔習啖野葛至一尺 亦得少多飮鴆酒〕"라는 내용이 보인다. '야갈'은 '鉤吻(구문)'이라고도 하는 독초인데, 사람의 목숨을 앗아갈 수 있을 정도의 맹독이 있다. 唐나라 孫思邈의 《千金要方》에서는 탕약이나 술에 넣으면 안 된다고 규정하였다. 《太平御覽 卷990 藥部7 冶葛》《千金要方 卷1 醫學諸論 論合和》

105) 人莫……效乎 : 蘇軾의 《書傳》 卷14 〈無逸〉에 보인다.

31-8-나4(呂)

呂祖謙이 又曰 商殷[106)]은 猶異世也어니와 文王은 親成王之祖也라 故復擧文王之無逸하여 以告成王하시니 言愈近而意愈切矣로다 厥亦云云者는 將論文王之[107)]無逸하여 先言淵源之所自也라 凡有血氣에 每患於上陵이니 學問之道는 無他라 下之而已矣니 損抑祗畏는 所以下之也라

여조겸이 또 다음과 같이 말하였습니다.

"商殷(商나라)은 그래도 다른 세대이지만, 文王은 成王의 친할아버지이다. 그러므로 문왕의 안일하지 않음을 다시 거론하여 성왕에게 고했으니, 말이 더욱 가깝고 뜻이 더욱 절실하다. 「그 또한〔厥亦〕」이라고 운운한 것은 문왕의 안일하지 않음을 논하고자 먼저 淵源의 유래를 말한 것이다. 무릇 血氣를 가지고 있으면 늘 윗사람을 능멸할까 근심하게 된다. 학문하는 방도는 다른 것이 없다. 謙讓하는 것뿐이니, 덜어내고 억누르며 공경하고 두려워하는 것은 겸양하는 방법이다.

大[108)]王(태왕)・王季所以克自抑畏則其用力於無逸者가 深矣라 是乃文王無逸之淵源이요 文王則由父祖之抑畏而至於作聖者也라 文王이 卑服卽康功・田功者는 言其自奉之薄而專意於安養斯民耳라 卑服은 蓋擧一端이니 宮室・飮食自奉之薄을 皆可推也라 物莫能兩大라 厚於奉己면 必薄於恤民하나니 文王이 於衣服自奉之屬에 所性이 不存하여 漠然未嘗留意也則其力을 果安用哉오 卽於康功以安民하며 卽於田功以養民而已니 力不分於奉己라 故功全歸於恤民也라

大王(古公亶父)과 王季가 능히 스스로를 억누르고 두려워했던 이유는 안일하지 않음에 힘썼던 것이 깊어서였다. 이것이 바로 문왕이 안일하지 않았던 연원이다. 그리고 문왕은 아버지와 할아버지가 스스로를 억누르고 두려워했던 것으로 말미암아 聖人이 되는 경지에 이른 사람이다.

'문왕이 변변치 않은 의복으로 백성들을 편안하게 만드는 사업과 농사일에 뛰어들었다.'라는 것은, 스스로를 봉양하는 것을 검박하게 하고서 이 백성들을 편안하게 하고 부양하는 데 전념했음을 말한 것이다. 변변치 않은 의복은 아마도 한 가

106) 殷 : 대전본・사고본에는 '周'로 되어 있다.
107) 之 : 사고본에는 없다.
108) 大 : 대전본・사고본에는 '太'로 되어 있다.

지를 든 것이니, 궁실과 음식 등 스스로를 봉양하는 것은 검박하게 했음을 모두 미루어 알 수 있다.

사물은 양쪽 모두가 커질 수 없는 것이니, 자기를 봉양하는 데 후하면 반드시 백성들을 돌보는 데 박한 법이다. 문왕이 의복 등 스스로를 봉양하는 것과 같은 데에 본성이 있지 않아 전혀 뜻을 둔 적이 없었다. 그렇다면 그 힘을 과연 어디에 썼겠는가? 백성들을 편안하게 만드는 사업에 뛰어들어 백성들을 편안하게 하고, 농사일에 뛰어들어 백성들을 부양했을 뿐이다. 자신을 봉양하는 데 힘이 분산되지 않았기 때문에 공력이 백성들을 돌보는 데 온전히 들어간 것이다.

徽柔는 柔之徽美者也요 懿恭은 恭之淵懿者也라 凡人之[109]柔巽謹愿(유손근원)을 不謂之柔恭이 不可也어니와 其視徽柔懿恭意味光輝則大不同矣라 於民에 言小者는 蓋匹夫匹婦가 未被其澤則其懷[110]保가 猶未周也요 於鰥寡(환과)而言惠鮮者는 鰥寡窮民이 垂首喪氣어늘 文王이 惠綏之하시니 莫不鮮鮮然有生意也라 當是時하여 紂(주)方在上하여 毒痛[111]四海어늘 文王이 處方伯之位[112]而欲咸和其民하사 戞(알)乎有杯水勝火之難하사 推望道未之見[113]之心하시니 勤而且勞가 自應至是也라 然亦豈若後世量書傳餐[114]代有司之任者哉리오

「아름답게 유연한 것〔徽柔〕」은 유연함이 아름다운 것이고, 「아름답게 공손한 것〔懿恭〕」은 공손함이 깊고도 아름다운 것이다. 무릇 사람이 유연하고 손순하며 삼가고 점잖은 것을 「유연하고 공손한 것」이라고 하지 않아서는 안 되지만, 「아름답게 유연하고 아름답게 공손한 것」의 의미가 빛나는 것과 비교하면 크게 다르다. 백성에게 「힘없는〔小〕」이라고 말한 것은, 대체로 일반 백성들이 아직 그 은택을 입지 못하면 품어서 보호하는 것이 여전히 두루 미치지 못한 것이기 때문이다. 그

109) 之 : 사고본에는 없다.

110) 懷 : 사고본에는 없다.

111) 痛 : 대전본에는 '痡'로 되어 있다.

112) 文王處方伯之位 : 문왕이 殷 紂王 때 西伯이 된 것을 말한다. 31-8-가 주석 '文王' 참조.

113) 望道未之見 : 《孟子》〈離婁 下〉 제20장에 보인다.

114) 量書傳餐 : 秦 始皇은 천하의 대소사를 하나하나 결재하느라 문서의 양을 그때그때 저울에 달고, 미리 정해놓았던 분량을 처리하지 않으면 쉬지 않았다. 隋 文帝는 5품 이상의 관원들을 인견하며 국사를 논하느라 宿衛하는 사람들이 식사를 날라 오기도 하였다. 《史記 卷6 秦始皇本紀》《舊唐書 卷3 太宗本紀下》

리고 홀아비와 과부에 대하여 '은혜를 베풀어 살게 하였다.〔惠鮮〕'라고 말한 것은, 홀아비와 과부 등 곤궁한 백성들이 의기소침하여 풀이 죽자 文王이 그들에게 은혜를 베풀어 어루만지니, 활기차게 생기를 띠지 않은 이가 없었기 때문이다.

이 당시에 紂王이 위에서 군림하고 있어서 천하를 도탄에 빠뜨리자, 문왕은 方伯의 지위에 있으면서 그 백성들을 모두 화합하게 하고자 하였다. 그리하여 격에 맞지 않게 한 잔 물로 불을 끄는 듯한 어려움이 있으면서 도를 바라보고도 아직 보지 못한 듯이 여기는 마음을 확충해나갔으니, 근면하면서도 수고로움이 저절로 응당 이러한 지경에 이르렀던 것이다. 그러나 또한 문서의 양을 재거나 식사를 날라 오게 하여 有司의 소임을 대신했던 후세 사람과 어찌 같았겠는가.

立政에 言罔攸兼于庶言・庶獄・庶愼[115)]則所謂不遑暇食者가 其勤勞가 必有在矣라 讀無逸則見文王之勞요 讀立政則見文王之逸이니 豈相爲矛盾者哉리오 於至勞之中에 有至逸하고 於至逸之中에 有至勞也로다 遊田이 國有常制하니 至於盤于遊田則以是爲耽樂이니 固文王之所不爲也어늘 不曰不爲而曰不敢者는 翼翼之小心也라 以遊畋之簡則可知其用之約이니 旣無橫費면 自無過取니 所以庶邦之貢於文王者가 於正數之外에 無一毫之加也라

《書經》〈立政〉에서 '文王은 여러 가지 명령, 여러 가지 獄訟, 여러 가지 禁法을 겸하는 일이 없었다.'라고 말하였다면, 이른바 '먹을 겨를도 없이 분주하였다.〔不遑暇食〕'라는 것은 그 근면함과 수고로움이 반드시 있었다는 것이다. 〈無逸〉을 읽으면 문왕의 노고를 알 수 있고 〈입정〉을 읽으면 문왕의 안일을 알 수 있으니, 어찌 서로 모순이 되는 것이겠는가. 지극한 노고 속에 지극한 안일이 있고, 지극한 안일 속에 지극한 노고가 있는 것이다.

遊樂과 사냥은 나라에 일정한 제도가 있으니, 유락과 사냥을 즐기는 것에 이른다면 이것들을 향락에 빠질 거리로 삼는 것이다. 이는 본래 문왕이 하지 않았던 일인데, '하지 않았다.〔不爲〕'라고 말하지 않고 '감히 하지 않았다.〔不敢〕'라고 말한 것은 삼가는 조심함 때문이다.

유락과 사냥의 간소함으로 보았을 때 그 비용이 절약됨을 알 수 있으니, 이미 낭비하는 것이 없으면 저절로 지나치게 징수하는 일이 없게 된다. 여러 제후국이

115) 愼 : 대전본에는 '謹'으로 되어 있으나, 南宋 孝宗 趙眘(조신)을 피휘한 것이다.

문왕에게 貢上하는 것에서 정식으로 규정된 수량 이외에는 한 터럭만큼도 더하는 게 없었던 까닭이다.

文王이 爲西伯하시니 所統之庶邦이 蓋有常供이라 其在春秋에 諸侯가 貢於伯主(패주)者를 班班可見이니라 此章에 論文王之家法이라 故凡無逸之條目이 如崇儉素·重農畝·恤窮困·勤政事·戒佚游·損橫斂이 大略皆備하니 其稱文王之壽는 卽前章之意라 以此坊民라도 後世에 猶有妄爲文王憂勤損壽之說[116]하여 以啓人主之好逸者[117]하니라

文王이 西伯으로 있었으니 거느리고 있던 여러 나라들이 일정하게 供上하는 것이 있었을 것이다. 춘추시대에는 제후들이 霸主에게 貢上했던 경우를 분명하게 볼 수 있다. 이 章에서는 문왕의 家法을 논했기 때문에 「안일하지 않음」의 조목으로서, 예컨대 검소함을 숭상하는 것, 농사를 중히 여기는 것, 곤궁한 이를 돌보는 것, 정사에 근면한 것, 방탕하게 노는 일을 경계하는 것, 과도한 징수를 줄이는 것이 대략 모두 갖추어져 있다. 문왕이 장수했다고 한 것은 바로 앞 章의 뜻이다. 이것을 가지고 백성을 단속했음에도 후세에 오히려 문왕이 우려하고 근면하여 수명이 줄어들었다는 말을 함부로 지어내 임금이 안일함을 좋아하도록 터준 자가 있다."

31-8-나5(呂)

又曰 無逸이 雖戒成王이나 實欲後世子孫이 共守此訓이라 故以繼自今嗣王言之하니 觀覽以舒其目하며 安逸以休其身하며 遊豫以省風俗하며 田獵以習武備가 此[118]가 人君所不能無也라 特不可過而已니 過則人欲이 肆而浸入于亂亡矣라 故周公之戒嗣王에 不使之無觀·逸·遊·田而使之[119]無淫於觀·逸·遊[120]·田하니 淫은 謂過

116) 後世……之說 : 《禮記》 〈文王世子〉에, 文王이 武王에게 "내 수명은 100세이고 너의 수명은 90세이니 내가 너에게 3년의 수명을 주마."라고 말한 내용이 보인다. 이에 대하여 鄭玄이 "문왕은 근면하고 우려했기 때문에 수명이 줄어들었고 무왕은 안락했기 때문에 수명이 연장되었다.〔文王以勤憂損壽 武王以安樂延年〕"라는 주석을 달았다. 《禮記注疏 文王世子 鄭玄注》

117) 商殷……逸者 : 《東萊書說》 〈無逸〉에 보인다.

118) 此 : 대전본에는 없다.

也라 苟必欲絶之使無則迫蹙拘制하여 鬱而不伸이라 非所以養德也라

呂祖謙이 또 다음과 같이 말하였습니다.

"〈無逸〉은 비록 成王을 훈계한 것이지만, 실로 후세의 자손들이 함께 이 가르침을 지키기를 바랐기 때문에 「지금부터 계속하여 嗣王께서는」이라고 말하였다. 구경함으로써 눈을 틔우며, 안일함으로써 몸을 쉬게 하며, 유람하고 즐김으로써 풍속을 살피며, 사냥함으로써 武備를 익히는 것이 임금에게는 없을 수 없는 것이다. 다만 지나치게 해서는 안 될 뿐이니, 지나치면 인욕이 제멋대로 부려져 차츰 난세와 멸망으로 접어들 것이다.

그러므로 周公이 사왕을 경계시킬 때 구경, 안일함, 遊樂, 사냥이 없게 하지는 않았지만 구경, 안일함, 유락, 사냥에 지나침〔淫〕이 없게 하였으니, 「淫」은 지나침을 이른다. 만약 기필코 이것들을 끊어 없애려고 한다면 압박하고 몰아세우며 구속하고 제약하여 답답해 펴지지 않으므로 덕을 함양하는 방법이 아니다.

前稱文王하고 此戒嗣王에 皆先言簡遊田而繼以惟正之供하니 蓋欲禁橫斂인대 必先絶橫斂之源이니 觀・逸・遊・田者는 橫斂之源[121]也라 淫于四者는 侈費無度라 其勢가 不得不橫斂하니 四者가 旣省(생)하여 用有常經이면 自應以萬民惟正之供也라 九貢[122]・九賦[123]・什一之制[124]는 皆名正義順하니 天下之中制라 過是則害於理財正

119) 之 : 사고본에는 없다.

120) 遊 : 대전본에는 '游'로 되어 있다.

121) 觀逸……之源 : 사고본에는 없다.

122) 九貢 : 천자국에 바치는 아홉 가지 공물로, 祀貢・嬪貢・器貢・幣貢・材貢・貨貢・服貢・斿貢(유공)・物貢을 말한다. 《周禮 天官冢宰 大宰》 後漢 때 鄭衆(?~83)의 설에 따르면, '사공'은 犧牲과 包茅(祭酒를 거르는 띠풀 묶음) 등속, '빈공'은 가죽과 비단〔帛〕 등속, '기공'은 종묘의 기물, '폐공'은 수를 놓은 비단, '재공'은 목재, '화공'은 진주・寶貝와 같이 자연에서 난 물건, '복공'은 祭服, '유공'은 짐승의 깃과 털, '물공'은 九州 이외의 지역에서 각각 바치는 진귀한 물건을 말한다. 그런데 鄭玄은 이 설과 달리, '빈공'은 絲(명주실)와 枲(시, 모시풀), '기공'은 銀・鐵・石磬・丹(朱砂)・漆(옻나무), '폐공'은 玉・말〔馬〕・가죽・비단, '재공'은 櫄(춘, 참죽나무)・幹(간, 산뽕나무)・栝(괄, 노송나무)・柏(백, 측백나무)・篠(소, 화살대)・簜(탕, 왕대), '화공'은 金・玉・龜甲・조개껍질, '복공'은 絺(치, 베)와 紵(저, 모시), '물공'은 잡물・魚類・소금・귤・유자를 가리킨다고 하였다. 또 '斿貢'은 '游貢'으로 보아야 한다고 하면서 燕好(연회에 초대할 때 증정하는 예물)・珠璣(珠玉)・琅玕(낭간, 주옥과 흡사한 돌)을 가리킨다고 하였다. 《周禮注疏 天官冢宰 大宰 鄭玄注》《周禮正義 卷3 天官

辭[125]之義也니라

앞에서 文王을 말하고 여기에서 嗣王을 경계시키면서, 모두 遊樂과 사냥을 간소하게 할 것을 먼저 말하고 정당하게 바치는 貢物만 받을 것을 뒤이어 말하였다. 과도한 징수를 금하려고 한다면 반드시 먼저 과도한 징수의 근원을 끊어야 하니, 구경, 안일함, 유락, 사냥은 과도한 징수의 근원이다. 이 네 가지를 지나치게 하는 것은 사치스럽게 낭비하여 절도가 없는 것이므로, 그 형세가 과도하게 징수하지 않을 수 없는 것이다. 네 가지가 이미 줄어서 쓰는 데 일정한 법칙이 있다면, 자연히 만백성이 정당하게 바치는 貢物만 받아야 한다.

아홉 가지 공물, 아홉 가지 賦稅, 10분의 1을 租稅로 징수하는 제도는 모두 명분이 바르고 의리가 순하니 천하의 中正한 제도이다. 이보다 지나치면 재정을 관리하고 말을 올바로 하는 의리에 해가 된다.

人之始耽樂者가 每自恕曰 吾惟今日耽樂耳[126]라 一日放逸이 所害幾何리오하나니 抑不知是心이 一流則自一日而至于二日하며 自二日至于終身不反也라 故周公이 先塞其源하사 戒之以無敢皇暇曰 今日耽樂이라하라 下無以示民而非民攸訓이요 上無以順天而非天攸若이라 可謂有莫大之愆而非[127]小失也라하시니 一日耽樂을 周公이 禁之如

冢宰 大宰 孫詒讓正義》《尙書注疏 禹貢 孔安國傳・孔穎達疏》《諺譯書傳 卷3 禹貢》

123) 九賦 : 邦中之賦, 四郊之賦, 邦甸之賦, 家削之賦, 邦縣之賦, 邦都之賦, 關市之賦, 山澤之賦, 幣餘之賦 등 9가지 부세를 말한다. 《周禮 天官冢宰 大宰》 鄭玄과 孔穎達에 따르면, '방중지부'는 國中〔都城〕 안에 있는 자들에게, '사교지부'는 도성에서 100리 밖까지, '방전지부'는 도성 100리 밖에서 200리 밖까지, '가삭지부'는 도성 200리 밖에서 300리 밖까지, '방현지부'는 도성 300리 밖에서 400리 밖까지, '방도지부'는 도성 400리 밖에서 500리 밖까지 사는 평민들에게 걷는 조세이다. 여기까지는 모두 王家의 조세 수입이다. 그리고 '관시지부'는 王畿 사면에 둔 관문과 왕의 市廛(시전) 두 군데의 백성에게 걷는 조세, '산택지부'는 山林과 川澤의 백성들이 철에 따라 산림과 천택으로 들어가 얻는 물건에 부과하는 조세, '폐여지부'는 국가사업으로 벌인 건축에 사용하려고 했다가 남은 자재들을 가져다 쓰게 하는 대신 납부하게 했던 조세를 말한다. 《周禮注疏 天官冢宰 大宰 鄭玄注・孔穎達疏》

124) 什一之制 : 나라에서 준 전토를 일구어 얻은 수확 가운데 10분의 1을 바치는 제도를 말한다. 夏나라 때에는 농부 1명당 50畝씩, 殷나라 때에는 70묘씩, 周나라 때에는 100묘씩의 전토를 주고 여기에서 수확하는 10분의 1을 조세로 징수하였다. 《孟子 滕文公 上》

125) 理財正辭 : 《周易》 〈繫辭傳 下〉에 보인다.

126) 耳 : 사고본에는 없다.

此其嚴하시니 蓋人主를 不可使知耽樂之味니 苟開其一日之樂하여 以爲無傷이라하면 逮其旣嘗此味則寖深又[128]寖溺矣[129]리라

享樂에 빠지기 시작한 사람이 매번 스스로를 용서하며 말하기를 '나는 오늘만 향락에 빠질 뿐이다. 하루 동안 마음껏 즐기는 것이 害가 되면 얼마나 되겠는가.'라고 한다. 그러나 이것은, 이 마음이 한번 흘러가면 하루에서 이틀에 이르고 이틀에서 평생에 이르도록 돌이킬 수 없다는 점을 모르는 것이다.

그러므로 周公이 먼저 그 근원을 막아서, '감히 겨를이 있다고 여겨 오늘만 향락에 빠지겠다고 말하지 말라. 아래로는 백성들에게 보일 수 없어 백성들이 본받을 바가 아니요, 위로는 하늘에 순할 수 없어 하늘이 순하게 여기는 바가 아니다. 막대한 허물이 있는 것이며 작은 과실이 아니라 할 수 있다.'라는 내용으로 경계하였다.

하루라도 향락에 빠지는 것을 주공이 이토록 엄히 금하였으니, 이는 임금으로 하여금 향락에 빠지는 맛을 알지 못하게 한 것이다. 만약 하루 동안의 향락을 틔워주고서 문제될 것이 없다고 여긴다면, 이 맛을 보고 나서는 점점 심해지고 또 점점 빠져들 것이다."

31-8-나6(按)

臣은 按 無逸一書에 前擧三宗하고 後擧文王하여 俾成王知所以灋(법)[130]하고 又擧商王受하여 俾成王知所以戒하시니 受之惡이 無所不有而酗(후)于酒가 其最也라 人無智愚히 皆知憂勤者가 必享國而逸欲者가 必戕(장)生호대 惟其沈湎于酒하여 心志惛亂則雖死亡이 在前이라도 亦不知畏하나니 故欲無逸則不可酗酒요 酗酒則不能無逸이니 此가 周公所以專於陳戒與인저

【臣按】〈無逸〉이라는 한 편의 글에, 앞에서는 三宗(殷 中宗·高宗·祖甲)을 거론하고 뒤에서는 文王을 거론하여 成王으로 하여금 본받아야 할 것을 알게 하였으며, 또 商나라 왕 受(紂王)를 거론하여 성왕으로 하여금 경계해야 할 것을 알게

127) 非 : 대전본에는 없다.
128) 又 : 대전본·사고본에는 없다.
129) 無逸……溺矣 : 《東萊書說》〈無逸〉에 보인다.
130) 灋 : 사고본에는 '法'으로 되어 있다.

하였습니다.

受의 악은 없는 게 없었으나 술에 탐닉한 것이 가장 큰 악이었습니다. 우려하고 근면한 사람이 반드시 임금 자리에 있게 되고 안일과 욕심에 빠진 사람이 반드시 삶을 해친다는 것은, 지혜로운 사람과 어리석은 사람을 막론하고 모두가 압니다. 그런데 오로지 술에 탐닉하여 心志가 惛亂하면 비록 죽음이 앞에 있어도 두려워할 줄 모르는 법입니다. 그러므로 안일하지 않으려면 술에 탐닉해서는 안 되며 술에 탐닉하면 안일하지 않을 수 없으니, 이것이 주공이 경계를 아뢰는 데 한결같았던 이유일 것입니다.

31-9-가[131]

孟子가 **曰 國家**가 **閒暇**어든 **及是時**하여 **明其政刑**이면 **雖大國**이라도 **必畏之矣**리라 **詩云**① **迨天之未陰雨**하여 **徹彼桑土**(상두)②하여 **綢繆牖戶**(주무유호)③면 **今此下民**이 **或敢侮予**아하여늘 **孔子**가 **曰 爲此詩者**가 **其知道乎**인저 **能治其國家**면 **誰敢侮之**리오하시니 **今國家**가 **閒暇**어든 **及是時**하여 **般樂怠傲**하나니 **是**는 **自求禍也**니라 **禍福**이 **無不自己求之者**니라

① 詩云 : 豳風鴟鴞(치효)之篇.
여기에서 인용된 시는 《詩經》〈豳風 鴟鴞〉편이다.

② 徹彼桑土 : 徹, 取也. 桑土, 桑根皮[132].
'徹'은 '가지다'라는 뜻이다. '桑土'는 뽕나무 뿌리껍질이다.

③ 綢繆牖戶 : 綢繆, 纏綿補葺也.
'綢繆'는 엮어 매어 보수하는 것이다.

孟子가 말하였다.

"나라가 한가하면 이때를 이용하여 그 나라의 政令과 刑罰을 밝힌다면, 비록 大國이라 하더라도 반드시 그 나라를 두려워할 것이다. 《詩經》에 이르기를 '하늘이 흐려 비가 내리기 전에 저 뽕나무 뿌리껍질을 가져다 창문을 엮어 매어 보수하면 지금 이 아래에 있는 사람들이 혹시라도 감히 나를 업신여기랴.'라고 하였는데,

131) 《孟子》〈公孫丑 上〉 제4장에 보인다.

132) 桑根皮 : 대전본・사고본에는 '桑根之皮也'로 되어 있다.

孔子가 말하기를 '이 시를 지은 자는 아마도 道를 알 것이다. 자기 나라를 잘 다스릴 수 있다면 누가 감히 그를 업신여기겠는가.'라고 하였다.

지금 나라가 한가하면 이때를 이용하여 즐거움에 빠지며 태만하고 오만해지니, 이는 스스로 재앙을 구하는 것이다. 재앙과 복은 자신으로부터 구하지 않는 자가 없다."

31-9-나(按)

臣은 按 孟子가 引鴟鴞之詩하여 以爲彼羽毛微類而能於未雨之時에 豫爲之備가 如此하니 今國家가 閒暇어든 不能修明政刑하고 顧乃翫(완)細娛而忘大患이면 可乎아 昔人이 有言 燕雀이 處堂하여 母子가 相安하여 自以爲樂也하여 突決棟焚而母子가 恬然不知禍之將及[133]이라하니 是는 燕雀之智가 不如鴟鴞가 遠矣라 爲國者가 必能憂勤兢畏하여 以圖安而不爲盤樂怠傲하여 以自禍면 庶幾免於燕雀之譏乎인저

【臣按】孟子가 〈鴟鴞〉 시를 인용하여, 저 새가 미물이지만 아직 비가 내리지 않을 때에 미리 대비할 수 있는 것이 이와 같다고 하였습니다. 그러니 지금 나라가 한가하면 政令과 刑罰을 정비하여 밝히지는 못하고서, 도리어 자잘한 오락을 즐겨 큰 우환을 망각한다면 옳은 일이겠습니까.

옛사람이 이르기를 "제비나 참새가 堂에 깃들어 살면서 어미 새와 새끼 새가 서로 편안해 스스로 즐겁다고 생각하여 굴뚝이 터지고 마룻대가 불타는데도 어미 새와 새끼 새가 태연하게 재앙이 장차 닥칠 줄 모른다."라고 하였으니, 이는 제비나 참새의 지혜가 올빼미보다도 훨씬 못한 것입니다.

나라를 다스리는 사람이 반드시 우려하고 근면하며 삼가고 두려워하여 안녕을 도모할 수 있고, 즐거움에 빠지지 않으며 태만하고 오만해지지 않아서 스스로 재앙을 불러들이지 않으면, 제비나 참새와 같은 譏弄을 거의 면하게 될 것입니다.

31-10-가[134]

梁王[135]이 觴諸侯於范臺①러니 酒酣에 請魯君擧觴한대 魯君[136]이 興避席하여

133) 燕雀……將及 : 《呂氏春秋》의 〈有始覽 諭大〉와 〈士容論 務大〉에 보인다. 그런데 〈유대〉에서는 季子가, 〈무대〉에서는 孔子가 한 말로 되어 있다.

擇言[137]曰 昔者에 帝女[138]가 令儀狄으로 作酒而美어늘 進之禹한대 禹가 飮而甘之하사 遂疏儀狄하시고 絶旨[139]酒曰 後世에 必有以酒亡其國者로다하시고 齊桓公[140]이 夜半에 不嗛(겸)②이어늘 易牙(역아)[141]가 乃煎熬(전오)燔炙하여 和調五味而進之한대 桓公이 食之而飽하여 至旦[142]不覺(교)曰 後世에 必有以味亡其國

134)《戰國策》〈魏策2〉에 보인다. 宋나라 鮑彪(포표)의 《戰國策注》와 元나라 吳師道의 《戰國策校注》에 따르면, 魏 惠王 15년(기원전 356)에 魯나라·衛나라·宋나라·鄭나라의 임금들이 魏나라로 와서 조현하였다고 한다. 司馬貞이 《史記索隱》〈魏世家〉에서 인용한 《竹書紀年》에 따르면, 이때의 임금들은 魯 共侯(共公), 衛 成侯, 宋 桓侯, 鄭 釐侯(昭侯)인데 조현한 시기는 魏 惠王 14년(기원전 357)이라고 하였다. 《戰國策注 卷7 魏》《戰國策校注 卷7 魏惠王》《史記 卷44 魏世家 司馬貞索隱》

135) 梁王 : 魏 惠王(기원전 400~기원전 319, 재위 기원전 369~기원전 319)을 가리킨다. 전국시대 魏나라의 제3대 임금으로, 이름은 罃(앵)이다. 魏 文侯의 손자이자 武侯의 아들이다. 《竹書紀年》에는 '惠成王'이라고도 하였으며, 재위 기간 동안 安邑에서 大梁으로 천도했기에 '梁 惠王'이라고도 하였다. 즉위 초에는 韓나라와 趙나라를 패퇴시키기도 하였으나, 만년으로 접어들면서 秦나라, 齊나라, 趙나라 등으로부터 연달아 큰 패배를 당했다. 결국 문후 이래로 이어져온 霸者의 지위를 상실하고 말았다. 《史記 卷44 魏世家》

136) 魯君 : 魯 共公(?~기원전 353, 재위 기원전 382~기원전 353)을 가리킨다. 성은 姬, 이름은 奮으로, 魯 穆公의 아들이자 魯 康公의 부친이다.

137) 擇言 : 鮑彪에 따르면, '좋은 내용을 골라 말하는 것〔擇善而言〕'이다. 《戰國策注 卷7 魏》

138) 帝女 : 鮑彪는 堯임금의 딸이나 舜임금의 딸일 것이라고 추정하였다. 그런데 范祥雍(1913~1993)은 《山海經》과 《水經注》에 근거하여 '제녀'는 '천제의 딸〔天帝之女〕'이라고 주장하면서 포표의 추정을 반박하였다. 《戰國策注 卷7 魏》《范祥雍 箋證, 戰國策箋證, 上海:上海古籍出版社, 2006, 1356쪽》

139) 旨 : 대전본·사고본에는 '甘'으로 되어 있다.

140) 齊桓公 : ?~기원전 643(재위 기원전 685~기원전 643). 춘추시대 齊나라의 임금으로 성은 姜, 씨는 呂, 이름은 小白이다. 齊 釐公(희공)의 아들이며, 襄公의 동생이다. 즉위한 후 管仲을 중용하여 제나라를 부강하게 만들고 春秋五霸의 하나가 되었다. 그러나 만년에는 관중의 반대에도 불구하고 관중 사후에 易牙·開方·豎刁(수조) 등과 같은 간신들을 계속 신임하여 나라를 기울게 만들었다.

141) 易牙 : 생몰년은 자세하지 않다. 《春秋左氏傳》에는 '雍巫', 《大戴禮記》·《論衡》에는 '狄牙'로 되어 있다. 맛을 잘 알고 요리에 능했던 奸臣이다. 珍味를 좋아하던 齊 桓公이 인육을 먹어본 적이 없었기에 易牙가 제 아이의 머리를 쪄 올려 환공의 환심을 샀다. 환공이 죽은 후 豎刁와 함께 환공의 아들인 公子 無詭(무궤)를 옹립하면서 제나라를 혼란에 빠뜨렸다.

142) 旦 : 저본·509본·512본에는 '朝'로 되어 있으나, 朝鮮 太祖 李旦의 피휘이다.

者로다하고 晉文公[143)]이 得南之威③[144)]하여 三日不聽朝하고 遂推南之威而遠之曰 後世에 必有以色亡其國者로다하고 楚王④이 登强臺⑤[145)]하니 左江而右湖[146)]라 其樂이 忘死어늘 遂盟强臺而弗登曰 後世에 必有以高臺陂池로 亡其國者로다하니 今에 主君之尊(준)은 儀狄之酒也요 主君之味는 易牙之調也요 左白台(백이)[147)]而右閭須⑥[148)]하니 南威之美也요 前夾林而後蘭臺⑦[149)]하니 强臺之樂也라 兼此四者하니 可無戒與아한대 梁王이 稱善相屬하더라

① 范臺 : 臺名.
'范臺'는 臺 이름이다.

② 不嗛 : 嗛, 飽也.

---

143) 晉文公 : 기원전 697~기원전 628(재위 기원전 636~기원전 628). 춘추시대 晉나라의 임금으로, 성은 姬, 이름은 重耳이며, 晉 獻公의 둘째 아들이다. 헌공이 驪姬의 참소를 믿고 태자 申生을 죽게 하자 고국을 떠나 20년 가까이 망명 생활을 했으며, 훗날 秦 穆公의 도움으로 귀국하여 즉위했다. 인재들을 등용하고 국내를 안정시켰으며, 더 나아가 周나라 왕실을 안정시키면서 尊王을 내세웠다. 기원전 632년에는 城濮(성복) 전투에서 楚나라를 격파하고 踐土에서 제후들과 회합을 가짐으로써 齊 桓公의 뒤를 이어 春秋五霸의 한 사람이 되었다.

144) 南之威 : 《文選》·《初學記》·《太平御覽》 등에는 '南威'로 되어 있다. 范祥雍은 章炳麟(1869~1936)의 학설에 근거하여, '남위'는 威씨 성을 가진 여인이며 어느 나라 출신인지는 알 수 없다고 하였다. 《范祥雍 箋證, 戰國策箋證, 上海:上海古籍出版社, 2006, 1356쪽》

145) 强臺 : 淸나라 程恩澤(1785~1837)의 설에 따르면, 雲夢에 있었던 章華臺를 가리킨다. '장화대'는 '荊臺'라고도 한다. 《何建章 注釋, 戰國策注釋, 北京:中華書局, 1990, 883쪽》

146) 左江而右湖 : 《淮南子》 〈道應訓〉에는 '湖'가 '淮'로 되어 있다. 그리고 何建章이 《戰國策注釋》에서 인용한 淸나라 程恩澤의 설에 따르면, '左江'의 '江'은 洞庭을, '右湖'의 '湖'는 彭蠡(팽려)를 가리킨다. 《何建章 注釋, 戰國策注釋, 北京:中華書局, 1990, 884쪽》

147) 白台 : 사고본에는 이 뒤에 小字로 '音怡' 2자가 있다. 范祥雍에 따르면, 백이는 '伯巳'로, 姓이 巳이며, 郯나라 여인이다. 《范祥雍 箋證, 戰國策箋證, 上海:上海古籍出版社, 2006, 1357·1358쪽》

148) 閭須 : 《荀子》 〈賦〉에는 '閭娵(여추)'로 되어 있다.

149) 前夾林而後蘭臺 : 繆文遠(1930~2012)은 郭希汾(1893~1984)의 설을 인용하여 '협림'을 놀고 구경하던 곳이라고 하였다. 何建章도 '협림'과 '난대'를 魏나라 왕이 놀고 즐기던 곳이라고 설명하였다. 《繆文遠, 戰國策新校注, 成都:巴蜀書社, 1987, 852쪽》《何建章 注釋, 戰國策注釋, 北京:中華書局, 1990, 884쪽》

'嗛'은 '배부르다'라는 뜻이다.

③ 南之威 : 美婦人也.

'南之威'는 아름다운 婦人의 이름이다.

④ 楚王 : 莊王.[150)]

'楚王'은 楚 莊王이다.

⑤ 强臺 : 臺名.

'强臺'는 臺 이름이다.

⑥ 左白台而右閭須 : 白台・閭須, 皆美婦人.

'白台'와 '閭須'는 모두 아름다운 婦人의 이름이다.

⑦ 前夾林而後蘭臺 : 夾林・蘭臺, 皆臺榭(대사)名.

'夾林'과 '蘭臺'는 모두 樓臺의 이름이다.

梁나라 王이 范臺에서 제후들에게 술자리를 베풀었다. 술이 거나해지자 魯나라 임금에게 술잔을 들라고 청했는데, 노나라 임금이 일어나 공손하게 자리에서 약간 물러서서 좋은 내용을 골라 다음과 같이 말하였다.

"옛날에 帝女가 儀狄에게 술을 만들게 했는데 술맛이 좋자 이를 禹王에게 바쳤습니다. 그런데 우왕이 마셔보고는 맛있게 여기고서 마침내 의적을 멀리하고 맛있는 술을 끊으며 말하기를 '후세에 반드시 술로 자기 나라를 망하게 할 자가 있을 것이다.'라고 하였습니다.

齊 桓公이 한밤중에 배가 고파지자 易牙가 이에 식재료를 지지고 볶고 그을리고 구워서 五味를 조화시켜 그 음식을 환공에게 올렸습니다. 환공이 먹고 나서 배가 불러 아침까지 잠에서 깨지 못하고 말하기를 '후세에 반드시 珍味로 자기 나라를 망하게 할 자가 있을 것이다.'라고 하였습니다.

晉 文公이 南之威를 얻고서 사흘 동안 조정에 나와 정사를 처리하지 않았습니다. 그리고는 마침내 남지위를 퇴출시켜 멀리하고서 말하기를 '후세에 반드시 女色으로 자기 나라를 망하게 할 자가 있을 것이다.'라고 하였습니다.

楚 莊王이 强臺에 오르니 왼쪽으로는 강이 있고 오른쪽에는 호수가 있어서 그

---

150) 莊王 : ?~기원전 591(재위 기원전 613~기원전 591). 춘추시대 楚나라의 임금으로 성은 熊, 이름은 侶(려) 또는 旅이며, 楚 穆王의 아들이다. 즉위 후 伍擧・孫叔敖 등과 같은 賢臣을 중용하여 국력을 키웠으며, 주변의 군소 국가들을 멸망시키는 등 위세를 크게 떨쳤다. 훗날 晉 文公의 뒤를 이어 춘추시대 패자의 지위를 얻었다.

즐거움이 죽음을 잊을 정도였습니다. 그러자 마침내 강대에 맹세를 하고서 오르지 않고 말하기를 '후세에 반드시 높은 누대와 연못으로 자기 나라를 망하게 할 자가 있을 것이다.'라고 하였습니다.

지금 임금님의 尊(술통)에는 의적이 빚은 듯한 맛있는 술이 담겨 있고, 임금님의 진미는 역아가 조리한 듯하며, 왼쪽에는 白台가 있고 오른쪽에는 閭須가 있으니 남지위와 같은 美色이며, 앞에는 夾林이 있고 뒤에는 蘭臺가 있으니 강대와 같은 즐거움입니다. 이 네 가지를 아울러 소유하셨으니 경계가 없어서야 되겠습니까."

양나라 왕이 좋다고 연달아 칭찬하였다.

31-10-나(按)

臣은 按 四者之欲은 人之所同이라 惟聖賢則能以道勝欲이라 故大禹가 絶旨酒而不御하시고 晉文이 推南威而遠之하고 楚莊이 盟强臺而不登하니 晉・楚之君이 雖未可與大禹로 同年而語나 然[151]勇於自克하니 亦可尙也로소이다 齊桓[152]이 雖知厚味之亡國而寵任易牙하여 至于終身하여 卒以召亂하니 是는 自言之而自蹈之也라 物欲之伐人이 至[153]爲可畏하니 惟人主는 一以大禹爲師하여 推惡(오)酒之心하여 以御群物而深戒齊桓[154]之不勇이면 其庶幾乎인저

【臣按】네 가지 욕망은 사람들이 똑같이 가지고 있는 것입니다. 오직 聖賢만이 능히 道를 가지고 욕망을 이기기 때문에 大禹(禹王)가 맛있는 술을 끊고서 들지 않았고, 晉 文公이 南之威를 퇴출시켜 멀리하였으며, 楚 莊王이 强臺에 맹세하여 오르지 않았습니다. 진 문공과 초 장왕은 비록 대우와 같은 수준으로 놓고 말할 수는 없으나, 그들이 자신의 사욕을 극복하는 데 용감하였으니 또한 가상한 일입니다.

齊 桓公은 비록 珍味가 나라를 망하게 한다는 것을 알았으나 易牙를 총애하고 신임해 자신이 죽을 때에 이르러 마침내 그 때문에 변란을 초래하였으니, 이는 스스로 말을 해놓고도 스스로 실천에 옮긴 셈입니다. 물욕이 사람을 해치는 것이 지

151) 然 : 대전본・사고본에는 '其'로 되어 있다.
152) 桓 : 대전본에는 '威'로 되어 있으나, 北宋 欽宗 趙桓의 피휘이다.
153) 至 : 대전본에는 '主'로 되어 있다.
154) 桓 : 대전본에는 '威'로 되어 있으나, 北宋 欽宗 趙桓의 피휘이다.

극히 두려우니, 오로지 임금은 한결같이 대우를 스승으로 삼아 술을 싫어했던 마음을 확충하여 여러 사물을 다스리고 제 환공이 용감하지 못했던 것을 깊이 경계한다면, 거의 실현할 수 있을 것입니다.

31-11-가[155)]

唐太宗[156)]**時**에 **張蘊古**[157)]가 **上大寶箴**[158)]**曰 樂不可極**이니 **樂極生哀**요 **欲不可縱**이니 **縱欲成灾**라 **壯九重於內**에 **所居**가 **不過容膝**이어늘 **彼昏**이 **不知**하여 **瑤**(요)**其臺而瓊**(경)**其室**[159)]하고 **羅八珍**[160)]**於前**에 **所食**이 **不過適口**어늘 **惟狂**이 **罔念**하여 **丘其糟而池其酒**[161)]하나니 **勿內荒於色**하며 **勿外荒於禽**하며 **勿貴難得**

---

155)《舊唐書》卷190上〈張蘊古列傳〉에 보인다.《資治通鑑》에는 이 기사가 太宗이 즉위한 해인 武德 9년(626) 12월 기사에 보인다.《資治通鑑 卷192 唐紀8 高祖 下之下 武德 9年》

156) 唐太宗 : 599~649(재위 626~649). 당나라의 제2대 황제 李世民으로, 시호는 文武大聖大廣孝皇帝이다. 高祖 李淵의 차남으로, 혼란스러웠던 隋나라가 망하리라는 것을 알고 부친에게 거병할 것을 권하여 당나라를 건국하는 데 큰 공을 세웠다. 고조 武德 1년(618)에는 尙書令에 임명되고 秦王에 봉해졌다. 무덕 9년(626) 6월에 太極宮 玄武門에서 정변을 일으켜 친형제인 李建成과 李元吉을 죽인 후 그해 8월에 고조의 양위를 받아 즉위하였다. 즉위 후 검약을 실천하고 房玄齡·杜如晦·魏徵 등 현신들을 기용하여 제도와 법령을 정비하는 등 많은 업적을 세워 貞觀之治를 이룩했다.

157) 張蘊古 : ?~631. 相州 洹水(원수) 사람이다. 唐나라 때의 관료로 문장에 능했다. 太宗이 즉위한 해에 直中書省으로 재직하면서 〈大寶箴〉을 올려 간하자, 태종이 가상히 여겨 大理丞으로 제수하였다. 貞觀 5년(631)에 治書侍御史 權萬紀의 모함을 들은 태종이 시비곡직을 가리지 않고 성급하게 노여워하는 바람에 참형을 당했다.

158) 大寶箴 :《周易》〈繫辭傳 下〉의 "성인의 큰 보배를 '位'라고 한다.〔聖人之大寶曰位〕"라는 내용에서 비롯되어 '대보'가 임금의 자리를 뜻하게 되었다. 즉, 〈대보잠〉은 임금에게 箴戒가 될 만한 내용을 담은 글로, 조선 시대에 널리 읽혔던《古文眞寶》에도 수록되어 있다.

159) 瑤其臺而瓊其室 : '瑤臺'는 夏나라 桀王이 지은 궁실이며 '瑤'는 옥과 비슷한 돌이다. 劉向의《新序》에 따르면, 요대는 백성들의 고혈을 짜서 건립한 것이다.《新序 卷6 刺奢》《淮南鴻烈解 卷8 本經訓 許愼注》'瓊室'은 殷나라 紂王이 妲己(달기)를 얻고 나서 지은 궁실로, 이곳에 옥으로 만든 문을 세웠다고 한다.《竹書紀年 卷上》

160) 八珍 : 진수성찬을 뜻하는 말이다. 鄭玄에 따르면, 淳熬(순오)·淳毋·炮豚·炮牂(포장)·擣珍(도진)·漬(지)·熬·肝膋(간료)를 가리킨다.《周禮注疏 天官冢宰 膳夫 鄭玄注》

161) 丘其糟而池其酒 : 酒池肉林의 향락을 일삼았다는 뜻으로, 張守節의《史記正義》에 따르면

貨하며 **勿聽亡國音**하소서 **內荒**은 **伐人性**하고 **外荒**은 **蕩人心**하고 **難得之貨**는 **侈**하고 **亡國之音**은 **淫**이니이다

唐 太宗 때 張蘊古가 〈大寶箴〉을 올려 다음과 같이 말하였다.

"즐거움은 극에 달해서는 안 되니, 즐거움이 극에 달하면 슬픔이 생깁니다. 욕심을 마음껏 누려서는 안 되니, 욕심을 마음껏 누리면 재앙이 됩니다. 안에 구중궁궐을 웅장하게 짓지만 거주하는 곳은 무릎을 받아들이는 만큼에 불과한데도, 저 昏暗한 사람은 이를 알지 못하고 자신의 누대를 瑤臺처럼 만들고 자신의 궁실을 瓊室처럼 만듭니다. 앞에 八珍味를 벌여놓지만 먹는 것은 입맛에 맞는 것에 불과한데도, 狂妄한 자는 이를 생각하지 않고 술지게미로 언덕을 만들고 술로 연못을 만듭니다.

안으로 女色에 빠지지 말고 밖으로 짐승에 빠지지 말며, 얻기 힘든 재화를 귀하게 여기지 말고 나라를 망하게 하는 음악을 듣지 마소서. 안으로 여색에 빠지는 것은 사람의 생명을 해치고 밖으로 짐승에 빠지는 것은 사람의 마음을 방탕하게 하며, 얻기 힘든 재화는 사치스럽게 만들고 나라를 망하게 하는 음악은 음란하게 만듭니다."

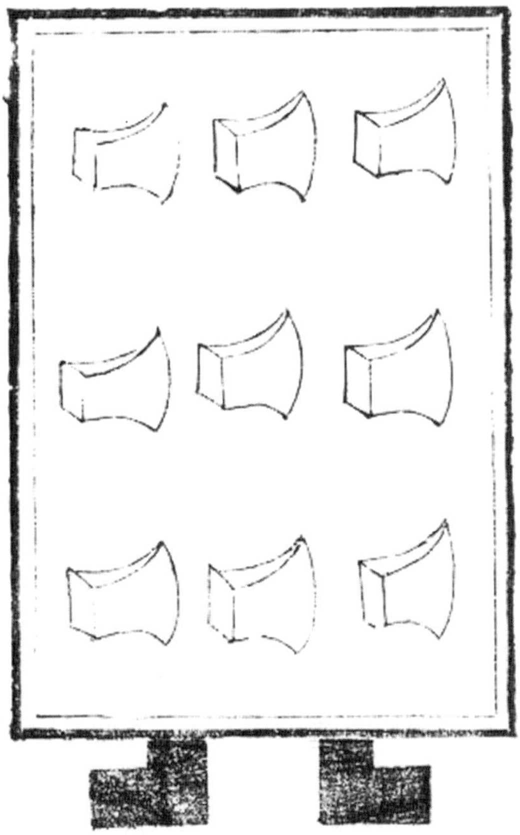

扆

31-11-나(按)

臣은 **按 大寶之箴**이 **亦丹扆**(단의)**之良規**[162]**也**라 **故**剟(철)[163]**取其略**하여 **以備覽觀**

殷나라 紂王이 벌였던 일이다.《史記 卷3 殷本紀 張守節正義》

焉하노이다

【臣按】〈大寶箴〉이 또한 〈丹扆箴〉과도 같은 훌륭한 規諫입니다. 그러므로 그 대략을 발췌하여 황상께서 살펴보실 수 있도록 여기에 갖추어놓았습니다.

以上은 摠論逸欲之戒하니라

이상은 안일과 욕심을 경계함에 대한 총론이다.

162) 丹扆之良規 : 唐 敬宗 寶曆 1년(825)에 浙西觀察使 李德裕가 경종이 정사를 돌보지 않는 것을 근심하여 〈宵衣箴〉·〈正服箴〉·〈罷獻箴〉·〈納誨箴〉·〈辨邪箴〉·〈防微箴〉 등 6首로 구성된 〈丹扆六箴〉을 올렸다.《舊唐書 卷174 李德裕列傳》《新唐書 卷180 李德裕列傳》《資治通鑑 卷243 唐紀59 敬宗 寶曆 1年》

163) 裰 : 사고본에는 이 뒤에 小字로 '音掇' 2자가 있다.

大學衍義 卷32

誠意正心之要(二) 생각을 성실하게 하고 마음을 바르게 하는 요체(2)

戒逸欲 安逸과 욕심을 경계함

沈湎之戒 飮酒의 탐닉에 대한 경계

32-1-가[1)]

微子[①]에 **父師**[②2)]가 **若曰 天毒降災**하사 **荒殷邦**이어시늘 **方興**하여 **沈酗**(후)**于酒**[③]하나다

① 微子：商書篇名.
〈微子〉는 《書經》 〈商書〉의 편명이다.

② 父師：箕子.
'父師'는 箕子이다.

③ 沈酗于酒：沈, 謂溺于酒. 酗, 謂醉而怒.
'沈'은 술에 빠진 것을 이른다. '酗'는 취하여 노한 것을 이른다.

《書經》 〈微子〉에 다음과 같은 내용이 있다.

箕子

1) 《書經》 〈商書 微子〉에 보인다.

2) 父師：太師인 箕子를 이른다. 《漢書》 卷27上 〈五行志 上〉 顔師古의 注에 "箕子가 紂王의 諸父이면서 太師가 되었기 때문에 父師라고 하였다.〔箕子 紂之諸父而爲太師 故曰父師〕"라는 내용이 보인다.

"父師(箕子)가 다음과 같이 말하였다. '하늘이 독하게 재앙을 내려 殷나라를 황폐하게 하는데, 막 일어나서 술에 빠져 주정하는구나.'"

32-1-나(按)

臣은 按 酗酒者는 受[3]也而箕子가 乃歸之於天하니 蓋忠臣이 不忍斥其君이라 故爲無所歸咎之辭也니이다

【臣按】 술에 빠져 주정하는 것은 受(紂王)인데 箕子가 이것을 하늘로 돌렸으니, 이는 충신이 그 임금을 차마 指斥할 수 없기 때문에 허물을 돌릴 곳이 없어서 한 말입니다.

32-2-가[4]

泰誓①에 **今商王受**가 **弗敬上天**하며 **降災下民**하나다 **沈**湎(면)**冒色**②하여 **敢行暴虐**하여 **罪人以族**하고 **官人以世**하며 **惟宮室・臺榭**(대사)[5]**・陂池**(피지)[6]**・侈服**으로 **以殘害于爾萬姓**하나다 **又曰 淫**酗(후)**肆虐**한대 **臣下**가 **化之**하니라

① 泰誓 : 武王伐紂, 誓師之辭.
〈泰誓〉는 周나라 武王이 商나라 紂王을 정벌하면서 군사들에게 誓戒한 말이다.

② 沈湎冒色 : 冒, 亂也.
'冒'는 '어지럽다'라는 뜻이다.

《書經》〈泰誓〉에 다음과 같은 내용이 있다.

"지금 商나라의 왕 受(紂王)가 하늘을 공경하지 않고 백성들에게 재앙을 내리고 있다. 술에 빠지고 女色에 어지러워 감히 포학함을 행하여, 사람을 죄주되 친족에까지 미치고 사람을 벼슬시키되 대대로 하며, 궁실과 臺榭와 연못과 사치한 의복으로 너희 만백성을 해치고 있다."

또 다음과 같은 내용이 있다.

---

3) 受 : 商나라 紂王의 이름이다.

4) 《書經》〈周書 泰誓 上〉, 〈周書 泰誓 中〉에 보인다.

5) 臺榭 : 蔡沈의 주에 따르면 흙을 높게 쌓은 것을 '臺', 나무가 있는 것을 '榭'라고 한다.

6) 陂池 : 蔡沈의 주에 따르면 못을 막은 것을 '陂', 물이 고여 있는 것을 '池'라고 한다.

"음탕하고 술주정하여 사나움을 부리자 신하들이 이에 동화되었다."

32-2-나(按)

臣은 按 受之惡이 衆矣而武王誓衆에 乃以沈湎爲首者는 人惟一心이 明則萬善所從出이요 惛(혼)則衆惡[7]所自生이라 未有沈溺于酒而志不惛者니 志一惛者[8]則無所不有矣라 故曰冒色·曰暴虐·曰宮室臺榭陂池侈服이 無不具焉하니 宜武王이 以爲問罪之首也로소이다 夫成湯이 惟其不邇聲色也라 故德懋懋官하시며 功懋懋賞[9]하시며 受가 惟其沈湎冒色也라 故罪人以族하며 官人以世하니 心有惛明之異라 故政有得失之殊하니 後之人主가 其可不鑑이니잇가

沈湎冒色圖

7) 惡 : 대전본·사고본에는 '慝(특)'으로 되어 있다.

8) 者 : 사고본에는 없다.

9) 夫成……懋賞 : 《書經》 〈商書 仲虺之誥〉에 "왕께서는 음란한 음악과 아름다운 여색을 가까이 하지 않고 진귀한 재화와 많은 이익을 만들어내지 않으시며, 덕에 힘쓴 이는 벼슬로 면려하고 공에 힘쓴 이는 상으로 면려하며, 남의 善을 따르되 자신의 선과 같이 여기고 허물을 고치는 데 주저하지 않으시어 능히 너그럽고 능히 인자하여 드러나서 백성들에게 믿음을 받으셨습니다.〔惟王不邇聲色 不殖貨利 德懋懋官 功懋懋賞 用人惟己 改過不吝 克寬克仁 彰信兆民〕"라는 내용이 보인다.

【臣按】受(紂王)의 악이 많으나 武王이 군사들에게 誓戒할 때에 술에 빠진 것을 가지고 서두를 삼은 것은, 사람은 오직 한 마음이 밝으면 온갖 善이 이에 따라서 나오고 어두우면 뭇 악이 이로 말미암아 생겨나기 때문입니다. 술에 빠지고서 뜻이 어두워지지 않은 자가 있지 않았으니, 뜻이 한번 어두워지면 소유하지 않는 것이 없게 됩니다. 그러므로 '女色에 어지럽다'라고 하고, '포악하다'라고 하고, '궁실과 臺榭와 연못과 사치한 의복이 갖추어지지 않은 것이 없다'라고 한 것이니, 무왕이 이것으로 죄를 묻는 첫 마디를 삼은 것도 당연합니다.

저 成湯은 음악과 여색을 가까이하지 않았기 때문에 덕에 힘쓴 이는 벼슬로 면려하고 공에 힘쓴 이는 상으로 면려한 것이며, 受는 술에 빠지고 여색에 어지러웠기 때문에 사람을 죄주되 친족에까지 미치고 사람을 벼슬시키되 대대로 한 것입니다. 마음이 어둡고 밝은 차이가 있었기 때문에 정사에 잘하고 잘못하는 다름이 있게 된 것이니, 후세의 군주가 거울로 삼지 않아서야 되겠습니까.

32-3-가[10]

酒誥에 王若曰하사대 明大命于妹邦①하노라 乃穆考[11]文王②이 肇(조)國在西土③하실새 厥誥毖(비)庶邦庶士와 越少正御事④하사 朝夕에 曰 祀茲酒니 惟天이 降命하사 肇我民하산든 惟元祀⑤니라 天이 降威하사 我民이 用大亂喪德이 亦罔非酒의 惟行⑥이며 越小大邦이 用喪이 亦罔非酒의 惟辜⑦니라 文王이 告敎小子와 有正有事⑧하사대 無彝(이)酒하라 越庶國이 飮호대 惟祀니 德將無醉[12]하라 惟曰 我民이 迪小子⑨호대 惟土物愛하면 厥心이 臧⑩하리니 聰聽祖考之彝訓하여 越小大德[13]에 小子가 惟一하라

① 明大命于妹邦 : 妹邦, 紂故都也.

---

10) 《書經》〈周書 酒誥〉에 보인다. '酒誥'는 武王이 康叔을 商나라 紂王의 도읍인 妹邦에 봉하면서 매방과 강숙에게 각각 주왕과 이곳의 풍습이 술로 인해 악하게 된 것을 일러주어 경계한 것이다.

11) 考 : 대전본에는 '者'로 되어 있으나, 오자이다.

12) 醉 : 대전본에는 '罪'로 되어 있다.

13) 小大德 : 蔡沈의 주에 "술을 삼가는 것을 작은 덕으로 여겨서는 안 된다.〔不可以謹酒爲小德〕"라는 해석이 보인다.《書集傳 周書 酒誥 蔡沈注》

'妹邦'은 紂王의 옛 도읍이다.

② 穆考文王 : 穆, 敬也.

'穆'은 '공경하다'라는 뜻이다.

③ 肇國在西土 : 肇, 始[14].

'肇'는 '시작하다'라는 뜻이다.

④ 厥誥……御事 : 誥, 告也. 毖, 謹也.

'誥'는 '고하다'라는 뜻이다. '毖'는 '삼가다'라는 뜻이다.

⑤ 惟元祀 : 元, 大也.

'元'은 '크다'라는 뜻이다.

⑥ 惟行 : 行, 音[15]幸.

'行'은 음이 '幸'이다.

⑦ 惟辜 : 辜, 罪也.

'辜'는 '죄'라는 뜻이다.

⑧ 有正有事 : 有正, 有官守者. 有事, 有職業者.

'有正'은 지킬 관직이 있는 자이다. '有事'는 담당할 일이 있는 자이다.

⑨ 迪小子 : 迪, 訓導也.

'迪'은 '가르치고 인도하다'라는 뜻이다.

⑩ 厥心臧 : 臧, 善也.

'臧'은 '선하다'라는 뜻이다.

《書經》〈酒誥〉에 다음과 같은 내용이 있다.

"武王이 말하였다.

'큰 命을 妹邦에 밝히노라.

너의 공경하는 아버지 文王께서 나라를 시작하여 西土에 계실 때 庶邦의 庶士와 少正과 御事들에게 고하여 삼가게 하여 아침저녁으로 말씀하시기를 「제사에만 이 술을 써야 할 것이다. 하늘이 명을 내리시어 우리 백성들에게 처음 술을 만들게 한 것은 오직 큰 제사에 쓰게 하려 하신 것이다.」라고 하셨다.

하늘이 위엄을 내리시어 우리 백성들이 크게 혼란하여 덕을 잃은 것은 또한 술의 행해짐 아님이 없으며, 작은 나라와 큰 나라가 망함이 또한 술의 죄 아님이 없다.

---

14) 始 : 사고본에는 이 뒤에 '也' 1자가 있다.

15) 音 : 사고본에는 '音(부)'로 되어 있으나, 오자이다.

문왕께서는 小子와 관직을 맡고 일을 맡은 사람들에게 고하여 가르치시기를 「술에 항상 취하지 말라. 뭇 나라들이 술을 마시되 오직 제사 때에만 할 것이니, 덕으로 이어가고 취하지 말라.」라고 하셨다.

문왕께서는 말씀하시기를 「우리 백성들은 소자를 가르치고 인도하되 땅에서 나오는 것을 아끼게 하면 그 마음이 선해질 것이니, 조상의 떳떳한 가르침을 잘 들어서 작은 덕과 큰 덕에 소자들은 똑같이 여기도록 하라.」라고 하셨다.'"

王曰 封아 **我西土**棐徂(비조)**邦君御事小子**①가 **尙克用文王敎**하여 **不腆**(전)**于酒**②혼들로 **故我**가 **至于今**하여 **克受殷之命**이니라 **王曰 封**아 **我聞**호니 **惟曰在昔殷先哲王**③이 **迪畏天顯小民**④하사 **經德秉哲**⑤하사 **自成湯**으로 **咸至于帝乙**⑥히 **成王畏相**⑦이어시늘 **惟御事**가 **厥**棐**有恭**⑧하여 **不敢自暇自逸**이온 矧(신)**曰其敢崇飮**⑨가 **越在外服**한 **侯 · 甸 · 男 · 衛 · 邦伯**과 **越在內服**한 **百僚 · 庶尹**과 **惟亞 · 惟服**과 **宗工**과 **越百姓里居**와가 **罔敢**湎(면)**于酒**하니 **不惟不敢**이라 **亦不暇**요 **惟助成王德顯**하며 **越尹人祗**辟(벽)⑩**하니라**

① 我西……小子 : 棐, 輔也. 徂, 往也.
'棐'는 '돕다'라는 뜻이다. '徂'는 '가다'라는 뜻이다.

② 不腆于酒 : 腆, 厚也.
'腆'은 '두텁다'라는 뜻이다.

③ 惟曰……哲王 : 哲王, 謂成湯.
'哲王'은 成湯을 이른다.

④ 迪畏天顯小民 : 迪, 蹈也.
'迪'은 '따르다'라는 뜻이다.

⑤ 經德秉哲 : 經, 常也. 秉, 執也.
'經'은 '떳떳하다'라는 뜻이다. '秉'은 '잡다'라는 뜻이다.

⑥ 咸至于帝乙 : 帝乙, 商[16]之後王.
'帝乙'은 商나라의 後王이다.

⑦ 成王畏相 : 成, 就也.
'成'은 '이루다'라는 뜻이다.

---

16) 商 : 대전본에는 '啇(적)'으로 되어 있다.

⑧ 惟御事厥棐有恭 : 御事, 治事也.
'御事'는 '일을 다스리다'라는 뜻이다.

⑨ 矧曰其敢崇飮 : 矧, 況也.
'矧'은 '하물며'라는 뜻이다.

⑩ 越尹人祗辟 : 尹人者, 師[17]尹也. 祗[18], 敬也. 辟, 君也.
'尹人'은 師尹이다. '祗'는 '공경하다'라는 뜻이다. '辟'은 '임금'이라는 뜻이다.

"武王이 말하였다.

'封(康叔)아. 우리 西土에서 돕던 지난날의 邦君과 御事와 小子들이 거의 능히 文王의 가르침을 따라 술에 빠지지 않았으므로 내가 지금에 이르러서 殷나라에 있었던 天命을 받은 것이다.'

武王이 말하였다.

'봉아. 내가 들으니 「옛날 은나라의 돌아가신 哲王(成湯)이 하늘의 밝은 명과 소민들을 따라 두려워하여 덕을 떳떳이 하고 밝음을 잡아서 성탕으로부터 모두 帝乙에 이르기까지 왕의 덕을 이루고 재상을 공경하시자 御事가 도와서 공손함을 두어 감히 스스로 한가하고 스스로 안일하지 못하였다.」라고 하였다. 하물며 감히 술 마시는 것을 숭상한다고 이르겠는가.

外服에 있는 侯·甸·男·衛의 제후와 邦伯 및 內服에 있는 百僚와 庶尹과 亞와 服과 宗工과 백성과 마을에 거주하는 자에 이르기까지 감히 술에 빠지지 않았으니, 다만 감히 빠지지 않았을 뿐만 아니라 또한 그렇게 할 겨를이 없었고, 오직 왕의 덕을 이루어 드러나게 하며 尹人들이 임금을 공경하게 하는 것을 도왔다.

我聞호니 **亦惟曰 在今後嗣王**하여 **酣身**①하여 **厥命**이 **罔顯于民**이요 **祗保**가 **越怨**이어늘 **不易**②하고 **誕惟厥縱淫泆于非彝**(이)③하여 **用燕喪威儀**④한대 **民**이 **罔不衋**(혁)**傷心**⑤이어늘 **惟荒腆**(전)**于酒**하여 **不惟自息乃逸**하며 **厥心疾狠**(한)[19]하여 **不克畏死**하며 **辜在商邑**하여 **越殷國滅無罹**(리)⑥하니 **弗惟德馨**(형)**香祀**가 **登聞于天**이요 **誕惟民怨庶群自酒腥**이 **聞在上**이라 **故天降喪于殷**하사 **罔愛于殷**은

17) 師 : 대전본에는 '帥'로 되어 있다.
18) 祗 : 사고본에는 '祇(기)'로 되어 있다.
19) 狠 : 대전본·사고본에는 '很(흔)'으로 되어 있다.

惟逸이니 **天非虐**이라 **惟民**이 **自速辜**니라

① 在今後嗣王酣身 : 後王, 謂商紂.
'後王'은 商나라 紂王을 이른다.

② 不易 : 易, 改也.
'易'은 '고치다'라는 뜻이다.

③ 誕惟……非彜 : 誕, 大也. 泆, 蕩也.
'誕'은 '크다'라는 뜻이다. '泆'은 '방탕하다'라는 뜻이다.

④ 用燕喪威儀 : 燕, 謂飮宴. 喪, 亡也.
'燕'은 술 마시고 잔치하는 것을 이른다. '喪'은 '없어지다'라는 뜻이다.

⑤ 罔不衋傷心 : 衋, 痛也.
'衋'은 '애통해하다'라는 뜻이다.

⑥ 越殷國滅無罹 : 罹, 憂也.
'罹'는 '근심하다'라는 뜻이다.

내 들으니 또한 이르기를 지금 後嗣王(紂王)에 있어 몸을 술에 빠뜨려 그 명이 백성들에게 드러나지 못하고, 공경하여 보존하는 것이 백성들의 원망에 미치는데도 이를 고치지 않으며, 크게 그 淫佚함을 떳떳하지 않은 일에 풀어놓아 술 마시고 잔치하여 威儀를 상실하자 백성들이 모두 마음을 아파하지 않는 이가 없었다고 한다. 그런데도 후사왕은 荒淫하여 술에 빠져서 스스로 안일함을 그칠 것을 생각하지 않고, 그 마음이 미워하고 사나워서 능히 죽음을 두려워하지 않으며, 허물이 商나라 도읍에 있어 殷나라가 망하는데도 근심하지 않으니, 덕으로 올리는 향기로운 제사가 하늘에 올라가 알려지지 못하고, 크게 백성들이 원망하는 술로부터 풍겨 나오는 모든 더러움이 위에 알려졌다고 한다. 그러므로 하늘이 은나라에 망함을 내리시어 은나라를 사랑하지 않으신 것은 안일했기 때문이니, 하늘이 사나운 것이 아니라 사람들이 스스로 죄를 부른 것이다.'"

32-3-나(按)

臣은 **按 商受**가 **淫酗**(후)어늘 **臣民**이 **化之**하니 **方文王之在西土**에 **已告教在位者**하사 **謹戒于酒矣**라 **及成王**이 **封康叔于衛**하여는 **衛**는 **受之故都也**라 **漸染**이 **惟舊**라 **故作酒誥**하여 **以訓敕之**하시니 **妹邦**은 **卽衛也**라 **成王之誥**가 **專爲衛而作**이라 **故云然也**니라 **朝**

夕祀茲酒는 言文王之告教諸侯而下至于治事之臣하여 朝夕丁寧하여 惟祀則飮斯酒也라 天之始生黍稷하여 俾民爲酒는 惟用之大祀而已요 非資其沈酗也어늘 及我民이 以之喪德하며 諸侯가 以之喪邦이 無不飮[20]斯酒로 始하나니 酒가 一也로되 飮之有度而受福則爲天之降命하고 飮之無度而受禍則爲天之降威하니 觀小大邦用喪之言則當時以酒亡國者가 衆矣로다

【臣按】商나라 受(紂王)가 지나치게 술에 빠지자 신하와 백성들이 이에 동화되었는데, 그 당시 文王은 西土에 있으면서 이미 지위에 있는 자들에게 고하여 가르쳐서 술을 삼가고 경계하도록 하였습니다. 그러다가 成王이 衛나라에 康叔을 봉하게 되었는데, 위나라는 受의 옛 도읍지였기 때문에 차츰차츰 물든 것이 오래되었습니다. 그러므로 〈酒誥〉를 지어 가르치고 경계한 것입니다. 妹邦은 바로 위나라입니다. 성왕의 告誡는 오로지 위나라를 위해서 지은 것이기 때문에 이렇게 말한 것입니다.

아침저녁으로 말하여 이 술을 제사에만 쓰도록 한 것은, 문왕이 제후들에게 일러 가르쳐서 아래로 일을 하는 신하들에게까지 이르도록 하여 아침저녁으로 당부하여 오직 제사에만 이 술을 마시도록 했다는 말입니다. 하늘이 처음 찰기장과 메기장을 내어 사람들로 하여금 술을 만들도록 한 것은 오직 큰 제사에만 사용하도록 한 것이고 그 술에 빠지도록 하기 위한 것이 아니었습니다. 그런데도 우리 백성들이 이 술로 덕을 잃고 제후들이 이 술로 나라를 잃은 것이 이 술을 마시는 것에서 비롯되지 않은 것이 없게 되었으니, 술은 똑같은 술이지만 마시는 것이 절도가 있어서 복을 받으면 하늘이 내리는 명이 되고, 마시는 것이 절도가 없어서 화를 받으면 하늘이 내리는 위엄이 됩니다. 작은 나라와 큰 나라가 이 때문에 망하였다는 말을 보면 당시에 술로 나라를 망하게 한 경우가 많았던 것입니다.

惟行은 以酒爲行也요 惟辜는 以酒爲罪也라 文王이 既教群下勿常于酒하시고 又教之德將無醉하시니 凡飮酒에 能以德自持則無酣醟(영)[21]之過니 所謂不爲酒困[22]也라 民

---

20) 飮 : 대전본·사고본에는 '自'로 되어 있다.

21) 醟 : 사고본에는 이 뒤에 '音泳'이라는 小注가 있다.

22) 不爲酒困 : 《論語》 〈子罕〉 제15장에 "나가서는 公卿을 섬기고, 들어와서는 父兄을 섬기며, 喪事를 감히 힘쓰지 않음이 없으며, 술에게 곤란함을 당하지 않는 것, 이 중에 어느 것이 나에게 있겠는가.〔出則事公卿 入則事父兄 喪事不敢不勉 不爲酒困 何有於我哉〕"라는 孔子의

蒙文王之化하여 亦各訓迪子弟하여 惟土地所生之物을 是愛라 故其心이 臧하니 蓋一溺於酒則必旁求珍異하여 以自奉이니 其欲이 廣則其心이 蠹(두)矣라 是時爲子弟者가 亦各聽聽祖考之常訓하니 訓之常則入于耳者가 熟하고 聽之聽則志于心也가 恪이라 故於小大之德에 視之惟一하여 不以謹酒로 爲小焉하니 謹酒가 非小德則腆(전)酒가 非小過가 亦明矣라

'惟行'은 술로 행함을 삼은 것이고, '惟辜'는 술로 죄를 삼은 것입니다. 文王은 이미 아랫사람들에게 가르쳐서 술에 항상 취하지 말라고 하고는, 또 가르치기를 덕으로 이어가고 취하지 말라고 하였습니다. 무릇 술을 마실 때에 능히 덕으로 스스로를 지킬 수 있으면 술에 취해 주정하는 허물이 없을 것이니, 이른바 "술에 곤란함을 당하지 않는다."라는 것입니다.

백성들이 문왕의 敎化를 받아 마찬가지로 저마다 자제들을 가르치고 인도하여 오직 토지에서 나오는 물건만을 아꼈기 때문에 그 마음이 선하였던 것입니다. 한 번 술에 빠지면 반드시 진기하고 이상한 것을 널리 구하여 자신을 받들기 마련이니, 그 욕심이 크면 그 마음이 좀먹게 됩니다.

이때 자제 된 자들은 또한 저마다 조상의 떳떳한 가르침을 잘 들어야 할 것이니, 가르침이 떳떳하면 귀에 들어오는 것이 익숙하고 듣기를 잘 들으면 마음에 뜻을 두는 것이 삼가게 됩니다. 이 때문에 小德과 大德에 대해 한결같이 여겨서 술을 삼가는 것으로 작다고 여기지 않는 것이니, 술을 삼가는 것이 소덕이 아니라면 술을 많이 마시는 것이 작은 허물이 아닌 것이 또한 명백합니다.

夫有司之不腆酒가 於天命에 何預而王이 乃以克受商命으로 爲職此之由는 何邪(야)오 但觀幽・厲[23]・陳・隋[24]之朝에 上下가 沈酣하여 以致墜失天命則謹酒而受天命을

말이 보인다.

23) 幽厲 : 西周의 12대 왕인 幽王(기원전 795~기원전 771, 재위 기원전 782~기원전 771)과 10대 왕인 厲王(?~기원전 828, 재위 기원전 878~기원전 841)을 이른다. 여왕은 탐욕스러운 데다 학정을 일삼고 끊임없이 주변 민족과 전쟁을 벌였다. 결국 國人의 폭동이 일어나자 周나라의 변경 지역인 彘(체)로 달아나 그곳에서 죽었다. 여왕이 체로 달아난 14년간은 주나라 최초의 共和政으로 불린다.

幽王은 褒姒(포사)를 총애하여 申后와 신후가 낳은 태자 宜臼(의구)를 폐하고 포사가 낳은 伯服을 태자로 세웠다. 이에 신후의 아버지 申侯는 기원전 771년에 犬戎과 연합하여 주나라에 쳐들어가 주나라의 수도인 鎬京을 파괴하고 유왕을 죽인 뒤 태자 의구를 왕으로 옹

復何疑哉리오 旣又叙成湯之謹酒와 與後王之酣身하여 爲康叔戒하시니 蓋湯이 上畏天하시며 下畏民하사 常其德而不變하시며 秉其智而不惑이어시늘 自是至于帝乙히 皆以成君德・敬輔相으로 爲心而治事之臣이 亦各盡輔翼之敬하여 雖自暇自逸이라도 且猶不敢이온 況曰崇飮乎아 崇飮은 謂相尙以飮也니 是時內外大小之臣이 無敢湎于酒者는 不惟稟上之敎하여 不敢違라 亦以職守所在로 不暇爲니 不敢은 猶有[25]勉强이어니와 不暇則安之矣니라 職守는 謂何오 上以助成君德之顯明하며 下以助大臣之祗辟(벽)也라 一時群臣이 以此自勵(려)어니 雖欲不興이나 得乎아

담당 관리가 술을 많이 마시지 않는 것이 天命에 무슨 상관이 있겠습니까. 그런데도 왕이 마침내 능히 商나라의 命을 받은 것으로 이 이유를 삼은 것은 무엇 때문이겠습니까? 단지 幽王과 厲王, 陳나라와 隋나라의 왕조에서 상하가 술에 빠져 천명을 실추시키는 데에까지 이른 것을 보면 술을 삼가서 천명을 받은 것을 다시 어찌 의심하겠습니까.

이윽고 또 成湯이 술을 삼간 것과 後王이 자신을 술에 빠트린 것을 서술하여 康叔의 경계로 삼았습니다. 성탕은 위로는 하늘을 두려워하고 아래로는 백성들을 두려워하여, 그 덕을 떳떳이 하여 변치 않고 그 지혜를 잡아 지켜서 미혹되지 않았습니다. 그러자 이로부터 帝乙에 이르기까지 모두 임금의 덕을 이루고 재상을 공경하는 것으로 마음을 삼게 되었고, 일을 하는 신하들 역시 각각 보필하는 공경을 다하여 비록 스스로 한가하고 스스로 안일하더라도 오히려 감히 즐기지 못하였습니다. 그런데 하물며 술 마시는 것을 숭상한다고 하였겠습니까.

'崇飮'은 서로 술 마시는 것을 숭상한다는 말입니다. 이때 안팎의 대소 신하들이 감히 술에 빠지지 못했던 것은 단지 윗사람의 가르침을 봉행하여 감히 어기지 못해서만이 아니라, 또한 맡고 있는 직책 때문에 그렇게 할 겨를이 없었기 때문입니다. '감히 못했다'는 것은 그래도 애써 힘쓴다는 뜻이 있지만, 겨를이 없었다는 것은 이것을 편안히 여겼다는 것입니다.

'맡고 있는 직책'이란 무엇을 말하겠습니까? 위로는 군주의 덕을 이루어서 군주의 덕이 드러나고 밝혀지도록 돕고, 아래로는 대신이 임금을 공경하도록 돕는 것

립하였다. 이 사람이 周 平王이다. 평왕이 동쪽 洛邑으로 천도하였기 때문에 이때부터 東周라고 부른다.

24) 陳隋 : 각각 32-10-가1, 32-10-가2 참조.

25) 有 : 사고본에는 '見'으로 되어 있다.

입니다. 한 시대의 신하들이 이것으로 스스로를 면려하였으니, 비록 일어나지 않고자 해도 그렇게 될 수 있었겠습니까.

及受가 沈酣其身하여 命令이 不著于民이요 惟作怨之事를 是守하며 惟淫泆非彜(이)를 是縱하여 安燕以喪其威儀하니 考之史記컨대 受가 爲酒池肉林하여 使男女로 倮(라)而相逐이라하니 其威儀之喪이 如此라 民所以痛傷其心하여 悼國之將亡也而紂가 方且荒腆于酒하여 逸欲이 不息하여 其心이 疾狠(한)[26]이라 雖殺身而不畏也하며 罪在商邑하여 雖滅國而不憂也하니 觀今之小人이 一醉之餘에 急疾强狠[27]하여 水火可入이며 兵刃可蹈則受之情狀을 可知矣로다 馨(형)德者는 穢(예)德之對也니 紂가 夷居하여 弗事上帝하여 旣無馨香以祀而作怨于民하며 群湎[28]于酒하여 惟有腥穢가 上聞于天하니 天之喪商에 無復眷愛之意者는 以受가 自放于逸故也니 天豈虐商者哉리오 以商人이 自速其辜耳니라 此書에 言沈湎之禍가 至深至切하니 豈惟康叔이 敬守弗渝(투)리오 萬世人君이 皆當視爲龜鑑이니이다

그러다가 受(紂王)에 이르자 그 자신을 술에 빠트려 명령이 백성들에게 드러나지 못하고, 오직 원망 살 일을 하는 것만을 직책으로 삼으며 오직 淫佚하고 떳떳하지 않은 것만을 마음껏 행하여 편안하게 즐겨서 그 威儀를 잃었습니다. 《史記》를 살펴보건대 受가 酒池肉林을 만들어서 남녀들로 하여금 벌거벗은 채 서로를 쫓아다니도록 하였다고 하니, 그 위의를 잃음이 이와 같았습니다.

백성들이 이 때문에 마음을 아파하여 나라가 장차 망할 것이라고 슬퍼하였던 것입니다. 그런데도 紂王은 한창 술에 푹 빠져서 안일함을 바라는 마음이 그치지 않았습니다. 그리하여 그 마음이 미워하고 사나웠기 때문에 비록 자신을 죽이는 것이라 해도 두려워하지 않았고, 죄가 商나라 도읍에 있어서 비록 나라가 망한다 해도 근심하지 않았습니다. 오늘날의 소인들이 일단 술에 빠지고 난 뒤에는 조급하고 사나워져서 물에도 불에도 뛰어들 수 있고 병기의 칼날도 밟을 수 있는 것을 보면 受의 정상을 알 수 있습니다.

'향기로운 덕'은 '더러운 덕'과 상대되는 말입니다. 紂王이 오만무례하여 上帝를 섬기지 않아서 이미 향기로운 덕으로 올리는 제사는 없고 백성들에게 원망을 살

26) 狠 : 대전본・사고본에는 '很(흔)'으로 되어 있다.
27) 狠 : 대전본・사고본에는 '很'으로 되어 있다.
28) 湎 : 사고본에는 '酗(후)'로 되어 있다.

일만 하며, 술에 빠져서 오직 그 더러운 덕만 위로 하늘에 들리니, 하늘이 商나라를 망하게 하는 데 더 이상 돌아보고 아끼는 뜻이 없었던 것은 受가 스스로 안일함에 방종하였기 때문입니다. 하늘이 어찌 상나라를 학대한 것이겠습니까. 상나라 사람들이 스스로 그 죄를 부른 것입니다.

이 글에서 술에 빠진 화를 말한 것이 지극히 깊고 절절하니, 어찌 오직 康叔만이 공경히 지켜 변하지 않아서야 되겠습니까. 만대의 군주가 모두 보고서 龜鑑으로 삼아야 할 것입니다.

32-4-가[29)]

蕩①에 **其五章**에 **曰 文王曰咨**라 **咨女殷商**아 **天不湎爾以酒**어시늘 **不義從式**②이로다 **旣愆爾止**③하여 **靡明靡晦**하며 **式號式呼**하여 **俾晝作夜**하놋다

① 蕩 : 召穆公[30)]作, 以刺周厲王. 穆公, 名虎.
〈蕩〉은 召 穆公이 지은 것으로 周 厲王을 풍자한 것이다. 목공은 이름이 虎이다.

② 不義從式 : 式, 用也.
'式'은 '쓰다'라는 뜻이다.

③ 旣愆爾止 : 止, 容止也.
'止'는 '행동거지'라는 뜻이다.

《詩經》〈蕩〉 제5장에 다음과 같은 내용이 있다.

文王이 말씀하시기를	文王曰咨
아, 슬프다 너 殷商아	咨女殷商
하늘이 너를 술에 빠지게 하지 않으셨거늘	天不湎爾以酒
不義한 일만 따르고 썼도다	不義從式

---

29) 《詩經》〈大雅 蕩〉 제5장에 보인다. 〈蕩〉은 모두 8장으로 이루어져 있으며, 〈毛序〉에 따르면 召 穆公이 周나라 왕실이 크게 무너짐을 서글퍼한 시이다.

30) 召穆公 : 周 厲王 때의 卿士이다. 이름은 虎이다. 여왕이 학정에 國人들이 반란을 일으켜 왕궁을 포위하자 태자 靖(훗날의 周 宣王)을 자신의 집에 숨기고 자신의 아들을 대신 내주어 죽게 하였다. 여왕이 彘(체) 땅으로 달아나 그곳에서 죽은 뒤 태자 정을 옹립하였다. 周 宣王은 32-6-나(按) '宣王' 주석 참조.

이미 네 행동거지를 잘못하여 既愆爾止
밝음도 없고 어둠도 없으며 靡明靡晦
고함치고 소리쳐서 式號式呼
낮으로 밤을 삼았도다 俾晝作夜

32-4-나(按)

臣은 按 召公이 知厲王之將亡이라 故爲此詩하여 託於文王所以咨嗟商紂者하여 以諷王하니 言 天이 不使爾로 沈湎于酒而惟不義를 是從是用也로다 既愆爾止而下는 皆譏其飮酒無度之狀하니 天이 付人君以位는 豈欲爾如此哉리오 不使爾爲而爲之하니 是逆天也라 儻厲王이 聞而知警이면 其庶幾矣[31]乎인저

【臣按】召公(召 穆公)은 周 厲王이 곧 망할 것임을 알았기 때문에 이 시를 지어서 文王이 商나라 紂王을 슬퍼했던 이유에 가탁하여 여왕을 풍자한 것입니다. 말하기를 '하늘이 너로 하여금 술에 빠지게 하지 않았는데도 不義한 일만을 따르고 썼도다.'라고 하였습니다. '이미 네 행동거지를 잘못하여〔既愆爾止〕' 이하는 모두 그 무도하게 술 마시는 상황을 기롱한 것이니, '하늘이 군주에게 그 자리를 맡긴 것은 어찌 너에게 이와 같이 하기를 바라서이겠는가. 너에게 하도록 하지 않았는데 하였으니, 이는 하늘을 거스른 것이다.'라는 말입니다. 만일 여왕이 듣고서 경계할 줄 알았다면 거의 화를 면할 수 있었을 것입니다.

32-5-가[32]

小宛은 大夫가 刺幽王也[33]니 其二章에 曰 人之齊聖①은 飮酒溫克②이어늘 彼昏不知는 一[34]醉日富로다 各敬爾儀어다 天命不又③니라

① 人之齊聖 : 齊, 肅也.
'齊'는 '엄숙하다'라는 뜻이다.

---

31) 矣 : 사고본에는 없다.
32) 《詩經》 〈小雅 小宛〉 제2장에 보인다. 〈小宛〉은 모두 6장으로 이루어져 있다.
33) 小宛……王也 : 《詩經》 〈小雅 小宛〉의 〈毛序〉에 보인다. '幽王'은 32-3-나(按) 주석 '幽厲' 참조.
34) 一 : 사고본에는 '壹'로 되어 있다.

② 飮酒溫克 : 克, 勝也.
'克'은 '이겨내다'라는 뜻이다.
③ 天命不又 : 又, 再也.
'又'는 '다시'라는 뜻이다.

《詩經》〈小宛〉은 대부가 周 厲王을 풍자한 시이니, 제2장에 다음과 같은 내용이 있다.

엄숙하고 通明한 사람은	人之齊聖
술을 마시되 온순함으로 이겨내거늘	飮酒溫克
저 昏愚하여 알지 못하는 자들은	彼昏不知
취함에 한결같아 날로 심해지도다	一醉日富
각기 네 威儀를 공경할지어다	各敬爾儀
天命은 다시 오지 않느니라	天命不又

32-5-나(按)

臣은 按 此詩에 言 齊聖之人은 雖飮酒나 猶溫恭自持以勝이라하니 所謂德將無醉[35]也라 彼昏然而不知者則一於醉而日甚矣라 於是에 言 各敬謹爾之威儀어다 天命已去면 將不復來니 不可以不恐懼也니라 時에 幽王이 以酒喪德이라 大夫가 恐淪胥以敗하여 與其同列로 自相規戒가 如此云하니이다

【臣按】이 시에서 말하기를 '엄숙하고 通明한 사람은 비록 술을 마시더라도 온화함과 공손함으로 스스로를 지켜서 이겨낸다.'라고 하였으니, 이른바 "덕으로 이어가고 취하지 말라."라는 것입니다. 저 어두워서 알지 못하는 자들이 취하는 데 한결같아서 날로 심해졌습니다. 이에 말하기를 '각각 너의 위의를 공경하고 삼갈지어다. 天命이 이미 떠나고 나면 앞으로 다시는 오지 않을 것이니 두려워하지 않으면 안 된다.'라고 하였습니다. 당시에 周 厲王이 술로 덕을 잃었기 때문에, 함께 빠져서 무너질까 두려워하여 대부가 그 동료와 서로 경계한 것이 이와 같았던 것입니다.

35) 德將無醉 : 《書經》〈周書 酒誥〉에 보인다. 32-3-가 참조.

32-6-가[36)]

賓之初筵은 **衛武公**이 **刺時也**니 **幽王**[37)]이 **荒廢**하여 媟(설)**近小人**①하여 **飮酒無度**한대 **天下**가 **化之**하여 **君臣上下**가 **沈**湎淫泆[38)]이어늘 **武公**이 **旣入而作是詩**[39)]하니

① 媟近小人 : 媟, 狎也.
'媟'은 '친압하다'라는 뜻이다.

《詩經》〈賓之初筵〉은 衛 武公이 그 당시를 풍자한 것이다. 周 幽王이 정사를 폐하고서 소인을 친압하여 술 마시는 것을 한도 없이 하자, 천하가 이에 동화되어 君臣과 上下가 술에 빠지고 방종하였다. 이에 무공이 도읍에 들어가자 이 시를 지었다.

其三章에 **曰 賓之初筵**엔 **溫溫其恭**이로다 **其未醉止**엔 **威儀反反**①이러니 **曰旣醉止**란 **威儀幡幡**(번번)②이라 **舍其坐遷**하여 **屢舞僊僊**(선선)③하나다 **其未醉止**엔 **威儀抑抑**④이러니 **曰旣醉止**란 **威儀**怭怭(필필)⑤하니 **是曰旣醉**라 **不知其秩**⑥이로다

① 威儀反反 : 反反, 言重謹也. 一云, 反反, 顧禮也.
'反反'은 거듭 삼가는 것을 말한 것이다. 일설에 '反反'은 '예를 돌아보다'는 뜻이라고 한다.
② 威儀幡幡 : 幡幡, 輕數(삭)也.
'幡幡'은 경망하고 자주하는 것이다.
③ 屢舞僊僊 : 僊僊, 軒擧之狀.
'僊僊'은 높이 드는 모습이다.
④ 威儀抑抑 : 抑抑, 謹密也.
'抑抑'은 삼가고 면밀한 것이다.
⑤ 威儀怭怭 : 怭怭, 媟嫚也.

---

36) 《詩經》〈小雅 賓之初筵〉 제3장, 제4장, 제5장에 보인다. 〈賓之初筵〉은 모두 5장으로 이루어져 있다.
37) 幽王 : 32-3-나(按) 주석 '幽厲' 참조.
38) 泆 : 대전본·사고본에는 '液'으로 되어 있다.
39) 賓之……是詩 : 《詩經》〈小雅 賓之初筵〉의 〈毛序〉에 보인다.

'怭怭'은 褻慢한 것이다.

⑥ 不知其秩 : 秩, 序也.[40]

'秩'은 '차례'라는 뜻이다.

그 제3장에 다음과 같은 내용이 있다.

손님이 처음 자리에 나아갈 때엔	賓之初筵
온화하게 공손하도다	溫溫其恭
그 취하지 않았을 때에는	其未醉止
威儀를 삼가고 삼가더니	威儀反反
이미 취한 뒤에는	曰既醉止
위의가 경망하여	威儀幡幡
자기 자리를 놓아두고 옮겨가서	舍其坐遷
자주 춤추기를 덩실덩실 하도다	屢舞僊僊
그 취하지 않았을 때에는	其未醉止
위의가 삼가고 면밀하더니	威儀抑抑
이미 취한 뒤에는	曰既醉止
그 위의가 褻慢하니	威儀怭怭
이를 일러 이미 취하였기에	是曰既醉
그 차례를 모른다고 하도다	不知其秩

四章에 **曰 賓既醉止**라 **載號載**呶(노)①하여 **亂我籩豆**[41]하여 **屢舞**僛僛(기기)②하니 **是曰既醉**라 **不知其郵**③로다 **側弁之俄**④하여 **屢舞**傞傞(사사)⑤로다 **既醉而出**[42]하면 **並受其福**이어늘 **醉而不出**하니 **是謂伐德**이로다 **飲酒孔嘉**⑥는 **惟**[43]**其令儀**⑦니라

① 載號載呶 : 號, 呼也. 呶, 讙(환)也.

---

40) 秩序也 : 眞德秀의 안설에 근거하면 '秩'은 평상의 모습〔常〕이라는 뜻이다.

41) 籩豆 : 모두 음식을 담는 그릇으로 형태는 비슷하다. 다만 籩은 포나 대추 같은 마른 음식을 담는 대나무 그릇이고, 豆는 젓갈이나 김치 같은 젖은 음식을 담는 나무 그릇이다.

42) 出 : 대전본에는 '止'로 되어 있다.

43) 惟 : 사고본에는 '維'로 되어 있다.

'號'는 '고함치다'라는 뜻이다. '呶'는 '떠들다'라는 뜻이다.

② 屢舞僛僛 : 僛僛, 傾側之貌.
'僛僛'는 기울어진 모습이다.

③ 不知其郵 : 郵, 過也.
'郵'는 '허물'이라는 뜻이다.

④ 側弁之俄 : 側, 傾也. 弁, 冠也. 俄, 傾貌.
'側'은 '기울다'라는 뜻이다. '弁'은 '冠'이다. '俄'는 기울어진 모습이다.

⑤ 屢舞傞傞 : 傞傞, 不止也. 臣謂傞傞者, 蹉跌(차질)之狀.
'傞傞'는 그치지 않는 것이다. 신은 '傞傞'는 비틀거려 넘어지는 모습이라고 생각합니다.

⑥ 飮酒孔嘉 : 孔, 甚也. 嘉, 美也.
'孔'은 '매우'라는 뜻이다. '嘉'는 '아름답다'라는 뜻이다.

⑦ 惟其令儀 : 令, 善也.
'令'은 '좋다'라는 뜻이다.

제4장에 다음과 같은 내용이 있다.

손님이 이미 취하였기에 賓旣醉止
곧 고함치며 곧 떠들어서 載號載呶
우리 籩豆를 어지럽혀 亂我籩豆
자주 춤추기를 비틀비틀하니 屢舞僛僛
이를 일러 이미 취하였기에 是曰旣醉
그 허물을 모른다고 하도다 不知其郵
기울어진 冠이 삐딱하여 側弁之俄
자주 춤추기를 그치지 않도다 屢舞傞傞
이미 취하여 나간다면 旣醉而出
다 같이 그 복을 받을 것이어늘 竝受其福
취하고도 나가지 않으니 醉而不出
이를 일러 덕을 해친다고 하는 것이로다 是謂伐德
술을 마심에 매우 아름다운 것은 飮酒孔嘉
그 좋은 威儀 때문이니라 惟其令儀

五章에 **曰 凡此飮酒**에 **或醉或否**일새 **旣立之監**[44)]이요 **或佐之史**[45)]하나니 **彼醉不臧**을 **不醉反恥**하나니라 **式勿從謂**하여 **毋**(무)**俾大**(태)①**怠**아 **匪言**으란 **勿言**하며 **匪由**란 **勿語**하라 **由醉之言**을 **俾出童羖**(고)②호리라 **三爵不識**(지)어니 **矧敢多又**아

① 大 : 音泰.
'大'는 음이 '泰'이다.
② 俾出童羖 : 童, 無角也[46)]. 羖, 羊也.
'童'은 뿔이 없는 것이다. '羖'는 '양'이다.

제5장에 다음과 같은 내용이 있다.

무릇 이 술을 마심에	凡此飮酒
혹은 취하고 혹은 취하지 않기에	或醉或否
이미 監을 세우고	旣立之監
혹은 史로 보좌하게 하니	或佐之史
저 취하여 선하지 않은데도	彼醉不臧
취하지 않은 이를 도리어 부끄러워하도다	不醉反恥
따라가 말하여	式勿從謂
너무 태만히 하지 말라고 할 수 없겠는가	毋俾大怠
말하지 말아야 할 것은 말하지 말며	匪言勿言
도에 맞지 않은 자를 얘기하지 말라	匪由勿語
醉中에 나오는 대로 말하는 자에게	由醉之言
뿔이 없는 숫양을 내놓게 하리라	俾出童羖
석 잔에도 기억하지 못하는데	三爵不識
하물며 감히 또 더 마심에랴	矧敢多又

44) 監 : 朱熹의 주에 따르면 司正의 등속으로, 燕禮와 鄕射禮 때 위의와 법도를 살피는 일을 담당한다.
45) 史 : 朱熹의 주에 따르면 司正의 등속으로, 監과 같은 일을 담당한다.
46) 也 : 사고본에는 없다.

32-6-나(按)

臣은 按 此詩가 凡五章이니 前二章[47]은 言古者禮飮之事하고 至三章以後에 乃言幽王酣飮之失하니 方其未醉也에 威儀가 猶能敬謹하며 猶能周密이러니 及其旣醉則幡幡然(번번연)而輕矣며 怭怭然(필필연)而嫚矣며 舍其坐遷矣며 載號載呶(노)矣며 籩豆가 亂而冠弁이 俄矣라 至於屢舞不止하여 始則僊僊然(선선연)而軒擧하고 次則僛僛然(기기연)而傾側하고 甚則傞傞然(사사연)而蹉跌矣라 君臣燕饗之間은 所以觀禮而乃媟(설)瀆이如此則諉(위)之曰 是旣醉而失其常也며 旣醉而不知其過也라하나니 然旣醉矣로되 何爲而不出乎오 醉而出하여 未至於失禮之甚則君臣이 猶俱受其福也어늘 醉而不出하니 是戕伐其德이라 爲禍를 可勝計邪(야)아 夫飮酒가 所以嘉美者는 以其有令儀也어늘 今乃若是하니 儀安在乎오

【臣按】 이 시는 모두 5장이니, 앞의 2장은 옛날에 禮로 마셨던 일을 말하고, 제3장 이후에 와서는 마침내 周 幽王이 술에 취한 잘못을 말하였습니다.

“아직 술에 취하지 않았을 때에는 威儀가 아직은 공경하고 삼갈 줄 알았으며 아직은 주도면밀하게 차릴 줄 알았는데, 이미 취한 뒤에는 들썩들썩 경박하며, 무람없이 설만하며, 자기 자리를 버려두고 옮겨가며, 고함치고 떠들며, 籩豆는 어지러워지고 冠弁은 삐딱하게 되었다. 심지어는 자주 춤을 추어 그치지 않아서 처음에는 덩실덩실 높이 들고, 다음에는 비틀비틀 기울어지고, 심한 경우에는 비틀거리다 넘어지기까지 한다.”라고 하였습니다.

임금과 신하가 잔치하는 사이는 禮를 보는 자리인데도 마침내 설만함이 이와 같았습니다. 그리고 “핑계대기를 ‘이것은 이미 취하여서 그 평상의 모습을 잃은 것이다.’라고 하고, ‘이미 취하여서 그 허물을 알지 못한 것이다.’라고 하는데, 이미 취하였는데도 무엇 때문에 나가지 않는단 말인가? 취했으면 나와서 심하게 예를 잃는 데에까지 이르지 않는다면 그래도 그 복을 다 같이 받을 수 있을 터인데, 취했는데도 나가지 않으니 이것은 그 덕을 손상시키는 것이라 화가 되는 것을 이루 다 예측할 수 있겠는가. 저 술을 마시는 것이 아름다운 이유는 좋은 위의가 있기 때문인데 이제 마침내 이와 같으니 위의가 어디에 있단 말인가.”라고 하였습니다.

---

47) 章 : 사고본에는 ‘者’로 되어 있다.

末章에 傳者가 多異辭而先儒劉彝(이)[48]之說에 曰 幽王이 飮酒에 必與群衆小人호대 男女가 罔間而立監命史하여 俾臨視巡省하니 在會之人이 罔得弗醉也하여 衆醉而淫亂邪惡하여 百醜興焉而王이 用以爲娛하고 不醉者를 反恥而罰之하여 俾必醉하니 衆皆醉矣라 淫亂邪惡이 無所不至어든 幽王이 方以爲樂이라 故立史・監하여 戒其勿言하고 幸其昏迷大(태)怠하여 用以爲歡焉하니 匪言勿言者는 厥有醉劇而才於淫穢하며 巧于悖亂하여 匪可以言者則褒而美之하여 用以爲樂하고 謹勿言其非하여 恐愧厥心而弗復肯焉이라 故云匪言勿言也라 其醉而善於悖亂하여 違拂人倫之事를 謂之匪由니 由는 道也[49]라 匪由之人을 常常延納하여 勿語于外하고 留之以爲吾王一笑之歡也라 有敢道及醉人之非者어든 罰以童羖(고)하니 羖가 無童者어늘 俾之必出은 所以困[50]其不能謹言也라 是以有不得已而預其燕飮者가 心知其非而口不敢言하고 又恥於其身에 亦爲淫亂이라 故三爵之後에 昏昏然醉矣라 不識(지)不知矣니 矧敢多飮而又寤哉아 幽王이 繼宣王[51]中興之後하니 使其[52]不道로 不若是之甚이면 犬戎이 豈能殺之哉리오 嗚呼라 禽獸之所弗爲而幽王이 爲之하니 其滅亡[53]은 乃自取之也라하여늘 呂祖謙[54]이 謂 彝가 於此章에 雖多牽强忿激하나 然論酗酒之害가 深切詳明이라 故錄之[55]라하니 臣이 今亦有取焉하여 庶以爲方來之監云하노이다

마지막 장에 대해서는 전하는 자들이 異說이 많은데, 先儒 劉彝의 설에 다음과 같이 말하였습니다.

---

48) 劉彝 : 1017~1086. 宋 仁宗~哲宗 때의 문신이다. 자는 執中, 福州 사람으로, 胡瑗의 문인이다. 朐山令(구산령)으로 있을 때 선정을 베풀었다. 일로 인해 除名되었다가 哲宗 때 다시 都水丞으로 부름을 받고 가는 도중 길에서 病死하였다. 저서에 《七經中義》, 《明善集》, 《居陽集》 등이 있다. 《宋史 卷334 劉彝列傳》

49) 違拂……道也 : 朱熹의 주에서는 '由'를 '따르다〔從〕'의 뜻으로 보았다.

50) 困 : 저본에는 '因'으로 되어 있으나, 대전본・사고본에 근거하여 '困'으로 바로잡았다.

51) 宣王 : ?~기원전 782(재위 기원전 827~기원전 782). 周 厲王의 아들로, 여왕이 잔혹한 정치를 펴 國人들에 의해 쫓겨났을 때 召 穆公의 집에 숨어 있다가 여왕이 죽자 왕으로 옹립되었다. 안으로는 소 목공, 方叔, 尹吉甫, 仲山甫 등을 중용하여 쇠했던 周왕실을 중흥시켰으며, 밖으로는 玁狁(험윤)을 격퇴하고 荊楚와 淮夷 일대에서 전승을 거두었다.

52) 其 : 사고본에는 '爲'로 되어 있다.

53) 亡 : 대전본에는 없다.

54) 呂祖謙 : 31-8-나1(按) '呂祖謙' 주석 참조.

55) 幽王飮酒……錄之 : 南宋 呂祖謙의 《呂氏家塾讀詩記》 권23에 보인다.

“幽王은 술을 마실 때 반드시 여러 소인들과 함께하되 남녀간에 간격이 없게 하고, 監을 세우고 史에게 명하여 임하여 보고 돌아다니며 살피도록 하였으니, 모임에 있던 사람들 중에 취하지 않은 사람이 없어서, 사람들이 취하여 음란하고 사악해져 온갖 추태가 일어나면 왕은 이것을 재미로 여기고 취하지 않은 자를 도리어 부끄럽게 여겨서 벌을 주어 반드시 취하게 만들었다. 사람들이 모두 취하여 음란하고 사악한 짓을 하지 않는 바가 없게 되면 유왕은 비로소 이를 즐거움으로 삼았다. 이 때문에 史와 監을 세워 사람들에게 말하지 말도록 경계시키고 사람들이 혼미하고 크게 태만한 것을 바라서, 이것으로 기쁨을 삼았던 것이다.

‘말하지 말아야 할 것은 말하지 말라.’는 것은, 그중에 극도로 취하여 음란한 짓에 재주가 있고 悖亂한 짓에 뛰어나서 말할 수 있는 것이 아닌 경우가 있으면 이를 칭찬하고 아름답게 여겨 즐거움으로 삼고, 그 잘못을 삼가서 말하지 말라고 하여 혹여 그자가 마음에 부끄러워하여 다시는 이런 짓을 하려 하지 않을까 두려워하였기 때문에 ‘말하지 말아야 할 것은 말하지 말라.’고 한 것이다.

취하여 패란한 짓에 뛰어나서 人倫을 어기는 일을 일러 ‘匪由’라고 하니, ‘由’는 ‘道’라는 뜻이다. 도에 맞지 않는 사람을 종종 맞이하여 들어오게 해서 외부에는 말하지 말도록 하고 그를 머물게 하여 우리 왕을 한 번 웃게 할 즐길 거리로 삼았다. 감히 취한 사람의 잘못을 말하는 자가 있으면 뿔이 없는 숫양으로 벌을 내리니, 숫양은 뿔이 없는 것이 없는데도 반드시 내놓도록 한 것은 그 말을 삼가지 못한 것에 대해 곤란하게 하기 위한 것이다. 이 때문에 부득이 그 술 마시는 잔치자리에 참여한 자가 마음속으로는 그 잘못을 알면서도 입으로 감히 말을 하지 못하고, 또 그 자신에게도 마찬가지로 음란한 짓을 했다는 것을 부끄러워하였기 때문에 석 잔을 마신 뒤에 혼몽하게 취해버린 것이다. 기억하지도 못하고 알지도 못하는데, 하물며 감히 더 마시고서 또 깨어날 수 있겠는가. 유왕이 宣王의 中興의 치세 뒤를 이었으니, 만일 무도함이 이와 같이 심하지 않았다면 犬戎이 어찌 죽일 수 있었겠는가. 아, 금수도 하지 않는데 유왕이 하였으니, 그 멸망은 바로 스스로 취한 것이다.”

이에 대해 呂祖謙은 “劉彝가 이 장에 대해 비록 牽强附會하여 격분한 것이 많지만 술에 빠진 해로움을 논한 것이 매우 절절하고 자세하기 때문에 이를 기록한다.”라고 하였는데, 신 역시 이제 여기에서 취하여 앞으로의 거울로 삼기를 바랍니다.

32-7-가[56)]

抑①은 **衛武公**[57)]**自警也**[58)]니 **三章**에 **曰 其在于今**하여 **興迷亂于政**하여 **顚覆厥德**이요 **荒耽于酒**하나다 **女雖湛樂從**②하나 **弗念厥紹**③아 **罔敷求先王**하여 **克共**④**明刑**⑤하나다[59)]

① 抑 : 大雅篇名.
〈抑〉은 《詩經》〈大雅〉의 편명이다.

② 女雖湛樂從 : 女[60)]者, 武公自謂.
'女'는 武公 자신을 이른다.

③ 弗念厥紹 : 紹, 繼也.
'紹'는 '계승하다'라는 뜻이다.

④ 共 : 音拱[61)].
'共'은 음이 '拱(공. 받들다)'이다.

⑤ 明刑 : 刑, 法也.
'刑'은 '법'이라는 뜻이다.

《詩經》〈抑〉은 衛 武公이 스스로를 경계한 시이니, 제3장에 다음과 같은 내용이 있다.

그 지금에 있어서는	其在于今
政事에 어지러움을 그치지 않아	興迷亂于政

---

56)《詩經》〈大雅 抑〉 제3장에 보인다. 〈抑〉은 모두 12장으로 이루어져 있다. '抑'이라는 제목은 위의가 치밀한 모습을 형용한 '抑抑'에서 취한 것이다.

57) 衛武公 : 기원전 852?~기원전 758(재위 기원전 812~기원전 758). 춘추시대 衛나라 제11대 임금이다. 姓은 姬, 氏는 衛, 이름은 和이다. 기원전 771년에 犬戎이 西周의 도읍인 鎬京을 침공하여 周 幽王을 죽이자 군대를 거느리고 달려와서 유왕의 아들 平王을 도와 견융의 난을 평정하고 도읍을 洛邑으로 옮겼다. 이때부터 東周가 시작된다.

58) 抑衛武公自警也 : 《詩經》〈大雅 抑〉의 〈毛序〉에 보인다.

59) 克共明刑하나다 : 眞德秀의 按說에 근거하면 여기의 '하나다' 현토는 의문사인 '가'가 되어야 한다.

60) 女 : 저본에는 '汝'로 되어 있으나, 《詩經》의 경문에 근거하여 바로잡았다. 대전본·사고본·509본·512본에도 '汝'로 되어 있다.

61) 拱 : 사고본에는 '恭'으로 되어 있다.

그 덕을 뒤집고	顚覆厥德
술에 빠져 즐거워하는구나	荒耽于酒
네 비록 놀고 즐기는 것을 좇지만	女雖湛樂從
그 계승할 것을 생각하지 않겠는가	弗念厥紹
널리 先王의 도를 구하여	罔敷求先王
능히 밝은 법을 받들지 않겠는가	克共明刑

32-7-나(按)

臣은 按 此는 武公이 自言今日之所爲也하니라 興은 猶書所謂方興[62]이니 言爲之未已也라 汝雖惟耽樂是從이나 曾不念紹續之重하여 廣求先王之道而敬奉其明法乎아 蓋先王之明法이 未有不以耽樂爲戒者하니 能敬奉之則不爲荒縱之行矣리이다

【臣按】 이것은 武公이 오늘날 행한 것을 스스로 말한 것입니다. '興'은 《書經》에서 이른바 '方興'이라는 말과 같으니, 행하는 것을 그치지 않는다는 말입니다. '네가 비록 오직 놀고 즐기는 것만을 좇지만, 일찍이 계승의 중함을 생각하여 선왕의 도를 널리 구해 그 밝은 법을 공경히 받들 것을 생각하지 않겠는가.'라고 하였습니다. 선왕의 밝은 법은 놀고 즐기는 것으로 경계를 삼지 않은 적이 없으니, 능히 이를 공경히 받든다면 방탕한 행동은 하지 않을 것입니다.

32-8-가[63]

漢成帝[64]가 嘗與張放[65]等으로 宴飮禁中할새 皆引滿擧白하고 談笑大噱(갹)하더니

62) 興猶書所謂方興 : '方興'은 《書經》〈商書 微子〉에 "父師가 말하였다. "왕자여! 하늘이 독하게 재앙을 내려 은나라를 황폐하게 하는데, 막 일어나서 술에 빠져 주정하는구나.〔父師若曰 王子 天毒降災 荒殷邦 方興 沈酗于酒〕"라는 내용이 보인다. '父師'는 箕子, '王子'는 微子를 이른다. '方興'은 蔡沈의 주에 따르면 "막 일어나고 다하지 않음을 말한 것이다.〔言其方興而未艾也〕" 《詩經》 朱熹의 주에서는 '興'을 '숭상하다〔尙〕'라는 뜻으로 보았다. 《書集傳 微子 蔡沈注》 《詩集傳 大雅 抑 朱熹注》

63) 《資治通鑑》 권31 漢 成帝 永始 2년(기원전 15) 조에 보인다.

64) 漢成帝 : 기원전 51~기원전 7(재위 기원전 33~기원전 7). 서한의 제11대 황제 劉驁(오)로, 자는 太孫이다. 元帝의 장자로 즉위한 뒤 주색에 빠져 歌姬 趙飛燕을 황후로 삼고 조비연의 동생을 昭儀로 삼았다. 또한 외조부인 王鳳을 비롯하여 외척인 王崇·王商·王根·王

時에 乘輿[66]幄坐[67]屛風에 畫紂의 醉踞妲己(달기)[68]하여 作長夜之樂이어늘 侍中班伯[69]이 久疾新起러니 上이 顧指畫而問曰 紂爲無道가 至於是乎아 對曰 書云乃用婦人之言[70]이라하나 何有踞肆於朝리오 所謂衆惡이 歸之[71]언정 不如是之甚者也니이다 上曰 苟不若此면 此圖는 何戒오 對曰 沈湎(면)于酒는 微子所以告去也[72]요 式號式謼(호)[73]는 大雅所以流連[74]也니 詩·書淫亂之戒가 其

莽 등을 모두 제후에 봉하고 높은 관직에 올려 왕씨들이 정권을 장악하는 빌미를 만들었다. 재위 기간 정치는 부패하고 백성들은 피폐해져 민란이 일어났다.

65) 張放 : ?~기원전 7. 서한 京兆 杜陵 사람이다. 漢 武帝 때 유명한 酷吏였던 張湯의 5세손이자 元帝의 누이인 敬武公主의 아들이다. 아내는 황후의 남동생인 許嘉의 딸이다. 成帝에게 남다른 총애를 받아 성제와 기거를 같이할 정도였다. 종종 미행하는 성제를 따라 놀러 나가 닭싸움을 하고 말을 달렸다. 侍中·中郎將, 侍中·光祿大夫 등을 역임하였다. 뒤에 승상 薛宣과 어사대부 翟方의 탄핵을 받아 北地都尉로 나갔으나 성제의 부름을 받고 다시 侍中으로 복귀하였다. 성제가 죽자 곡하다가 죽었다.

66) 乘輿 : 천자가 타는 수레라는 뜻으로, 여기에서는 천자를 이른다.

67) 幄坐 : 휘장을 드리운 자리라는 뜻으로, 여기에서는 천자의 자리를 이른다.

68) 妲己 : 商나라 紂王의 寵妃이다. 有蘇氏 부락의 族人으로, 蘇妲己라고도 불린다. 己는 姓이고 妲은 이름이다. 주왕이 유소국을 정벌할 때 유소국에서 바친 미녀로, 주왕에게 총애를 받아 주왕의 虐政을 도왔다. 뒤에 周 武王이 商나라를 멸할 때 죽임을 당하였다.

69) 班伯 : 西漢 扶風 사람이다. 漢 元帝~成帝 때의 문신으로 班婕妤의 오빠이다. 성제 때 흉노의 선우가 朝見 오자 명을 받고 이를 맞이한 적이 있으며, 뒤에 定襄太守에 임명되어 치적을 남겼다. 38세로 卒하였다.

70) 書云……之言 : 顔師古의 주에 따르면 이것은 《今文尙書》 〈泰誓〉의 내용이다. 《前漢書 卷85 谷永傳 顔師古注》

71) 衆惡歸之 : 《論語》 〈子張〉 제20장에 "子貢이 말하였다. '紂王의 불선이 이처럼 심하지는 않았으니, 이 때문에 군자는 하류에 처하는 것을 싫어한다. 천하의 악이 모두 몰리기 때문이다.'〔子貢曰 紂之不善 不如是之甚也 是以君子惡居下流 天下之惡皆歸焉〕"라는 내용이 보인다.

72) 沈湎……去也 : 《書經》 〈商書 微子〉에 자세하다. 32-1-가 참조. '微子'는 商나라 紂王의 庶兄이다. 일설에 주왕의 숙부라고도 한다. '微'는 畿內의 나라 이름이고, 子는 작위이다. 본명은 啓이다. 주왕의 卿士로, 주왕이 폭정을 행하자 여러 차례 간하였다가 들어주지 않자 箕子와 比干에게 고하고 주왕을 떠났다. 周 武王이 상나라를 멸하자 스스로 손을 뒤로 묶고 구슬을 입에 물고서 투항하였다. 周公이 武庚의 난을 진압한 뒤 미자를 商丘에 봉하고 국호를 宋으로 정하였다.

73) 式號式謼 : '謼'는 사고본에는 '呼'로 되어 있다. '式號式謼'는 《詩經》 〈大雅 蕩〉에 보이는 구절

原이 **皆在於酒**하니이다 **上**이 **乃喟然嘆**[75]**曰 吾**가 **久不見班生**이러니 **今日**에 **復聞讜**(당)**言**와라 **放等**이 **不懌**(역)[76]하여 **稍自引起更衣**하여 **因罷去**하다

漢 成帝가 일찍이 張放 등과 함께 궁중에서 연회를 베풀 때 모두 술잔을 가득 채워 마신 뒤 술잔을 뒤집어 다 마신 것을 보이고 담소하며 크게 웃었다. 당시 성제의 자리에 펴놓은 병풍에 商나라 紂王이 취하여 妲己에게 기대고 밤새도록 즐기는 그림이 그려져 있었다. 侍中 班伯이 오랫동안 앓다가 막 일어나 나왔는데, 성제가 반백을 돌아보고 그림을 가리키며 물었다.

"주왕이 무도한 짓을 행한 것이 이 정도에까지 이르렀는가?"

반백이 대답하였다.

"《書經》에 이르기를 '부인의 말을 따랐다.'라고 하였으나, 어찌 조정에서 방자하게 했겠습니까. 이른바 '모든 악이 몰려서일 것이니, 이처럼 심하지는 않았을 것이다.'라는 경우일 것입니다."

성제가 말하였다.

"참으로 이와 같이 하지 않았다면 이 그림은 무엇을 경계한 것인가?"

반백이 대답하였다.

"술에 빠져 산 것은 微子가 고하고 떠나간 이유이고, '고함치고 소리치는' 것은 《詩經》〈大雅〉에서 눈물을 흘린 이유입니다. 《시경》과 《서경》의 荒淫無道함에 대한 경계는 그 원인이 모두 술에 있습니다."

성제가 마침내 한숨을 쉬며 탄식하였다.

이다. 32-4-가 참조.

74) 流連 : 일반적으로 《孟子》〈梁惠王 下〉 제4장에 이른바 "뱃놀이에 물길을 따라 아래로 내려가서 돌아오는 것을 잊음을 '流'라 이르고, 물길을 거슬러 위로 올라가서 돌아오는 것을 잊음을 '連'이라 이른다.〔從流下而忘反謂之流 從流上而忘反謂之連〕"라는 뜻으로 해석하여 '놀고 즐기는 데 빠져 돌아올 줄 모른다.'라는 의미로 본다. 그러나 顔師古는 이 구절에 대해 "시를 지은 사람이 탄식하고 눈물을 줄줄 흘리는 것을 말한 것이니……'大雅所以流連'은 술을 마시는 사람을 말하지 않았다.〔言作詩之人嗟歎而泣涕流連也……大雅所以流連 不謂飮酒之人也〕"라고 하였다. 여기에서는 문맥을 고려하여 顔師古의 주를 따르기로 한다. 《前漢書 卷100上 叙傳 顔師古注》

75) 嘆 : 사고본에는 '歎'으로 되어 있다.

76) 懌 : 저본에는 '豫'로 되어 있으나, 朝鮮 中宗 李懌의 피휘이므로 바로잡았다.

"내가 오랫동안 班生을 보지 못하였더니, 오늘에야 다시 곧은 말을 들었노라."

장방 등이 불쾌해하며 조금 뒤에 측간에 간다고 일어나 이로 인해 연회를 파하고 떠났다.

32-8-나(按)

臣은 按 班伯이 曰 詩・書淫亂之戒가 其原이 皆在於酒라하니 直哉라 言乎여 成帝가 能嗟嘆之而不能因其言以自改하여 卒以沈湎妨政하여 權移外家하여 至於覆國하니 其亦可監也夫인저

【臣按】 班伯이 말하기를 "《시경》과 《서경》의 황음무도함에 대한 경계는 그 원인이 모두 술에 있습니다."라고 하였으니, 참으로 곧은 말입니다! 成帝가 능히 탄식은 할 줄 알았으나 그 말을 계기로 스스로 고치지는 못하여 끝내 술에 빠져 정사를 해쳐서 권력이 外家로 옮겨가 나라를 전복시키는 데에까지 이르렀으니, 또한 거울로 삼아야 할 것입니다.

32-9-가[77]

晉元帝[78]가 初에 頗以酒로 廢事러니 王導[79]가 以爲言한대 帝가 命酌하사 引觴(상)覆之하시고 於此에 遂絶[80]하시다

---

77) 《資治通鑑》 권86 晉 惠帝 永嘉 원년(307) 9월 조에 보인다.

78) 晉元帝 : 276~323(재위 318~323). 東晉의 개국 황제 司馬睿로, 자는 景文, 시호는 元皇帝, 묘호는 中宗이다. 晉 宣帝 司馬懿의 증손이자 武帝 司馬炎의 조카이다. 290년에 琅邪王(낭야왕)에 襲封되었다. 313년 愍帝가 즉위한 뒤 丞相・大都督中外軍事에 임명되었다. 316년 12월에 민제가 前趙에 항복하고 포로가 되어 끌려가자, 317년에 진나라의 귀족과 江東大族의 지지를 받아 晉王을 칭하고 建武로 改元하였다. 318년에 제위에 올랐다.

79) 王導 : 276~339. 자는 茂弘, 瑯琊 臨沂 사람이다. 위진 시대의 世族인 瑯琊 王氏이다. 西晉 말 琅邪王 司馬睿(뒤의 元帝)의 安東司馬가 되어 建康으로 移鎭을 건의하였다. 뒤에 匈奴 등에 의해 洛陽이 함락되자, 화북과 강남의 세족을 결집하여 사마예를 옹립하여 東晉의 건립에 공을 세웠다. 이후 司徒・太傅를 거쳐 始興郡公에 봉해지는 등 元帝・明帝・成帝의 三朝에 걸쳐 재상을 지냈다. 성제가 즉위하자 庾亮과 함께 보필했다. 咸和 2년(327)에 蘇峻의 반란이 일어나자 입궁하여 성제를 侍衛하였다. 시호는 文獻이다.

80) 絶 : 사고본에는 '罷'로 되어 있다.

晉 元帝가 처음에는 종종 술 때문에 일을 폐하곤 하였는데, 王導가 이것을 가지고 충고하자 원제가 술을 따르라 명하고 술잔을 당겨 엎어버렸다. 그리고 마침내 술을 끊었다.

晉 元帝

32-9-나(按)

臣은 按 元帝之爲君이 非能剛果必爲者也로되 其覆杯之擧則於聽言改過而略不[81]凝滯하시니 此所以粗能自立於江左[82]歟인저

【臣按】 元帝라는 임금은 능히 강하고 과단성 있어 반드시 해내고야 마는 사람이 아니었지만, 그 술잔을 엎어버린 행동으로 말하면 諫言을 듣고 허물을 고치는 데 있어서 조금도 지체하지 않았으니, 이것이 바로 그나마 능히 江東에서 스스로 설 수 있었던 이유일 것입니다.

32-10-가1[83]

陳後主[84]君臣이 酣飮[85]하여 自夕達旦[86]하여 以此爲常하더니 其後에 隋師가 東

81) 而略不 : 대전본에는 '爲然剛'으로 되어 있다.

82) 江左 : 江東, 즉 長江 하류 동쪽 지역을 이른다. 여기에서는 東晉을 가리킨다.

83) 《資治通鑑》 권176 陳 後主 至德 2년(584) 11월 조, 진 후주 禎明 2년(588) 12월 조에 보인다.

84) 陳後主 : 553~604. 재위 582~589. 南朝 陳나라의 제5대 황제 陳叔寶로, 자는 元秀, 小字는 黃奴이다. 제4대 황제 宣帝의 장남이다. 즉위 후 궁궐을 크게 짓고 문장으로 소일하면서 정치를 소홀히 하였다. 艶詞를 짓고 새 음률을 입혀 〈玉樹後庭花〉, 〈臨春樂〉 등과 같은 음악을 짓기도 하였다. 隋 文帝의 아들 楊廣이 建康을 함락시켜 陳나라를 멸한 뒤 진 후주를 長安으로 압송하였는데, 진 후주는 그 후에도 시를 짓고 음주를 일삼았다. 문집으로 《陳後主集》이 있다.

85) 飮 : 대전본에는 '歌'로 되어 있다.

86) 旦 : 저본에는 '朝'로 되어 있으나, 조선 태조 李旦을 피휘한 것이므로 바로잡았다. 대전

下어늘 **不爲深備**하고 **奏技縱酒**하여 **賦詩不輟**하니 **陳國**이 **遂亡**하니라

陳 後主 때 임금과 신하들이 취하도록 술을 마셔, 저녁부터 날이 밝을 때까지 이어지도록 하여 이것으로 일상을 삼았다. 뒤에 隋나라 군대가 동쪽으로 내려왔는데, 깊이 방비를 하지 않고 女樂을 연주시키고 술을 실컷 마시고서 시를 짓기를 그치지 않으니, 陳나라가 마침내 멸망하였다.

32-10-가2[87)]

隋煬帝[88)]가 **至江都**[89)]하여 **荒淫**이 **益甚**하여 **宮中**에 **爲百餘房**하여 **各盛供帳**하여 **實以美人**하고 **日令一房**으로 **爲主人**[90)]하여 **帝與蕭后**[91)]**及幸姬**로 **歷就宴飮**하여 **酒卮**(치)**不離口**하니 **從姬千餘人**이 **亦常醉**[①]하더라

① 隋煬……常醉 : 未幾, 爲宇文化及[92)]所弑.
隋 煬帝는 얼마 되지 않아 宇文化及에게 시해되었다.

본 · 사고본에는 '旦'으로 되어 있다.

87)《資治通鑑》 권185 唐 高祖 武德 원년(618) 3월 조에 보인다.

88) 隋煬帝 : 569~618(재위 604~618). 隋나라 제2대 임금이다. 휘는 廣으로, 文帝의 2남이다. 582년(開皇 2)에 晉王이 되었으며, 589년(開皇 9)에 南朝 陳나라를 멸망시켰다. 중신 楊素와 결탁하여 형인 태자 楊勇을 폐위시키고 태자가 되었다. 즉위 후에는 大業禮, 大業律令을 정비하기도 하였으나, 궁궐과 성들을 수축하고 大運河 등 대규모 토목 공사를 일으키며 吐谷渾, 高句麗 등의 대외 원정을 일삼아 국력을 크게 소모하고 백성들을 도탄에 빠뜨렸다. 후에 宇文化及에게 살해되었다.

89) 江都 : 郡 이름이다. 治所는 지금의 강소성 揚州市에 있었다. 隋 煬帝가 行都로 삼은 곳이다.

90) 人 : 사고본에는 없다.

91) 蕭后 : ?~648. 隋 煬帝의 황후 蕭氏이다. 梁 明帝 蕭巋(소규)의 딸이다.

92) 宇文化及 : ?~619. 隋나라 말의 대신이다. 代郡 武川 사람이다. 부친은 左翊衛大將軍 宇文述이다. 성격이 간교하고 부친의 권세를 믿고서 법도를 따르지 않고 非違를 저질렀다. 양제가 즉위한 뒤 右屯衛將軍에 올랐다. 大業 14년(618)에 황제가 江都에 갔을 때 武賁郎將 司馬德勘 등이 그를 수령으로 추대하자, 驍果軍을 거느리고 兵變을 일으켜 양제를 시해하였다. 이후 秦王 楊浩를 옹립하고 大丞相이 되어 섭정하였다. 洛陽으로 출정하여 李密과 싸웠으나 童山에서 李密 · 徐世勣 등에게 대패하였다. 이후 양호를 독살하고 稱帝하여 연호를 天壽, 국호를 許라고 하였다. 619년에 竇建德에게 사로잡혀 참수되었다.

隋 煬帝는 江都에 이르러 酒色에 빠지는 것이 더욱 심해져서 궁 안에 백여 개의 방을 만들고서 각각 휘장 등을 성대하게 설치하고 미인들로 채웠다. 그리고 날마다 하나의 방으로 하여금 주인이 되도록 하고서 양제가 蕭后 및 총애하는 姬妾과 함께 차례로 나아가 연회를 베풀고 술을 마셔서 술잔을 입에서 떼지 않으니, 따르던 희첩 천여 명 역시 늘 취해 있었다.

32-10-나(按)

臣은 按 以酒喪邦이 其禍가 至陳·隋而極이라 故以二君으로 終焉하노이다

【臣按】 술로 나라를 잃은 것은 그 화가 陳나라와 隋나라에 이르러 극에 달하였습니다. 그러므로 이 두 임금으로 끝을 맺습니다.

以上은 論沈湎之戒하니라

이상은 飮酒의 탐닉에 대한 경계를 논한 것이다.

《大學衍義》附 錄

1.《大學衍義》對校表

위치	원문	奎中 507 (저본)	대전본	사고본	확정	비고
27-2-나(按)	康叔往治其國豈有(它)哉	它	它	他	它	
27-3-나(按)	省徭役而不盡其力(하나니이다)	하나니이다	-	-	하나니이다	509본 : 하나니라
27-4-가	不得而非其上者非(也)	也	矣	也	也	
27-5-가	王政可得聞(乎)	乎	乎	與	乎	
27-5-가	昔者文王之治(岐)也	岐	歧	岐	岐	
27-5-가	罪人不(孥)	孥	拏	拏	孥	대전본 · 사고본 : 오자
27-5-가	哀此(煢)獨	煢	煢	煢	煢	
27-5-가	昔者(大)王好色	大	大	太	大	
27-5-가	至于(岐)下	岐	歧	岐	岐	
27-5-가	當是時( )內無怨女	없음	없음	也	없음	底本 · 512본頭註 : 時之下有也하야字
27-5-가(원주)	(大)王妃	大	大	太	大	
27-5-가(원주)	胥(相)也	相	皆	皆	相	509본 : 皆
27-5-나(按)	以臣(攷)之	攷	攷	考	攷	
27-5-나(按)	文王治(岐)之心	岐	歧	岐	岐	
27-5-나(按)	以公劉(大)王之事爲言	大	太	太	大	
27-5-나(按)	(大)王非好色也	大	大	太	大	
27-5-나(按)	公劉(大)王與民同欲如此	大	大	太	大	
27-5-나(按)	民多鰥孤之(歎)	歎	歎	嘆	歎	
27-6-가	從之(如)流水	如	如	若	如	
27-6-나(按)	大抵本此而其(敷)陳	敷	旉	敷	敷	
27-6-나(按)	所以安其居( )	없음	없음	也	없음	
27-7-가	(常)違欲以行己所難	常	常	當	常	
27-7-가	騰謗(籍籍)	籍籍	籍籍	藉藉	籍籍	
27-7-가	匹夫片(善)	善	善	言	善	
27-7-가	(是乃)總天下之智	是乃	是乃	乃是	是乃	
27-8-가	北有(玁)狁之難	玁	玁	獫	玁	
27-8-나(按)	念戍者之離其配(耦)也	耦	耦	偶	耦	
27-8-나(按)	(杕)杜勤歸	杕	杕	杖	杕	사고본 : 오자
27-9-가	其(唯)東山乎	唯	唯	惟	唯	

27-9-가(원주)	戰時所(銜)	銜	銜	銜	銜	
27-9-가(원주)	果贏(括蔞)也	括蔞	括樓	括樓	括蔞	
27-9-가(원주)	伊威小(蟲)	蟲	虫	蟲	蟲	
27-9-가(원주)	熠燿螢火( )	없음	也	也	없음	
27-9-가	婦(歎)于室	歎	歎	嘆	歎	
27-9-가	洒(掃)穹窒	掃	掃	埽	掃	
27-9-나(按)	(圓)成之狀	圓	圓	囧	圓	
27-9-가(원주)	(騂)白日駁.	騂	駠	騮	騂	
27-9-가(원주)	縭(帨)也	悅	悅	帨	帨	저본・대전본 : 오자
27-9-가(원주)	新新(婚)	貌	貌	婚	婚	저본・대전본 : 오자
27-9-나(按)	(未)嘗不曰歸而未可以歸	未	不	未	未	
27-9-나(按)	因道(途)所見	途	涂	塗	途	
27-9-나(按)	次(章)言果贏之施于宇	章	草	章	章	대전본 : 오자
27-9-나(按)	念之而(歎)	歎	歎	嘆	歎	
27-9-나(按)	洒(掃)熏鼠	掃	掃	埽	掃	
27-9-나(按)	毋爲結(縭)	縭	縭	褵	縭	
27-9-나(按)	舊有(室家)者相見	室家	室家	家室	室家	
27-9-나(按)	(序)其情而閔其勞	序	序	敘	序	
27-9-나(按)	王事靡(盬)	盬	盬	盬	盬	509본 : 鹽(오자)
27-9-나(按)	誰與獨(旦)	朝	旦	旦	旦	저본 : 피휘 (朝鮮 太祖 李旦)
27-9-나(按)	不(盈)一(襜)	盈/襜	能/襜	盈/襜	盈/襜	
27-9-나(按)	陟岵諸(詩)	詩	없음	詩	詩	
27-9-나(按)	自(序)其情也	序	戍	序	序	
27-9-나(按)	饑渴疲勞之(狀)	狀	殃	殃	狀	
27-9-나(按)	欲仁聖之君(이)	이	-	-	이	509본 : 으로
27-10-가	女執懿(筐)	筐	筐	筐	筐	대전본 : 피휘 (宋 太祖 趙匡胤)
27-10-가(원주)	載(則)也	則	則	始	則	
27-10-가(원주)	懿(筐)深(筐)	筐/筐	筐/筐	筐/筐	筐/筐	대전본 : 피휘 (宋 太祖 趙匡胤)
27-10-가(원주)	微行(墻)下小徑	墻	墻	牆	墻	
27-10-가(원주)	柔桑(穉)桑	穉	穉	群	穉	
27-10-가	(猗)彼女桑	猗	倚	猗	猗	
27-10-가	載(玄)載黃	玄	玄	玄	玄	사고본 : 피휘 (清 聖祖 玄燁)
27-10-가(원주)	以爲祭服也(玄)衣黃裳	玄	玄	玄	玄	사고본 : 피휘 (清 聖祖 玄燁)
27-10-가(원주)	謂木葉(隕)落	隕	隕	損	隕	
27-10-가(원주)	斯螽(蝗類)	蝗類	蝗類	煌屬	蝗類	
27-10-가(원주)	穹(窮)也	窮	窮	隙	窮	
27-10-가(원주)	改歲大寒(將)此以處	將	滌	將	將	

27-10-가(원주)	以上皆(壯)者之食	壯	壯	農	壯	
27-10-가(원주)	以(播)穀在近早修室廬	播	播	布	播	
27-10-가(원주)	(祝其君也)	祝其君也	祝其君也	없음	祝其君也	
27-10-나(按)	(惟)夫與婦(惟)婦與子	惟/惟	惟/惟	維/維	惟/惟	
27-10-나(按)	食鬱及薁(亨)葵及菽	亨	亨	烹	亨	
27-10-나(按)	又從而崇奬勸(厲)之	厲	厲	勵	厲	
27-10-나(按)	不見其有勞苦愁(歎)之狀	歎	歎	嘆	歎	
27-10-나(按)	豈復有崇奬勸(厲)之意	厲	厲	勵	厲	
27-10-나(按)	暑日(流)金田水若沸	流	如	流	流	
27-10-나(按)	蠶績織(紝)勞苦	紝	衽	絍	紝	
27-10-나(按)	稍(賑)贍之歲凶賑卹	賑	振	振	賑	
27-10-나(按)	民將爭(趨)南畝	趨	趍	趨	趨	
27-11-가	冬(祈)寒	祈	祁	祁	祈	
27-11-나(按)	窮(閻)敗屋	閻	閻	簷	閻	
27-11-나(按)	窮山曠(野)	野	壄	野	野	
27-11-나(按)	風雪凝(沍)	沍	冱	沍	沍	
27-11-나(按)	一遭艱(險)則老弱	險	儉	險	險	
27-12-가	其賜(農)民今年租稅之半	農	農	없음	農	
27-13-가	上畋於新(店)	店	唐	店	店	대전본 : 오자
27-13-가	前云兩(稅)之外	稅	稅	歲	稅	사고본 : 오자
27-13-가	悉無(它)徭	它	它	他	它	
27-13-가	始曰所糴(粟)麥	粟	粟	粟	粟	
27-13-가	深(居)九重	居	居	宮	居	
27-13-나1(司馬)	故(君)勤恤於上	君	없음	없음	君	
27-13-나1(司馬)	(民)愁怨於下	民	없음	없음	民	
27-13-나1(司馬)	(以)至於離畔危亡	以	없음	없음	以	
27-13-나1(司馬)	(復)其徭賦乎	復	納	復	復	
27-13-나2(按)	帛則(沮)却換易	沮	沮	阻	沮	
27-13-나2(按)	其(它)橫斂苛征色目如蝟	它	它	他	它	
27-13-나2(按)	況艱(險)乎	險	憸	險	險	
27-13-나2(按)	(監司)牧守不獲盡聞	監司	監司	監司	監司	509본 : 司監(司 아래 점이 있음)
27-14-가	醫得眼(前)瘡	前	前	下	前	
27-14-가	上(說)命左右錄其詩	說	說	悅	說	
27-14-나(按)	卽臣前所謂(豫)指收斂之	豫	豫	預	豫	
27-14-나(按)	謂豐年不(如)凶年	如	知	如	如	
27-14-나(按)	奈何(眡)爲當然	眡	眡	眡	眡	
27-14-나(按)	不行先王之(政)也	政	政	道	政	
27-15-나(按)	臣是以有取(云)	云	云	焉	云	
28-1-가4	聖(敬)日躋	敬	德	敬	敬	
28-1-나(按)	萬善之本(源)	源	源	原	源	

28-2-가	曲禮(曰)毋不敬	曰	日	없음	曰	
28-2-나2(按)	曲禮一篇爲(記禮)之首	記禮	記禮	禮記	記禮	
28-2-나2(按)	其容貌必端(儼)而若思	儼	嚴	嚴	儼	
28-3-가	莊敬(이면)日彊	이면	-	-	이면	509본 : 하면
28-3-가	安肆(면)日偸	면	-	-	면	509본 : 하면
28-3-나(按)	纔(檢)束則日就規矩	檢	檢	簡	檢	
28-3-나(按)	極(貴富)之奉	貴富	貴富	富貴	貴富	
28-3-나(按)	安肆則志惰而(日)偸	日	目	日	日	
28-3-나(按)	惟知燕嬉(虞)樂而已	虞	虞	娛	虞	
28-3-나(按)	事功遂以不(竟)	竟	競	競	竟	
28-4-나1(按)	(怠)棄三正	怠	迨	怠	怠	
28-4-나1(按)	夫堯舜禹湯文(武)	武	王	武	武	
28-4-나2(按)	靡(它)其適	它	它	他	它	
28-4-나2(按)	惟(精)惟一	精	心	心	精	
28-4-나2(按)	天壤(易)處	易	異	易	易	
28-4-나2(按)	九(灋)亦斁	灋	灋	法	灋	
28-4-나2(按)	(嗚呼)小子念哉敬哉	嗚呼	嗚呼	烏乎	嗚呼	
28-4-나2(按)(원주)	此四言釋無適之(義)	義	義	意	義	
28-4-나2(按)(원주)	此二言(一)箴之綱領	一	一	乃	一	
28-4-나2(按)(원주)	九(灋)謂洪範九疇也	灋	灋	法	灋	
28-5-가(원주)	七政日月五星( )	없음	也	也	없음	
28-5-나(按)	候(伺)顔色	伺	司	伺	伺	
28-5-나(按)(원주)	(弗)迷錯也	弗	不	不	弗	
28-6-나(按)	五服之章則在我(하고)	하고	-	-	하고	509본 : 하니
28-7-가	以承上下神(祗)	祗	祇	祇	祗	
28-7-가	罔不(祗)肅	祗	祗	祇	祗	
28-7-가(원주)	(祗)敬也	祗	祗	祇	祗	
28-7-나(按)	故(常常)瞻顧	常常	常常	常	常常	
28-7-나(按)	於天神地(祗)社稷宗廟	祗	示	示	祗	
28-7-나(按)	俾任撫安萬(方)之責	方	方	民	方	
28-7-나(按)	奈何(不)敬	不	不	弗	不	
28-8-가	否(德)亂	德	則	德	德	
28-10-가	改厥元子玆大(邦)殷之命	邦	邦	國	邦	
28-10-가	知今(我)初服	我	乃	我	我	
28-10-나(按)	召公一誥丁寧反(復)	復	復	覆	復	
28-10-나(按)	曰王其疾敬德(이라하여)	이라하여	-	-	이라하여	509본 : 이라야
28-10-나(按)	成王(饗)百年之壽	饗	饗	享	饗	
28-11-가	宜鑒(于)殷駿命不易	于	干	于	于	

28-11-나(按)	(綿)歷千載可謂舊矣	綿	緜	綿	綿	
28-11-나(按)	此所謂(之)德之純也	之	之	文	之	
28-11-나(按)	藎(臣)者忠誠篤至之臣	臣	心	臣	臣	
28-11-나(按)	宜以爲(監)而自省焉	監	監	鑒	監	
28-11-나(按)	所宜列之(屏)幃	屏	屛	屏	屏	
28-11-나(按)	書之簡(牘)	牘	櫝	牘	牘	
28-12-가	(使)不挾四方	使	俾	使	使	
28-12-가	其(三)章曰	二	二	三	三	저본·대전본 : 오자
28-12-가	其(七)章曰	末	末	七	七	저본·대전본 : 오자
28-12-가(원주)	紂殷之正(嫡)	嫡	嫡	適	嫡	
28-12-나(按)	一(旦)失道	朝	旦	旦	旦	저본 : 피휘 (朝鮮 太祖 李旦)
28-12-나(按)	商紂無道(天)命討之	天	大	天	天	
28-12-나(按)	其可以(彊)弱貳其心乎	彊	彊	强	彊	
28-13-가	日(監)在玆	監	監	鑒	監	
28-13-나(按)	天命惟(艱)	艱	艱	難	艱	
28-13-나(按)	天之(監)視	監	監	鑒	監	
28-15-가	昊天曰(旦)	朝	旦	旦	旦	저본 : 피휘 (朝鮮 太祖 李旦)
28-15-나(按)	親之容色少有不(懌)	悅	懌	懌	懌	저본 : 피휘 (朝鮮 中宗 李懌) 509본 : 懌
28-15-나(按)	敢爲戲(豫)馳驅之失耶	豫	豫	渝	豫	
28-15-나(按)	孔子於迅雷(烈風)	烈風	風烈	風烈	烈風	
28-15-나(按)	必減膳(撤)樂	撤	撤	徹	撤	
29-1-나(按)	宮室(崇)與	崇	榮	崇	崇	《荀子》: 崇
29-1-나(按)	未聞(舜)之有水也	舜	禹	禹	舜	
29-1-나(按)	以水自儆而(弘)	弘	洪	弘	弘	대전본 : 피휘 (宋 宣祖 趙弘殷)
29-1-나(按)	以旱自責而(弘)	弘	烈	弘	弘	
29-2-나(按)	(太)戊懼	太	大	太	太	
29-2-나(按)	(太)戊從之而祥桑枯死	太	大	太	太	
29-2-나(按)	夫(太)戊遇災而聽忠言修闕政	太	大	太	太	
29-3-가	惟天(監)下民	監	降	降	監	《書經》: 監
29-3-가	罔非天(嗣)	嗣	胤	胤	胤	저본 : 오자
29-3-나1(蘇)	高宗(肜)祭之日	肜	彤	彤	肜	
29-3-나1(蘇)	越有(雊)雉	雊	鳴	鳴	雊	대전본 : 오자 《書經》: 雊
29-4-가	遇(烖)而懼	烖	烖	災	烖	
29-4-가(원주)	雲漢 天(河)	河	何	河	河	대전본 : 오자
29-4-가	旱旣(大)甚	大	太	太	大	
29-4-나(按)	將無復有孑遺者矣	孑	子	孑	孑	

29-6-가	十月之交朔(日)辛卯	日	月	日	日	대전본 : 오자
29-6-가	(爗爗)震電	爗爗	爗爗	熀熀	爗爗	사고본 : 피휘 (淸 聖祖 玄燁)
29-6-가	番(維)司徒	維	維	爲	維	사고본 : 오자
29-6-나(按)	原日月之(告)凶	告	吉	告	告	
29-6-나(按)	月食 陽(盛)陰也	盛	盛	勝	盛	
29-8-가	(景公)憂之	景公	景公	없음	景公	《史記》: 景公
29-9-가3	(匡)衡上疏曰	匡	康	匡	匡	대전본 : 피휘 (宋 太祖 趙匡胤)
29-9-가4	天棐(諶)辭	諶	諶	諶	諶	《書經》: 忱
29-10-가	(奈)何不敬	奈	奈	柰	奈	
29-10-나(按)	(奈)何不敬	奈	奈	柰	奈	
29-11-나(按)	歎息而言王之(年)	年	言	年	年	
29-11-나(按)	周公作(酒)誥	酒	康	康	酒	대전본・사고본 : 오자
29-11-나(按)	周(召)之啓告其君者	召	公	召	召	대전본 : 오자
29-13-나(按)	禍(敗)所由基也	敗	故	敗	敗	
29-15-가	尙不(媿)于屋漏	媿	媿	愧	媿	《詩經》: 愧
29-16-나(按)	皆以戒(愼)恐懼	愼	謹	謹	愼	대전본 : 피휘 (宋 孝宗 趙昚)
29-16-나(按)	與(愼)獨云者	愼	謹	愼	愼	대전본 : 피휘 (宋 孝宗 趙昚)
29-16-나(按)	其(原)實自此出	原	源	源	原	
29-17-나(按)	此亦前章(愼)獨之意	愼	謹	愼	愼	대전본 : 피휘 (宋 孝宗 趙昚)
29-18-가	(中心)斯須不和不樂而鄙詐之心	中心	中心	心中	中心	《禮記》: 心中
29-18-나(按)	天雖(不)言	不	何	不	不	
29-18-나(按)	禮以恭儉退(讓)	讓	遜	遜	讓	대전본・사고본 : 피휘(宋 神宗 父 趙允讓)
29-19-나(按)	邪(辟)之氣	辟	辟	僻	辟	
29-20-가	(旦旦)而伐之	朝朝	旦旦	旦旦	旦旦	저본 : 피휘 (朝鮮 太祖 李旦)
29-20-가	(是)其日夜之所息	是	是	없음	是	《孟子》 : 是
29-20-가	平(旦)之氣	朝	旦	旦	旦	저본 : 피휘 (朝鮮 太祖 李旦)
29-20-가	則其(旦)晝之所爲	朝	旦	旦	旦	저본 : 피휘 (朝鮮 太祖 李旦)
29-20-가	而以爲未嘗有(才焉)	才焉	材焉	才焉者	才焉	《孟子》: 才焉者
29-20-가	故(曰)苟得其養	曰	曰	없음	曰	《孟子》: 없음
29-20-나1(朱)	平(旦)之氣	朝	旦	旦	旦	저본 : 피휘 (朝鮮 太祖 李旦)
29-20-나1(朱)	故平(旦)未與物接	朝	旦	旦	旦	저본 : 피휘 (朝鮮 太祖 李旦)

29-20-나1(朱)	(旦)晝所爲之不善	朝	旦	旦	旦	저본 : 피휘 (朝鮮 太祖 李旦)
29-20-나1(朱)	平(旦)之氣 亦不能淸	朝	旦	旦	旦	저본 : 피휘 (朝鮮 太祖 李旦)
29-20-나1(朱)	常如平(旦)之時	朝	旦	旦	旦	저본 : 피휘 (朝鮮 太祖 李旦)
29-20-나1(朱)	若於(旦)晝之間	朝	旦	旦	旦	저본 : 피휘 (朝鮮 太祖 李旦)
29-20-나1(朱)	夜氣淸則平(旦)未與物接之時	朝	旦	旦	旦	저본 : 피휘 (朝鮮 太祖 李旦)
29-20-나2(按)	以(旦)晝爲主	朝	旦	旦	旦	저본 : 피휘 (朝鮮 太祖 李旦)
29-20-나2(按)	謂當無時而不用力則(旦)也晝也夜也	朝	旦	旦	旦	저본 : 피휘 (朝鮮 太祖 李旦)
29-20-나2(按)	尤當致(戒愼)之功	戒愼	戒謹	戒謹	戒愼	대전본 : 피휘 (南宋 孝宗 趙昚) 《西山文集》: 謹戒
29-20-나2(按)	惟聖明(擇)焉	擇	擇	幸覽擇	擇	
29-20-나2(按) (원주)	(貞)於時爲冬	貞	正	貞	貞	대전본 : 피휘 (北宋 仁宗 趙禎)
29-21-가	學問之道無(他)	他	它	他	他	
29-21-나(按)	知心卽仁仁(卽)心	卽	則	卽	卽	
29-22-나(按)	理義(灌漑)之益	灌漑	灌漑	漑灌	灌漑	
29-23-가	其爲人也 (多)欲	多	多	寡	多	《孟子》: 寡
29-23-가	雖有(存)焉者	存	存	不存	存	《孟子》: 不存
29-23-가	其爲人也가 (寡)欲	寡	寡	多	寡	《孟子》: 多
29-23-가	雖有(不)存焉者	不	不	없음	不	《孟子》: 없음
29-23-나1(呂)	(少欲)則耳目之官	少欲	少欲	없음	少欲	
29-23-나3(按)	周(敦)頤	敦	端	敦	敦	대전본 : 피휘 (宋 光宗 趙惇)
30-2-가1	惕若(戒)懼而爲(戒)書	戒/戒	戒/成	恐/戒	戒/戒	
30-2-가1	於席之四端爲銘(焉)	焉	曰	焉	焉	
30-2-가2	安樂必(敬)	敬	敬	戒	敬	
30-2-가2	一反一側亦不可(不志)	不志	不志	以忘	不志	
30-2-가4	溺於淵猶可游( ) 溺於人不可捄也	없음	없음	也	없음	
30-2-나5(按)	逞忿者有危身之(憂)	憂	憂	愛	憂	사고본 : 오자
30-2-나6(按)	(齋)明盛服	齋	齋	齊	齋	
30-2-나7(按)	威(迺)德輔	迺	迺	乃	迺	
30-2-나8(按)	(況於兵端一啓에 伏尸百萬하여 流血千里하여)	況於兵端 一啓에 伏尸百萬하여 流血千里하여	-	-	況於兵端 一啓에 伏尸百萬하여 流血千里하여	509본 : 況於兵端一에 啓伏尸百萬流하여 血千里 (현토 오류)
30-2-나8(按)	(戕)生靈之命	戕	戕	殘	戕	
30-3-가	三老在(學)	學	廟	學	學	대전본 : 오자

30-3-가	卜筮瞽侑(皆在左右)	皆在左右	없음	皆在左右	皆在左右	
30-3-가(원주)	卜筮瞽侑( )皆在左右(卜筮掌卜筮之官瞽無目者誦詩以侑也)	없음/卜筮掌卜筮之官瞽無目者誦詩以侑也	없음/卜筮掌卜筮之官瞽無目者誦詩以侑也	卜筮掌卜筮之官瞽無目者誦詩以侑也/없음	없음/卜筮掌卜筮之官瞽無目者誦詩以侑也	
30-3-나(按)	在(學)則有三老焉	學	廟	廟	學	대전본·사고본 : 오자
30-3-나(按)	史掌(書)	書	者	書	書	대전본 : 오자
30-4-가	君子在車則聞(鸞)和之聲	鸞	鸞	鑾	鸞	
30-4-가(원주)	宮商角(徵)羽五音也	徵	祉	徵	徵	대전본 : 피휘(宋 仁宗 趙禎)
30-4-가(원주)	佩在(右)者	右	古	右	右	대전본 : 古(오자)
30-4-가(원주)	其音中(徵)角	徵	祉	徵	徵	대전본 : 피휘(宋 仁宗 趙禎)
30-4-나(按)	佩玉中宮(徵)之音	徵	祉	徵	徵	대전본 : 피휘(宋 仁宗 趙禎)
30-4-나(按)	在車則聞(鸞)和	鸞	鸞	鑾	鸞	
30-4-나(按)	所以(熒)惑斲喪者則不可勝數	熒	營	熒	熒	
30-5-가	自卿(以下)至于師長士	以下	以下	없음	以下	
30-5-가	及其沒也謂之(睿)聖武公	睿	叡	叡	睿	
30-6-가	勇力(撫)世	撫	撫	振	撫	
30-7-가	(日)是何傷禍之門也	日	日	日	日	509본 : 口
30-7-가	盜(憎)主人民怨其上	憎	增	憎	憎	대전본 : 오자
30-7-가	(戒)之哉戒之哉	戒	誡	戒	戒	
30-7-나(按)	志之於心而書之宥坐以自(敬)	敬	警	警	敬	
30-8-가	其後(汚)暗	汚	朽	朽	汚	
30-결어	使人諷誦入耳(着)心	着	著	著	着	
31-1-가(원주)	(嘆)辭	嘆	歎	歎	嘆	
31-1-나(按)	又(必)常憂勤常兢畏	必	必	以	必	
31-1-나(按)	唐(玄宗)身致太平	玄宗	元宗	明皇	玄宗	대전본 : 피휘(宋 聖祖 趙玄郞)
31-2-나(按)	欲謂奢靡荒(淫)之好	淫	湮	淫	淫	
31-2-나(按)	夫所謂教者非昭然示人以意(向)也	向	嚮	嚮	向	
31-3-나(按)	故所好者慢(遊)	遊	游	游	遊	
31-3-나(按)	夫舜以大聖之(資)	資	姿	資	資	
31-4-가	(酣)酒嗜音	酣	酣	甘	酣	
31-6-가(원주)	檢爲約(飭)也	飭	飾	飭	飭	대전본 : 오자
31-6-나(按)	故(常)舞于宮	常	常	恒	常	
31-6-나(按)	(殉)猶殉葬之殉	殉	徇	殉	殉	대전본 : 오자
31-6-나(按)	又(常)于畋獵	常	常	恒	常	

31-6-나(按)	(逆)咈忠直之士	逆	違	違	逆	
31-6-나(按)	又深歎聖言(之)彰明	之	之	없음	之	
31-7-가(원주)	庸(用)也	命	用	用	用	저본·509본·512본: 命(오자)
31-7-나(按)	古者(大)臣之格君心	大	大	人	大	
31-7-나(按)	若狎侮君子則君子去之( )無以盡其心	없음	則	없음	없음	
31-7-나(按)	召公先言(謹)德	謹	謹	愼	謹	
31-7-나(按)	玩物喪志卽上文所謂役耳目(者)也	者	없음	없음	者	
31-7-나(按)	雖( )詖淫邪遁其能遷乎	없음	없음	有	없음	
31-7-나(按)	小駟乘而晉師以敗非(土)性也	土	士	土	土	대전본: 오자
31-7-나(按)	前言(謹)德欲其不嫚	謹	謹	愼	謹	
31-7-나(按)	(謹)者嫚之反也	謹	謹	愼	謹	
31-7-나(按)	人主能(謹)而不嫚	謹	謹	愼	謹	
31-7-나(按)	一行不(謹)	謹	謹	愼	謹	
31-7-나(按)	微(者)少忽	者	其	者	者	
31-7-나(按)	萬年之業隳於一(旦)其可乎	朝	旦	旦	旦	509본·512본: 朝(朝鮮 太祖 李旦)
31-7-나(按)	苟能信蹈乎玆則(民生)安其居	民生	民生	生民	民生	
31-7-나(按)	召公戒之勤勤(懇懇)至於如此	懇懇	懇懇	懇懇	懇懇	
31-7-나(按)	後世人主其可以己德爲旣足而厭規(戒)之論乎	戒	없음	切	戒	
31-8-가(원주)	相(視)也	相	親	相	相	대전본: 오자
31-8-가(원주)	卽(殷)太戊也	殷	命	商	殷	
31-8-가(원주)	父(祖)乙令居民間習民事	祖	祖	小	祖	
31-8-가	(太)王王季克自抑畏	太	太	大	太	
31-8-가	太王王季克自(抑)畏	抑	仰	抑	抑	대전본: 오자
31-8-가(원주)	抑(損)也	損	損	謙	損	
31-8-나1(按)	有不可(得)離者焉	得	得	없음	得	
31-8-나1(按)	田舍翁得此亦過(矣)	矣	矣	없음	矣	
31-8-나1(按)	精神內守而不(浮)	浮	孚	浮	浮	
31-8-나1(按)	孔子言仁者(壽)	壽	素	壽	壽	대전본: 오자
31-8-나1(按)	高宗之所以(壽)固無異於中宗	壽	素	壽	壽	대전본: 오자
31-8-나3(蘇)	夫多欲(而)不享國者皆是也	而	없음	없음	而	
31-8-나4(呂)	商(殷)猶異世也	殷	周	周	殷	
31-8-나4(呂)	厥亦云云者將論文王(之)無逸	之	之	없음	之	
31-8-나4(呂)	(大)王王季所以克自抑畏	大	太	太	大	

31-8-나4(呂)	凡人(之)柔巽謹愿不謂之柔恭 不可也	之	之	없음	之	
31-8-나4(呂)	其(懷)保猶未周也	懷	懷	없음	懷	
31-8-나4(呂)	紂方在上毒(痛)四海	痛	痛	痛	痛	
31-8-나4(呂)	立政言罔攸兼于庶言庶獄庶(愼)	愼	謹	愼	愼	대전본 : 피휘 (宋 孝宗 趙眘)
31-8-나5(呂)	(此)人君所不能無也	此	없음	此	此	
31-8-나5(呂)	使(之)無淫於觀逸(遊)田	之/遊	之/游	없음/遊	之/遊	
31-8-나5(呂)	蓋欲禁横斂必先絶横斂之源(觀逸遊田者横斂之源)也	觀逸遊田者横斂之源	觀逸遊田者横斂之源	없음	觀逸遊田者横斂之源	
31-8-나5(呂)	吾惟今日耽樂(耳)	耳	耳	없음	耳	
31-8-나5(呂)	可謂有莫大之愆而(非)小失也	非	없음	非	非	
31-8-나5(呂)	逮其旣嘗此味則寖深(又)寖溺矣	又	없음	없음	又	
31-8-나6(按)	俾成王知所以(灋)	灋	灋	法	灋	
31-9-가(원주)	桑根( )皮( )	없음/없음	之/也	之/也	없음/없음	
31-10-가	絶(旨)酒曰	旨	甘	甘	旨	
31-10-가	至(旦)不覺曰	朝	旦	旦	旦	509본·512본 : 朝(피휘)(朝鮮 太祖 李旦)
31-10-가	左白台( )而右閭須	없음	없음	音怡	없음	사고본 : 小字
31-10-나(按)	(然)勇於自克亦可尙也	然	其	其	然	
31-10-나(按)	齊(桓)雖知厚味之亡國	桓	威	桓	桓	대전본 : 피휘 (宋 欽宗 趙桓)
31-10-나(按)	物欲之伐人(至)爲可畏	至	主	至	至	
31-10-나(按)	深戒齊(桓)之不勇其庶幾乎	桓	威	桓	桓	대전본 : 피휘 (宋 欽宗 趙桓)
31-11-나(按)	故剟( )取其略	없음	없음	音掇	없음	사고본 : 小字
32-2-나(按)	惛則衆(惡)所自生	惡	慝	慝	惡	
32-2-나(按)	一惛(者)則無所不有矣	者	者	없음	者	
32-3-가	乃穆(考)文王	考	者	考	考	대전본 : 오자
32-3-가	德將無(醉)	醉	罪	醉	醉	
32-3-가(원주)	肇始( )	없음	없음	也	없음	
32-3-가(원주)	行(音)幸	音	音	音	音	사고본 : 오자
32-3-가(원주)	帝乙(商)之後王	商	商	商	商	
32-3-가(원주)	尹人者(師)尹也	師	帥	師	師	
32-3-가(원주)	(祗)敬也	祗	祗	祗	祗	
32-3-가	厥心疾(狠)	狠	很	很	狠	
32-3-나(按)	無不(飮)斯酒始	飮	自	自	飮	
32-3-나(按)	能以德自持則無酣營( )之過	없음	없음	音泳	없음	사고본 : 小字
32-3-나(按)	不敢猶(有)勉强	有	有	見	有	

32-3-나(按)	其心疾(狠)	狠	很	很	狠	
32-3-나(按)	急疾强(狠)	狠	很	很	狠	
32-3-나(按)	群(湎)于酒	湎	湎	酗	湎	
32-4-나(按)	其庶幾(矣)乎	矣	矣	없음	矣	
32-5-가	(一)醉日富	一	一	壹	一	
32-6-가	沈湎淫(泆)	泆	液	液	泆	
32-6-가	旣醉而(出)	出	止	出	出	
32-6-가	(惟)其令儀	惟	惟	維	惟	
32-6-가(원주)	童無角(也)	也	也	없음	也	
32-6-나(按)	前二(章)言古者禮飮之事	章	章	者	章	
32-6-나(按)	所以(困)其不能謹言也	因	困	困	困	저본 : 오자
32-6-나(按)	使(其)不道不若是之甚	其	其	爲	其	
32-6-나(按)	其滅(亡)乃自取之也	亡	없음	亡	亡	
32-7-가(원주)	(女)者武公自謂	汝	汝	汝	女	저본 · 대전본 · 사고본 · 509본 · 512본 : 오자
32-7-가(원주)	音(拱)	拱	拱	恭	拱	
32-8-가	式號式(謼)	謼	謼	呼	謼	
32-8-가	乃喟然(嘆)曰	嘆	嘆	歎	嘆	
32-8-가	放等不(懌)	豫	懌	懌	懌	저본 : 피휘 (朝鮮 中宗 李懌)
32-9-가	於此遂(絶)	絶	絶	罷	絶	
32-9-나(按)	於聽言改過(而略不)凝滯	而略不	爲然剛	而略不	而略不	
32-10-가1	陳後主君臣酣(飮)	飮	歌	飮	飮	
32-10-가1	自夕達(旦)	朝	旦	旦	旦	저본 : 피휘 (朝鮮 太祖 李旦)
32-10-가2	日令一房爲主(人)	人	人	없음	人	

2. 參考圖版 目錄 및 出處

(60)

3. 《大學衍義》 總目次

QR코드를 스캔하면 《大學衍義》 總目次를 볼 수 있습니다.

《大學衍義》 總目次

譯 註

李霜芽

民族文化推進會(現 한국고전번역원) 부설 國譯研修院 常任研究部 卒業
成均館大學校 한문고전번역 석사과정 문학석사
成均館大學校 한문고전번역 박사과정 문학박사
成均館大學校 대동문화연구원 책임연구원(現)

論文 및 譯書

〈茶山 丁若鏞의 『家禮酌儀』 譯註〉〈茶山 丁若鏞의 『祭禮考定』 譯註〉
譯書 《無名子集 7, 8, 15, 16》
共譯 《記言 1》《日省錄》(영조, 정조) 《校勘學概論》《注釋學概論 1, 2》《사고전서이해의 첫걸음》

張喜成

韓國古典飜譯院 고전번역연수과정 I 卒業
成均館大學校 한문고전번역 석・박사통합과정 박사수료
韓國古典飜譯院 연구원(現)

論文 및 譯書

共譯 《校勘學概論》《注釋學概論 1, 2》《사고전서이해의 첫걸음》
校點 《霽亭集》《梅湖遺稿》《容軒集》

趙埈皞

成均館 翰林院 修了
成均館大學校 한문고전번역 석・박사통합과정 문학박사
韓國古典飜譯院 역사문헌번역위원(現)

論文 및 譯書

〈『東儒四書解集評』의 寫本과 그 가치〉〈柳健休 『東儒論語解集評』의 研究 및 譯註〉
共譯 《校勘學概論》《注釋學概論 1, 2》《사고전서이해의 첫걸음》

東洋古典譯註叢書 79

譯註 大學衍義 5

정가 30,000원

2017년 12월 30일 초판 발행
2018년 03월 15일 초판 2쇄

著　　者　眞德秀
譯　　註　李霜芽 張喜成 趙埈皡
潤文校訂　南賢熙 田炳秀 咸明淑
編　　輯　東洋古典飜譯編輯委員會
發 行 人　李啓晃
發 行 處　社團法人 傳統文化研究會

서울시 종로구 삼일대로 428 낙원빌딩 411호
전화 : (02)762-8401　전송 : (02)747-0083
전자우편 : juntong@juntong.or.kr
홈페이지 : juntong.or.kr
사이버書堂 : cyberseodang.or.kr
온라인서점 : book.cyberseodang.or.kr

등록 : 1989. 7. 3. 제1-936호

인쇄처 : 한국법령정보주식회사(02-462-3860)
총　판 : 한국출판협동조합(070-7119-1750)

ISBN 979-11-5794-161-2 94150
978-89-85395-71-7(세트)

※ 이 책은 2017년도 교육부 고전문헌 국역지원사업 지원비에 의해 초판(비매품) 간행.

한자 한문교육 대표주자 사이버書院
1개월 수강권 http://www.cyberseodang.or.kr

※ 언제 어디서든 자유로운 수강!
개인PC 스마트폰

60과목 2000여 시간 동영상 강의

무료수강 쿠폰번호 92Q8-RXF3-EKMH-AFRW

전통문화연구회 도서목록

基礎漢文教材 - 懸吐完譯 成百曉 譯

四字小學 / 習字教本 7,000원/4,000원
推句·啓蒙篇 / 習字教本 6,000원/4,000원
明心寶鑑 8,000원
童蒙先習·擊蒙要訣 14,000원
註解千字文 11,000원

東洋古典國譯叢書

論語集註 - 개정증보판 成百曉 譯註 25,000원
孟子集註 - 개정증보판 成百曉 譯註 28,000원
大學·中庸集註 - 개정증보판 成百曉 譯註 10,000원
詩經集傳 上·下 成百曉 譯註 28,000원
書經集傳 上·下 成百曉 譯註 28,000원
周易傳義 上·下 成百曉 譯註 38,000원
小學集註 成百曉 譯註 28,000원
古文眞寶 後集 成百曉 譯註 28,000원

東洋古典譯註叢書

春秋左氏傳1~8 鄭太鉉 譯註 18,000원~35,000원
莊子1~4 安炳周·田好根 共譯 25,000원~29,000원
古文眞寶 前集 成百曉 譯註 28,000원
禮記集說大全1 辛承云 譯註 25,000원
心經附註 成百曉 譯註 35,000원
近思錄集解1~3 成百曉 譯註 25,000원/30,000원
通鑑節要1~9 成百曉 譯註 18,000원~30,000원
唐詩三百首1~3 宋載卲 外 譯註 28,000원/30,000원/25,000원
東萊博議1~2 鄭太鉉·金炳愛 譯註 25,000원
說苑1~2 許鎬九 譯註 25,000원
顔氏家訓1~2 鄭在書·盧暻熙 譯註 22,000원/25,000원
大學衍義1~5 辛承云 外 譯註 22,000원~30,000원
貞觀政要集論1~4 李忠九 外 譯註 25,000원~32,000원
荀子集解1~5 宋基采 譯註 25,000원~30,000원
老子道德經注 金是天 譯註 30,000원
墨子閒詁1 李相夏 外 譯註 32,000원
韓非子集解1~2 許鎬九 外 譯註 32,000원
唐宋八大家文抄 韓愈1~2 鄭太鉉 譯註 22,000원/28,000원
〃 歐陽脩1~4 李相夏 譯註 25,000원~30,000원
〃 王安石1~2 申用浩·許鎬九 共譯 25,000원
〃 蘇洵 李章佑 外 譯註 25,000원
〃 蘇軾1~5 成百曉 譯註 22,000원
〃 蘇轍1~3 金東柱 譯註 20,000원/22,000원
〃 曾鞏 宋基采 譯註 25,000원
〃 柳宗元1~2 宋基采 譯註 22,000원
十三經注疏
論語注疏1~3 鄭太鉉·李聖敏 譯註 25,000원/30,000원
孟子注疏1 辛承云 外 譯註 30,000원
尙書正義1~4 金東柱 譯註 25,000원/30,000원
周易正義1~3 成百曉·申相厚 譯註 32,000원
毛詩正義1~2 朴小東 譯註 32,000원/35,000원
禮記正義 中庸·大學 李光虎·田炳秀 譯註 20,000원
孝經注疏 鄭太鉉·姜珉廷 譯註 35,000원
武經七書直解
孫武子直解·吳子直解 成百曉·李蘭洙 譯註 35,000원
六韜直解·三略直解 成百曉·李鍾德 譯註 26,000원
尉繚子直解·李衛公問對直解 成百曉·李蘭洙 譯註 26,000원
司馬法直解 成百曉·李蘭洙 譯註 26,000원
思政殿訓義 資治通鑑綱目1~10 辛承云 外 譯註 18,000원~35,000원

漢字漢文教育叢書

형성자 중심 한자교육시험백과 金鐘赫 著 35,000원
漢字部首 解說 李忠九 編著 15,000원
◆ 教授用 指導書 四字小學 咸賢贊 著 10,000원
〃 推句·啓蒙篇 咸賢贊 著 10,000원
◆ 袖珍本 懸吐 기초한문교재 10,000원
〃 論語·大學·中庸 10,000원
〃 孟子 10,000원
〃 詩經·周易 12,000원
〃 小學·孝經 13,000원
〃 古文眞寶 後集 13,000원

東洋古典新譯

당시선 송재소·최경렬·김영죽 편역 22,000원
손자병법 성백효 역주 14,000원
장자 안병주·전호근·김형석 역주 13,000원

동양문화총서

동양사상 해설과 원전 정규훈 外 저 22,000원
화합의 길 - ≪중용≫ 읽기 금장태 저 20,000원

문화문고

논어·대학·중용/맹자 조수익·박승주 공역 10,000원
100자에 담긴 한자문화 이야기 김경수 저 9,000원
한자한문전통교재 조수익·이성민 공역 10,000원
소학 박승주·조수익 공역 10,000원
목민심서 이계황 엮음 10,000원
고문진보散文選 신용호·조수익 공역 10,000원
士小節 선비 집안의 작은 예절 이동희 편역 10,000원
名說과 字說 신용호 편역 10,000원
儒學이란 무엇인가 이동희 저 10,000원
대한민국 국무총리 이재원 저 10,000원
경전으로 본 세계종교 이슬람 김영경 편역 10,000원
한문문법 이상진 저 10,000원
우리 설화1~2 김동주 편역 10,000원
경전으로 본 세계종교 그리스도교 이정배 편저 10,000원
경전으로 본 세계종교 도교 이강수 편역 10,000원
당시선 송재소·최경렬·김영죽 편역 10,000원
현대인, 동양고전에서 길을 찾다 이동희 저 10,000원
경전으로본 세계종교 천도교 윤석산·홍성엽 편저 10,000원
무경칠서 손자병법·오자병법 성백효 역 10,000원
무경칠서 육도·삼략 성백효 역 10,000원
무경칠서 사마법·울료자·이위공문대 성백효 역 10,000원
경전으로 본 세계종교 힌두교 길희성 편역 10,000원
경전으로 본 세계종교 유교 이기동 편저 10,000원
경전으로 본 세계종교 불교 김용표 편저 10,000원